한국 젠더정치와 여성정책

나남출판

나남신서 · 1117

한국 젠더정치와 여성정책

2006년 4월 5일 발행
2006년 4월 5일   1쇄

저자_ 심영희 外
발행자_ **趙相浩**
발행처_ (주) **나남출판**
주소_ 413-756 경기도 파주시 교하읍
　　　출판도시 518-4
전화_ 031) 955-4600 (代)
FAX_ 031) 955-4555
등록_ 제 1-71호(79. 5. 12)
홈페이지_ www.nanam.net
전자우편_ post@nanam.net

ISBN 89-300-8117-7
ISBN 89-300-8001-4 (세트)
책값은 뒤표지에 있습니다.

이 책은 1999~2002년도 한국학술진흥재단의 지원에 의해 연구되었음.
(KRF-1999-042-C00188)

나남신서 · 1117

한국 젠더정치와 여성정책

심영희 · 김경희 · 백진아 · 양현아 · 엄규숙 · 이혜경

나남출판

Gender Politics and Womens' Policy in Korea

by

Young-Hee Shim · Kyounghee Kim · Jina Paik
Hyunah Yang · Kyusook Um · Hyekyung Lee

NANAM
NANAM Publishing House

머리말

오랜 연구 끝에 마침내 연구결과를 《한국 젠더정치와 여성정책》이라는 책으로 출판하게 되어 묵은 짐을 덜어버린 것같이 기쁜 마음이다. 그러면서도 다른 편으로는 과연 오랜 기간의 연구에 걸맞게 훌륭한 연구결과를 냈다고 자신 있게 말할 수 있는지 두려움이 앞서기도 한다.

생각해보면 이 연구는 1999년 12월부터 시작된 연구니까 올해로 만 6년이 된 연구이다. 처음 이 연구를 시작하게 된 것은 1999년이었다. 지금은 중앙대에 재직하고 있지만 당시 학위를 받고 귀국한 지 얼마 안 되었던 김경희 박사가 필자에게 처음 제안했는데, 마침 필자가 한국여성학회 회장으로 있을 때라 책임연구자를 맡아 연세대의 이혜경 교수, 지금 서울대에 있는 양현아 교수, 경희대 사이버 대학에 있는 엄규숙 교수, 연세대 사회발전연구소의 백진아 박사 등 여성정책에 관심을 가지고 있는 주위의 연구자들을 모아 시작하게 되었다.

우리는 이 연구를 위하여 한국학술진흥재단에 "한국의 양성평등적 여성정책 모델의 개발을 위한 연구 : 한국 및 국제간 비교연구를 중심으로"라는 제목으로 3년간의 협동연구를 신청하였다. 1차년도에는 한

국의 여성정책에 대한 경험적 연구를 하고 2차년도에는 외국의 여성정
책에 대한 국제비교를 하며 3차년도에는 이러한 연구들을 토대로 양성
평등적 여성정책의 모델을 제시해보겠다는 야심찬 연구계획이었다.
다행히 3년간 연구비 지원을 받게 되어 연구가 성사되었다.

　연구과정에 대한 경과를 간단히 설명하면 다음과 같다. 1차년도,
즉 1999년 12월부터 2000년 11월까지는 한국의 여성정책에 대한 경험
적 연구가 초점이었다. 우선 우리들은 논의결과, 각자의 전문분야에
따라 여성정책의 연구주제를 정하기로 하였다. 그리하여 여성운동과
정책기구와의 관계 전반에 관한 연구, 여성노동, 성, 가족, 복지부문
으로 나누고 복지부문은 다시 공공부조 및 서비스부문과 연금부문으로
나누었다. 이렇게 주제를 정하고 나서 다음은 시기를 정했다. 우리 사
회에서 여성정책이 활발하게 담론화, 의제화되고 입법화된 1990년대
를 연구의 초점으로 삼기로 했다.
　또한 여성정책의 형성과정, 내용, 수행 등의 여러 차원 중에서 우선
형성과정에 초점을 두기로 했다. 왜냐하면 기존의 여성정책에 대한 연
구가 주로 법 제도와 같은 정책내용에 초점을 두고 있으며 정책형성과
정에 대한 연구가 별로 없었다. 그리고 정책형성 과정을 살펴봄으로써
담론화, 의제화, 입법화의 과정을 볼 수 있을 뿐 아니라 이 과정을 거치
면서 정책의 내용에 어떤 변화가 일어나는지 볼 수 있을 것이라 생각했
기 때문이다. 그리하여 여성정책 형성에 있어 여성운동단체와 여성정책
기구의 역할에 초점을 두어 연구가 시작되었다. 이러한 연구를 위해 택
한 연구방법은 담론분석방법을 택했고, 구체적 연구자료는 여성운동단
체의 정기총회자료집, 국회 속기록 등 질적 자료들을 선택하였다.

우리들은 스터디 그룹을 형성해서 주로 한 달에 한 번씩 한양대의 필자의 연구실에서 만나서 정보와 자료를 공유하고, 연구방법론에 대한 발표와 토론, 연구자료에 대한 논의, 작성한 원고의 발표와 토론 등 작업을 계속하였다. 그러나 1차년도 이후 중간보고서 작성시 각자 바쁜 스케줄에다가 추석명절과 기간이 겹치면서 너무나 급하게 보고서를 제출하게 된 탓인지 창피하게도 연구가 1년간 유보되는 불상사가 일어났다. 그러나 이후 충실한 보고서를 냈고 1년 후 다시 연구지원을 계속 받게 되었다.

이러한 뜻밖의 경험을 디딤돌 삼아 우리들은 더욱 열심히 성실하게 노력하여 1차년도 연구결과를 발표하게 되었다. 2002년 3월 21일 필자가 한양대에서 여성연구소를 창립하여 창립기념 세미나를 개최하면서 '90년대의 여성정책'이라는 주제로 세미나를 개최하였는데, 여기에 우리 공동연구자들이 모두 참여하여 1차년도 연구결과를 발표하였다. 또한 이때 발표한 논문을 수정·보완하여 한양대 여성연구소의 저널 《젠더와 사회》에 '90년대의 여성정책'이라는 특집으로 게재하였다. 그리고 이를 영문으로 발전시켜 당시 필자가 편집위원으로 있던 *Korea Journal* 2002년 여름호(42권 2호)에 '한국의 여성정책'이라는 특집 하에 영문논문으로 게재하였다. 이는 공동연구자들의 충실한 연구노력과 협조로 이루어진 것으로 이 자리를 빌려 감사의 말씀을 드린다.

2차년도 연구는 2001년 12월부터 다시 연구를 시작하였다. 2차년도의 연구주제는 여성정책의 국제비교연구였다. 1차년도에서 발전시켰던 여성운동, 여성정책, 여성정책기구의 관계에 초점을 두되 초점을 국제비교에 두었다. 우리는 한국 이외에 적어도 두 나라 이상의 국가를 비교하는 것을 원칙으로 하고 접근했다. 대부분 북미, 유럽, 호주 등을 대상으로 비교하였고, 에스핑-앤더슨의 복지국가론을 출발점으로 하여 이를 여성주의적으로 비판하고 새로운 모델을 모색하는 데 초점을 두었다. 이 기간 동안 우리는 인터넷서점 아마존을 통하여 여성정책에 관한 많은 책들을 주문하여 함께 읽고 토론하였는데 이를 통해 여성정책 연구의 새로운 흐름들을 많이 공부하게 되었다. 2차년도 연구결과는 2002년 한국사회학회, 2003년 한국여성학회에서 일부 발표되었고, 《젠더와 사회》 2, 3호 합병호(2004)에 특집으로 게재되었다.

3차년도 연구는 우리 연구의 핵심이자 최종 부분인 여성정책 모델 구성연구로서 2002년 12월부터 2003년 11월까지 진행되었다. 3차년도 연구는 1, 2차 연구에서와는 달리 기존 여성정책의 바탕을 이루고 있는 원칙 또는 철학은 무엇이고, 문제는 무엇인지 찾아낸 후 대안의 원칙을 제시하는 것이었다. 이 연구가 어려우리라고 예상은 했지만 예상보다 훨씬 어려운 작업이었다.

양성평등적 여성정책 모델을 논의하기 위해서는 여성정책의 아젠다와 관점이 중요한 문제가 되었고 이를 논의하기 위해서는 우선 용어부터 정리할 필요가 있었다. '여성정책'으로 할 것인가, '여성주의적 정책'으로 할 것인가, '젠더정책'으로 할 것인가에 따라 아젠다와 관점이 바뀌기 때문이었다. '여성정책'은 널리 쓰이는 용어이기는 하지만 관점이 불분명하고 일반 정책과 구분되어 게토화되는 문제가 있다. 그리고 '여성주의적 정책'은 관점의 전환은 분명하나 남성을 포함한 양성 모두에게 영향을 주는 데 한계가 있다는 점을 고려하여, 젠더재구조화를 통한 성주류화를 할 수 있는 양성평등적 여성정책, 즉 '젠더정책'을 추

구하는 쪽으로 논의를 맞추어 갔다. 그러나 논의가 현실적 기반 위에
이루어져야 하기 때문에 대안의 여성정책모델을 이상적인 것으로 할
것인지 아니면 현실을 고려한 모델과 병렬적으로 할 것인지에 대해 많
은 토론이 있었던 것으로 기억이 된다. 필자는 2002년 9월부터 2003
년 8월까지 안식년으로 중국 북경대학에 가 있었는데, 중국이 비교적
가까운 곳이라 중간에 자주 귀국하였고 귀국할 때마다 모임을 가졌으
며, 주로 이혜경 교수 연구실에서 모였다.

이 책은 앞에서 설명한 연구과정 중 1차년도 연구와 3차년도 연구결
과를 모은 것이다. 제1부는 1990년대에 초점을 두고 한국의 여성정
책을 다루고 있고, 제2부는 각 분야별 여성정책의 모델 구성을 다루
고 있다. 여성정책의 국제비교 부분은 책이 너무 길어질 것 같아 포함
시키지 않기로 하였다. 앞에서 연구과정을 자세히 설명했으므로 여기
에서는 각 장별 내용을 간단히 소개하도록 하겠다.

제1부의 제1장은 김경희 교수의 '1980년대와 1990년대의 정부와
여성운동의 여성정책 프레임 분석'이다. 이 장에서는 1980년대까지 제
도정치에서 여성문제가 다루어지는 방식은 매우 선언적이고 때로는 형
식적 수준에 머물러 있음을 보여준다. 1990년대 중후반에는 이전 시
기와는 비교할 수 없을 정도로 다양한 여성정책들이 형성되었으나, 젠
더관계를 변화시킬 수 있는 평등개념이 정책과정에 도입될 때 긴장과
갈등을 수반한다는 점을 정부의 정책 프레임과 여성운동의 정책 프레
임을 비교하여 분석했다.
제2장은 백진아 박사의 '1990년대 여성노동정책의 형성과 담론: 남

녀 고용평등법과 모성보호관련법을 중심으로'이다. 이 장에서는 민주
화의 진전과 시민사회의 성장 등 사회환경의 변화가 정책결정에 영향
을 미치고 정책의 성격에 유의미한 차이를 낳을 것이라는 문제의식 아
래 1990년대의 여성노동정책의 형성과 담론을 검토하였다. 특히 1990
년대 이후의 여성정책은 국가의 결정으로 일방적으로 주어지는 것이
아니라 특정한 사회적 맥락과 경제 · 문화적 조건의 복합적 산물이라는
점을 강조하는 입장에서 남녀고용평등법과 모성보호법의 담론을 통해
여성 관련법과 정책 형성과정에 드러난 성의 정치 양상을 살펴보았다.
    제3장은 필자의 '한국 성정책의 형성과정: 1990년대를 중심으로'이
다. 이 장에서는 필자는 1990년대 한국의 성관련 여성정책의 변화를
위험사회의 틀을 가지고 근대화의 맥락 속에서, 즉 근대화라는 제도/
관행과 근대성이라는 의식/담론의 두 수준에서 논의하려고 했다. 성
관련 법제화 및 성정책의 전개는 이슈별로 보면 성폭력, 성희롱, 가
정폭력, 성희롱, 청소년 성매매, 성매매 등의 법제화가 이루어졌다.
그 전개의 시간적 순서를 보면 보다 명시적이고 뚜렷한 이슈에서 보
다 미묘한 문제로, 그리고 관점에 있어는 보호의 관점과 담론에서 평
등의 관점과 담론, 여성주의적 관점으로 변화함을 볼 수 있었다. 그
리고 이러한 변화의 맥락은 한편으로 산업사회에서 위험사회로의 변
화라는 사회구조적 측면과, 다른 한편으로 여성의식과 성찰성의 고
양, 여성학의 제도화와 발전, 여성운동의 활성화 등 사회문화적 측면
과 관련해 설명했다.
    제4장은 양현아 교수의 '1990년대 한국가족정책의 과제: 모성보호
정책과 호주제도 개혁론을 중심으로'이다. 이 장에서는 1990년대 가족
정책의 전반적 특징과 구체적 의제는 어떤 것이었는지 진단하고, 각

가족정책은 여성의 지위와 역할에 어떠한 효과와 변화를 의도하는가를 분석하며, 이런 기반 위에서 여성주의 관점에서 이러한 가족정책의 한계와 가능성을 어떻게 평가할 것인지 전망했다.

제5장은 이혜경 교수의 '한국의 여성빈곤과 공공부조 및 여성복지서비스 정책'이다. 이 장에서는 빈곤의 여성화가 한국사회에서도 진행되고 있는지를 실증적 자료분석을 통해 시도한다. 이 글이 씌어진 2000년 현재, 한국 여성빈곤의 전국적 실태를 보여주는 체계적 자료와 정보가 제한되어 있었기 때문에, 다양한 가용의 자료와 대안적 빈곤선을 활용하여 여성가구주가구의 빈곤율이 남성가구주가구보다 높음은 물론, 빈곤한 여성가구주가구의 평균소득액이 빈곤한 남성가구주가구의 평균소득액보다 크게 낮음을 보여주었다. 특히 경제위기를 전후한 1996년에서 1998년 사이의 대우 패널자료 분석으로, 빈곤한 여성가구주가구의 평균소득이 빈곤한 남성가구주가구 평균소득의 54% 수준을 넘지 못하고 있음을 보여주었다. 또한 공적이전소득의 수급률은 남성가구주가구보다 여성가구주가구가 훨씬 높으나, 그 내용을 보면, 남성가구주가구는 연금이나 고용보험의 수급이, 여성가구주가구는 생활보호나 기타 정부복지지원이 집중되어 있음을 알 수 있었다. 또한 여성가구주가구의 전반적 빈곤집중과 공적 이전체계의 성분리현상을 증명해 보여주었다.

제6장은 엄규숙 교수의 '여성의 실업, 고용보험과 복지정책 담론'이다. 이 장은 정책형성과정에서 입법기구의 담론이 복지제도에 미친 영향을 고려하면서 한국의 사회보험과 여성 사이의 관계, 특히 고용보험과 여성 사이의 관계를 조명하고자 했다. 보다 구체적으로 1998년 대량실업 발생 이후 고용보험을 중심으로 한 실업정책이 여성의 역할

과 노동시장에서의 지위, 나아가 여성의 복지 수요를 어떤 것이라 가정하고 형성됐는지, 그리고 그것이 여성에게 미친 영향은 무엇인지 살펴보고 있다. 고용보험과 제반 실업대책에 의해 여성이 어떻게 수혜받았거나 혹은 이로부터 배제되었는가 라는 구조적 측면과 더불어, 제도 및 정책형성 과정에서 여성실업 및 제도적 보호장치와 관련된 입법기구의 담론구성에 초점을 맞추어 분석했다.

　제2부는 5장으로 구성되어 있는데, 제2부의 내용을 간단히 소개하면 다음과 같다. 제7장은 김경희 교수의 '여성정책관점의 재구성을 위한 시론적 연구'이다. 이 장에서는 지난 10년간 여성정책의 지구화 경향 속에서 우리나라의 여성정책에서 사용되는 여성발전론, 성주류화, 평등정책, 성인지정책 등 여성정책 관련 개념들을 비판적으로 고찰하면서 미래 여성정책 관점이 젠더관점으로 재구성되어야 하는 근거를 밝힌다.

　제8장은 백진아 박사의 '여성노동정책의 패러다임 전환을 위한 시론'이다. 이 장에서는 한국의 여성노동정책이 1980년대 후반부터 성평등의 관점에서 진행되고 있지만 여전히 여성 노동력 활용이라는 도구주의적 논리에서 벗어나지 못하고 있고, 실제로는 여성의 노동환경이 악화되고 있음을 지적한다. 기존의 남성 정규직 노동 중심의 정책이념으로는 불평등한 성별관계의 변화를 이끌어내지 못할 것임을 보여줌으로써 정규직 임금노동을 중심으로 하는 이중적 성별분업 구도를 극복하고 여성의 돌보기 노동에 대한 정책담론과 재평가를 통해 일과 가족, 나아가 사회의 통합을 지향하는 재조직화의 방향을 제안한다.

　제9장은 필자의 '탈가부장적 주류화 성정책의 모색: 성폭력 및 성

매매정책을 중심으로'이다. 이 장에서는 1990년대 한국의 성폭력 및
성매매정책에 대한 분석을 기반으로 탈가부장적 성주류화 성정책의 모
습은 어떠해야 할지 살펴보았다. 보다 구체적으로 성폭력이나 성매매
의 정의에서 '보호'에서 기본권 또는 행복추구권으로서의 몸의 권리인
정으로 바뀌어야 하고, 사회적 맥락의 차원에서 일상의 권력맥락에서
불평등한 젠더관계를 드러내고 바꾸는 것이 필요하며, 여성이 성정책
의 대상에서 권리의 주체로 바뀌어야 한다고 주장하였다.

제 10 장은 양현아 교수의 '여성주의정책으로서의 한국 가족정책의
원리 모색'이다. 이 장에서는 기존에 존재하는 가족정책영역은 어떻게
개념화되고 분류될 수 있으며, 가족정책에서 양성평등 기준이란 어떻
게 평가될 수 있을까 라는 연구질문을 던지고 여성발전기본법, 모성보
호정책 관련 법률, 가족법(호주제, 부부재산세, 가사노동의 경제적 평가
등)의 내용분석을 통해 현재의 가족관련 정책에 양성평등 저해정책이
존재하는지, 또 앞으로 추구해야 할 양성평등원리는 어떤 것인지를 살
피고 있다.

제 11 장은 이혜경 교수의 '성통합적 사회복지정책: 탈가부장적·다
원주의적 사회투자모형을 향하여'이다. 이 장에서는 21세기 한국의 복
지국가 재편의 기본구상은 친가족, 친여성적이 아니면 안 된다는 주장
을 펴고 있다. 특히 IMF 외환위기 이후 한국은 생산적 복지의 추진으
로 소득보장의 기본 축이라 할 수 있는 사회보험과 공공부조의 기반을
신속하게 확립하였다. 그러나 이와 같은 소득보장중심의 사회안전망
으로는 첨단산업과 전통산업, 제조업과 서비스업, 대기업과 중소기업
간의 격차가 고용과 소득의 격차, 다시 인적 자본투자의 격차로 이어
지는 순환적 성격의 양극화현상에 대응할 수 없다. 뿐만 아니라, 이러

한 양극화의 사회적 맥락인 초고속 인구고령화, 세계 최저의 출산율, 여성의 사회참여요구 증대를 더 이상 외면할 수 없게 되었다. 인구구조적으로 출산력 제고가 요구되고, 여성의 노동시장 참여가 장려되어야 할 시점에 이르렀다는 것이다. 여성의 모성과 고용을 양립시키고 조화시킬 수 있는 여성친화적, 가족친화적 복지정책, 소비와 투자의 혼합으로서의 복지정책이 요구된다고 밝히고 있다.

앞의 설명에서 이미 드러났듯이 이 책은 한국의 여성정책에 대한 경험적 분석뿐만 아니라 정책대안도 함께 제안하는 이중의 목적과 의도를 가지고 있다. 따라서 우리 공동저자들의 의도는 이 책이 1차적으로는 여성정책에 관심이 있는 연구자와 교육자들에게 도움이 되기를 바라는 것이지만 나아가서 실제 정책을 입안하고 시행하는 여성정책 담당자들에게도 도움이 되었으면 더 이상 기쁨이 없겠다.

이 책을 내면서 연구과정에 도움을 준 분들께 깊은 감사를 드린다. 또한 훌륭한 공동연구자들에게 감사를 드린다. 연구기간이 오랜 기간이다 보니, 그 동안 공동연구자들에게 여러 가지 신변의 변화가 일어났다. 김경희, 엄규숙, 양현아 박사가 대학에 교수로 자리를 잡게 되어 우리 연구팀이 '복팀'이라는 별명이 붙었다. 또 2004년에는 이혜경 교수가 한국여성학회 회장이 되었다. 우리 팀 중 일부는 세계여성학대회에서 중요한 임무를 맡아 적극적 역할을 훌륭히 수행하기도 했다. 여러 연구자들이 공동연구를 하다가 보니 좀 늦어지기도 하였지만 오랜 기간 동안 함께 연구를 함으로써 서로에게서 많은 가르침을 받았고 이 기회를 통해 서로 친밀해지게 되는 귀중한 경험을 얻은 데 대해 깊은 감사를 드린다.

또한 이 연구를 가능하게 해준 한국학술진흥재단에 깊은 감사의 말씀을 드린다. 3년간에 걸친 연구지원은 이 연구를 성숙시키는 데 큰 도움이 되었다. 그리고 이 오랜 기간 동안 연구조교로서 변함없이 우리 연구자들을 뒷받침해주고 성실하게 도와준 한양대 박사과정의 전기택 군에게 감사를 드린다. 이번 겨울에 전기택 군이 마침내 박사학위 논문을 끝내게 되었는데 심심한 축하의 말씀을 드리고 앞날에 많은 발전과 영광이 있기를 기원한다. 그리고 오래 기다려준 나남출판의 조상호 사장님과 직원 여러분께 마음 깊이 감사드린다.

2006년 2월 15일
저자들을 대표하여 심 영 희

나남신서 · 1117

한국 젠더정치와 여성정책

차 례

제 1 부

미완의 평등
1990년대 여성정책이 이룬 것과 못 다한 것

제1장
1990년대 정부와 여성운동의 여성정책 프레임 분석

김 경 희

1. 글의 목적

1990년대에 들어 국제사회 및 우리나라 정부에서 양성평등은 주요한 사회정책 과제가 되었다. 우리나라는 1990년대 이후 이전 시기와는 비교할 수 없을 정도로 다양한 여성정책들을 제정하고 여성정책을 전담하는 여성부와 각 부처에 여성정책 담당관 제도를 신설했다. 또한 1980년대에 민주화 운동으로 시작됐던 여성운동도 1990년대에 와서 주요한 의제들을 고용평등·모성보호·여성인권과 같은 여성 특수과제들로 전환하고 국가를 적대적 입장에서 바라보던 관점에서 제도정치에 일정하게 관여하는 참여정치를 전개했다.

사실 1990년대 이전까지만 하더라도 여성정책에 대한 정부의 의지나 관심은 극히 미미했다. 여성운동이나 일반여성들의 정부에 대한 인식도 그다지 긍정적이지 않았다. 국회에서 다루는 여성의제들은 대부분 경제발전을 위한 여성노동력 동원이나 인구통제를 위한 출산억제, 주부인력의 자원활동 활용에 관한 것이었다. 여성운동도 국가가 여성문제를 실질적으로 해결할 것이라고 기대하지 않았으며 형식적인 법

앞의 평등을 비판하는 경향이 지배적이었다. 그러나 1990년대에 와서 국가가 여성문제 해결을 위한 장(場)이라는 적극적 인식전환이 이뤄졌으며, 실질적 평등을 이루려는 노력이 정부와 여성운동 모두에 공통으로 나타났다.

현재 우리나라 여성정책의 목적은 양성평등을 표방하며, 이는 정부나 여성운동 모두에 공통된 정책담론이 되었다. 그러나 동일언어를 사용함에도 불구하고 실질적으로 여성정책 형성의 주요 주체들인 정부와 여성운동이 어떠한 의미로 이러한 정책언어를 사용하는지에 대한 구체적 분석은 그동안 이뤄지지 않았다. 이제까지 여성정책과 여성운동의 관계에 대한 연구들은 대체로 여성운동의 결과가 국가와 제도정치에서 얼마나 정당성을 얻고 정책적 영향을 끼쳤는가에 초점을 맞췄다. 특히 여성정책에 대한 분석은 법제화된 정책내용을 중심으로 이뤄져, 국가의 공식적 정책담론과 여성운동의 정책담론 사이에 존재하는 괴리와 긴장의 내용을 밝히기 어려웠다.

따라서 이 장에서는 1990년대 여성정책을 둘러싸고 정부와 여성운동이 구사하는 담론의 실질적 차이를 밝히기 위해 정책프레임 분석을 활용하여 한국사회에서의 여성의제 형성과정과 그 성격을 살피고자 한다.

프레임(*frame*)은 전개되는 사건·이슈에 의미를 부여하는 중심적 아이디어나 줄거리로, 그 이슈에 대해 무엇을 어떻게 해야 할지에 관한 정책방향이나 해답을 암시적으로 함축하는 입장(*position*)을 내포한다 (Gamson and Modigliani, 1989). 사회운동과 개별정책, 또는 논쟁적 사회이슈에 대한 프레임 분석은 많은 연구자들을 통해 진행되었다(강명구·박상훈, 1997; Clemens, 1996; Noonan, 1997; Snow and Benford, 1988, 1992).

사회운동론에서 프레임(*collective action frame*) 분석은 비교적 새로운 시도로, 사회구성주의적 관점에 근거한다. 기존의 사회운동 연구는 정치적 기회구조나 자원과 같은 구조적 변수들에 초점을 두고 이뤄

졌고, 프레임 분석은 주로 개인행위자가 어떻게 사회운동에 참여하게
되는가 라는 미시적 과정에 초점을 뒀다. 여기에서는 프레임을 개인행
위자에 초점을 둔 것으로 보기보다, 사회운동조직의 전략과 전술·조
직방식을 통해 구현되는 운동의 중심 아이디어로 보고 분석할 것이다.
그리고 정부의 여성정책 프레임은 국회에서 다뤄지는 정책입안자들의
언술분석을 통해 살피고자 한다.

   그러면 프레임에 대한 개념적 논의를 거친 후, 1980년대와 1990년
대를 비교하면서 여성정책을 둘러싼 여성운동과 정부의 프레임에 대해
분석하도록 하자.

2. 프레임 분석

   사회운동 분석의 주요 개념인 집합행위 프레임(collective action
frame)은 운동에 참여하는 개인이나 운동조직이 자신 주변에서 일어나
는 상황을 이해하고 그 문제의 근원을 정의함으로써 자신들의 불만을
해소할 방법을 고안하는 것을 의미한다(Snow and Benford, 1988,
1992; Snow et al., 1986). 즉, 프레임은 집합적 고통을 초래하는 부
정의에 대한 원인과 대안을 설명하며 다양한 경험들을 일관된 관점으
로 연결시키려는 것이다. 그것은 정치·사회·문화적 맥락으로부터
형성되고, 운동조직의 전략·전술, 그리고 조직방식을 통해 구현된
다. 프레임이 운동의 공식적 목표나 이념과 반드시 일치하는 것은 아
니며, 운동조직이 원래 의도했던 목표·이념은 현실정치에서 사회문
화적 상호작용을 통해 구현되기도 하고 때로는 실패하기도 한다.

   프레임의 기능과 구성요소로는 문제를 규명하고 그 소재를 파악하
는 진단요소, 문제해결을 위한 제안과 전략·전술 및 공격목표를 정하
는 절차인 처방 요소, 마지막으로 직접행동으로 옮기는 데 필요한 설

명근거를 제공하는 동기부여 요소가 있다. 프레임의 사회적 영향력과 이에 기초한 운동의 성패 여부는 진단 요소들이 경험적으로 얼마나 명확하고 믿을 만한 정황증거에 기반을 두는가, 직접적으로 자신의 일상적 경험에 어느 정도 바탕을 두고 있는가(experiential commensurability), 그리고 조직대상인 대중들의 광범위한 신념체계나 관행들과 맞아떨어지는 익숙한 요소를 얼마만큼 포함하는가에 달려 있다.

집합행위 프레임은 미리 정해져 있는 게 아니라 프레임 정렬(frame alignment)을 통해 만들어진다. 프레임 정렬은 어떻게 사회운동이 잠재적 동원인구인 개인들로 하여금 운동조직의 관점과 합의를 이루게 하는가를 설명하는 과정으로, 운동조직의 전략·전술과 관련 있다. 사회운동 조직이나 지도자들이 프레임 정렬을 위하여 동원하는 방법은 다음 네 가지다. 프레임 연결(frame bridging)은 특정 이슈에 대하여 이념적으로 그럴듯하지만 구조적으로는 연관되지 않은 프레임을 형성하는 것이다. 프레임 전환(frame transformation)은 개별운동이 새로운 이념을 제시하려고 할 때 취하는 전략이다. 프레임 부연(frame amplification)은 특정한 이슈가 담고 있는 해석적 측면을 고무하는 것이다. 마지막으로 프레임 확장(frame extension)은 잠재적 지지자들을 설득하고 확대하기 위해 그들의 이해·가치와 조화를 이루면서 운동의 목적·활동을 묘사하는 것이다(Snow and Benford 1988, 1989; Tarrow 1992). 프레임 정렬 분석은 단순히 운동조직의 이념이나 목적뿐 아니라 그것이 구체적 실천과 어떻게 접목되는가를 알려준다는 점에서 사회운동 분석에 유용하다.

일반정책이나 사회적 이슈에 대한 프레임도 사회운동 프레임의 개념정의나 성격과 다르지 않다. 기존정책에 대한 분석방법은 입법안이나 법령을 검토하는 것이 대부분이었다. 그러나 이 경우, 소수의 법안이나 법안에서 명시한 내용을 액면 그대로 다룰 수밖에 없다는 한계가 있는데, 프레임 분석을 하게 되면 특정한 이슈와 관련된 아이디어를 패키지로 조직하고 집락화(clustered) 함으로써 일련의 사건, 또는 발언들에 의미를 부여하는 중심 아이디어를 찾아낼 수가 있다(Gamson and Modigliani, 1989).

1990년대 여성운동의 프레임 분석을 위해 연구대상은 24개 여성단체들의 연합체인 한국여성단체연합(이하 여연)으로 한정하고, 여연의 1990년대 사업과 사업목적 등에 대해선 정기총회자료집과 정기간행물인 《민주여성》을 기초로 했다.

여연은 1990년대의 다양한 여성운동 흐름 중에서 1980년대에 민중여성운동으로 출발하여 1990년대에 시민운동의 하나로 성장해 온 여성운동 조직이다. 한국의 진보적 여성운동진영은 1987년에 21개의 다양한 여성운동단체들이 모여 한국여성단체연합이란 전국적 연합체를 결성하여 민주화운동 과정에서 부천서 성고문 사건·시청료 납부거부·최루탄 추방 등을 의제로 6월 민주화 운동을 고조시켰으며, 여성의 평생평등 노동권, 모성보호, 성폭력 일소, 통일과 정신대 문제, 생활정치라는 쟁점을 가지고 1990년대 여성운동 흐름을 주도했다.

정부의 공식적 여성정책 프레임은 국회 속기록 분석을 통해 접근한다. 이 연구에서는 국회 속기록에서 나타나는 여성관련 영역을 가족·노동·성성(sexuality)·복지·정치로 크게 묶고 영역별 세부 쟁점들을 파악한다. 그리고 영역 및 세부 쟁점별로 흐르는 중심 아이디어를 추려내어 프레임으로 구성했다. 시기별로 특정한 패키지에 대한 지지가 부각되거나 쇠퇴하는 경향성을 한 이슈가 얼마나 자주 사용되는가를 양화시켜 내용을 분석했다.

국회 속기록 분석에 사용된 자료는 제1대 국회에서 현재 국회까지의 본회의 속기록에서 발견되는 여성관련 발의이다. 국회는 유일한 입법기관이기 때문에 정책결정 및 담론형성 과정을 살피는 데 매우 중요한 공간인데, 이 글에서는 본회의 자료만을 사용했다. 본회의 외에도 각종 위원회의 속기록이 있지만, 방대한 양도 양이거니와 제도정치의 중앙에서 여성의제들이 얼마나 많은 빈도로 거론됐는가를 보려 했던 만큼, 정기국회의 속기록 자료만을 택했다.

자료구성은 국회도서관에서 구축한 데이터베이스에서 '여성'(또는 가족·노동·고용평등·성)이라는 단어가 들어 있는 기록을 모두 검색하는 방법을 취했다. 국회도서관 검색결과와 국회홈페이지 검색결과를 비교해 본 결과, 이 둘은 서로 중복되지 않는 것으로 나타났다. 즉, 본회의의 경우, 국회도서관 검색결과는 초대부터 15대 183회까지 검색되었고, 국회홈페이지 검색결과는 15대 184회부터 15대 204회(1999년 12월 28일)까지 검색됐다. 한 사람이 발언한 내용을 주제별로 구분하여 하나의 주제는 한 사례로 처리하여 235사례를 만들었다. 양화된 사례 수가 정확한 통계적 의미를 가진다고 말할 수는 없지만, 양적 규모를 통해 국회에서 다뤄지는 여성관련 의제들의 범위와 경향성을 보여준다는 데 의미를 둘 수 있을 것이다.

총 235개 사례 중 1980년대에 국회에서 거론된 여성관련 발언은 50개로 1990년대의 185개와 비교하여 거의 4분의 1 수준이다. 따라서 통계적 분류결과에 대한 논의는 1990년대에 더욱 비중을 둘 것이다. 국회 속기록 분석결과 중 1998년과 1999년도의 경우는 자료검색과정이 불완전하여 일부 자료들이 누락됐다. 달리 보면 시기적으로 경제위기를 겪던 터라 다른 시기에 비해 여성관련 의제들이 국회의 중심주제로 부각되기 어려웠다는 추측을 조심스레 해볼 수 있다. 따라서 분석결과 논의에 1998년과 1999년은 포함시키지 않았으며, 결론부분에서 이 시기의 특징을 별도로 다뤘다.

그러면 1980년대와 1990년대의 여성정책 프레임에 대해 정부와 여성운동 양자를 견주어 가며 구체적으로 논의하기로 한다.

3. 1990년대 운동 프레임의 전환과 여성문제의 정책화

1990년대 여성정책에 대한 프레임은 여성운동이나 정부 모두가 1980년대와는 달리 패러다임 전환을 이뤘다고 말할 수 있다.

1980년대에는 한국 군부정권의 배타적이고 권위주의적 성격, 분단국가라는 조건, 그리고 노동자계급 문제가 주요 사회현안이었기 때문에 여성문제는 우선과제로 자리하지 못했다. 여성운동 또한 사회민주화·민족자주·민중권력 획득이라는 삼민이념을 여성운동 프레임으로 형성해 갔다.

1980년대 초반에는 또하나의문화, 여성의전화, 민청련산하 여성부, 그리고 여성평우회 같은 여성운동 조직들이 결성됐다(이승희, 1994). 이들 조직은 기존의 한국여성단체협의회를 중심으로 한 자유주의적 여성운동과 자신을 구별했다. 1980년대 진보적 여성운동의 주요 의제는 도시빈민과 노동자 여성들의 생존권과 독재권력에 대한 민주화 요구였다. 이 당시 여성운동은 삼민이념을 여성운동의 주요 프레임으로 수용하였는데, 이 과정에서 여성운동에 대한 정의와 역할에 대해 서로 다른 관점으로 인한 화해할 수 없는 차이가 존재했다.

1987년의 민주화 과정에서는 대중들의 정치의식이 고양되고, 생산직 여성뿐만 아니라 사무직 여성, 주부, 성폭력, 종교, 환경, 탁아 등 이전 시기에 드러나지 않았던 다양한 이슈들이 부각됐다. 상대적으로 열린 정치공간에서 21개의 진보적 여성운동단체들은 한국여성단체연합이라는 전국조직을 결성했으며, 동시에 한국여성민우회와 같은 크고 작은 여성운동 단체들이 조직됐다(이승희, 1994).

민선 군부정권의 수립과 1988년 총선을 통한 여소야대 국회의 성립은, 불완전하고 왜곡된 상태이기는 했지만 여성관련 정책을 제·개정할 수 있는 계기를 마련했다.

더욱이 1980년대 말의 동구권 몰락으로 한국의 맑스주의와 민중이
념의 정당성은 흔들리기 시작했고, 여성운동의 기반이었던 사회주의
와 맑스주의 페미니즘의 내용 또한 도전에 직면했다(Louie, 1995).

당시 민주화와 독재정권에 대한 반정부의식이 광범위한 정치문화를
형성한 가운데 여성운동은 이러한 정치문화의 소비자가 됐지만, 여성
노동자나 빈민여성을 제외한 일반여성들의 경험적 신뢰와 일반성을 확
보하기에는 프레임 내용이 제한되었다. 때문에 제도정치나 공공정책
은 여성문제를 해결할 수 있는 장소나 매개라기보다는 비판대상이었
고, 정부의 여성정책 또한 형식적인 면을 가지고 있었다.

1980년대의 여성관련 정부정책은 가족법 개정과 출산억제를 내용으
로 하는 인구정책이 주를 이뤘다. 그리고 여전히 요보호여성들을 대상
으로 한 사후적 복지에 중점을 둔 시기라 할 수 있다. 여성관련 업무
는 여성문제를 담당하는 기구가 없었기 때문에 일관성 있게 추진되지
는 못했다. 그리고 UN을 중심으로 한 국제 여성정책의 흐름은 개발도
상국의 경제개발 과정에서 소외되었던 여성역할에 주목하고 여성을 경
제개발에 활용할 수 있는 자원으로 인식하면서, 주로 보건·영양·가
족계획·식수·소득창출과 같은 개발도상국 여성들의 실질적 요구에
부응하는 데 초점을 두었다. 이는 남성과 여성 간의 불평등한 성별관
계보다는 여성의 전통적 성역할을 수용하고 이 역할을 통해 보다 효과
적인 성과를 이루려는 접근법이다(Moser, 1993; Miller and Razavi,
1998). 이러한 국제기구의 노력은 각국 정부 차원에서 여성개발을 위
한 국가기구 설립의 계기를 마련하는 등 긍정적 결과를 가져왔지만,
여성정책 관련기구들이 정책의 중심형성과 집행의 중심에서 고립되고
예산규모도 전체의 1% 미만에 불과한 등 한계를 보였다. 1980년대
우리나라 여성문제를 정책화하려는 시도는 이러한 맥락에 크게 영향받
았다. 국회 속기록 분석에서 나타나듯이, UN의 여성발전과 여러 조
약에 대한 비준은 한국정부로선 피할 수 없는 외부적 압력이 됐다.

특히 1987년 헌법개정과 민주항쟁 과정에서 여성들은 경제적 영역
에서의 여성차별금지와 여성복지추구 및 모성보호를 강조·요구하기
에 이르렀다. 이 시기 정부의 여성정책 목표는 '남녀공동참여, 공동책
임사회'라는 추상적 수준이었지만, 여성들의 경제활동 참여가 늘어나
고 여성운동이 신장하는 가운데, 여성문제를 총괄하는 여성관련 행정
기구인 제2정무장관실이 발족됐다. 1987년 남녀고용평등법 제정 및
1989년의 동법의 개정, 1989년 모자복지법의 제정 등은 이 시기에 형
성된 주요한 여성정책들이었다(김미경, 2000).
　다음으로는 1990년대 정부와 여성운동의 여성정책 프레임에 대해
살펴보기로 한다.

1) 1990년대 여성운동 프레임

(1) 여권 프레임: 1990~1992

이 시기의 진보적 여성운동 프레임은 여권 프레임이라 명명할 수 있
다. 그러나 기존의 자유주의 페미니즘이 여권과 평등한 기회를 목적으
로 펼쳤던 운동과는 차별성을 가진다. 여연이 구성하는 여권 프레임은
불완전한 민주주의에 대한 문제제기이며, 평등한 시민권이 사실은 여
성배제와 차별에 기반함을 핵심으로 하기 때문이다. 이 프레임은 평생
평등노동과 모성보호, 인권침해로서의 성폭력, 그리고 평화를 사랑하
는 여성이라는 내용으로 여성대중들의 이해와 조응하려 했다.
　고용평등은 '여성의 평생평등노동권과 모성보호'라는 쟁점을 가지고
제기됐다. 즉, 여연은 여성들의 사회참여를 어렵게 하고 결과적으로
남녀불평등을 초래하는 것이 여성의 출산과 육아에서 비롯된다고 진단
하면서 사회적 차원의 모성보호 재평가가 필수적이라고 보았고, 모성
보호를 노동문제의 하나로 인식시키고 평생평등노동권을 확보하는 방
법 중의 하나로 삼았다(《민주여성》 9, 1990: 37). 페미니즘에서 항상

논쟁거리였던 보호와 평등의 문제가 이 당시 여연의 여권 담론 속에서는 갈등 없이 병존하는 편이었다. 구체적 활동은 남녀고용평등법 개정·탁아법 제정·생리휴가 폐지에 대한 방어·근로자파견법 제정에 대한 저항 등 여성들에게 불리한 정부 노동정책에 대한 대응이었다(한국여성단체연합 정기총회, 1991).

이러한 여권 담론은 1987년 이후 다양한 여성들의 요구와 이해에 부응하는 것이면서도, 유엔을 중심으로 한 국제기구와 글로벌 페미니즘 맥락과 조응하는 것이었다. 특히 보호와 평등의 문제에 대해 국제기구 기준은 이러한 담론을 정당화해 주는 역할을 했다.

성폭력 추방이라는 의제는 1992년과 1993년 여연의 중점사업이었다. 이 시기 여연은 성폭력 추방을 위한 사회적 캠페인과 성폭력 방지를 위한 법안제정에 목표를 두었다. 그것은 성폭력이 피해자의 정조와 도덕성 상실이 아니라 인권에 대한 침해라는 인식전환을 목표로 한 것이기도 했다. 성폭력에 관한 법안은 이와 같은 목표 아래 마련됐는데, 이를 위한 여성연대가 구성됐다. 대선이라는 정치적 공간 속에서 성폭력 방지법 제정은 선거후보들의 공약이 됐다. 성폭력 이슈는 1983년 여성의 전화 창립 이후 계속 제기됐지만, 1980년대 들어 여성운동가나 여성노동자에 대한 비민주적 정부의 통제기제라는 점이 부각되고 민족자주화를 위한 반미운동의 일환으로도 다뤄짐으로써 일반여성들의 경험으로 확대됐다.

(2) 여성적 관점 프레임: 1993~1997

1993년 문민정부 성립 이후 국가나 그동안 제도권 밖에서 활동했던 사회운동 세력에게나 정당성 문제가 중요해졌다. 문민정부로 이행하면서 시민사회가 확대되었고 삶의 질 향상과 세계화라는 사회적 담론과 정부의 정책들은 운동세력과 일반대중, 제도정치 모두에 영향을 끼쳤다. 특히 국회의원과 지방의회 선거, 그리고 세계여성대회는 여성운동이 여성적 관점의 활동을 구성할 수 있는 정치적 배경이 됐다. 이러한 정치적 맥락은 사회적으로나 정책적으로 시민운동에 대해 유화적 분위기를 조성하게 했고, 여성운동뿐만 아니라 다른 시민단체들도 활동지반을 넓힐 수 있는 배경이 됐다.

이 시기의 여성운동 프레임은 여성의 시각으로 사회를 보자는 '여성적 관점'에 관한 것이었다. 지난 시기에 여권을 강조함으로써 사회의 식과 정책의 변화가 이뤄졌고, 대중적 페미니즘의 상품화 흐름과 맞물려서 여성대중들의 정체성 형성에 영향을 미쳤다. 지금까지는 '억압당하는 사람'으로서의 여성문제에 초점이 맞춰졌다면 이제 여성들의 관심사는 '새로운 사회를 변혁하고 창조하는 사람'으로서의 여성 역할로 초점을 옮겨가고 있었다(《민주여성》 18, 1995). 여성적 관점의 담론은 광범위하게 형성된 삶의 질과 세계화에 대한 사회적 담론 및 정부정책, 그리고 국제기구의 여성정책과 글로벌 페미니즘과 적절하게 조응했다. '여성의 눈으로 세계를 보자'는 1995년 세계여성대회의 슬로건과 이 시기 여성운동 담론은 맥락을 같이했다.

1994년에 여연은 1987년 창립 당시와는 다르게 여연의 조직목적을 "여성단체간의 협력과 조직적 교류를 도모하고 남녀평등, 여성복지, 민주, 통일사회의 실현"으로 수정했다. 그 목적을 달성하기 위한 사업으로 여성권익 신장을 위한 각종 법률·제도의 제정 및 개선을 위한 활동, 여성복지 및 근로여성 관련사업, 통일 관련사업이 제시됐다(한국여성단체연합 정기총회, 1995).

항상 진보적 여성운동이 제기하던 민족과 통일문제도 여성적 관점의 담론 속에서 해석됐다. 즉, 1990년대에 여성운동이 전개한 통일운동은 성과 민족문제가 융합되어 있는 것으로써 이 운동에 대한 여연의 기본적 관점은 평화를 사랑하는 여성의 자질은 통일운동에 기여할 수 있다는 측면과 그 이전 시기부터 진행된 민족·민주운동에 여성들이 참여해야 한다는 당위성을 포함하는 것으로 해석할 수 있다.

여성의 시각을 강조하는 프레임은 대표적으로 '생활정치'라는 이슈를 가지고 사회문화적으로 확장됐다.

1994년에 여연은 "열린정치, 생활정치"라는 슬로건을 만들어 냈다. 이는 1995년에 있었던 네 차례의 지방의회 선거를 겨냥해 만들어진 것이었다. 이는 생활정치를 통한 여성들의 정치적 역량강화(empowerment)를 목적으로 했다. 한국의 정치과정은 주로 남성지배적이고 특정 정당이나 집단에 의해 통제되었다. 정당정치 또한 개인이나 지역에 기반을 두기 때문에 여성들의 정치참여는 그다지 쉽지 않다. 따라서 여연은 여성들이 정치적 영역으로 쉽게 진입할 수 있는 길은 지방의회에 참여하는 것이라고 보았다(《민주여성》 17, 1994). 생활정치는 환경·교통·주거·의료시설, 교육과 여가시설같이 여성들의 사적 영역에서 제기되는 모든 문제들이 정치를 통해 사회적 이슈가 될 수 있다고 보는 것이다.

이러한 생활정치에 대한 강조는 여연의 소속단체들로 하여금 지역여성운동의 중요성을 부각시켰다. 한국여성민우회를 비롯한 소속단체들에서는 생활협동조합운동 및 환경운동을 통해 가정을 중심으로 거주지역에 근거를 둔 일반주부들이 운동에 참여하는 양상을 보였다.

여성적 관점의 프레임은 실천활동에서 '참여의 정치'(politics of engagement)라는 모습으로 나타났다. 1990년대 초반부터 제기된 평생평등노동권·인권보장의 연장선으로서 성폭력 추방·통일과 사회민주화라는 요구는 제도정치에서 구체적 정책으로 만들어졌고 제도정치에 대한 개입으로 구체화됐다. 이러한 특징은 국가에 대한 여성운동의 인식이 1980년대의 적대적 관점에서 여성문제를 해결할 수 있는 장소로 바뀌고 있음을 보여준다. 이러한 인식변화는 여성운동조직의 법인화 과정을 촉진시켰다.

1987년까지의 여성운동이 활동가 중심의 운동이라는 특징을 가지는 반면, 1990년대에 들어서는 여성들의 다양한 계층과 관심·이해를 반영하는 다양화·전문화된 운동으로 변화했다.

2) 1990년대 정부의 여성정책 프레임

1990년대의 여성정책은 여성정책기구의 설치와 함께 남녀평등 실현을 위한 성차별적 사회제도 개선을 포함한 총체적이고 종합적인 의미를 갖게 됐다.

1993년부터 1997년까지의 김영삼 정부는 출범 이후 세 명의 여성장관과 한 명의 여성차관을 기용했고, 대통령 비서실에 여성담당 정무비서관제를 신설하였으며, 국회에 여성특별위원회를 설치하여 여성정책의 법제화를 추진했다. 그리고 세계화추진위원회를 결성하여 10대 중점 과제의 일환으로 여성문제를 적극적으로 수용했다. 1995년 남녀고용평등법을 개정하여 여성의 신체적 조항을 명시하는 모집 및 채용을 금지시켰으며, 1993년 성폭력범죄 처벌 및 피해자 보호 등에 관한 법률을 제정했다.

1995년에 우리나라는 국제적 여성정책 전략인 성주류화 개념을 수용하면서 여성발전기본법을 제정, 1980년대의 여성정책에서 진일보한 체계적 여성정책의 추진기반으로 삼았다. 여성발전기본법에서는 여성정책의 기본목표를 평등사회 구현·여성의 사회참여 촉진·여성복지 증진으로 설정하고, 여성정책을 남녀평등 촉진과 여성의 사회참여 확대 및 복지증진에 관해 대통령이 정하는 정책이라고 정의한다. 그리고 여성발전기본법은 이 법의 구체적 시행을 위해 매년 여성정책기본계획을 수립하도록 규정했는데, 정부는 제1차 여성정책 기본계획(1998~2002)을 수립, 20대 여성정책 과제를 선정했다.

1990년대에 형성된 여성정책들은 형식적인 면에서 상당한 수준에 이르렀다고 볼 수 있다. 〈표 1-1〉, 〈그림 1-1〉과 〈그림 1-2〉는 이 연구에서 분석한 여성운동과 정부의 프레임 분석결과이다. 1980년대 여

〈표 1-1〉 정기국회에서 제기된 여성관련 이슈의 빈도(연도와 이슈별)

	쟁점	'81	'82	'83	'84	'85	'86	'87	'88	'89	'90	'91	'92	'93	'94	'95	'96	'97	'98	'99	계
노동	여성인력 활용	1		1	1	1	1			2	1	7	2	1		5	1	4		1	29
	고용차별				2	1	2	2		9	2	4	2	7	5	3	3			1	101
	탁아시설 확충	1						1		3	3	6	1	3	2	5	2	4		1	234
	모성보호															2	1	1			472
	자원봉사활동									1	1	1		1			1	1			950
	가사노동가치							2										1			1,903
	재택근무																1	1			3,808
	육아휴직																	1		1	7,618
가족	가족법 개정										1	1				1	1				4
	인구억제	1		1		1															11
	성비불균형				1											1	1	2			27
	실직가장															1	1	1		1	58
복지	여성연금																	2			118
	여성 삶의 질									1			1				1				3
정치	낮은 정치참여					4					1		1	1		2	2	4		1	16
	할당제															1	3	1			37
	UN 비준				1		2									2					79
	여성기구설치		2					1				1	1			3					166
	10대 과제															4		2			6
	여성의원 비하																1	2		2	359
성성	미혼모·윤락				1			1				2	1			1	1			1	8
	성폭력 방지														1	1					18
	성도덕																3	4			43
여성관	여성성															8	4	1			13
	사회취약계층			1									1	1		3		4		1	37
	몰지각여성																1	1			76
	위안부															2	2	1			5
계		3	2	3	3	8	5	3	6	17	9	23	9	14	7	45	31	37		10	8
						50										185					

〈그림 1-1〉 정기국회에서 제기된 여성관련 이슈의 시기별 빈도

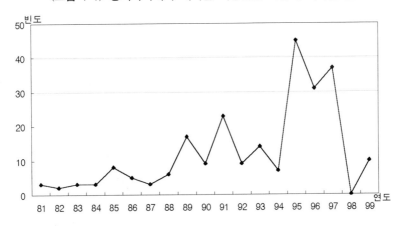

〈그림 1-2〉 정기국회에서 제기된 여성관련 세부 이슈 및 시기별 빈도

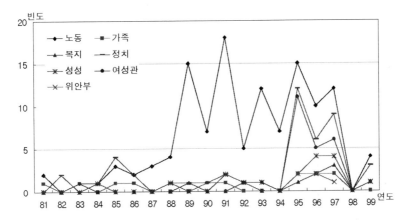

40

성운동이나 여성정책에 대한 정부의 적극적 인식은 찾아보기 힘든데, 실제 양적으로도 국회에서 거론되는 여성의제 또한 1990년대와 비교하면 극히 적다는 것을 알 수 있다. 1980년대와 1990년대에 국회에서 거론된 여성의제들의 세부쟁점들을 살펴보면, 노동영역에서 재택근무나 육아휴직, 가족영역 중 가족법, 세법개정, 복지영역 중 실직가장, 연금, 여성성에 대한 강조, 위안부 문제는 1990년대에 새로이 등장한 쟁점들이다. 국회에서 국회의원들에 의해 제기된 의제들을 시기별로 크게 가족·노동·성성(sexuality)·정치·복지라는 주제영역으로 묶어 프레임을 구성해 보면, 여성문제를 이해하는 방식의 경향성을 읽어낼 수 있다(〈표 1-2〉 참조).

우선 노동영역을 살펴보면, 여성들의 경제활동을 국가경쟁력 확보를 위한 인적자원 활용이라는 측면에서 인식한다. 고용차별과 탁아시설 확충은 이를 위한 도구라 할 수 있다. 이러한 정책 프레임은 1980년대와 1990년대에 걸쳐 동일하게 관철된다. 다음의 발언내용들은 이를 확인하는 데 도움을 준다.

주부 등 여성의 취업기회를 확대하고 여성고용촉진과 고임금 문제의 해소에도 도움이 되어 기업 측에서 임금부담에 대한 완화 … (1996. 10. 30).

여성, 고령자, 비진학 청소년 등 경제활동이 가능한 잠재인력을 최대한 개발하여 중소기업의 인력난을 해소 … (1996. 10. 21).

여성, 장애인, 고령자 등 활용가능한 잠재인력을 적극 개발 공급하고 국가의 직업훈련 체계와 기술자격제도를 개선하여 중소기업에 필요한 기능인력을 원활히 양성 공급하는 체제를 갖추도록 하겠습니다 (1996. 1. 25).

다만 여성인력 활용을 위한 방법에 대한 인식이 변화를 보일 뿐이다. 다음의 발언내용이 시사하듯이, 1980~1990년대에 고용차별과 탁아시설의 확충은 여성인력 활용을 위한 아주 중요한 도구로 인식되고 있음을 보여준다.

　　영유아 보육시설은 실제로 주부여성인력을 산업현장에 유도하기 위한 구체적 내용을 담아야 … (1997. 11. 17).

　　맞벌이 부부나 결손 가정 또는 저소득층 아동보육 문제는 가정문제가 아니라 국가, 사회적 현안과제로 대두 … (1996. 7. 20).

1990년대에 들어서면서 여성인력 활용방안으로 모성보호(육아휴직)와 공공근로 및 자원활동, 재택근무와 탄력근무에 대한 방법들이 제시됐다. 그러나 다음에서 보듯 이러한 방안들은 기업의 경쟁력 강화를 위한 도구적 논리와 여성의 성역할을 강화한다는 부정적 견해가 공존하면서 거론됐다.

　　근로여성 기본계획은 여성인력의 노동력화를 위한 방안으로 가정과 직장의 이중업무를 요구하는 전근대적 근로형태인 시간제, 재택근로, 파견제 등을 주요 골자로 하는 여성취업 확대정책인바, 이는 여성에게만 가정과 직장의 병행을 강요하는 성역할 분업에 기초한 정책이므로 기본계획을 수정하고 세부계획을 재조정할 것 … (1996. 12. 17).

　　(재택근무는)기업의 경쟁력 강화 및 직업선택의 기회확대로 인한 실직자와 여성고용 확대 등에도 기여할 수 있을 것으로 보입니다 (1998. 2. 14).

국회 속기록에서 여성인력 활용방안으로 거론되는 여러 제안들은 여성을 임금노동자로서의 여성과 가정주부나 비취업여성으로 구획했는데, 비취업여성의 활용은 무보수 자원봉사나 단체활동 등을 통해 해소돼야 한다고 보았다. 자원봉사나 단체활동의 목적을 사회참여와 정치세력화를 추구하는 것으로 삼는 여성운동의 시각과는 거리가 있다.

1990년대에 여성인력 활용은 그동안 노동시장에서 소외됐던 고령자나 장애인, 그리고 외국인 노동자와 견주어서 거론된다.

외국인 근로자 고용의 사회적 비용과 여성, 고령자 고용시 드는 비용을 비교 분석해야 합니다(1997. 11. 17).

여성인력 활용이라는 측면에서만 여성들의 고용확대를 논의하는 데서 알 수 있듯이, 실제 여성들의 경제활동 참여를 위해 극복돼야 할 한 축인 고용차별 관행과 사회환경에 대한 근본적 해결이라는 방법에는 그다지 적극적이지 않음을 속기록 분석결과는 보여준다. 국회 속기록에서는 남녀고용평등법의 불이행이나 고용차별에 대한 발언들이 많이 나타나지만, 실제 해결에 있어 소극적이다.

남녀에게 균등한 기회와 대우를 보장하였음에도 불구하고 특정 고용형태 등에 다수의 여성이 집중되어 있다 하여 이를 여성에 대한 차별로 보아 일률적으로 규제하는 것이 적절하지 않다고 판단된다. …

시간제 근로, 계약직 근로의 고용형태가 여성에게 현저히 불리하다는 의견이 있으나 기업에서 남녀차별에 의하지 않고 이들 근로자를 채용하는 것은 법적으로 규제할 수 없다. …

국회 본회의 속기록 분석결과, 복지이슈는 요보호여성과 관련하여 1980년대 말에서부터 간헐적으로 제기되다가, 1990년에 들어 국정기조인 세계화와 삶의 질 향상이라는 공적 담론의 맥락에서 제기되었다. 여성과 관련한 복지이슈는 여전히 매매춘 여성·저소득층 여성 등 요보호여성에 대한 발언이 주를 이루며, 일반여성에 대한 복지이슈는 사회보험과 관련된 발언이 나타났다. 특이할 만한 것은 여성들의 정신건강에 대한 이슈가 제기되었다는 점이다. 그동안 복지문제가 물질적 측면에서 다뤄졌던 점에 비추어 본다면 새로운 이슈라 할 수 있다. 그리고 그동안 여성정책 내에서도 주변화됐던 농촌여성의 복지문제가 제기됐다.

국회 본회의 속기록 분석결과, 여성관련 정치이슈는 우리나라 여성들의 낮은 정치적 대표성과 지위, 그리고 여성지위를 향상시키기 위해 노력하겠다는 구호성 발언들이 주를 이룬다. 여성들의 정치적 저대표성을 해결하기 위해 여성정책담당기구 신설과 할당제를 실시해야 한다는 발언들도 마찬가지로 빈번히 거론되었다. 다음 발언내용들은 이러한 경향을 잘 보여준다.

> 앞으로 우리당은 새로운 정치문화를 창출하기 위하여 참여민주주의를 가속화시킬 것입니다. 그간 참여도가 다소 떨어졌던 여성, 청년, 사무직 근로조합원, 하위직 공무원의 정치참여를 적극적으로 이끌어 내겠습니다(1997. 7. 1).

> 국민의 정부는 여성의 권익보장과 능력개발을 위해서 적극 힘쓰겠습니다. 가정에서나 사회에서나 직장에서나 남녀차별의 벽은 제거되어야 합니다(1998. 3. 16).

정치와 관련된 속기록 분석에서 알 수 있는 것은 여성들의 정치적 저대표성의 문제가 왜 해소돼야 하는지, 왜 문제인지에 대한 근본적 언술들은 나타나지 않는다는 점이다.

국회 속기록에서 가족에 대한 정책 프레임은 가족을 재생산과 부양의 단위로서 강조한다.

> 공동체의 기본단위는 가족이다. 노인의 행복, 청소년의 행복, 주부
> 의 행복도 따뜻한 가족의 틀 속에서 키워가야 합니다(1996. 10. 22).

> 정부는 양성평등의 정신과 여성계의 배우자 재산형성 기여도에 입각
> 한 부부공동재산 지분 분할로의 주장을 수용해서 배우자 공제를 상
> 당폭 상향조정 … (1996. 9. 23).

> 핵가족화 및 소가족화, 여성의 직장진출, 경로효친사상의 약화로 인
> 한 노부모에 대한 부양의식 저하 등은 치매노인문제를 더욱 어렵게
> 만들고 있습니다(1999. 7. 7).

그리고 1970~1980년대까지 인구억제가 필요했던 고출산율 상황에
서 1990년대 남아선호로 인한 성비불균형과 출산율 저하라는 상황으
로 인구정책 조건이 바뀌면서 정책방향상의 변화가 보인다.

성성과 관련하여 제기되는 국회에서의 발언은 크게 미혼모와 매매
춘여성, 성폭력, 그리고 성윤리에 대한 것으로 분류할 수 있다. 이 세
가지 이슈들 가운데 미혼모와 매매춘 여성, 성폭력은 성윤리와 도덕의
타락 때문인 것으로 인식된다. 다음은 성성과 관련된 의제의 프레임을
보여준다.

> 무엇보다도 예방이 우선되어야 하므로 우리사회의 병폐를 치유하고
> 도덕적으로 건강한 사회를 조성해야 합니다(1995. 7. 12).

국회의제에서 나타나는 여성관은 어머니와 일하는 건전한 여성, 보
호되어야 할 사회취약계층으로서의 여성, 그리고 가족이기주의나 과
소비의 주범인 여성이라는 경계를 만들어 내고 있다.

여성은 약해도 어머니는 위대합니다. 우리들의 어머니가 일당 얼마 받고 제발 더는 아들, 딸에게 보여주지 말게 해야 합니다(1996. 12. 23).

여성들이 가족이기주의에서 벗어나 사회에 기여할 수 있는 계몽교육을 시키고 여성의 유휴노동력이 공익과 사회활동에 활용될 수 있도록 적극적으로 검토해야 … (1996. 10. 31).

국회에서 거론된 여성의제들을 프레임으로 묶어보았을 때, 1980년 대와 1990년대는 정책의 내용 면에서는 차이를 보이나 프레임은 거의 동일하게 나타난다(〈표 1-2〉 참조). 다만 가족 영역에서 1970~1980 년대에는 인구증가를 경제발전 저해요소로 인식하여 출산억제 정책에 주력했다면, 1990년대에 와서는 성비불균형과 출산율 저하에 따라 인 구의 질 향상으로 정책방향이 달라졌다.

여성운동의 여성정책관련 프레임은 국회의 여성정책 프레임이 여성 문제의 현상적인 면에 초점을 둔 데서 한발 더 나아가 양성평등이라는 궁극적 목적을 지향하는 경향성을 보인다.

1990년대에 국회에서 제기된 여성의제들이 1980년대에 비해 양적으 로나 이슈의 다양성에서 많은 변화를 보이기는 하지만, 양성평등을 여 성정책의 핵심 아이디어로 삼고 제기된 것은 아니다. 여성운동의 평생 평등 노동권이나 여성의 눈으로 사회정책 전반을 평가하는 여성정책 방향과는 거리가 있다. 우선 열악한 여성고용 현실과 낮은 정치참여라 는 현실이 국제적 수준과 동떨어져 있고, 여성지위를 향상시키려는 국 제기구의 압력에서 국내 정치와 정책내용이 자유로울 수 없다는 데 그 원인이 있다. 그리고 여성발전기본법·남녀고용평등법과 같은 제도적 장치의 형성은 여성운동이 1990년대 들어 이를 모니터링하는 압력단 체 역할을 함으로써 이들 법안이 형식적이거나 구호성 정책으로 그칠

46

〈표 1-2〉 국회 본회의 속기록에 대한 여성정책 프레임

영 역	1980~1990년대 정부 여성정책 프레임	1990년대 여성운동 프레임
노동 경제	• 프레임: 유휴인력 활용이 국가발전에 도움 • 진 단: 고용불평등, 차별 • 처 방: 여성들의 경제활동 도모 위해 재택·시간제 도입, 비취업주부 봉사, 공공근로 활용	평생 평등노동 프레임
성폭력	• 프레임: 성윤리 회복 • 진 단: 인신매매, 성폭력, 미혼모, 윤락여성 급증 • 처 방: 성윤리 회복 위해 여성정책이 강력히 규제	인권 프레임
가 족	• 프레임: 재생산 및 부양 단위 • 진 단: 경제발전 저해요소로서의 인구 증가(1970~1980년대) → 남아선호, 성비불균형, 출산율 저하(1990년대) • 처 방: 인구억제(1970~1980년대) → 인구의 질 향상·세법개정 (1990년대)	가정·직장 양립 프레임
복 지	• 프레임: 사회취약계층에 대한 보호 • 진 단: 저소득층 모자가정 및 윤락, 부랑아 여성 문제 • 처 방: 요보호여성에 대한 공적 부조 및 사회서비스	보편적 복지 프레임
정 치	• 프레임: 토크니즘(Tokenism) • 진 단: 국제수준에 비해 여성의 낮은 정치참여 • 처 방: 여성정책담당기구 설치와 할당제	민주주의 프레임 (의사결정 주체로서의 여성)

수 없게 만드는 배경이 되었다. 또한 여성문제에 대한 여성운동과 제도정치의 다른 이해방식은 항상 여성정책형성 과정에서 긴장과 갈등의 요소로 작용한다.

4. 결론 : 성주류화와 경제위기 (1998년～현재)

앞서 살펴보았듯이 1980년대까지만 하더라도 한국의 여성정책은 대부분 위에서 주어지는 성격을 가졌다. 이는 역사적으로 한국사회에서 만성적이었던 국가의 배타적 성격에서 찾을 수 있다. 게다가 한국에서는 역사적으로 독립적 이념정당이 존재하지 못했고, 따라서 이념에 기반한 정치적 연합의 경험도 거의 없다(Cummings, 1981). 이와 같이 공식적 통로를 통하여 여성의제를 실현할 수 있는 기회가 희박했기 때문에 여성운동은 여성들의 의제를 실현하기 위한 준정당과 같은 역할을 하면서 여성정책 발전에 상당히 기여해 왔다고 말할 수 있다.

1990년대 중반 이후로 이전시기와 비교해 상당 정도의 진전을 이룬 여성정책과 여성정책을 담당하는 중앙 및 지방정부의 기구들은 한국여성 발전을 위한 자원이 되었다.

이 장에서 본격적 분석을 시도하지는 않았지만, 1990년대 말의 경제위기를 기점으로 여성정책과 여성운동이 빚어내는 젠더정치는 새로운 국면을 맞았다고 볼 수 있다. 다음에서는 1990년대 말부터 현재까지의 여성운동과 정부 여성정책에 대한 간단한 소고로 결론을 대신하고자 한다.

1990년대 말에서 현재에 이르기까지 정부와 여성운동은 양성평등을 이루기 위한 전략으로서 성주류화(gender mainstreaming)라는 동일한 정책언어를 사용한다는 점에서 흥미롭기도 하며, 1990년대 후반의 여성운동과 여성정책의 특징을 드러내 주고 있다.

주류화에 대한 관심은 이미 1995년 북경 세계여성대회를 기점으로 정부의 여성정책뿐 아니라 여성운동에도 많은 영향을 끼치는 정책담론이 됐다. 북경대회의 행동강령은 전반에 걸쳐 여성정책 주류화를 강조했다. 성주류화는 양성평등(gender equality)을 이루기 위해 성 관점(gender perspective)이 모든 과정에 통합되는 것을 의미한다. 사실 이 개념은 1995년에 공식적으로 채택되기는 하였지만, 1970년대의 개발 과정에 여성을 통합시키자는 요구에서 나왔다. 1995년 베이징 여성대회에서는 성(gender)이라는 개념과 성주류화라는 용어를 행동강령에 공식 수용했다(Corner, 1999).

1997년 이후 여연은 3년 연속 주요 사업으로 여성의 정치적·경제적 주류화(mainstreaming)를 표방해 왔다.

그러나 1990년대 말은 그동안 이루어 놓았던 여성운동과 여성정책의 성과들이 경제위기와 정부의 신자유주의적 정책기조 속에서 무력해질 수 있는 위험한 시기였다. 오히려 경제위기와 신자유주의의 확산과정에서 고용평등의 이슈는 여성노동의 비정규직화와 실업, 그리고 빈곤여성의 확산으로 난항을 겪었다. 1990년대 말에 여성운동단체들은 여성실직자 프로그램, 일하는 여성의 집, 그리고 성폭력 상담소의 경우와 같이 공적 기구의 업무를 대행하는 역할을 부여받았다. 대량실업의 한파 속에서 여연의 소속단체들은 1998년 긴급구호활동과 공공근로사업을 위탁받아 수행하고, 1999년에는 빈곤의 여성화를 제도적으로 방지하기 위한 국민기초생활보장법 제정에 힘을 기울였다. 이는 한국 복지정책이 사회적 안전망을 제대로 구축하지 못한 데서 비롯되기도 하지만, 경제위기라는 국면에서 여성문제를 정면으로 다루고자 했던 여성운동의 선택으로도 볼 수 있다.

1998년에 김대중 정부는 여성정책을 총괄·조정하는 여성정책담당기구로 대통령직속 여성특별위원회를 신설하고, 집행력 보강방안으로 기존의 노동부·보건복지부·법무부·행정자치부·농림부·교육부 등

6개 부처에 여성정책담당관실을 신설했다. 그리고 2001년에 대통령직
속 여성특별위원회는 독립부처인 여성부(Ministry of Gender Equality)
로 재출범, 정책기조로 성주류화를 표방했다.

　이 시기에 두드러진 현상 중의 하나는 한국사회에서 국가페미니즘
형성의 단초가 보인다는 점이다. 김대중 정부에서는 여성학을 전공하
거나 여성운동 활동가였던 이들이 정당과 여성특위, 지방자치단체의
여성정책담당관, 여성부에 진입했다. 이처럼 1990년대 중반 이후로
정·관계로 진출하는 여성학 전공자 및 여성운동가들은 정부 내에서
여성들만의 방법으로 정치를 하는 방법이 있는지, 어떻게 여성주의 원
칙을 가지고 정부관료가 될 수 있는지, 관료제 내부의 제한점들과 외
부 여성운동조직들의 요구와 기대를 어떻게 조율해야 하는지를 타진하
는 중요한 과제를 안게 됐다(김경희, 2000).

　2000년대 초의 한국사회를 살펴보면, 정부차원에서 마련된 기구 및
페미니스트 관료들, 그리고 여성정책을 실행할 수 있는 각종 법률 및
제도, 그리고 여성운동 확산이라고 하는 자원들을 보유했다. 앞으로
한국사회의 여성정책을 둘러싼 젠더정치는 이러한 자원들을 어떻게 양
성평등이라는 목적을 이루는 데 적절하게 활용할 것인가에 달려 있다
고 할 것이다.

■ 참고문헌

김경희. 1998. "여성운동의 제도화와 자율성에 관한 연구". 《연세여성연구》,
　　　제4호. 연세대학교 여성연구소.
＿＿＿. 2000. "국가페미니즘의 가능성과 한계". 《경제와 사회》, 2000년 봄
　　　호 특별부록.
강명구·박상훈. 1997. "정치적 상징과 담론의 정치: 신한국에서 세계화까
　　　지". 《한국사회학》, 제31집 봄호. 한국사회학회.

50

김미경. 2000. "여성정책과 정부역할의 변화". 《2000년도 기획세미나 국제
　　포럼 발표논문집: 정부와 여성참여》. 한국행정학회.

김복규. 2000. "우리나라 여성정책의 변화와 발전과제". 《2000년도 기획세
　　미나 국제포럼 발표논문집: 정부와 여성참여》. 한국행정학회.

김엘림. 1996. 《여성발전기본법의 내용과 과제》. 한국여성개발원.

남녀고용평등을 위한 교수모임. 1994. 《직장내 성희롱, 어떻게 볼 것인가?:
　　서울대 성희롱 사건을 계기로: 남녀고용평등을 위한 토론회 자료집》.

노동부. 1994. 《제1차 근로여성복지기본계획 1994~1997》.

사회와 사상. 1989. 《80년대 사회운동논쟁》. 한길사.

서울대 조교 성희롱 사건공동대책위원회. 1994. 《여성의 평생평등 노동권과
　　직장내 성희롱: 직장내 성희롱 예방과 대책을 위한 공청회 자료집》.

여성의 전화. 1991. 《성폭력관련법 입법을 위한 공청회 자료집》. 여성의 전화.

여성평우회. 《여성평우》, 창간호(1984. 6. 18) ~제3호(1985. 3. 15).

유팔무·김호기 엮음. 1995. 《시민사회와 시민운동》. 한울.

이승희. 1994. 《여성운동과 정치이론》. 녹두.

_____. 1994. 《한국현대여성운동사》. 백산서당.

이효재 외. 1989. 《한국의 여성운동: 어제와 오늘》. 정우사.

임희섭. 1999. 《집합행동과 사회운동의 이론》. 고려대학교 출판부.

정무장관(제2실). 1998. 여성정책 기본계획.

정현백. 1993. "변화하는 세계와 여성해방운동론의 모색: 성과 계급 문제를
　　중심으로". 《여성과 사회》, 제4호. 창작과비평사.

조희연 편. 1990. 《한국사회운동사》. 죽산.

지은희·강이수. 1988. "한국여성연구의 자성적 평가", 《80년대 인문사회과
　　학의 현단계와 전망》. 역사비평사.

크리스찬아카데미 여성사회연구회. 《여성과 사회》, 1978년 11·12월호,
　　1979년 1·2월호, 3·4·5월호.

한국여성단체연합. 1990~2000. 《정기총회》.

_____. 1988. 12~1995. 4. 《민주여성》, 6~18호.

한국여성단체연합 성폭력 특별법 제정 추진 특별위원회. 1992. 《현행 성폭
　　력 관련법 무엇이 문제인가! 공개 토론회 자료집》.

Carol Miller and Shahra Razavi, 1998. "Gender Analysis: Alternative
　　Paradigms". UNDP.

Carolin Moser, 1993. *Gender Planning and Development: Theory, Practice and Training*. London and New York.

Clemens, Elizabeth. 1996. "Organizational Form as Frame: Collective Identity and Political Strategy in the American Labor Movement, 1880~1920". in McAdam, Doug et al., *Comparative Perspectives on Social Movements*. Cambridge University Press.

Cohen, Jean L. 1985. "Strategy or Identity: New Theoretical Paradigms and Contemporary Social Movements". *Social Research*, 52(4): 663~716.

Corner, Lorain. 1999. A Gender Approach to the Advancement of Women: Handout and notes for Gender Workshops, UNIFEM East and South East Asia, Bangkok.

Cumings, Bruce. 1981. *The Origins of the Korean War*. Princeton University Press.

Ferree and Martin(Ed.), 1994. *Feminist Organizations: Harvest of the New Women's Movement*. Temple University Press.

Ferree, Myra Marx and Beth B. Hess. 1994. *Controversy and Coalition: The New Feminist Movement*. Boston: Twayne.

Gamson, William A. and Andre Modigliani. 1989. "Media Discourse and Public Opinion in Nuclear Power". *American Journal of Sociology*, 95: 1~38.

Louie, Miriam Ching Yoon. 1995. "Minjung Feminism: Korean Women's Movement for Gender and Class Liberation". *Women's Studies International Forum*, 18(4): 417~430.

Melucci, Alberto. 1980. "The New Social Movements: A Theoretical Approach". *Social Science Information*, 19: 199~226.

noonan, Rita K. 1997. "Women Against the State: Political Opportunities and Collective Action Frames in Chile's Transition to Democracy". McAdam, Doug and David A. Snow(Ed.), *Social Movements: Readings on Their Emergence, Mobilization, and Dynamics*. University of Arizona.

Snow, David A. and Robert D. Benford. 1988. "Ideology, Frame Resonance, and Participant Mobilization". *International Social*

52

    Movement Research, 1: 197～217.

_____. 1992. "Master Frames and Cycles of Protest". Aldon Morris and Carol M. Mueller(Eds.), *Frontiers in Social Movement Theory*. New Haven, Conn.: Yale University Press.

Snow, David A., E. Burke Rochford Jr., Steven K. Worden, and Robert D. Benford. 1986. "Frame Alignment Processes, Micro Mobilization, and Movement Participation". *American Sociological Review*, 51: 464～481.

제2장

1990년대 여성노동정책의 형성과 담론*
남녀고용평등법과 모성보호관련법을 중심으로

백 진 아

1. 들어가는 글

한국사회에서 1990년대는 여성운동 및 여성정책의 측면에서 많은 변화가 일어났던 전환의 시기이다. 정치적 억압체제가 지배했던 1980년대 말까지 정치사회적 문제를 중심으로 변혁운동을 지향하였던 여성운동은 1990년대 들어 사회 전체의 민주화 과정 전개와 함께 모성·고용·탁아·성폭력 등 여성고유의 문제에 관심을 기울였다. 이처럼 다양한 여성의 권익에 기초한 독자적 영역을 확대함으로써 여성운동은 '특별한' 여성들만의 과제가 아닌 일반여성들의 일상적 문제를 해결하는 데 초점을 맞추었다. 여성운동은 그동안의 민주와 통일이라는 이상에서 벗어나 삶에서의 양성평등 실현이라는 구체적 목표를 설정했고 이를 위한 독자적 기반과 대중적 토대의 확장에 심혈을 기울였다. 특히 정부와 갈등양상을 보이며 제도정치에 강한 저항과 불신을 나타냈던 대립적 전략에서 벗어나 정치적 민주화에 따른 합법적 정치공간 확대를 통해 제도정치에의 참여를 시도했다. 이러한 변화는 구체적으로

---

* 이 글은 《젠더와 사회》 2002년 창간호에 실린 논문이다.

국가의 여성정책결정에 개입하거나 대안적 정책을 개발함으로써 정부
정책을 감시하고 논의를 주도하는 양상으로 전개됐다.

여성운동 지향과 핵심사업, 그리고 전략 등의 변화에 따른 제도화
작업은 여성정책의 성격과 정책형성 과정에도 영향을 미쳤다. 1980년
대 중반까지 여성에 대한 정책은 주로 가족복지나, 또는 윤락여성 등
의 특정집단을 대상으로 한 요보호여성정책으로서의 시혜적 차원에서
실시됐다. 이후 여성복지와 정책관련 조직 및 기구가 신설되거나 재편
성되는 변화를 겪으며 여성정책 대상이 일반여성으로 확대됨으로써 여
성정책은 여성을 위한 독립적 국가정책으로서의 실질적 의미를 갖게
됐다. 이에 따라 특정 집단의 여성수혜자들에게 협소하게 제공되던 부
녀복지의 한계에서 벗어나 노동·모성·가족·성 등 여성 일반과 포괄
적으로 관련된 사안으로 정책영역이 확대되고 양성평등의 정책적 이념
이 자리잡게 됐다.

여성정책과 관련된 이러한 변화는 무엇보다 성불평등구조를 시정하
고 양성평등을 실현하려는 여성운동단체의 노력에서 찾을 수 있다. 사
회정책이 구성원들의 기본적 권리를 보호한다는 본래 의미를 가지려면
국가라는 위로부터의 일방적 논리에 의해 결정되는 것이 아니라 이해가
관련된 행위자들의 상호관계에 따라 역동적으로 만들어져야 한다는 점
에서, 1990년대의 여성정책은 확실히 이전의 여성관련 정책과 다르다.

이 글은 민주화 진전과 시민사회 성장이 정책결정에 영향을 미치고
정책성격에 유의미한 차이를 낳을 것이라는 인식하에 1990년대의 여
성정책의 형성과 담론을 검토하고자 한다. 지금까지 여성정책에 관한
연구들이 주로 정책 내용을 기술하고 평가하였던 데 반해, 이 글에서
는 여성정책이 국가의 일방적 결정이 아니라 특정한 사회적 맥락과 경
제·문화적 조건에 의해 생산된 산물이라는 입장에서 국가기구와 시민
사회의 상호작용과 담론[1]에 기초하여 여성과 관련된 주요 법 및 제도
의 형성과정에 주목한다. 특히 여성의 사회참여 확대라는 점에서 여성

정책의 근간을 이루고, 또 가장 많은 변화가 이루어졌던 여성노동정책
에 논의의 초점을 맞출 것이다.

2. 1990년대 여성노동정책의 사회구조적 배경

1) 국가 -시민사회의 관계변화와 거버넌스[2]

1987년의 정치민주화 이후 1990년대의 국가정책 결정과 구체화 과
정에서 드러난 가장 두드러진 특징은 정책결정 과정에서 시민사회 영
향력이 크게 증대됐다는 사실이다. 국가 -시민사회의 불균등한 역학관
계구조가 지배적이던 억압적 권위주의 체제하에서 중요한 정책결정은
주로 대통령과 소수의 지배엘리트에 의해 주도되었고 이런 과정에서
시민사회는 거의 배제되거나 소외됐다(안병영, 2000). 그러나 1987년
6월 항쟁을 기점으로 시민사회의 부활과 정치적 민주주의가 진행되면

---

1) 담론은 특정 이슈에 대한 공적 논의를 뜻하는 것으로 이에 참여하는 개인
   이나 운동조직이 자신의 주변 현상을 해석하고, 문제의 근원을 파헤치며,
   문제해결방안을 고안하는 전체 체계를 의미한다. 특정 이슈의 상징과 의미
   가 행위자들에 의해 구성된다는 점에서 담론은 사회 현실이 조직되는 방식
   과 내용을 검토할 수 있는 주요한 분석개념이다(Snow et al. , 1986;
   Snow and Benford, 1992). 이 글에서의 담론분석은 국회 속기록과 상임
   위원회 회의록, 여성단체연합의 성명서 및 사업일지, 경영자총협회의 내
   부자료와 신문기사에 대한 검토를 통해 이뤄졌다.
2) '거버넌스'(*governance*)는 지배나 행정을 대체하는 새로운 통치모델을 지칭
   하는 개념으로, "커뮤니케이션과 통제의 역동성(*dynamics*)이 핵심적 요인
   으로 작용하면서 한 조직 혹은 사회가 스스로의 방향키를 조정하는 과정"
   (Rosenau, 1995), 즉 국가나 사회의 공통관심사에 대해 사회 각계의 행
   위자들이 참여해 서로의 이해를 표명하고 책임과 의무를 준수하면서 의견
   차이를 조정하는 과정을 뜻한다.

서 국가-시민사회의 비대칭성은 많이 개선되었고, 그동안 상징적 차원에서 존재하던 정치공간도 활성화됐다. 이에 따라 국가에 의해 일방적으로 추진되던 정책결정 과정에 정치영역 및 시민사회 행위자들의 참여가 적극적으로 이뤄졌고, 행위자들의 지속적 상호작용에 의한 동태적 관계가 형성됐다.

국가권력에 대한 견제자의 부재 속에 행정편의주의적으로 정책을 결정하였던 권위주의 체제의 실패가 시사하듯이, 민주주의는 시민의 참여와 견제, 이에 따른 관리의 책임성과 효율성 제고를 통해 성숙된다. 따라서 정책을 결정하고 실행하는 데 있어 시민사회의 다양한 이해관계와 갈등을 상호 타협과 자율적 조정으로 해결하는 국가의 관리능력(governance) 증대가 필요하다는 인식이 확산됐다.

1990년대 여성노동정책 결정과정 역시 이와 유사한 양상을 보인다. 사회 민주화와 더불어 여성계는 제도권의 주류담론에 대항하는 담론을 통해 성평등적이며 여성 특유의 권익을 위한 새로운 정책 마련에 역점을 두었다. 특정 이슈의 의제화와 정책형성 과정에서 제도정치권에 선행하여 논의를 주도하기도 했다. 게다가 여성의 투표권에 대한 인식은 정치권력기구가 여성운동단체의 정책적 요구를 부분적으로 수용하는 데 일조했다. 남녀고용평등법 개정과 모성보호법안, 성폭력특별법 등은 여성계의 꾸준한 요구에 의해 결실을 거둔 대표적 사례들이다.

2) 세계화와 여성노동시장의 변화

1960년대 산업화를 추진한 이래 저임금에 기초한 노동집약적 수출산업을 통해 비약적 경제성장을 이루던 한국경제는 1980년대 들어 기술과 자본을 중심으로 한 고부가가치 창출을 목표로 중화학공업을 육성했다. 중화학공업으로의 산업구조 전환은 한편으로 기술과 지식을 갖춘 고숙련직 노동자에 대한 수요를 증가시켰고, 다른 한편으로는 미숙련직이나 단순노동직 노동공급에의 급격한 감소를 가져왔다. 더욱이 경제활동인구가 상대적으로 감소하는 상황에서 적절한 노동력 확보는 경제영역의 새로운 현안으로 등장했다. 특히 섬유나 전자 등 여성노동자 비율이 높았던 산업에서의 노동공급이 감소되면서 여성노동력 부족 현상이 초래됐다.

그러나 세계화로 집약되는 1990년대의 국제경제 환경은 국내 노동시장의 변화를 가져왔다. 변화와 개혁의 세계화 추세 속에서 정부의 경제정책은 국가경쟁력 강화에 초점이 모아졌다. 이를 위해 각종 규제완화를 통해 기업경쟁력을 제고하는 한편, 노동력 수급을 탄력적으로 조정하고 활용하는 유연화 전략, 이른바 고용에서의 신인력정책이 추진됐다. 3) 특히 기술집약적·자본집약적 산업육성을 적극 추진하였던 산업구조조정 정책과 관련하여 신인력정책의 실시는 한층 가속화됐다.

신인력정책 실시 결과, 성장산업에 주로 편입된 남성노동자들은 고도의 기술훈련을 통해 핵심노동자로 발전하고, 사양산업에 종사하는 대다수 여성노동자들은 탈숙련화된 주변노동자로 전락하는 노동의 분화현상이 심화됐다. 생산설비의 이동, 하청화, 자동화, 업종전환 등이 실행되는 과정에서 여성실업 증가, 노동강도 강화, 고용불안정, 여성노동 주변화 등의 현상이 여성노동시장의 특징적 측면을 이루게 된 것이다. 특히 임시고용은 정부의 노동시장 유연화 전략과 맞물려 크게 증가했으며, 1997년 경제위기 이후 여성실업과 비정규직 형태의 고용계약이 급증했다. 4)

---

3) 신인력정책은 인력수급 불균형을 비정규 노동력으로 충원하고, 인건비 절감을 위한 시간제노동 활성화, 파견노동 합법화, 기업 인사제도 개편 등을 주요 내용으로 담았다. 신인력정책은 신기술 습득, 배치전환, 작업장간 노동이동, 다능공화를 중시하는 기능적 유연화 전략과 자유로운 고용·해고, 변형근로제, 교대근무제 등으로 대표되는 수량적 유연화 전략의 두 가지 내용을 내포한다.

4) 여성 실업률은 1995년 1.7%에서 1998년 5.6%로 급증했고, 여성 임시직

이러한 상황에서 주변노동시장에 위치한 여성노동자 권익보호, 고용안정, 능력개발 등의 쟁점이 부각되는 한편, 기혼여성 인력을 효율적으로 활용하기 위해 정부는 여성노동에 적극적 관심을 기울이게 되었고, 결과적으로 1990년대 여성정책 중에서 노동과 관련된 정책이 가장 많은 변화를 겪게 됐다.

3) 성주류화 정책의 국제적 추세

여성의 지위향상과 권익신장을 위한 국제적 노력은 1947년 유엔에 '여성지위위원회'가 설치됨으로써 종합적으로 추진되기 시작했다. 이후 1975년 유엔이 '세계여성의 해'를 지정하면서 성차별 제거는 여성을 포함한 사회의 모든 구성원과 국가, 기업, 그리고 세계발전과 인류평화에 기여할 것이라는 인식하에 남녀 권리평등을 촉진하는 국제적 협약과 기준들이 마련됐다. 이에 따라 성평등과 성문제의 주류화 현상은 개별국가의 특수한 상황과 상관없이 전 지구적으로 해결해야 할 보편적 과제라는 인식이 확산됐다.

제1차 세계여성대회가 멕시코에서 개최된 이후, 1976년부터 1985년까지 평등·발전·평화를 위한 '유엔 여성 10년'(*UN Decade for Women*)이 선포됐다. 유엔 여성 10년의 결정은 지역적·국가적, 그리고 국제적 수준에서 다양하게 전개되던 세계여성운동을 활성화하고 이를 통해 여성문제를 세계적 관심사로 공론화하는 데 기여했다. 1985년 제3차 나이로비 회의에서는 '2000년을 향한 여성발전전략'을 채택했으며, 국가간·지역간 협력을 통한 여성 발전을 촉구했다(변화순, 1997). 이와 같이 유엔 여성 10년의 결과에 따라 한국의 여성노동정책은 1980년대를 중심으로 여성의 지위향상을 위한 토대를 마련하기 시작했다.

비율은 1985년 52.0%에서 1998년 65.9%로 증가했다(김태홍, 1999).

양성평등 실현을 위한 국제사회의 구체적 행동강령과 지침들은 1995년 북경에서 열린 세계여성대회를 분기점으로 더욱 중요한 전략으로 자리잡게 됐다. 1995년 제 4차 북경여성회의는 여성문제가 정치, 경제, 문화, 인권 등 다른 사회적 쟁점들과 맞물려 있다는 점에서 모든 분야의 국가정책영역에서 본질적 주류로 정착되어야 한다는 '여성정책의 주류화'(gender mainstreaming) 방침을 강조했다. 여성의 세력화를 목표로 삶의 모든 영역과 정책결정에 여성 참여가 확대돼야 하고 성인지적 관점에서 정책이 결정되어야 한다는 전략이 제기됐고, 이를 계기로 여성정책이 국가의 주요 정책으로 논의될 수 있는 체계가 확립됐다. 또한 1991년의 유엔가입을 필두로 여성문제의 국제적 쟁점에 대한 정부의 책임과 역할을 강조하는 국제환경 변화 역시 1990년대의 여성노동정책의 특성과 결정에 있어 변화를 이끌어 내는 하나의 계기로 작용했다.

4) 여성관련 행정조직의 확대[5)]

광복 이후 우리사회에서 여성과 관련된 업무는 주로 보건사회부 산하 부녀국에서 취급됐다. 이는 여성정책이 주로 부녀복지 부문에 집중되었음을 의미한다. 여성노동정책 역시 여성노동 일반을 대상으로 한 것이 아니라 주로 저학력과 저임금의 미혼 근로여성노동을 보호하는 차원에서 이루어졌다. 즉, 여성노동정책은 여성을 전통적 성역할 규정에 따라 '보호받아야 할 약한 성'으로 간주하고 이에 기초한 부녀보호, 또는 불우여성 복지정책의 일환으로 실시됐다.

---

5) 여성관련 행정조직의 확대는 엄밀히 여성정책 변화의 사회적 배경으로 규정할 수 없지만, 독립적 국가기구의 존재 여부가 성차별의 인식과 대응에 있어 차이를 낳고, 또한 정책의 기조와 방향·입안 등의 과정과 상호 관련돼 있다는 점에서 이 글에서는 배경의 한 요인으로 간주했다.

60

1980년대 들어 여성복지를 위한 행정조직의 개편과 확대로 일반여성
을 대상으로 하는 정책으로의 전환이 이뤄진다. 특히 1983년 여성문제
를 전담으로 연구하는 여성개발원의 설립은 포괄적 여성정책 전반에
관한 정책연구를 수행하며 여성의 사회참여와 복지증진을 위한 국가
차원의 여성전담기구로서의 역할을 통해 여성정책 발전사에 중요한 획
을 그었다. 같은 해 국무총리 정책자문기구로 여성정책심의위원회가
발족되면서 정부기구에서 공식적으로 '여성정책'에 대한 국가적 인식을
공표했다. 1988년 6공화국 출범과 함께 (제 2) 정무장관실이 설치되고

〈표 2-1〉 여성관련 행정조직의 확대

시 기	내 용
1948년	• 사회부 내에 부녀국 설치
1962년	• 요보호여성에 대한 직업보도소, 부녀상담소, 여성회관 등 부녀복지시설의 설치
1970년	• 노동청 내 근로기준 담당관실 신설
1972년	• 근로기준관실로 개칭하여 여성근로업무 관장
1981년	• 보건사회부 부녀아동국이 가정복지국(가정복지과, 아동복지과, 부녀복지과)으로 개편 • 노동청이 노동부로 승격되어 부녀담당관 신설
1983년	• 여성개발원 개원 • 여성정책심의위원회의 설치
1988년	• (제 2) 정무장관실 설치: 여성, 아동, 청소년, 노인 등의 포괄적 업무 수행
1994년	• 국회 여성특별위원회의 발족: 여성관련 정책의 법제화가 이루어짐
1995년	• 세계화추진위원회 발족
1998년	• (제 2) 정무장관실 폐지, 대통령직속의 여성특별위원회 설치
2001년	• 여성부 신설

출처: 김미경, 2000에서 재구성.

여성장관이 임명됨으로써 여성관련 업무를 총괄하는 여성정책 전담 정부기구로서 행정조직의 확대변화가 일어났다. (제2)정무장관실 설치는 국가적 차원에서 여성문제에 대해 중요성을 부여하고 중앙정부의 독립된 국가기구로서 여성정책을 추진하기 시작했다는 의의를 갖는다.

1994년 문민정부에서는 국회에 여성특별위원회가 발족되어 여성관련 법안의 입법화가 가능하게 됐다. 또한 1995년에는 세계화추진위원회가 발족되어 여성인력의 효율적 활용을 위한 10대 중점추진과제를 선정했다(조은, 1996). 1998년 출범한 국민의 정부에서는 정부조직 개편과정에서 (제2)정무장관실을 폐지하고 대통령직속의 여성특별위원회를 설치해 여성정책 업무를 계획했는데, 2001년 초 기구개편·확장을 통해 여성부로 승격했다(<표 2-1> 참조). 여성부는 여성의 권익 향상과 남녀평등사회를 이루기 위해 신설된 중앙행정기관으로, 여성정책을 기획·종합하고 여성의 인적 자원을 개발하는 데 중점을 두며, 여성정책 주류화를 실천하는 국가기구로서의 역할을 수행한다.

3. 여성노동정책의 현황과 담론: 관련법제와 담론의 주체를 중심으로

1) 남녀고용평등법의 논의

남녀고용평등법은 1987년 제정된 이래 지금까지 4번의 개정작업을 거쳤다. 개정할 때마다 주요 사안에 대한 국가와 여성단체, 노동계의 공방이 치열했고, 이러한 논쟁은 개정안과 관련하여 행위 주체들의 입장이 다양하다는 점과 개정의 각 과정에서 담론이 변화한다는 사실을 반영해준다. 여기서는 개정안으로 표출된 국가의 입장과 지속적으로 개정을 요구하는 여성운동단체의 입장이 어떻게 변화했으며, 핵심

적 주제는 무엇인지 남녀고용평등법 개정의 진전에 따라 각각 살펴보
겠다.

(1) 국가기구의 담론:
　여성인력 활용을 위한 기회의 평등론에서 경제위기론까지

1980년대에 들어서까지 여성노동자에 대한 국가의 관심과 정책적
노력은 거의 전무했다. 그러나 1980년대 중반부터 성차별적 제도와
의식, 관습 등을 개혁하여 남녀가 사회발전에 함께 참여하도록 해야
한다는 분위기가 확산되었고 이러한 방향이 여성정책의 기본목표로 상
정됐다.

1980년대의 경제환경은 산업구조 개편에 따른 노동력 수급의 부문
간 불균형, 국제적 경쟁심화와 서비스직종 노동력 부족으로 곤란을 겪
었고, 이런 이유로 여성들의 '능력개발과 인적 활용이 요구'되던 시기
이기도 했다. 따라서 국가는 인적자원의 활용 면에서 성차별에 관한
정책마련에 착수하였고 그 결과 여성개발 부문의 계획에 따라 남녀고
용평등법을 제정하게 됐다. 남녀고용평등법은 "사업주가 근로자에게
성별, 혼인 또는 가족상의 지위, 임신 등의 사유로 합리적 이유 없이
채용, 또는 근로의 조건을 달리하거나 기타 불이익한 조치를 취하는
성을 기준으로 한 직접적 차별"을 차별행위로 규정하고 이의 금지를
명시했다. 이 법을 통해 차별을 규제함으로써 여성에게 남성과 마찬가
지로 동일한 노동기회를 제공하고 법적 보호와 공정한 과정 확립을 강
조하여 법 앞의 평등을 구현하려는 준거가 확립된 셈이다. 이런 점에
서 남녀고용평등법을 제정한 당시 국가의 담론은 인적자원 활성화를
위한 기회의 평등기반 구축으로 요약될 수 있다.

그러나 남녀평등이념이 철저하지 못하고 차별규정이 모호해 법의
실효성이 떨어진다는 비판에 따라 1차 개정(1989)이 이뤄졌다. 1차
개정안은 동일가치 노동의 동일임금 규정과 차별정의 규정을 추가하고

성차별 입증책임을 사업주에게 부과하는 등 성차별을 해소하기 위한 실질적 지침을 마련하는 데 역점을 두었다. 특히 "현존하는 차별을 해소하기 위해 국가, 지방자치단체 또는 사업주가 잠정적으로 특정 성의 근로자를 우대하는 조치를 취하는 것은 이 법에서 말하는 차별로 보지 아니한다"고 규정함으로써 잠정적 우대조치와 육아휴직제도를 포함하는 모성보호·여성보호 사항이 차별이 아니라 실제적 평등실현을 위한 조건임을 인정했다. 즉, 여성정책 방향이 산술적 평등과 보호의 차원에서 실질적 평등 정착을 위한 우대조치로 발전하는 계기가 마련된 것이다. 그러나 "육아휴직을 여성근로자에게만 적용"함으로써 양육의 주된 책임을 여성에게 부과하는 전통적 성역할의 고정관념이 재생산되는 동시에 여성노동자 기피로 인한 여성취업 감소 등 성차별 현실을 개선하려는 노력이 가시화되지 않는다는 점에서 1차 개정안의 국가담론은 제정 당시의 여성인력활용 관점과 크게 다르지 않다고 볼 수 있다.

1차 개정안의 주요한 성과였던 차별규정 도입이 남성중심적 평가단의 구성과 판단자의 자의성 때문에 별 실효를 거두지 못하면서 개정 필요성이 다시 제기됐다. 특히 1990년대 들어 신인사제도, 여성고용 불안정화 등 세계화 정책과 발맞추어 새롭게 제기된 성차별 행위들에 대한 대응책 미비로 여성의 노동권이 보장되지 못하는 상황이 전개됐다. 1995년 통과된 2차 개정안은 채용시 성차별 행위 규제를 강화하고 기타 근로조건에서의 차별을 금지함으로써 실질적 평등에 대한 국가인식이 강화, 확대되고 있음을 보여준다. 특히 여성노동자에 한해 가능했던 육아휴직 대상을 "근로여성 또는 그를 대신한 배우자인 근로자"로 확대함으로써 가부장적 성별분업체제에서 벗어나 양육에 대한 남녀의 공동책임을 사회적으로 인정하는 전기를 마련했다. 더욱이 국가적으로 세계화 담론이 부상하면서 여성의 사회참여 확대는 국가경쟁력 강화의 필수요소이며 삶의 질 향상을 위해서는 모든 사회문제와 연결된 여성문제 해결이 필수적 전제라는 인식이 지배적으로 자리잡게 됐

64

다(조은, 1996). 그러나 시장경쟁논리가 지배하는 사회 전체적 세계화 담론 추세에서 신인사제도 등의 간접차별 규제조항은 누락되었고, 6) 결과적으로 과거의 성차별적 관행과 제도가 누적된 현재의 남성중심적 사회구조에서 실질적 양성평등 실현은 불가능할 수밖에 없었다. 자원 과 권력의 분배가 거의 남성들 중심으로 이루어지는 노동시장 상황에 서 시장의 경쟁과 능력에 따른 '차별 안 하기' 식 방법으로는 사회적 약 자인 여성들에 대한 지속적 차별을 철폐할 수 없기 때문이다(백진아, 2001).

3차 개정안은 간접차별에 의한 성차별 재생산과 서울대 성희롱 사건 을 계기로 성희롱에 대한 법적 조치 필요성이 확대되는 사회적 배경에 서 1999년에 통과됐다. 이 시기는 또한 1995년 제4차 북경여성회의를 계기로 여성문제가 모든 분야의 국가정책영역에서 본질적 주류로 정착 되어야 한다는 '여성정책의 주류화' 전략이 전 지구적으로 강조되는 시 기이다. 이러한 맥락에서 국가의 여성정책담론도 성정책의 주류화를 기조로 형성됐다. 3차 개정안은 "사업주가 여성 또는 남성 어느 한 성 이 충족하기 현저히 어려운 인사에 관한 기준이나 조건을 적용하는 것 도 차별로 본다"는 국제적으로 인정되는 간접차별 개념을 도입했다. 이 개념의 도입은 군가산점제도나 신인사제도와 같이 노동시장에서 여 성을 배제하여 인사나 복지상의 성차별을 초래하는 행위에 대한 규제 를 강화함으로써 공개적으로 드러나지는 않지만 교묘하게 재현되는 불 평등 현실을 시정할 수 있는 근거가 됐다. 또한 성희롱의 법적 규제를 마련했다는 점에서 여성들의 실제적 요구를 많이 반영하고 성문제의 사회적 공론화를 정착시켰다는 의의를 갖는다. 이제 여성정책은 예전 처럼 특정영역에서 주변적으로 다루어지는 것이 아니라 불평등한 젠더

6) 신인사제도의 규제는 '정보화로 인한 고용형태의 다양화 추세는 대세이고, 비정규직 형태의 고용이 여성고용 촉진을 장려하는 측면도 있으므로, 경제 활성화에 기여할 수 있도록 노력'하자는 분위기에 따라 채택되지 못했다.

관계를 재편하는 방향으로 나아가야 하며 간접차별 철폐와 적극적 조치 등의 방법으로 조건의 평등을 이루어내야 한다는 인식이 확산됐다. 이를 위해 구체적으로 "모든 정책결정에 여성의 참여가 확대되어야 하고 성인지적 관점에서 정책이 결정되어야 하며, 교육 등을 통해 남성중심적 주류제도와 사고체계를 변화시켜야 한다"는 성주류화 관점이 지배적 담론으로 자리잡게 됐다.

그러나 IMF 이후 계속되는 경제위기는 평등이념의 실천의지를 약화시켰다. 여성노동자 우선의 구조조정과 남성생계부양자 모델에 기초한 실업대책 등은 평등사회 정착을 위한 여성주의 담론의 부분적 약화와 가부장적 성격 정책으로의 후퇴를 시사한다. 특히 여성노동보호와 관련된 최근의 정치권 결정은 경제위기론에 근거한 대표적 사례이다.

(2) 여성운동단체의 담론: 결과의 평등과 성정책의 주류화 담론

여성의 경제활동참가율 증가와 권리의식 향상에 따른 평등노동권 확보는 여성운동계의 지속적 관심사였고, 정치민주화 이후 여성운동의 독자성과 정체성을 추구하는 과정에서 그 노력은 더욱 활성화됐다. 특히 여성노동이 여성문제의 핵심적 현안으로 제기되면서 여성운동단체들은 특정 이슈에 대한 시위와 성명서 발표(〈표 2-2〉 참조), 그리고 법 개정안을 청원하는 방식으로 여성배제적 지배구조에 대한 비판을 가했다.

여성운동단체가 가장 노력을 기울인 과제는 남녀고용평등법으로 여성인력개발과 활용이 중요하다는 사회적 인식 아래 1987년 여성차별금지를 법제화하는 성과를 이룩했다. 남녀고용평등법의 제ㆍ개정과 최근의 4차 개정안까지 여성운동단체의 담론은 크게 세 가지 내용으로 집약된다.

66

<표 2-2> 성명서 및 사업일지를 통해 본 1990년대
한국여성단체연합의 활동 (노동 관련)

시 기	내 용
1991년	• 시간제노동자에 대한 노동법 개악 철회 • 신종결혼, 임신퇴직 및 조기정년 철폐
1992년	• 근로기준법 개정요구안
1993년	• 생리휴가 폐지 반대
1994년	• '근로여성복지기본계획' 의결 및 생리휴가 무급화에 대한 입장
1995년	• 고용할당제　• 여성발전기본법 통과 반대 • '여성 사회참여확대 10대 과제'에 대한 입장 • 근로자파견법 도입 반대 • 변형근로제 및 근로자파견제 도입 반대 • 생리 및 출산휴가의 무급화 추진 반대 • 파견법 철회 및 간접차별 금지사항 신설
1996년	• 노동관계법 개악 반대 • 의무고용제 폐지 철회요구
1997년	• 노동법 개악 무효화 • 근로기준법시행령 개정 (변형근로제) • 시간외·야간근로 금지규정 완화안 철회 • 근로기준법 폐지 반대 • 근로자파견법 제정 반대
1998년	• 공공취로사업의 운영안 건의 • 파견근로자 보호 등에 관한 법률시행령안 건의 • 근로자파견법 철폐　• 정부의 실업대책에 대한 입장 • 군 가산점에 대한 입장 • 남녀차별 금지 및 규제에 관한 법률
1999년	• '여성과 18세 미만 아동의 야간·휴일근무 제한조항 폐지' 반대 • 조기퇴직제 반대 • 군 가산제도 위헌결정에 대한 입장
2000년	• 비정규노동 관련 근로기준법 개정안 청원 • 법원의 농협 사내부부 부당해고 소송기각 규탄
2001년	• 모성보호 사회분담화 입법화 촉구 성명 • 경총의 모성보호 반박자료에 대한 논평

출처: 한국여성단체연합 정기총회 자료집 모음 1987~1997; 1998년도 제12차 정기총회
　　　보고서; 1999년도 제13차 정기총회 보고서; 2000년도 제14차 정기총회 보고서;
　　　www. women21. or. kr

첫째, 남녀고용평등법은 사회적 노동자로서의 여성의 기본권을 인정하고, 차별금지조치를 통해 여성에게 고용상의 '기회평등'을 법적으로 제공했다는 의미를 지니지만, 이 법을 통해 실질적 고용평등의 효과를 기대하기는 어려웠다. 성차별행위에 대한 개념규정 한계와 동일노동 동일임금 규정 누락, 그리고 성차별 분쟁을 해결할 행정부족 등으로 인해 법의 실효성 여부가 불투명하였다.

이러한 문제제기는 기본적으로 기회의 평등이 곧 실질적 양성평등을 보장하는 것은 아니라는 인식에서 출발했으며, 여성정책은 결과의 평등을 목표로 해야 한다는 지향점을 분명히 한 것이다. 간접차별금지 조항, 채용시 성차별행위 규제를 강화하고 임금이나 승진 등에서의 차별금지, 육아휴직제도의 유급화 등 모성보호 강화조치는 실질적 평등의 결실을 이룩하기 위해 국가의 적극개입과 사회적 지원체제의 강화를 촉구한 대표적 내용들이다. 고용할당제와 같은 적극적 우대조치 역시 개인적 시장능력과 기회평등만으로는 고착화된 불평등 구조의 극복이 불가능하다는 맥락에서 해석될 수 있다. 또한 남성과 여성이 처한 신체적 조건과 삶의 조건이 다르고, 특히 여성이 모성역할과 자녀양육을 대부분 책임지는 상황을 고려하여 '다름'을 존중하고 보호하는 "성차이를 반영하는 평등주의"의 입장(박은정, 1996; 조주현, 1996; 조형, 1996)을 받아들인 것이다.

둘째, '남성＝생계부양자, 여성＝양육전담자'라는 가부장제의 이분법적 성별분업관을 극복하고, 나아가 남녀 모두 직장과 가정에서의 역할을 수행하는 평등한 체제로의 성별분업관계 재구성을 지향한다. 육아휴직제도 대상을 남녀노동자에게 확대한다거나 가사노동 가치를 사회적으로 인정하고 가사노동 부담을 사회 공동의 책임으로 전환하며, 간호휴가제를 신설하는 방안들은 자본주의 진전과 함께 분리된 공사영역을 재통합하려는 시도의 일부이다. 유급 육아휴직의 법제화와 가족간호휴직제도의 법제화가 시급한 이유도 이 때문이다. 특히 21세기 정

68

보기술사회가 경험하는 노동과정과 근무형태의 변화, 그리고 여성인력에 대한 요구가 전통적 성역할 관계에서의 변화를 이끌어내고 있음을 감안할 때 성별분리적 분업체계의 재구성을 향한 여성노동정책 변화는 불가피하다는 것이다.

셋째, 여성정책 주류화를 주요 전략으로 채택한다. 여성의 세력화(*empowerment*)와 성주류화라는 세계적 추세에 맞춰, 한국여성단체연합의 경우에도 1997년을 여성의 정치·경제적 주류화를 위한 도약의 해로 선포하고 본격적 사업을 추진했다. 노동분야에서는 2000년까지 여성노동력의 비정규직화 방지와 핵심노동자화, 성차별적 고용조정에 대한 제도적 대응방안을 강구했다(한국여성단체연합, 1998; 1999; 2000).

2) 모성보호 관련법의 논의

모성보호는 여성의 생리적·신체적 특질을 감안하여 작업장에서 여성을 특별히 보호하는 사회적 조치를 의미한다. 모성보호 관련정책은 생리, 임신, 출산 등과 같은 여성 고유의 모성기능을 특별 보호함으로써 임산부 여성의 건강뿐 아니라 아이의 건강권을 도모하기 위해 남녀를 달리 대우하는 것으로, 특히 근로여성의 모성보호에 초점을 맞춘다.

그동안 우리나라에서는 여성의 모성을 보호하기 위한 정책으로 생리휴가·출산휴가·수유시간 제공·직장 보육시설·육아휴직을 실시하고 있으나, 여성에 대한 특별보호 및 모성보호 규정이 너무 광범위하게 확대되었고 보호조치가 미약하며 전통적 성역할의 분업관에 기초했다는 지적을 받았다.

21세기 정보화사회에서 국가경쟁력을 강화하고 주요 선진국이 되기 위해서는 여성인력 활용이 절대적으로 필요하지만, 임신이나 출산, 육아의 부담과 사회적 인식부족으로 우리나라의 여성경제활동 참가율은 아직 50%에 불과하다. 특히 24~35세 사이의 여성노동자의 고용

〈표 2-3〉 모성보호법 쟁점별 사안

구 분	당정안(여성계)	경영계 주장

출산휴가	• 60일에서 90일로 확대
	- 60일은 기업부담,
	  30일은 고용보험＋일반
	  회계
		• 90일에 조건부 동의
		- 비용의 사회부담 원칙 수용
		- 기업부담 경감대책 수립
		- 일단위를 주단위로 변경(8주→12주)

태아검진 휴가	• 신설 • 월 1회 유급검진 휴가	• 신설 반대: 시기상조
유·사산 휴가	• 신규 법제화	• 법제화에 반대
육아휴직 급여	• 신설(고용보험법) • 임금의 30% 지원 • 남성근로자로 확대	• 육아휴직은 보육정책의 일환이므로 비용의 사회부담(국민연금) 원칙 적용 • 기금재정이 안정될 때까지 도입연기

단절이 두드러지게 나타나는 현실을 개선하기 위해 근로여성의 모성보호 강화와 직장과 가정의 양립지원 및 모성보호 비용의 사회분담화를 주요 내용으로 하는 모성보호 관련법이 개정되어 2001년 7월 18일 국회에서 통과됐다.[7]

통과된 모성보호 관련법은 여성단체와 각 정당의 개정안을 종합한 대안이므로 모성보호법과 관련해서 여성계와 국가기구가 총론상으로 같은 입장을 견지한다고 보아도 무방하다고 생각된다. 따라서 여기서는 편의상 여성단체와 정당을 한 축으로, 그리고 모성보호법 개정에 반대하는 자본을 다른 축으로 분류하여 살펴보겠다. 여성계와 경영단체가 공방을 벌였던 모성보호법안의 세부사항을 정리하면 〈표 2-3〉

---

7) 개정안은 내용 중 일부가 변경되어 통과됐다. 여성계가 당초 요구했던 유산휴가와 간호휴직제 등이 누락된 채 통과됐다는 한계를 갖지만, 이로써 "직접적 모성보호가 강화되고 출산과 육아의 사회적 책임이 인정되는 사회적 전기가 법적으로 마련"됐다는 의의를 갖는다.

과 같다.

(1) 여성운동단체의 담론: 실질적 평등과 젠더발전론

여성운동단체들의 모성보호에 관한 이해는 "여성의 임신과 출산은 미래의 노동력을 재생산하는 사회적 기능이므로 사회 전체가 책임지고 비용을 분담해야 하는 고귀한 노동"이라는 인식에서 출발한다. 따라서 모성보호관련법의 개정은 "여성의 건강권과 노동권 보장, 건강한 노동력의 안정적 수급과 노동력의 질을 담보"하기 위한 필수적 과제이며, 성차별을 극복하고 여성의 기본적 노동권을 보장함으로써 "모성을 보호하는 동시에 경제발전에 기여"하는 효과를 거두게 된다. 즉, 모성보호법은 "산모와 신생아뿐 아니라 가족과 국가를 위해 반드시 필요한 조치"이며, "해당 여성들에 대한 특혜가 아니라 다음 세대를 제대로 키우기 위한 사회적 책임의 실천"인 것이다(한국여성민우회 외, 2000). 이런 점에서 여성계는 모성보호정책을 이해하는 데 있어 여성의 신체를 고려하여 고용상의 평등권과 복지를 강화하는 동시에 "육아휴직을 남성근로자에게 확대"하고 육아의 사회적 책임을 환기시킴으로써 전통적 성역할에 대한 문제를 제기한다. 8)

1990년을 '모성보호의 해'로 선포한 이후 최근까지 여성계는 여성의 평등노동권과 건강권을 확보하기 위해 출산휴가, 수유시간 제공 등 모

---

8) 성역할에 대한 의문제기가 서구 복지국가의 경우처럼 전통적 성별분업체계의 재편 내지 재구성 방향으로 이어지는 것은 아니다. 남녀 모두에게 일할 권리를 인정하는 사민주의적 복지국가에서는 노동시장으로의 통합전략을 통해 양성평등을 추구하면서 성별분업 재구성에 기여했다. 반면 시민권의 근거가 양성간의 차별에 기초할 경우, 여성은 출산과 양육을 전담하는 모성 중심의 보호를 받게 된다. 즉, 모성이 사회적으로 조직되고 구성되는 방식이 다르다는 것이다(한국여성정책연구회, 2000). 여기서의 문제제기란 양육이 여성의 개인적 문제가 아니라 남녀 모두의 문제이자 사회적 문제라는 공감대가 형성됐다는 의미이다.

성보호적 정책 실시를 적극 추진했다. 특히 여성고용에 가장 큰 장애
물인 양육부담을 덜어주기 위한 사회적 지원체제로서의 육아휴직제 도
입을 이끌어 낸 것은 획기적 성과였다. 그러나 그 선진적 의미에도 불
구하고 육아휴직 기간 중의 고용과 소득이 보장되지 않고 승진 등의
근로조건 측면에서 불이익이 주어졌기 때문에 실제 이용률은 높지 않
았다(조은 외, 2000).

이 문제를 해결하기 위해 여성운동단체들은 사업주에게만 부담 지
우던 비용[9]을 사회적으로 분담하여 모성보호 조치들이 원래의 의도대
로 활성화될 수 있는 구체적 방안을 강구하였는데 그 주요한 내용은
다음과 같다. 첫째, 출산휴가 기간을 현행 60일에서 90일로 확대하
고, 출산휴가중의 소득보전을 사회분담화하며, 휴가기간중의 소득보
전은 100% 확보되어야 한다. 둘째, 임신중 야간노동 금지 등 여성노
동자 보호조항을 신설하며, 유급 생리휴가를 현행대로 유지하되, 생
리휴가는 남녀 공통의 유급 건강휴가로 개선한다. 셋째, 생후 3년 미
만의 영·유아를 둔 남녀노동자에게 1년간의 육아휴직 기간과 육아휴
직 기간중 고용을 보장하며, 소득보전은 사회부담화한다. 넷째, 가족
간호휴가제도 도입과 직장보육시설 설치의무 사업장을 남녀 상시노동

---

9) 모성보호담론에서 주된 논쟁 중의 하나는 '누가 경제적 부담을 질 것인가'
   에 관한 비용문제이다. 이는 애초에 모성보호 조치가 국가의 경쟁력 제고
   를 위해 여성인력 활용이 필수적이고, 따라서 '여성의 취업기회 확대를 위
   해 출산이나 육아로 여성의 취업이 중단되는 일이 없도록' 근로여성에 대
   한 보호 차원에서 논의가 출발되었던 데서 찾을 수 있다. 즉, 기업이 여성
   인력 활용에 기초한 경쟁력 강화를 위해서 노동비용 절감이 필요한데 그
   비용을 사용자에게 전가시킴으로써 여성고용이 회피되는 결과를 낳았다는
   것이다. 이러한 논의는 여성의 평등노동권과 모성권 확보라는 여성주의적
   이념의 취지를 비용 중심의 경제논리로 축소시켰고, 실제로 모성보호 관련
   법안이 개정되는 과정에서 모성활동의 사회적 의미가 약화되는 양상이 전
   개됐다.

72

자 150인 이상으로 확대한다(국회 여성특별위원회, 1999).

여성계의 모성보호담론의 핵심은 몇 가지로 요약할 수 있다. 첫째, 보육시설이 미비하고 양육의 개인적 책임이 강조되는 현재의 법률로는 여성의 평등노동권이 확보될 수 없다. 우리나라의 여성 고용분포는 25~34세 사이의 여성들이 노동시장에서 대거 퇴출당하는 M자형 곡선을 이룬다. 이는 재생산 노동에 대한 사회적 지원체계가 마련되지 못한 우리사회의 경우, 노동시장에서 출산이나 육아로 인한 여성의 고용 단절이 빈번하기 때문이다.[10]

더욱이 임신이나 출산·육아 등의 재생산 노동이 단순히 가정을 구성한다는 개인적 문제가 아니라, 사회를 유지하고 재생산하는 사회적 중요성을 띠고 있음을 감안해 볼 때, 모성보호 조치는 일부 여성에 대한 특혜가 아니라 전 사회적으로 풀어야 할 과제임이 자명하다. 이러한 인식은 여성의 노동이 남성노동을 대체하고 보완하는 주변적 역할이 아니라 독립된 사회적 노동으로서의 주체적 존재임을 확인하는 것이며 수사적(rhetoric) 의미의 고용평등권을 여성노동현실을 감안한 실질적 평등권으로 정착시키려는 차원에서 출발한다.

둘째, 야간노동이나 유해노동 금지 등의 여성보호사항이 평등전략

10) 여성이 가사와 일을 어떻게 결합할 수 있는가의 문제는 여성의 육아책임 유무 그 자체에 있는 것이 아니라 양육에 대한 사회적 인식 및 규범, 육아 및 출산휴가의 확보, 국가정책 및 기업 내 가족친화적 정책에 따라 나라마다 다르게 해결되었다. 모성보호 등의 제도적 장치를 완비한 선진국의 경우, 육아시설과 직업훈련체계를 갖추고 고용단절 후 정규직으로의 고용을 보장함으로써 가정과 일의 병행이 용이하다. 반면 후진국의 경우에는 여성의 재생산노동에 대한 사회적 지원체계의 인식부족과 제도미비로 인해 출산이나 육아가 노동자 개인의 차원에서 사적으로 처리되고, 결과적으로 여성들의 경제활동 중단현상이 두드러지게 나타난다(Bittman, 1999; Gornick et al., 1998; Glass and Estes, 1996, 1997; Seip and Ibson, 1991).

에 위배되지 않는가 하는 문제이다. 보호와 평등의 딜레마를 어떻게
해결할 것인가 하는 문제가 주요 논쟁으로 제기된 것이다. 그러나 여
성들의 경제활동이 증가하면서 자녀의 출산과 양육은 특정 집단의 여
성에 국한된 혜택의 문제가 아니라 전체 사회가 책임져야 할 사안이라
는 사회적 공감대가 형성되고 이에 따라 보호와 평등은 서로 상치되는
개념이 아니라는 입장으로 정리됐다. 즉, 여성노동자는 남성노동자와
동등한 권리와 자격, 그리고 책임을 지닌 노동자로서 대우받아야 하지
만, 다음 세대를 재생산하는 노동과 관련된 모성의 경우는 남성노동자
와 다른 조건에 놓여 있기 때문에 다르게 대우받는 것이 정당하며, 이
런 점에서 여성과 모성이 반드시 동일한 것은 아니라는 사실이 강조됐
다(조주현, 1996). 또한 평등과 보호의 대립구도 속에서 어느 하나를
강요하는 것은 결과적으로 여성을 불리하게 하므로 사회정의에 입각한
새로운 패러다임 모색이라는 입장도 개진됐다. 이러한 논의들은 여성
우대 조치가 평등원칙에 어긋나는 것이 아니라 여성의 신체적 불리함
과 차이를 인정하고 배려하며, 불평등한 구조에서 소수자의 잃어버린
권리를 실질적으로 회복하는 정당한 조치임을 주장하는 것이다. 특히
현행 생리휴가제가 저임금의 소득보존 수단으로 기능하며, 자녀간병
휴가 등 사회적 지원체제가 미흡한 노동상황에서 신규인력의 충원효과
를 가져올 수 있다는 점에서 보호조치는 차별을 완화하는 불가피한 조
치임에 분명하다는 입장을 취한다. 남녀평등이나 모성보호 조치의 보
완 없이 여성보호 규정을 완화하는 것은 형식적 평등만을 선언할 뿐
실제로 여성노동자들의 고용과 노동시장에서의 지위를 약화시키고 남
녀불평등을 심화시킬 수 있기 때문이다.

셋째, 모성보호법 개정에서 가장 두드러진 쟁점 중의 하나는 비용부
담 문제이다. 출산휴가기간 연장으로 인해 발생하는 추가비용으로 기
업경쟁력이 떨어지고 국가발전을 저해할 것이라는 경영계의 반대입장
에 대해 여성계는 이미 기업이 납부하던 고용보험에서 지급되는 것이

므로 실제 기업의 추가비용은 많지 않다는 반박논리로 대응한다. 따라서 기업이 연간 8,500여억 원을 부담해야 한다는 경제단체의 주장은 과장된 수치로 현실적이지 못하다는 지적이다.

넷째, 모성보호법안에서 또 하나 주목해야 할 사안은 육아에 대한 남녀 공동책임과 사회적 책임을 공론화함으로써 육아는 곧 여성의 일이라는 전통적 성역할의 고정관념을 극복하고 성별분업체계를 변화시킬 수 있는 논의의 여지를 열어놓았다는 점이다. 이는 육아인프라의 구축을 통해 "여성인력의 효율적 사용 및 노동력의 질적 향상에 기초한 경제발전"을 달성하는 과정에서 사회에서의 여성역할 확대와 가정에서의 남성역할 확대라는 새로운 젠더 관계로의 변화와 공사영역이 통합될 수 있는 가능성을 시사한다.

(2) 경영계의 담론: 형식적 평등론과 경제논리

자본을 대표하는 한국경영자총협회는 "최근 국회에 청원된 입법개정안이나 각 당에서 논의중인 모성보호 관련법안은 기업입장을 고려하지 않은 채 여성계 입장만 반영한다"(《조선일보》, 2000. 11. 20)며 모성보호법 개정에 대한 반대입장을 표명했다. 전국경제인연합회를 비롯한 경제단체들은 모성법안 시행을 2년 유보키로 한 2001년 4월의 정치권 결정과 관련하여 "시행시기만을 유보한 것은 근본적 해결책이 아니며 문제가 많은 법안내용에 대한 원칙적이고 근본적인 재검토가 필요하다"며 부정적 입장을 보였다. 이러한 자본의 입장은 크게 여성에 대한 과보호론과 비용부담 및 시기상조를 내세우는 경제논리의 두 가지 주장으로 요약될 수 있다.

첫째, 남녀고용평등법 제정을 계기로 여성노동정책은 '여성노동에 대한 보호에서 평등원리'로 전환되어야 한다는 것이 경영계의 기본적 입장이다. 이런 맥락에서 여성노동에 대한 정책은 여성특별보호와 모성보호의 측면으로 분리되어야 하는데 현재의 논의는 '여성근로자들을 보호가 필요한 유약한 존재로 과잉 보호함으로써' 남녀평등 원칙에 어긋난다는 것이다. 여기서 특히 논의 초점이 되는 사항은 생리휴가제도이다. 생리휴가제는 동남아 지역의 일부 국가에서만 시행되는 대표적 여성 과보호조항으로 여성노동자 스스로도 특혜적 보호를 원하지 않아 사용률이 저조하므로 폐지시키고, 오히려 현재의 월차휴가를 활용하는 것이 더욱 바람직하다는 것이다. 또한 여성들의 휴일근로나 시간외근로 등을 금지하는 보호조항은 사회변화의 흐름을 제대로 반영하지 못하는 발상으로, 오히려 '여성들의 취업기회를 감소'시키는 결과를 가져올 것이라는 입장을 취한다. 더욱이 숙직이나 출장 등 힘들고 고된 일들은 대부분 남성들이 담당하므로 기업들이 다목적기능자인 남성을 선호하고 우대하는 것이 현 실정이다(국회여성특별위원회, 1999). 따라서 이러한 보호조치는 헌법에서 규정하는 평등권을 침해하는 동시에 현실성이 떨어지므로 마땅히 축소되거나 폐지되어야 한다는 주장이 여성 과보호론의 핵심을 이룬다. 이러한 논의는 생물학적으로 여성의 불리한 여건과 '다름'을 고려하지 않은 형식상의 평등론이라고 할 수 있다.

둘째, 임신·출산과 관련된 모성보호 사항을 강화한다는 측면에서 산전·후 휴가를 12주로 연장하는 안에 대해서는 원칙적으로 동의하는 입장이다. 그러나 비용을 누가 부담하는가와 언제 시행하는가의 문제가 먼저 해결되어야 한다는 것이다. 영국이나 프랑스 등 대부분 선진국들의 경우 산전·후 휴가기간 동안의 임금을 사회보험에서 부담하는 데 반해, 우리나라는 사업주가 부담하므로 결과적으로 기업비용을 증가시켜 여성고용을 감소시키는 부정적 효과를 낳게 된다는 논리를 앞세운다. 따라서 출산과 관련된 휴가제도를 제대로 시행하기 위해서는 산전·후 휴가중 사업주의 임금지급의무를 삭제하고 이를 사회적으로 분담할 필요가 있다는 것이다. 또한 생후 1년 미만의 영아를 가진 근로자에게 1년 이내로 육아휴직기간을 주는 현행 제도를 확대하여 휴직기간을 2~3년으로 연장할 경우, 업무공백의 문제와 대체인 고용 여

부 등의 문제가 발생한다. 따라서 휴직기간중의 소득보전과 관련하여
서도 기업부담이 가중되므로 이 비용의 사회부담원칙이 적용되어야 하
며, 무엇보다 기금재정이 안정될 때까지 육아휴직급여 도입을 연기해
야 한다는 입장을 고수하고 있다. 특히 재계는 출산 및 육아휴직제도
확대와 관련하여 소요될 비용이 8,538억 원에 달한다는 수치제시를
통해 기업부담 증가는 경제회생에 부정적 효과를 미치고, 기업들의 지
불능력을 감안하지 않은 선진국형 모성보호법 추구는 여성에게 오히려
불리하게 작용한다는 점을 지적한다. 모성보호가 강화되면 국민소득
의 0.48%가 감소하고 그만큼 일자리 감소를 낳게 되며 결국 여성실업
을 증대시킨다는 것이다.

경제논리에 입각한 이러한 반박은 모성보호 강화에 따른 업무공백
과 인건비 증가로 기업이 여성을 기피하게 돼 노동시장 진입장벽을
만들고, 결과적으로 여성의 사회참여를 활성화시켜야 할 모성보호법
이 여성고용과 경제발전에 부정적 영향을 미치게 될 것이라는 결론에
이른다.

4. 나오는 글: 요약 및 제언

남녀고용평등법과 모성보호법을 둘러싼 담론분석에서 드러난 관련
주체간의 갈등과 긴장은 기본적으로 양성평등의 개념과 기준에 관한
이해, 여성의 일에 대한 인식, 모성역할에 관한 시각, 성불평등 해소
방안 등에 있어서의 차이에서 비롯된다. 이는 정책결정 행위자들의 이
념적 지향성을 나타내는 동시에 행위자가 기반하는 사회적 조건 혹은
정치적 기회구조의 다양성과도 관련된다. 앞에서의 논의를 기초로
1990년대 노동정책담론과 관련하여 제기되는 쟁점들을 크게 세 가지
로 정리할 수 있다.

첫째, 여성노동에 대한 인식전환이다. 오랫동안 여성의 일은 남성 생계부양자 모델에 따라 가족책임이 주된 업무이고, 임금노동은 남성 노동의 보조적이고 한시적인 역할로 규정되었다. 1990년대 들어 성인 지적 관점과 여성주의적 시각이 여성정책에 반영되면서 독립적 생산노동자로서의 평생평등노동권 확보가 현안으로 제기됐다. 여성이 생계를 책임지지 않고 있다거나 재생산노동의 전담자라는 이유로 취업권이 위협받지 않도록 여성참여를 보장하는 법적 체제의 완비가 논의되기 시작했다. 특히 기혼여성의 인력활용이라는 목표 아래 탄력근로시간제나 출산·육아 후 재취업 확대 문제 등을 기혼여성의 취업을 적극 장려한다는 점에서 신중히 검토하는 정책적 대응이 개진됐다. 11)

둘째, 평등개념을 둘러싼 이해의 차이를 지적할 수 있다. 모든 상황과 조건을 똑같이 취급하는 '같음' 지향의 평등인지, '다름'의 차이를 고려한 평등인지, 또는 보호조치가 평등원칙과 위배되는지의 여부는 구체적 쟁점마다 담론 주체 사이의 긴장과 설전을 불러일으켰다.

셋째, 모성보호의 대상과 내용에 관한 문제이다. 현재 모성보호의 적용대상은 근로여성에 한정되어 전체 여성을 대상으로 하는 보편적 여성정책 취지에 부합되지 않는다. 이는 유휴노동력 활용이라는 인력 담론의 준거 틀 속에서 모성을 이해하기 때문이며 그로 인해 근로여성이 아니거나 비공식 부문에서 일하는 여성들의 출산과 육아를 국가가 어떻게 지원해야 할 것인가라는 숙제를 여전히 남겨 놓고 있다. 특히 모든 여성을 대상으로 실시하기 곤란한 이유가 '국민건강보험의 재정형편'이라는 점에서 모성보호정책은 전체 사회의 재생산이라는 모성의 사회적 의미보다는 경제적 논리에 의해 그 가치가 축소되고 폄하될 우려가 있다. 게다가 모성보호 내용이 주로 임신과 출산에 국한됨으로써

---

11) 이와 관련하여 재택근무와 노동시간 단축 등의 근무시간제 변화에 따라 여성의 '돌보기'(caring) 노동이 앞으로 어떻게 전환되고 재구성될지는 성별 분업체계의 전망과 관련하여 유의미한 지표로 읽힐 수 있다.

양육이나 노인부양 등 여성이 사적 혹은 영역에서 수행하는 '돌보기'(caring) 노동에 대한 사회적 인식이 부족한 상태이다. 예를 들어 육아의 경우, 공적 보육시설이 부족하고 국가의 보육정책이 '저소득층 복지'라는 제한적 목표를 위해 추진됨으로써 양육기능이 시장에 의해 수행되는 것이 현재 우리의 실정이다. 이처럼 육아정책에 대해 국가가 방임주의적 태도를 보일 경우, 육아는 곧 개별 가정의 문제이자 부담으로 전가될 수밖에 없고 이를 해결하지 못하는 여성들의 고용중단은 불가피하다. 12) 이러한 사실은 모성의 구성과 권리에 대한 새로운 인식과 논의를 제기한다.

여성정책은 지난 십여 년 동안 여성운동단체의 연대활동에 힘입어 가시적 성과를 이룩했다. 그러나 이러한 성과는 당면현안에 대한 대응 차원에서 정책이슈를 제기했다는 점에서 성차별적인 가부장적 구조와 지배질서에 대한 근원적 해결책이 되기에는 아직 부족한 수준이다. 이 점에 주목하여 양성평등한 사회의 실현을 위한 향후 여성노동정책의 기본 방향과 개선방안을 검토하고자 한다.

첫째, 현재 남녀고용평등법의 제정 및 개정과 함께 고용차별에 대해 법적 규제가 가해지고 내용상의 고용평등을 결과할 수 있는 제도적 기반이 마련되었으나 실질적 집행은 아직 그 효력이 미미한 수준이다. 향후 여성노동정책은 법의 엄정한 실시를 감시함으로써 여성에 대한 차별금지와 고용평등을 확보하는 데 주력해야 한다. 이는 단순히 기회 평등 원칙을 천명하는 데 그치는 것이 아니라 실질적 조건이나 결과의 평등을 달성할 수 있는 실천의 구현을 의미한다.

둘째, 여성노동과 관련된 또 하나의 주요 사안은 모성보호의 권리이다. 모성보호법을 둘러싼 논쟁에서 볼 수 있듯이 오랫동안 개인적 문

---

12) 모성보호 관련법의 개정안 중 유급육아휴직 제도의 도입은 휴직기간중의 소득보전과 양육에의 남성참여를 유도하여 여성의 고용유지에 기여한다는 점에서 선진적 의미를 갖는다고 하겠다.

제로만 인식되던, 임신, 출산, 육아 등 여성의 재생산노동이 노동권 문제로 대두되면서 모성보호가 사회적 문제라는 공감대가 형성되기 시작했다. 그러나 모성보호정책은 전통적 성별분업관에 기초한 정책적 이념으로 인해 여전히 그 정책대상의 범위와 내용이 제한적이라는 평가를 받는다. 이를 극복하고 여성의 평등노동권 및 모성기능에 대한 적절한 보호를 위해서는 기존의 성별분업체계를 재구성하고 가족친화적 방향으로 보다 적극적인 조치가 취해져야 할 것이다. 여성의 모성권 강화는 향후 정보화 사회에서 요구되는 여성인력 충원과 생산성 향상과도 관련된다는 점에서 국가 경쟁력 제고에 기여할 수 있는 중요한 요인이다.

셋째, 현재의 성불평등 구조를 개선하고 실질적 의미의 평등을 이루려면 차별개선 효과를 거둘 수 있는 단기적 조치 실시가 시급하며, 그 대표적 예로 적극적 조치(여성할당제)를 들 수 있다. 적극적 조치의 실시는 여성의 고용기회를 확대시킴으로써 오랫동안 누적된 차별을 해소할 수 있는 구조적 방책이다. 고용을 포함하여 교육이나 승진 등의 노동조건에서 여성할당제가 실시되면 현실적으로 고용평등이 가시화될 뿐 아니라 여성의 세력화가 가능하고 결과적으로 가부장적 권력구조의 변화를 이끌어낼 수 있는 토대로 작용될 수 있을 것이다.

■ 참고문헌

국회여성특별위원회. 1999.《모성보호정책: 근로여성의 모성보호관련법 중심으로》.
_____. 2000.《여성관련 법률의 입법과정 및 향후과제》.
김미경. 2000. "여성정책과 정부역할의 변화". 한국행정학회 세미나자료집.
김태홍. 1999.《비정규직 고용형태의 확산에 따른 여성 고용구조의 변화와 정책과제》. 한국여성개발원.

문순홍·정규호. 2000. "거버넌스와 젠더: 젠더친화적 거버넌스의 조건에 관한 탐구". 한국정치학회 하계학술회의 발표논문집.

변화순 외. 1997. 《여성정책의 현황과 21세기를 향한 여성정책》. 한국여성개발원.

백진아. 2001. "남북한 여성의 일과 양성평등한 노동의 실현". 윤택림 외, 《여성이 만드는 통일한국의 미래》. 미래인력연구센터.

안병영. 2000. "국민기초생활보장법의 제정과정에 관한 연구". 《행정논총》, 제38권 1호.

조 은. 1996. 《절반의 경험, 절반의 목소리》. 미래미디어.

조 은·이영현·백진아·이여봉. 2000. 《여성근로자의 가족책임이 직업숙련도와 취업에 미치는 영향》, 노동부.

조주현. 1996. "여성주의에서 본 평등문제: 대안적 다름의 정치학". 조형 편, 《양성평등과 한국 법체계》. 이화여자대학교 출판부.

조 형. 1996. "법적 양성평등과 성의 정치". 《한국여성학》 제12권 1호.

한국여성단체연합. 정기총회 자료집 모음. 1차(1987) ~14차(2000). 각 연도.

한국여성민우회·한국여성노동자협의회·한국여성단체연합. 2000. 국정감사모니터시민연대 노동위원회 정책과제자료집.

한국여성정책연구회 옮김. 2000. 《복지국가와 여성정책》. 새물결.

Bittman, M. 1999. "Parenthood without Penalty: Time Use and Public Policy in Australia and Finland". *Feminist Economics*, Vol. 5(3).

Blossfeld, H. P. and C. Hakim. 1997. *Between Equalization and Marginalization: Women Working Part-time in Europe and the United States of America*. New York: Oxford University Press.

Glass, J., L. Estes, and S. Beth. 1996. "Workplace Support, Child Care, and Turnover Intentions among Employed Mothers of Infants". *Journal of Family Issues*, Vol. 17: 317~335.

_____. 1997. "The Family Responsive Workplace". *Annual Review of Sociology*, Vol. 23: 289~313.

Gornick, J., M. Meyers, and K. Ross. 1998. "Public Policies and the Employment of Mothers". *Social Science Quarterly*, 79(1): 35~54.

Rosenau, T. 1995. "Governance in the Twenty-first Century". *Global Governance*, 1.

Seip, Anne-Lise and H. Ibsen. 1991. "Female Welfare, Which Policy: norway's Road to Child Allowances". in Gisela Bock and Pat Thane(Eds.), *Maternity and Gender Politics: Women and the Rise of the European Welfare States*. London: Routledge.

Snow, D. and R. Benford. 1992. "Master Frames and Cycles of Protest". in A. Morris and C. Mueller(Eds.), *Frontiers in Social Movement Theory*. New Haven: Yale University Press.

Snow, D., E. Rochford Jr., S. K. Worden, and R. Benford. 1986. "Frame Alignment Processes, Micro Mobilization, and Movement Participation". *American Sociological Review*, 51: 464~481.

Watson, S. and L. Doyal. 1999. *Engendering Social Policy*. Buckingham: Open University Press.

Williams, F. 1989. *Social Policy: A Critical Introduction*. Cambridge: Polity Press.

제 3 장
한국 성정책의 형성과정 *
1990년대를 중심으로

심 영 희

1. 서 론

한국의 성정책은 1990년대에 성폭력 특별법 제정 및 개정, 가정폭력방지법의 제정, 남녀차별금지 및 구제에 관한 법의 제정에 따른 성희롱 규제 입법화 등으로 획기적 변화를 거듭해왔다. 이 연구는 성정책의 발전에 특별한 의미가 있는 1990년대에 초점을 두고, 한국 성정책 변화가 어떻게 전개되었으며 이에 영향을 준 요인은 무엇인지를 밝히고, 이를 통해 성정책 모델과 정책형성 과정 모델을 찾아내는 데 목적이 있다.

정책연구는 일반적으로 정책형성 과정에 대한 연구, 법 등 정책의 구체적 산물에 대한 연구, 그리고 이러한 법과 정책수행에 관한 연구 등 셋으로 크게 나눌 수 있다. 이 글에서는 이 중에서 정책형성 과정에 초점을 두려고 한다. 이 연구가 한국 성정책형성 과정에 초점을 두려고 하는 이유에 대해서는 왜 성정책인가의 문제와 왜 정책형성 과정인가의 두 가지로 나누어서 논의하겠다. 우선 왜 성정책이 중요한가의

---

* 이 글은 《젠더와 사회》(한양대학교 여성연구소) 2002년 창간호(특집주제 '90년대 한국의 여성정책')에 실린 논문이다.

문제와 관련해서는 첫째, 성은 개인의 몸, 정신, 관계를 망라하는 인간의 욕망, 친밀성의 가장 기본적인 구조이지만, 그럼에도 이에 대해 명시적으로 말하는 것이 오랫동안 터부시된 우리사회에서 성문제가 정책으로 다루어지는 것이 어려웠을 뿐 아니라, 다른 문제들보다 늦게 다루어지는 경향이 있기 때문이다. 이는 먹고사는 문제가 보다 시급한 문제여서 그럴 수도 있거니와 한 사회에서 남성과 여성의 관계가 어느 정도 민주화·평등화되고 있는가의 문제와도 밀접한 관계가 있다고 볼 수 있다.

다음으로 왜 정책형성 과정에 초점을 두는가의 문제와 관련해서는 다음의 이유를 들 수 있을 것이다. 첫째, 학문적으로 보아 제·개정된 법이나 정책에 대한 분석은 좀 있었지만(심영희, 1996), 정책형성 과정에 대한 연구는 그다지 없었다는 점이다. 둘째로는, 법과 정책이 어떻게 형성됐는지 조사함으로써 그 목적과 시행과정은 물론, 그것이 애초의 목적에 맞게 시행됐는지 여부를 이해할 수 있다는 점을 들 수 있다. 셋째, 정책형성 과정에 대한 관심은 궁극적으로 정책효과를 평가할 수 있게 하고 미래에 여성정책을 어떻게 생산적으로 이끌지 결정하는 데 실제적 도움을 제공할 것이기 때문이다.

이러한 문제의식을 가지고 이 연구는 한국 성정책형성 과정을 살펴보려고 한다. 여성정책에 영향을 준 가장 중요한 동인으로서는 여성운동의 역할이 컸음을 인정하고 이에 초점을 두고 접근하려고 한다. 보다 구체적으로 다음의 연구 질문들을 중심으로 접근했다.

① 한국의 여성정책에 변화가 오게된 사회구조적 배경은 무엇인가?
② 1980~1990년대 성관련 여성정책은 어떻게 전개되었나?
③ 이러한 여성정책의 동인으로서 여성운동과 여성정책기구는 어떻게 발전했나?

〈그림 3-1〉 근대화, 여성의식의 고양과 여성정책의 관련

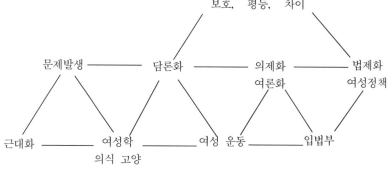

④ 성정책 생산에 있어 여성운동과 여성정책기구 사이의 관계는 어떠했는가?

이 연구가 가정하는 성정책 형성과정 및 여성운동과 성정책의 관계를 설명하자면 다음과 같다. 출발은 문제발생이다. 이 문제발생은 근대화와 여성의 의식고양으로 인한 여성의 갈등에서 시작한다(심영희, 1998; Shim, 1998). 사건이 발생하면 먼저 여성운동이 나서서 이를 사회이슈로 부각시켜 담론화한다. 이러한 사회이슈화는 시위, 성명서 발표 등의 방식으로 일어난다. 그 다음에 여성운동은 토론회, 공청회를 조직하여 이를 통해 문제의 실태와 원인을 분석하고 대안을 제시하면서 의제화한다. 그러면 입법부나 여성정책기구는 이를 기반으로, 그리고 많은 경우 여성운동측과 대화를 통해 정책대안을 마련해 법제화에 나서는 것으로 나타난다. 그리고 정책대안 마련도 여성운동에서 하는 경우들이 많다. 이를 도식적으로 나타내면 〈그림 3-1〉과 같다.

여기에서 성정책이라고 말할 때 가장 먼저 떠오르는 질문은 어떤 성문제를 다룰 것인가이다. 성의 개념에는 첫째, 사회적 성(gender), 둘째, 성관계(sex) 및 섹슈얼리티의 여러 개념이 포괄되는데 이 연구에

86

서 다루는 성문제, 성정책의 범위와 내용은 사회적 성은 일단 제외하고 두 번째 범주의 성문제를 초점으로 한다.

그러나 이 두 번째 성문제도 동의 여부에 따라 동의에 의한 성, 상품화된 성, 강제된 성으로 나눌 수 있고 성선호에 따라 동성간의 성, 이성간의 성으로 나눌 수 있다(심영희, 1992). 성선호문제는 우리사회에서 이제 겨우 나타나기 시작하는 문제이므로 일단 제외하고 주로 강제된 성문제, 즉 성폭력과 성희롱 문제에 초점을 맞추려고 한다. 그리고 이와 관련되는 부분에서 가정폭력과 청소년 성매매 문제도 필요시 간단히 언급하려고 한다.

이 글에서는 주로 성폭력문제를 중심으로 여성정책의 내용 및 담론이 1980년대와 1990년대를 거치면서 어떻게 변화했으며 이는 무엇 때문인지를 여성운동과 입법부 활동을 중심으로 분석했다.[1]

연구자료로 여성정책의 내용을 위해서는 관련법의 제정 및 내용을 살펴보았다. 여성운동단체의 활동과 담론을 위해서는 여성운동단체 정기총회 자료집과 회의록을 참고하였고, 입법부의 활동을 위해서는 국회 본회의 속기록, 관련 상임위원회 속기록, 국회여성특위 자료 등을 이용했다. 보다 구체적으로 국회 본회의에서의 성관련 발언은 그 횟수가 매우 적었기 때문에, 주로 국회여성특위의 자료를 활용했다. 그 외 KINDS를 이용한 신문보도 자료 등도 이용했다.

연구방법은 여성운동의 담론 분석의 경우 의미틀 분석을 주로 사용했다. 일반적으로 의미틀(frame)은 전개되는 사건이나 이슈에 대하여 의미를 부여하는 중심적 아이디어 혹은 줄거리로, 그 이슈에 대하여 무엇을 어떻게 해야 할 것인가라는 정책방향이나 암시적 해답을 함축하는 입장을 가진다(김경희, 2001). 많은 학자들이 개별 정책이슈나

1) 이 연구는 1990년대의 성정책에 초점을 두고 이와 비교하기 위하여 1980년대를 간단히 논의하려고 하는데, 그 이유는 1990년대에 성폭력·성희롱 문제와 관련하여 본격적인 입법 및 정책이 시행되었기 때문이다.

논쟁적 사회적 이슈를 의미틀 분석을 통해 규명하는 연구들을 진행시켰다. 사회운동론에서 의미틀 분석은 비교적 새로운 시도로서 사회구성주의적 관점에 근거를 둔다. 입법부와 국회여성특위의 경우 법의 내용이나 관련자들의 발언을 주로 분석했다.

이 글은 다음과 같이 구성된다. 우선, 성관련 여성정책 변화의 사회구조적 배경으로서 한국사회의 변화와 근대화과정의 특징 및 여성학, 여성운동, 여성정책담당기구의 제도화 등을 다루고, 두 번째로 한국의 성정책은 어떻게 전개되어 왔는지 시기별로 살펴본다. 이러한 여성정책 변화의 동인으로 여성운동은 어떻게 전개되었는지의 문제는 다른 곳에서 다루었으므로(심영희, 1998; Shim, 1998) 여기에서는 생략하겠다. 그리고 세 번째로 이러한 분석들에 기반을 두어 성관련 여성운동의 활동과 담론이 성정책에 어떻게 관련되는지 살펴봄으로써 결론을 내리고자 한다.

2. 성관련 여성정책 변화의 사회구조적 · 문화적 배경

한국의 성관련 여성운동과 여성정책 변화의 사회구조적 배경으로는 ① 한국사회의 변화와 근대화과정의 특징 및 이에 따른 여성의 갈등 및 의식고양, ② 여성학의 제도화와 발전, ③ 여성운동의 활성화 및 여성정책 담당기구의 제도화, ④ 국제적 환경 변화 등을 들 수 있다(〈그림 3-1〉 참조).

1) 한국사회의 변화: 돌진적 근대화와 여성의 갈등 및 의식고양

한국은 개발독재의 지원을 받아 이른바 '돌진적 산업화'(Han, 1995)라고 하는 국가주도적·수출지향적 산업화를 통해 급속한 경제성장을 이룬 것으로 널리 알려졌다. 1962년에 박정희 정권에 의해 시작해서 이것은 지난 수십 년간 기록적 고도성장을 이룩했다.

보다 구체적으로 1960년대와 1970년대에는 수출을 위한 섬유, 봉제 신발산업과 같은 경공업부문이 급속하게 신장·발전했고 국민총생산 또한 빠르게 증가했다(신경아, 1983). 1980년대에는 국가의 중화학공업부문 육성 추진에 따라 전자·자동차·석유 등 중화학 공업부문이 또한 증가, 발전하기 시작했다(심영희, 1988; Shim, 1994). 이와 같이 지난 30년간 한국경제는 지속적 팽창을 거듭하면서 세계 11위의 경제대국이 되었다.

그러나 1990년대부터 이러한 돌진적 근대화의 심각한 병리적 결과들이 나타나기 시작했다. 예컨대 바다와 육지, 하늘에서의 대규모 참사들과, 1997년 11월 외환위기로 IMF 구제금융을 신청하면서 한국경제가 갑자기 수축되어 IMF 관리체제로 들어가게 된 것 등이다. 1970년대와 1980년대에도 문제는 있었지만 이들은 급속한 산업화와 도시화의 통상적이고 불가피한 부산물로 치부됐다. 그러나 1990년대의 문제들은 너무나 심각해서 위기경향으로 간주됐다. 그리고 사람들은 이 위기경향이 지난 30년간의 한국경제의 압축성장으로 인한 것으로, 즉 돌진적 근대화의 병리적 결과인 '빨리빨리 문화' 때문인 것으로 생각하기 시작했다. 사람들은 또한 이러한 위기경향들이 한국사회의 외적·물질적 차원에 국한된 것이 아니라 내적·정신적 차원과도 관련 있음을 깨닫기 시작했다. 돌진적 산업화는 사회에서 사람들을 물질주의적·도구적·비신뢰적·비인간적으로 만듦으로써 사람들 사이의 신뢰와 애정, 가치 등 인간관계에 있어 심각한 결과를 초래했다. 그러나 그것은 또한 사람들을 보다 성찰적으로 변화시켰고, 사람들로 하여금 지금까지 무엇을 했는지 다시 생각하게 만들기도 했다.

이러한 돌진적 산업화는 여성들에게도 중요한 영향을 끼쳤다. 한 예로, 순결이데올로기와 성도덕의 이중적 기준으로 대표되는 성의 전통적 요소에 변화가 조금씩 생기기 시작했다. 담론이 바뀌면서 정절이데올로기, 이중성윤리에 대한 비판이 일어나고 여성도 성적 대상에서 주체로 바뀌어야 한다는 각성과 담론이 퍼지게 되었다(심영희, 1996; Shim, 2001). 그리하여 성평등을 요구하고 순결이데올로기의 속박을 벗어나려는 여성들도 생겨났다. 성폭력 여성피해자들의 신고가 늘어나고 1993년에는 한 여성이 한국에서는 처음으로 성희롱 소송을 제기했다(성희롱 공동대책위원회, 1994).

요약하면 근대화 맥락에서 여성의 갈등은 첫째, 변화된 상황과 여성의 의식고양, 둘째, 억압과 불평등을 강요하는 여전히 변하지 않는 현실이라는 두 방향에서 오는 것 같다. 보다 구체적으로 말하자면 산업화 및 합리성 성찰성과 같은 근대성 담론 덕분에 보다 많은 여성들이 보다 잘 교육받고 사회경제적으로 참여하게 되었지만, 실제 대부분의 여성들은 여전히 직장과 가정의 불평등에서 고통을 겪고 있다. 이러한 갈등적 경험은 여성의식 고양에 도움이 됐고, 그 결과 자아성찰성 증대와 새로운 자아정체성 형성을 불러일으켰던 것으로 보인다.

2) 여성학의 제도화와 발전

앞에서 언급한 돌진적 근대화의 병리적 결과에 대한 성찰은 여성학의 제도화와 발전을 불러오는 중요한 동인이 됐다고 할 수 있다.

한국여성학 관련 조직 및 제도화 전개와 관련하여 먼저 여성학과의 설치와 강의현황에 대해 간단히 살펴볼 필요가 있다(Shim, 2000; Shim, 2004). 한국에서는 1976년 이화여대에 처음 여성학 강좌가 개설되었고 1981년에 이화여대 대학원에 여성학과가 설립됐다. 여성학의 필요성과 중요성에 대한 인식이 높아지고 주로 외국에서 공부하고 돌아온 여성교수들이 늘어남에 따라, 1980년대 중반 이후 많은 대학에서 여성학 강좌가 생겼으며, 높은 인기를 누리는 교양과목 중 하나가 됐다. 1990년대에 들어와 여성학이 매스컴의 양념메뉴로 등장하게 되었고 여성학은 일종의 상식이 됐다. 그러면서 여성학의 대중적 인기는 내려가기 시작했다. 그러나 학문으로서의 여성학에 대한 높은 관심은 여전한 가운데 1990년대 초에 계명대와 효성여대 대학원에 여성학과가 설립되었고, 1996년에는 한양대와 성신여대 대학원에 뒤이어 숙명여대와 서울대에 여성학 협동과정이 신설됐다.

여성학이 제도화되고 여성학 연구자가 늘어나면서 여성학 연구자의 자발적 결사체인 한국여성학회가 창립됐다. 한국여성학회는 한국사회에서 여성학을 학문적으로 정착시키고 체계화시키려는 공동의 지적 광장을 마련할 필요에서 1984년 10월에 창립됐다. 여성학회는 '여성학의 보편성과 특수성'이라는 명제를 기본방향으로 잡고, 이 명제를 풀어가기 위하여 제1회 학술대회(1985년)를 개최한 이래, 지난 18년 동안 30여 차례의 학술대회를 통해 한국의 여성문제에 대한 학제적 학술활동을 지속해 왔으며, 이 외에 학술지 발간, 정기 월례발표회 및 부정기 국제학술대회를 개최하고 있다. 1985년 회원 수가 124명이었던 여성학회는 2005년 현재 개인회원 700여 명과 단체회원 60여 개가 가입해 활동하고 있다. 이러한 노력의 결과로 1999년에 여성학이 학술진흥재단의 학문분류에 정식으로 채택되어 포함됐다. 2)

그러면 가부장제 사회로 규정될 수 있는 한국사회에서 한국여성학의 연구현황은 어떠한가? 1976년 이화여대의 여성학 강좌가 개설, 1981년 이화여대 대학원에 여성학과 개설, 그리고 1984년 한국여성학회 창립

---

2) 여성학을 학술진흥재단의 학문 분류에 포함시키는 작업은 필자가 한국여성학회장을 하고 있던 1999년에 1년간의 노력으로 성립되었다.

으로 이어지는 한국여성학의 제도화 과정을 거치면서, 한국여성학 연구는 제도화 이전에 존재하던 여성연구들과 함께 많은 여성운동과의 긴밀한 관계 속에서 많은 연구성과물들을 생산했다. 다학문적 여성학의 특성상 이러한 연구성과물들은 특정 전공영역에 한정되지 않고 다양한 전공의 여성연구자들에 의해 생산됐다. 이러한 과정에서 한국 여성학 연구는 연구물의 양적 축적뿐만 아니라 질적 변화를 보였다. 1970 ~1980년대 한국여성연구물들과 1990년대 한국여성연구물들 사이에서 나타나는 다양한 변화들을 구체적으로 살펴보면 다음과 같다.

우선, 연구주제 면에서의 변화이다. 1990년대에는 연구주제가 다양화하면서 1970~1980년대 활발하던 노동연구나 성·계급 논쟁이 급격히 감소한 반면, 성폭력 문제 등 섹슈얼리티에 관한 연구가 증가했다.

두 번째로는 이론적 차원에서의 변화이다. 1990년대에는 1980년대 여성해방 이론에서 핵심적 위치를 차지하는 사회주의 여성해방론을 포함한, 보다 종합적이고 포괄적인 이론체계를 제시하는 이론서들이 번역되어 이론 폭이 확장됐다. 특히 후기구조주의나 포스트모던 계열의 이론서들이 대폭 소개되었고, 1990년대 후반부터는 차이론의 부각과 함께 여성적 심리와 성·도덕의 특수성에 기반한 여성주의 인식론 및 윤리학의 성립가능성에 대한 철학적 논의가 등장하게 된다.

세 번째로는 방법론적 측면에서의 변화이다. 영화·연극·미술 등 여성문화 부문의 성장에 발맞춰 담론연구나 문화분석과 같은 접근이 증가했다.

네 번째로는 1980년대와 달리 여성연구가 더 이상 게토화하지 않고 주류학문의 틀 안에 진입하기 시작했다. 그 결과 여성철학, 법여성학, 여성문학, 여성사 등이 독립적 연구주제로 형성됐다.

다섯 번째로는 여성연구자 층의 내부구성 변화이다. 1970~1980년대의 여성연구자 상당수가 여성운동가인 경우가 많았고, 그에 따라 여성해방론은 여성운동론의 성격을 강하게 가졌다. 이에 비해 1990년대

는 한국여성학회 발전, 학위과정 개설과 같은 제도적 발전과 동시에 진
행되어 연구자 층의 확산과 전문화가 나타났으며 연구주제도 다변화했
다. 그리고 실천적 관심 영역도 여성의 독특한 억압 경험과 구조문제에
집중, 법제정과 개정, 정책적 요구 등 제도 내적 차원에서 여성의 권리
를 확보하려는 경향이 강하게 나타난다(김혜경·이박혜경, 1998).

3) 여성운동의 활성화 및 여성정책담당기구의 제도화

이상에서 보았듯이 근대화로 인한 여성의 갈등은 여성의 의식을 고
양시켜 여성학의 제도화와 발전을 불러왔다. 그런데 여성학의 제도화
와 발전은 다시 여성운동의 활성화 및 여성정책담당기구의 제도화를
불러오는 중요한 동인이 됐다고 할 수 있다. 여성학을 공부한 사람들
이 여성운동에 뛰어들어 여성운동의 중추세력을 이루었고 여성운동의
내용 또한 여성학 발전에 따라 다양화됐다. 예컨대, 1980년대의 여성
운동이 여성의 평등한 참여와 대우를 요구하는 노동운동에 초점을 두
었다면, 1990년대의 여성운동은 성폭력추방운동, 정체성운동으로 다
양화·활성화되었고(Shim, 1996; Shim, 2004; 심영희, 1998), 국제연
대 또한 활기를 띠었다. 다시 말해 여성운동의 확산 및 활성화는 운동
의 축이 분배 중심의 노동운동에서 정체성 중심의 신사회운동으로 이
동, 또는 복수화하는 가운데 이뤄졌던 셈이다.

여성정책담당기구 또한 변동을 거듭하였는데, 이러한 변화는 여성
운동단체들의 요구와 무관하지 않다. 1983년 여성개발원이 개원되고
여성정책심의위원회가 설치되었으며 1988년 정무2장관실을 신설해
여성·아동·청소년·노인 등의 포괄적 업무를 수행토록 했다. 1990
년에는 정무2장관실이 여성분야만을 중점적으로 다루는 여성정책전담
기구로 전환했고, 1994년에는 국회에 여성특별위원회가 발족되어 제
정된 국회법에 따라 20명 이상의 의원이 모여 여성문제관련 의원입법

을 할 수 있어 여성관련 정책의 법제화가 이뤄졌다. 1995년에는 세계
화추진위원회가 발족되어 10대 중점 추진과제를 선정하였으며, 1998
년에는 정무 2장관실이 폐지되고 대통령직속의 여성특별위원회가 설치
되었고, 마침내 2001년 1월 여성부를 설치하기에 이르렀다(황인자,
1997). 여기에다가 우리나라가 UN에 가입함으로써(1991년) UN에서
의 여러 여성관련 활동에 참여하게 됨에 따라, UN의 여성차별철폐조
약 등을 비준하게 되고 남녀평등을 원칙으로 하는 국제환경에 발맞추
어 여성정책을 형성·집행하는 환경이 조성됐다고 할 수 있다. 성폭력
문제에 대한 여성정책의 대응과 변화도 이러한 맥락에서 살펴볼 수 있다.

4) 국제적 환경의 변화

국제환경 변화도 한국 여성정책 발전에 크게 기여했다. 중요한 의미
를 갖는 국제환경 변화로는 ① 여성과 발전(WID) 전략을 채택했던
1975년의 멕시코 여성대회와, ② 젠더와 발전(GAD) 전략을 채택한
1985년의 나이로비 대회 개최, ③ 1985년 우리나라에서 비준한 유엔
여성차별철폐협약(CedAW), ④ 1991년 한국의 유엔가입, ⑤ 성주류
화 전략을 채택한 1995년 북경 여성대회 개최 등을 들 수 있다. 특히
우리나라의 유엔가입과 여성차별철폐협약 비준은 남녀평등의 원칙을
지지하는 국제기준에 맞춰 여성정책을 입안·구현할 환경이 조성됐다
는 데 중요한 의미가 있다.

또한 성주류화 전략의 채택은 ① 사회 전 분야를 대상으로 한 여성
의 주류화, ② 정책분야 전반에 걸친 성관점의 주류화 실현, ③ 남성
중심적 조직 및 주류영역의 재편과 주류의 전환을 함의하는 것으로서
우리나라 여성정책에 커다란 영향을 미치게 된다.

3. 1990년대 성정책의 전개과정

여성운동이 담론화·여론화를 통해 여성정책에서 다뤄야 할 의제를 설정하는 담론화·의제화의 역할을 한다면 입법부는 담론화되고 의제화된 이슈들을 가지고 이를 법제화·정책화하는 역할을 한다고 할 수 있다(심영희, 2000; 이상덕, 1997). 여기서는 1990년대 성정책 전개과정에 대해 입법부의 법제화·정책화 과정을 시기별로 나누어 이슈별로, 관점 또는 담론별로 살펴보는 방식을 취할 것이다.

시기구분은 벡(Beck, 1992)의 위험사회론에 따라 크게 산업사회와 위험사회로 나누어본다면 대체적으로 1980년대까지를 산업사회, 1990년대 이후를 위험사회로 나누어 볼 수 있는데,[3] 보다 자세히 보면 1990년대 전반에 성폭력특별법 제정, 1990년대 후반에 가정폭력방지법 제정, 1990년대 말에 남녀차별금지 및 구제에 관한 법 제정 및 남녀고용평등법 개정, 2000년에 청소년성보호법 제정, 2004년에는 성매매방지법 제정 등이 이루어졌다(〈표 3-1〉 참조). 즉, 대부분의 성폭력 관련 법제화와 정책화가 1990년대 이후에 이뤄졌음을 알 수 있다.

1) 1980년대: 전통적 정조보호의 성정책(정절이데올로기 반영)

1980년대 성 관련법 또는 정책의 내용과 담론을 보면 이 시기에는 아직도 정절이데올로기와 정조보호라는 전통적 남성 중심 성정책이 지배적이었다. 정절이데올로기는 성폭력 관련법과 법 집행 절차에도 반영되었다. 예컨대, 한국 형법에 의해 강간범죄는 '정조에 관한 죄'로 규정 분류되어 있었다. 여성운동단체들은 이의 개정을 요구하고 이를

---

3) 이 글의 시기구분은 성폭력 전개과정에 따라 구분한 심영희(Shim, 1998)의 구분에 기반한 것이다.

〈표 3-1〉 시기별 성관련법 제정

	성폭력	가정폭력	성희롱	성매매
1980년대				
1980년대 말~1990년대 초				
1990년대 중반	성폭력특별법 제정 (1994. 1)			
1990년대 말	성폭력특별법 개정 (1997, 1998)	가정폭력방지법 제정 (1997)	남녀고용평등법 개정 (1999. 2) 남녀차별금지법 제정 (1999. 2)	
2000년 이후	성폭력특별법 개정 (2003)		남녀차별금지법 폐지 (2005)	청소년성보호에 관한 법률 (2000. 2) 성매매방지법 (2004. 3)

출처: 국회여성특별위원회, 1998, 2000을 재구성

성적 자기결정권에 대한 범죄 또는 폭력범죄하에 재규정할 것을 요구하였다. 그러나 이러한 노력에도 불구하고 이것은 1995년 개정시까지 여전히 그대로 남아 있었다. 이는 인구 일반과 특히 입법자들에게 정절이데올로기가 얼마나 강한지 다시금 보여준다.

형사사법절차의 문제 중에서는 친고죄 조항이 또한 정절이데올로기를 반영한다(심영희, 1990, 1992; 박선미, 1989). 이 친고죄 규정에 의하면 피해자 자신이 신고해야만 형사사법 절차가 시작된다. 즉, 제3자는 강간사건을 신고할 수 없는 것이다. 이 조항의 입법취지는 정절이데올로기와 수치에 민감한 문화가 팽배한 한국사회에서 여성 피해자(의 명예)를 '보호'하기 위한 것이라고 한다. 그러나 친고죄는 의도한 대로 여성피해자를 보호하기보다 신고를 억제함으로써 성폭력을 실제로 증진시키는 것으로 보인다.

이 정절이데올로기는 성폭력과 관련하여 두 가지 방식으로 작용하는 것 같다. 하나는 피해자로 하여금 피해가 알려지는 것을 원치 않도록 하여 사건을 신고하지 않게 만드는 것이다. 다른 하나는 범법자들로 하여금 보다 쉽게 체포와 유죄를 벗어나게 함으로써 보다 많은 성폭력을 범하도록 부추기는 것이다.

1980년대의 여성운동과 여성정책담당기구를 보면 이 시기는 약한 여성운동과 약한 여성정책기구의 시기로 특징지을 수 있을 것이다. 담당기구 또는 기관의 면에서 보면 1980년대의 여성정책담당기구로는 1981년 보건사회부 부녀아동국이 가정복지국(가정복지과, 아동복지과, 부녀복지과)으로 개편·운영되었고, 노동청이 노동부로 승격해 부녀담당관을 신설하는 한편, 근로기준국 내에 부녀지도관을 설치·운영하고 있었다. 1983년에는 여성개발원이 개원하여 여성정책 전담연구원으로 기능하기 시작했고, 역시 1983년에 여성정책심의위원회의가 설치됐다.

그러나 1980년대 후반에 여성정책담당기구 또는 기관에 변화가 있었는데 다름 아닌 정무2장관실의 신설이었다. 1988년에 (제2)정무장관실이 신설되어 여성, 아동, 청소년, 노인 등의 포괄적 업무를 수행하게 된 것이었다. 이 (제2)정무장관실이 1990년에는 여성분야만을 중점적으로 다루는 여성정책전담기구로 전환된다.

그러나 여성학의 미발달, 여성운동의 역량 미숙 등으로 인해 이러한 기구들이 아직 제대로 기능을 하지 못하는 상황이 1980년대 말~1990년대 초까지도 계속되어 법 또는 정책의 내용 및 담론에 있어 정조보호 관점이 지속되었고, 성폭력 관련법이나 정책상의 변화는 아직 나타나지 않았다.

2) 1990년대 초반: 여성보호 성정책의 제도화(성폭력특별법 제정 · 시행)

1990년대 초에는 성폭력 관련법 또는 정책내용 및 담론에 현격한 변화가 일어난다. 성폭력 특별법의 제정 및 정조보호 논리 폐기가 그 것이다. 1980년대 말에 발생하기 시작한 엽기적 성폭력 사건들과 이 에 대한 여성운동의 영향으로 국가의 성폭력에 대한 인식이 바뀌기 시 작해 1993년에 성폭력 특별법이 제정 · 시행되기에 이르렀다(Shim, 1998; Shim, 2004; 심영희, 1998).

또한 1995년에는 '정조에 관한 죄'에 들어 있던 강간죄를 '강간과 추 행에 관한 죄'로 개정했는데, 이것은 그동안 굳게 지켜왔던 정조보호 논리를 폐기한 것으로 이에 따라 제3자 신고금지 규정도 바꿀 수 있 게 됐다. 그러나 가정폭력은 아무리 사회문제로 이슈화하려 해도 잘 먹히지 않았고, 성희롱 등에 대한 정책은 아직 나타나지 않았다.

1990년대 초기 여성운동과 여성정책담당기구를 보면, 강한 여성운 동, 약한 여성정책기구라는 관계가 두드러진 특징으로 나타난다. 1990년대에는 김부남 · 김보은 사건 등 충격적 성폭력사건을 계기로 성폭력상담소와 여성단체연합의 주도 아래 강력한 성폭력추방운동이 전개됐는데, 이는 성폭력특별법 제정의 주된 동력으로 작용했다. 반 면 여성정책기구는 여성운동진영과 달리 이 같은 상황에 민첩하게 대 응하지 못했다.

담당기구 또는 기관은 약간의 변화가 감지된다. 1990년에 (제2)정무 장관실이 앞서 언급한 것처럼 여성분야만을 중점적으로 다루는 여성정 책전담기구로 전환되었고, 이는 1998년까지 지속되었으며 담당기구, 또는 기관의 변화는 아직 나타나지 않았다. 또 1994년에는 국회에 여 성특별위원회가 발족되어 제정된 국회법에 따라 20명 이상의 의원이 모여 여성문제관련 의원 입법을 할 수 있어 여성관련 정책의 법제화가 이루어지게 됐다. 그리고 1995년에는 세계화추진위원회가 발족되어 10대 중점 추진과제를 선정하였고, 여성발전기본법을 제정하게 됐다.

3) 1990년대 후반: 여성관점의 성정책 제도화(성차별로서의 성희롱 법제화)

가정폭력·성희롱 등 보다 사적이고 미묘한 성문제에 대한 정책은 1990년대 후반에 나타나기 시작했다. 1997년 11월에 가정폭력 방지법이 통과되어 1998년 7월부터 시행되었고, 성희롱과 관련해서는 1999년 2월 통과된 '남녀차별금지및구제에관한법'4)과 역시 같은 해 2월에 개정된 '남녀고용평등법'에 의해 규제될 수 있게 됐다. 특히 성희롱 관련 정책은 1998년 2월 정부조직법 개편으로 여성문제 전담기구인 대통령직속 여성특별위원회가 설치된 것과 관련이 있다고 볼 수 있다.

그러나 여성정책의 많은 진전에도 불구하고 1990년대 말에 몰아닥친 경제위기는 실업증가와 함께 기존의 여성중심적 담론에 대한 부분적 반격들을 몰고 왔다. 직장에서는 여성우선해고 바람과 함께 직장내 성희롱이 증가했고, 가정에서는 가정폭력이 증가하는 현상이 나타났다. 앞에서 언급한 남녀차별금지 및 구제에 관한 법의 제정과 남녀고용평등법의 개정은 이러한 맥락에서 여성을 보호하고 여성권리를 인정하기 위한 조치로 해석할 수 있다.

1990년대 후반의 여성운동과 여성정책기구와의 관계는 강한 여성운동 - 강한 여성정책기구로 특징지을 수 있다. 담당기구 또는 기관의 편제에 커다란 변화가 일어났다. 1998년에 김대중 정부가 들어서면서 (제2)정무장관실이 폐지되고 명시적으로 여성문제를 다루는 전담부서로서 대통령직속의 여성특별위원회가 설치됐다. 이와 함께 6개 부처

---

4) 남녀차별은 다른 차별과 함께 국가인권위원회에서 다루는 것으로 조정됨으로써 이 법은 2005년에 폐지되었다.

에 여성정책담당관이 신설됐다. 이는 여성운동의 결과라고 볼 수 있으며 정부의 각 부처에서 명시적으로 여성적 관점에서 여성정책을 추진하겠다는 의지의 표현으로 볼 수 있다. 특히 성희롱정책은 여성특별위원회가 쏟았던 노력의 결과로 보인다.

4) 2000년 이후: 청소년 성보호와 성매매방지의 법제화

2000년 이후에는 여자청소년에 대한 이른바 '원조교제' 등이 사회문제로 크게 이슈화되면서 2000년 7월 '청소년성보호에 관한 법률'이 제정 시행되기에 이르렀다. '청소년성보호법'은 아직 분별력이 약한 어린 청소년들의 보호가 기본적으로 필요하다는 취지에서 만들어진 것으로, 성매매를 한 청소년을 피해자로만 보고 형사처벌하지 않도록 규정하며, 10대 매매춘을 한 남성상대자 신상을 공개하도록 하는 조치를 포함한다.

이 법은 청소년을 피해자로 보고 형사처벌하지 않는 점, 남성상대자 신상을 공개하도록 규정하는 점에서 적극적 청소년성보호 입장을 취한다고 볼 수 있다. 그러나 이 법은 청소년의 규정을 13세에서 19세 미만으로 규정하고 성매매라는 용어를 썼다는 점에서 문제가 있다. 즉, 의제강간이 13세 미만으로 규정된 상황에서 아직 분별력이 약한 13~15세에 해당하는 중학생 정도의 여자청소년들을 과연 자유의지로 성매매 계약이 가능한 성인으로 간주할 수 있느냐는 것이다. 다시 말해 이들을 상대로 성매매가 성립할 수 있는가 하는 점이다. 이런 논리에서 동의연령을 현재의 13세 미만에서 16세 미만으로 높여 의제강간 또는 미성년자강간으로 규정하는 것이 낫다는 주장이 제기된바 있다(심영희, 2001).

또 2000년과 2002년 군산에서 화재사건으로 사망한 성매매여성들의 열악한 처우가 표면화하면서, 성매매방지법 제정운동이 본격적으로 전개됐다. 2004년 3월 제정된 성매매방지법은 이 같은 움직임에 입법부가 적극적으로 부응한 결과였다. 이 법은 '윤락행위'라는 도덕적 용어 대신 '성매매'라는 중립적 용어를 채택한 데서 확인할 수 있듯이, 선량한 풍속의 보호가 아니라 성매매 피해자의 인권보호를 목적으로 한 것이었다. 또한 성매매를 성판매자와 성구매자 간에 벌어지는 사태로 접근하는 데서 벗어나 성매매 강요·알선·중개를 포함하는 3자 관계의 문제로 접근함으로써 사회구조적 접근의 성격을 띤다. 단순, 또는 자발적 성매매자와 강요된 성매매자를 구분하는 문제를 안고는 있지만, 여성운동진영의 요구를 전향적으로 대폭 수용한 법이라는 데 의의가 있다(심영희, 이 책의 9장 참조).

성매매방지법의 제정과정에서 드러나듯이 2000년 이후 여성운동과 여성정책기구는 강한 여성운동 - 강한 여성정책기구로서 관계 맺는 양상을 띤다. 1998년 설치된 대통령직속 여성특별위원회가 2001년에는 여성부로 승격·신설됐다. 그러나 다른 부처와의 업무중복 등으로 실제 집행업무는 아직 성폭력과 가정폭력 정도에 그쳤다. 이제 여성부는 호주제 폐지와 더불어 2005년 6월 여성가족부로 개편하면서 기존 업무 외에 보육업무까지 담당하게 됨으로써 더욱 강력한 정책기구로 거듭나게 됐다.

5) 소결

시기별로 보면 1990년대 전반에 성폭력 특별법 제정, 1990년대 후반에 가정폭력 방지법 제정, 1990년대 말에 남녀차별금지및구제에관한법 제정 및 남녀고용평등법 개정, 2000년에 청소년성보호법 제정, 2004년에 성매매방지법 제정 등이 이루어졌다.

이슈별로 보면 성폭력·성희롱·가정폭력·청소년성매매·성매매 등의 법제화가 이루어졌는데, 그 전개의 시간적 순서를 보면, 보다 명시적이고 폭력적인 이슈에서 출발하여 최근에 올수록 보다 미묘한 문제에 대한 법제화가 이뤄졌음을 알 수 있다.

관점 또는 담론의 변화를 보면 1980년대까지 보호의 관점과 담론이 주류를 이루다가, 1990년대에 들어오면서 평등의 관점과 담론이 입법부 내에서도 나타났고, 1990년대 말에는 여성의 차이를 강조하는 여성주의적 관점이 나타남을 볼 수 있다. 이는 성희롱 관련 법제화에서 특히 두드러진다.

그러면 이러한 성정책의 전개가 여성운동과 어떤 관계에 있으며, 어떻게 연결되어 있는가? 성폭력·성희롱 사건들의 발생·전개와 이에 대한 여성운동의 대응에 대해서는 다른 곳에서 자세히 논의한 바 있으므로(심영희, 1998; Shim, 1998; Shim, 2004) 여기에서는 곧바로 성 관련 여성운동과 여성정책이 어떻게 연결되는지 살펴보겠다.

4. 성관련 여성운동과 성정책의 연결

여성운동과 입법활동의 시간순서를 비교해보면 입법활동과 법제화는 대체로 여성운동보다 한발 늦게, 즉 수년 늦게 나타남을 알 수 있다. 예컨대, 1980년대 후반(1989)에 성폭력 사건들이 발생하자 여성운동은 곧바로 이 문제를 가지고 사회문제화 시켰으나, 입법부는 1990년대 초에 가서야 '성폭력특별법'(1993)을 제정했다.

마찬가지로 1990년대 초에 성희롱사건(1993)이 일어났을 때 여성운동은 즉각 대응했으나 입법부는 1990년대 말에 가서야 비로소 '남녀차별금지및구제에관한법'(1998)을 제정했다. 가정폭력문제 역시 1980년대부터 오랫동안 이슈가 되었으나 1990년대 후반(1996)에 비로소 법이 제정되었다. 이른바 '원조교제' 역시 1990년대 후반에 뜨거운 사회문제로 등장했으나 2000년에 가서야 법제화됐다.

〈표 3-2〉 여성운동과 입법부활동의 시기별 전개

	주요 이슈	여성운동의 주요 활동	입법부의 주요 활동
1980년대 후반	• 성폭력	• 성폭력	
1990년대 전반	• 성희롱 사건 • 가정폭력	• 성희롱 • 가정폭력	• 성폭력특별법 제정
1990년대 후반	• 경제위기와 성차별로 서 성희롱·성폭력· 가정폭력 증가 • 원조교제	• 경제 위기와 성차별 로서 성희롱의 사회문제화 • 원조교제	• 가정폭력방지법 제정 • 남녀차별금지 및 구제에 관한 법 제정 • 남녀고용평등법 개정
2000년대 전반	• 성매매 • 장애인 성폭력 등	• 성매매의 사회문제화 • 장애인 성폭력 등	• 청소년성보호법 제정 • 성매매방지법 제정

성매매 문제 역시 2000년과 2002년 화재로 발생한 성매매 여성들의 죽음을 계기로 여성운동진영의 의제로 부상했지만, 2004년에야 법제화됐다. 그리고 장애인 성폭력 등은 여성운동 측에서 이슈화하고 있으나 아직도 요구사항이 법에 반영되지 못하는 상태이다. 이를 표로 나타낸 것이 〈표 3-2〉이다.

이러한 과정을 1980년대 말부터 1990년대 초까지의 성폭력의 경우를 예로 들어 보다 구체적으로 살펴보면 다음과 같다. 변월수, 김부남, 김보은 사건, 서울대 조교 성희롱 사건 등 성폭력·성희롱 사건이 발생하면 먼저 여성운동이 나서서 이를 사회이슈로 부각되도록 담론화한다. 이러한 사회이슈화는 시위·성명서 발표 등의 방식으로 일어난다. 예컨대 성폭력은 개인문제가 아니라 사회문제라고 주장한 결과, 이는 사회에 널리 수용됐다. 물론 담론화 외에도 여성운동단체는 많은 경우 피해자에 대한 복지·법률 차원의 지원도 병행한다.

그 다음 여성운동은 토론회·공청회를 조직하여 이를 통해 문제의 실태와 원인을 분석하고 대안을 제시하면서 의제화했다. 예컨대, 기

존의 강간죄로는 불충분하니 성폭력 특별법을 제정할 필요가 있다거나
친고죄는 폐지해야 한다는 등을 제안한다. 그러면 입법부는 이를 기반
으로, 그리고 많은 경우 여성운동 측과 대화를 통해 정책대안을 마련
하여 법제화에 나서는 것으로 나타난다. 그리고 정책대안 마련도 여성
운동에서 하는 경우들이 많은 것으로 나타난다(심영희, 2000; 이상덕,
1997). 이러한 사건발생 → 담론화·의제화 → 의제화·법제화 과정을
성폭력의 경우를 예로 들어 표로 정리한 것이 〈표 3-3〉이다.

또한 시간적 순서로 볼 때 성폭력 또는 성매매 관련사건이 발생하면 여
성운동이 곧장 대응하고 입법부는 한참 후에 대응하는 것으로 나타난다.

이렇게 볼 때 성폭력과 관련한 우리나라의 여성정책은 여성운동의
노력과 활동에 의해 성공적 담론화가 일어났을 때 형성되는 면이 보이
며, 따라서 대체로 활발한 여성운동이 있은 지 수년 후에 나타나는 경
향이 보인다. 다시 말해 우리나라의 성폭력 관련 여성정책은 여성운동
에 의해 주도됐다고 해도 과언이 아니다.

5. 요약 및 결론

이 글에서 필자는 1990년대 한국의 성관련 여성정책의 변화를 위험
사회의 틀을 가지고 근대화 맥락에서, 즉 근대화라는 제도와 관행, 근
대성이라는 의식과 담론의 두 수준에서 논의하려고 했다. 이상의 논의
는 다음과 같이 요약할 수 있을 것이다.

첫째, 성관련 법제화 및 성정책의 전개는 1980년대까지 정절이데올
로기 반영과 정조보호라는 전통적 남성중심의 성정책을 고수하다가,
1990년대에 들어서 성폭력특별법을 제정하면서 비로소 여성보호 성정
책을 제도화하게 된다. 그리고 1990년대 말에 남녀차별금지법 등을
제정하면서 성차별로서의 성희롱을 법제화하게 되는데 이것은 여성관
점 성정책의 제도화라고 할 수 있다. 2000년 이후에는 사회적 약자 중

〈표 3-3〉 여성운동과 국가의 이슈 및 담론의 변화: 성폭력의 경우

기간	성폭력의 실태 (사건 및 이슈)	관련 여성운동의 중점사업과 담론	입법부 활동·여성정책기구 정비	성폭력관련 입법부의 담론
1980년대 초중반	산업화의 수단이자 결과로서의 집단적 성폭력(공적 권력에 의한 여성노동자의 성적 통제)	민족-민주-민중운동으로서의 여성노동자 보호	여성개발원 설립 (1983)	강간을 '정조에 관한 죄'로 규정, 친고죄로 유지, 여성의 정조보호가 주요 담론
1980년대 말~ 1990년대 초	근대화의 결과로서 성폭력 (개인가해자에 의한 개별화된 성폭력) (변월수, 김부남, 김보은 사건 등)	성폭력은 개인문제가 아니라 사회문제 (성폭력 일반의 사회문제화)	UN의 여성차별철폐 협약 조인 (1985) (각 부처 내 가족, 복지, 여성국 설치 제 2정무장관실)	강간을 '정조에 관한 죄'로 규정, 친고죄로 유지, 여성의 정조보호가 주요 담론
1990년대 중후반	위험사회의 징후로서 보다 미묘한 유형의 성폭력 등장 (성희롱 등, 서울대 우 조교 사건)	여성의 성적 자기결정권 주장	성폭력 특별법 제정, 시행 (1994. 1). '정조에 관한 죄'를 '강간과 추행에 관한 죄'로 개정 (1995)	강간 및 그 외 성폭력을 폭넓게 인정. 그러나 강간을 '정조에 관한 죄'와 친고죄로 유지 여성의 정조보호가 주요담론
1990년대 후반	위험사회의 징후로서 보다 미묘한 유형의 성폭력 등장 (집단성희롱, 스토킹, 사이버성폭력 등)	성희롱은 성차별 여성의 인권 주장	성폭력특별법 개정 (1997. 8) 성폭력특별법 개정 (1998. 12) 가정폭력 방지법 제정·시행 (1997)	정조보호 담론에서 탈피 노력 가정폭력에 국가 개입 및 사회문제화
1990년대 말	경제위기로 성폭력, 성희롱 증가 10대 여자 청소년의 성매매('원조교제') 사회문제화 여성장애인에 대한 성폭력	경제위기와 성차별로서의 성폭력, 성희롱 증가 10대 여성청소년 성매매('원조교제') 사회문제화	여성특별위원회 설치 (1998) 남녀차별 금지 및 구제에 관한 법 제정·시행 (1999. 2) 남녀고용평등법 개정 (1999. 2, 성희롱 예방교육 의무화)	성희롱은 성차별 성희롱 예방교육 의무화
2000년 이후	여성장애인에 대한 성폭력 사회문제화 군산 성매매집결지 화재사건	성매매 알선·매개자 처벌 성매매여성은 피해자 사이버성폭력 사회문제화	성폭력특별법 개정 청소년의 성보호에 관한 법률 제정·시행 (2000. 2) 여성부 설치 (2001. 1) 성매매방지법 제정 (2004. 3) 여성가족부 설치 (2005. 6)	수사절차에서 피해자 인권보호 성매매피해에서의 인권보호

의 약자인 청소년의 성보호를 법제화하고 성폭력에 비해 논란여지가
많은 성매매 방지를 법제화하게 된다.

이슈별로 보면 성폭력, 가정폭력, 성희롱, 청소년성매매, 성매매
관련 법제화가 이루어졌는데, 그 전개의 시간적 순서를 보면 보다 명
시적이고 뚜렷한 이슈에서 출발하여 최근에 올수록 보다 미묘한 문제
에 관한 법제화가 이뤄졌음을 알 수 있다. 관점 또는 담론의 변화를
보면 1980년대까지 보호의 관점과 담론이 주류를 이루다가, 1990년대
에 들어오면서 평등의 관점과 담론이 입법부 내에서도 나타났고, 1990
년대 말 이후에는 여성의 차이를 강조하는 여성주의적 관점이 나타남
을 볼 수 있다. 이는 성희롱 관련 법제화와 성매매 관련 법제화에서
특히 두드러진다.

여성운동과 입법활동의 시간순서를 비교해 보면 입법활동과 법제화
는 대체로 여성운동보다 한발 늦게, 즉 수년 늦게 나타남을 알 수 있
다. 다시 말해 여성운동이 나서서 담론화·의제화를 해놓으면 입법부
는 이를 기반으로 정책대안을 마련하여 법제화에 나서는 것으로 나타
난다. 그리고 정책대안 마련도 여성운동에서 하는 경우들이 많은 것으
로 나타난다.

둘째, 성정책의 이러한 변화 맥락에 관해서는 사회구조적 측면과 사
회문화적 측면에서 설명을 시도했다. 즉, 한국의 성폭력 관련 여성정
책은 한국사회가 돌진적 근대화를 통해 산업사회에서 위험사회로 변화
하는 것과 함께 변화해 왔으며, 동시에 사회문화적 측면에서는 근대화
와 함께 여성의 의식과 성찰성이 고양되었고 이것이 여성학의 제도화
와 발전을 낳게 되었으며 이는 다시 여성운동의 활성화와 여성정책담
당기구의 제도화를 불러오게 되어 여성정책의 형성을 위한 담론화·의
제화·법제화·정책화가 이루어지게 됐다고 볼 수 있다.

이렇게 볼 때 특정한 유형의 제도적 개혁이 독립적 사회운동과 결합
했을 때 성정책, 즉 대여성폭력에 대한 정부의 반응을 향상시킬 수 있

다는 것을 알 수 있다(심영희, 2004a). 즉 정책형성과정을 이해하거나 설명하기 위해서는 사회구조적 접근, 강하고 자율적인 여성운동, 제도적 개혁, 상호작용 등이 필요하다. 먼저 사회구조는 젠더, 인종, 계급과 같이 불평등한 사회구조를 가리키고, 사회구조적 접근은 대여성폭력의 경우 불평등한 젠더 관계가 체계적으로 어떤 특정집단 '남성'에게는 유리하게 다른 특정집단 '여성'에게는 불리하게 작용한다는 것을 고려한다는 것을 가리킨다. 사건은 대체로 불평등한 젠더 관계에서 발생하기 때문에 이 사회 구조적 조건을 고려하지 않고 접근하는 것은 문제가 있다고 본다.

여성운동은 주로 젠더 관계에서 불리한 위치에 있는 여성들의 관점을 대변하는 '담론정치'를 통해 정책과정에 영향을 주는데 운동의 자율성과 영향력(강도)이 정책을 바꾸는데 보다 효과적이다. 즉 강하고 자율적인 여성운동은 대여성폭력문제를 공적문제로 제기하는데 필수적이라고 보는데, 이는 여성문제를 제기하려면 여성이 독립적으로 조직되어야 하고 강하고 독립적인 조직이 여성문제에 대한 공중의 관심을 끌 수 있는 조직적 자원을 보다 잘 사용할 수 있기 때문이다.

그러나 이슈제기 즉, 여성운동만으로는 정부의 반응을 끌어내는데 불충분하다. 제도적 개혁이 있어야 정치제도가 여성문제에 보다 잘 반응하도록 만들 수 있다. 여성 이슈를 정부가 받아서 정책행동으로 전화하도록 하려면 입법부에 여성비율이 높거나 정부에 여성 이슈에 공감하는 파트너나 동맹이 있으면 도움이 된다. 그러나 이러한 파트너십은 여성정책기구가 없을 때에는 비효율적이다. 그러한 효과적 기구가 없을 때는 내부 외부 파트너십이 부분적이고 분절화된 반응을 초래하는 경향이 있지만, 그러한 기구가 있을 때는 파트너십이 광범하고 다면적인 정책으로 나타날 가능성이 더 높다. 여성부가 없었던 시기보다 여성부가 설치된 이후에 보다 적극적이고 여성주의적인 성정책이 형성된 것을 보면 이는 분명하게 드러난다.

〈그림 3-2〉 여성운동, 여성정책기구 및 여성정책 사이의 관계

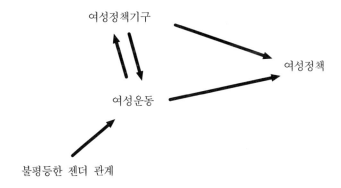

그러나 여성정책 기구가 대여성폭력문제를 공공 아젠다에 놓는데 필수적이거나 정부반응을 끌어내는데 충분한 것은 아니다. 강하고 자율적인 여성운동이 없으면 여성정책기구는 폭력문제를 제기하지 못할 것이다. 즉 강하고 자율적인 여성운동이 이슈를 제기하고 정부가 행동하도록 압박하는 맥락 속에서만이 여성정책기구는 그러한 강한 효과를 가질 수 있다.

효과적 여성정책기구는 여성운동을 강화할 수 있고, 반대로 강한 여성운동은 정치제도로 하여금 여성문제에 반응하는 능력을 향상시킬 수 있다. 이처럼 강하고 자율적인 여성운동과 효과적 여성정책기구는 서로를 강화하며 이런 의미에서 상호 작용한다. 이러한 맥락에서 〈그림 3-1〉을 보다 단순화하고 일반화해 제시한 것이 다음 〈그림 3-2〉이다.

그러면 남녀평등의 성정책을 위해 나아가야 할 방향은 어떠해야 할까? 앞에서 보았듯이 성정책의 비전과 전략을 제대로 설정하기 위해서는 입법부와 여성정책담당기구의 역할이 매우 중요하다. 그러나 입법부·여성정책담당기구가 스스로 성정책을 담론화·의제화하기는 어려우므로, 이들 기구에 압력을 넣을 수 있는 다양한 중간집단의 활성화

가 중요하다. 이와 관련해 특히 여성의 의식고양, 여성학과 여성운동
의 발전 및 활성화는 매우 중요한 의미를 갖는다.

■ 참고문헌

국회여성특별위원회. 1998. 《여성관련 법률의 입법과정 및 향후과제》.
_____. 2000. 《여성관련 법률의 입법과정 및 향후과제: 제 15대 국회 후반기》.
김경희. 2002. "90년대 정부와 여성운동의 여성정책 프레임에 대한 분석".
　　　《젠더와 사회》, 창간호. 한양대학교 여성연구소.
김엘림·윤덕경·박현미. 1999. 《성폭력 가정폭력 관련법의 시행실태와 과
　　　제》. 한국여성개발원.
김혜경·이박혜경. 1998. "한국 여성연구 동향: '차이'에 대해 고민하기". 학
　　　술단체협의회 편, 《한국인문사회과학의 현재와 미래》. 푸른숲.
서울대 우조교 성희롱사건 공동대책위원회. 1994. 《침묵에서 외침으로》.
신경아. 1983. "수출주도적 산업화와 여성노동". 서울대 사회학과 석사논문.
심영희. 1988. "노동시장구조의 변화와 여성노동의 실태: 중화학 공업부문
　　　을 중심으로". 《한국여성학》, 4집.
_____. 1990. "숨은 성폭력의 실태에 대한 연구". 《형사정책연구》, 창간호.
_____. 1992. 《여성의 사회참여와 성폭력》. 나남출판.
_____. 1994a. "성희롱, 왜 권력의 문제인가?". 〈직장내 성희롱, 어떻게 볼 것
　　　인가?〉. 남녀고용평등을 위한 교수모임, 한국프레스센터. 1994. 11. 9.
_____. 1996. "몸의 권리와 성관련법 개선안". 조형 편, 《양성평등과 한국
　　　법체계》. 이화여자대학교 출판부.
_____. 1998. 《위험사회와 성폭력》. 나남출판.
_____. 1999. "경제위기와 신가부장제: 남편 기살리기와 감정노동을 중심으
　　　로". AFSC·여성연합 공동주최. 〈경제위기가 여성에 미친 영향, 한
　　　국, 중국, 홍콩 교환프로그램 99〉. 홍콩대학. 1999년 11월 1일~6일.
_____. 2000. "여성의 정치참여에 대한 국회와 여성단체의 역할: 입법화와
　　　담론화를 중심으로". 《사회과학논총》, 19집. 한양대학교 사회과학대
　　　학. 한국정치학회 주최 국회학술회의 〈한국에서의 국회와 NGO의
　　　역할〉. 국회의원회관 회의실. 1999년 9월 4일.

_____. 2001. "청소년성매매의 담론과 문제". 《형사정책》, 13권 2호.

_____. 2002. "90년대 한국성정책의 전개과정: 변화의 내용과 요인". 《젠더와 사회》, 창간호. 한양대학교 여성연구소.

_____. 2004. "주류화 성정책 모델과 기본권으로서의 몸 권리 인정: 보호를 넘어서는 성정책 모델의 개발을 위하여". 비판사회학대회 발표논문. 2004년 10월, 중앙대학교.

_____. 2004a. "성정책의 국제 비교: 미국과 호주의 성폭력 정책을 중심으로". 《젠더와 사회》, 2, 3합병호. 한양대학교 여성연구소

심영희 외. 1990. 《성폭력 실태와 대책에 관한 연구》. 한국형사정책연구원.

_____. 2002. 《함께 이루는 남녀평등》. 나남출판.

이상덕. 1997. "성폭력특별법 입법과정에 대한 분석적 연구". 중앙대학교 사회개발대학원 사회복지학과 석사논문.

쿨라빅 외. 2000. 《복지국가와 여성정책》. 한국여성정책연구회 옮김. 새물결.

통계청. 2000. 《한국의 사회지표》.

한국여성개발원. 2000. 《여성통계연보》.

_____. 2004. 《여성통계연보》.

한국여성정책연구회 편역. 2000. 《복지국가와 여성정책》. 새물결.

황인자. 1997. "한국의 여성정책추진체계에 관한 연구". 서울대학교 행정대학원 석사학위논문.

Beck, Ulrich. 1992. *Risk Society: Towards a New Modernity*. London: Sage; 《위험사회》. 홍성태 옮김. 새물결. 1999.

Chancer, Lynne. 1992. *Sadomasochism in Everyday Life: The Dynamics of Power and Powerlessness*. New Brunswick, NJ: Rutgers Univ. Press. ; 《일상의 권력과 새도매저키즘: 지배의 논리와 속죄양 만들기》. 심영희 옮김. 나남출판. 1994.

Giddens, Anthony. 1991. *Modernity and Self-Identity*. Cambridge. ; 《현대성과 자아정체성》. 권기돈 옮김. 새물결. 1997.

Han, Sang-Jin. 1995. "The Rush-To Industrialization and its Pathological consequences: The Theme of 'Risk Society' in the Asian Context", Paper presented at the 6th International Conference of Asian Sociology held at Huadu Hotel in Beijing, Nov. 2~5, 1995.

Han, Sang-Jin. 1998. "Korean Path to Modernization and Risk Society". *Korea Journal*, Vol 39, no. 1.

Moser, Caroline O. 1993. *Gender Planning and Development: Theory, Practice, and Training.* London: Routledge. ; 《여성정책의 이론과 실천》. 장미경·김기선미·오정진 옮김. 문원출판. 2000.

Sainsbury, Diane (Ed.), 1994. *Gendering Welfare State.* London: Sage.

Shim, Young-Hee. 2004. *Sexual Violence and Feminism in Korea.* Seoul: Hanyang University Press.

_____. 2001. "Feminism and the Discourse of Sexuality in Korea: Continuities and Changes". *Human Studies*, Vol. 22, no. 1.

_____. 2000. "Women's Studies in Korea: Issues and Trends". *Korea Journal*, Vol. 40, no. 1, Spring.

_____. 1998. "Sexual Violence and Sexual Harassment in a Risk Society". *Korea Journal*, Vol. 39, no. 1.

_____. 1996. "Trilemma of Protection, Equality and Difference: Significance of Habermas for Korean Feminism". Civil Society and Information Society: Conversation with Habermas, Korean Sociological Association Meeting, Korea University, Seoul: May 2, 1996.

_____. 1993. "Sexual Violence Against Women in Korea: A Victimization Study of Seoul Women". *Journal of Social Sciences*, Vol. 12. Hanyang University.

_____. 1992. "Victimization of Domestic Violence in Korea". *Journal of Social Sciences*, Vol. 11. Hanyang University.

제4장
1990년대 한국 가족정책의 과제
모성보호정책과 호주제도 개혁론을 중심으로

양 현 아

1. 연구목적 및 배경

이 글에서는 1990년대의 한국의 가족정책의 형성과 특징을 조사·분석하고자 한다. 이를 위해, 먼저 가족정책이 무엇인지 대략적이나마 정의할 필요가 있다. 하지만 가족정책을 명확하게 규정하는 것은 그리 용이한 일이 아니다. 가족정책이란 한 정부가 가족에게 가족을 위해서 하는 모든 것이라 할 수 있는데, 여기에는 명시적 가족정책과 명시되지 않지만 가족에 영향을 미치는 잠재적 가족정책이 포함된다. 따라서 가족정책에는 가족법, 여성정책과 인구정책, 모성관련 복지제도, 보육제도, 가족상담, 소득유지정책뿐 아니라, 교육, 고용, 주택과 건강정책까지 포함된다(한국여성정책연구회, 2000: 202~204; 박민자, 1995). 달리 표현하면 가족정책이란, 가족과 관련해 정책을 바라보는 하나의 '관점'인 동시에 가족과 연관된 수많은 이질적 '프로그램들'을 포함한다고 말할 수 있다(Zimmeman, 1992). 이 글에서 주목하는 가족정책이란 다음과 같은 성격을 가진다. 첫째, 여성정책과 관련하여 가족정책을 고찰한다는 의미에서, 가족정책이란 개인으로서의 여성이 아니라 가족원으로서 여성의 지위 및 역할에 중요한 영향을 미친다고 판단되는 정책들을 포함한다. 둘째, 이미 시행되는 과거와 현재의 정책뿐 아니라 향후의 정책에 관한 제안과 이를 위한 움직임도 포함한다. 특히, 후자는 앞으로의 가족정책을 예견할 뿐 아니라, 현존 정책 변화의 향배를 보여줄 수 있을 것이다. 셋째, 한국사회에서 가족이란 의식적 정책대상이면서 동시에 고정관념, 믿음, 일상성과 같은 문화적 관성이 지배하는 영역이기 때문에 가족정책에 대해 많은 영향을 미치는 정책담당자, 또는 시민운동가의 사고틀을 다루는 일은 중요하다(조은·이정옥·조주현, 1996: 1~11; 문소정, 1995). 이에 여기에서는 이들의 의견과 사고체계를 분석대상에 포함하고자 하며, 이를 다루는 데 적합한 담론분석 방법도 사용하고자 한다. 한편 이 글에서 취하는 질적 방법은 전체자료의 일반적 경향분석 위에 이뤄진다는 점에서 양적 접근에 기초한다.

같은 시각 아래에서 이 글의 질문은 다음과 같이 요약될 수 있다. ① 1990년대 가족정책의 전반적 특징과 구체적 의제는 어떤 것이었나(진단), ② 각 가족정책은 여성의 지위와 역할에 어떠한 효과와 변화를 의도하는가(분석), ③ 여성주의 관점에서 이러한 가족정책의 한계와 가능성을 어떻게 평가할 것인가(전망).

2. 연구 내용·범위 및 방법

1990년대의 한국의 가족정책을 수립하는 데 크게 관여한 주체들로는 입법부(국회 여성특별위원회)와 여성운동을 들 수 있다. 이들에 의해 개진된 가족정책담론을 알아보기 위하여 다음과 같은 자료를 분석했다.

① 국회속기록: 정기국회

② 관련 상임위원회 속기록: 법제사법위원회

③ 국회 여성특별위원회(이하 여특위) 자료집: 1994~1999

④ 여성단체연합(이하 여연)의 총회자료집: 1989~1999

자료를 분석한 결과, 1990년대에 개진된 가족관련 주요 정책의제에서 일정한 경향을 발견할 수 있었다. 해당시기에 빈번하게 또 중요하게 제기된 의제를 주체별로 분류하면 다음과 같다. 〈표 4-1〉은 이러한 의제가 해당연도뿐 아니라 대부분 연속적으로 제기됐음을 보여준다.

〈표 4-1〉을 보면 1990년대 가족정책을 특징짓는 몇 가지 경향을 발견할 수 있다.

첫째, 모성보호 및 영유아 보육과 관련된 의제는 1990년대를 통해 여성운동진영으로부터 꾸준히 제기됐다는 점에서 1990년대 가족정책의

〈표 4-1〉 1990년대의 가족정책 의제(주체·시기별)

	1990	1991	1992	1993	1994	1995	1996	1997	1998	1999
국회여성특위								영유아보육법안	민법개정안	모성보호법안
정기국회	여성문제전담기구 가족법개정후속조치	여성인력활용	성비불균형 여성고용		혼인특례법		육아휴직제도	여성과 국적법개정	국민연금제도 영유아보육제도	
국회법사위							국적법 개정심의		민법중 개정법률안 심의	
한국여성연합	모성보호 탁아입법	고용안정 모성보호	모성보호 육아휴직	복지예산 모성보호 동성동본·국민연금	성비불균형 부모성 함께 쓰기 모자·유아교육	실직여성가장 복지사업	호주제폐지 여성·가족 복지	실직여성 영유아보육		

'상설'의제라고 할 수 있다. 이는 모성보호관련 법령의 개정, 영유아보육법의 제·개정, 국제구제금융 조치, 그리고 국민연금제도 등 1990년대의 법과 제도변화에 상응하는 현상이라 하겠다.

둘째, 가족법과 관련해서 부부간 재산분할·증여·상속 등에 대한 세금제도 개혁논의가 1990년대 초에 있었으며, 1990년대 후반에 와서야 동성동본불혼제도 및 호주제도 개혁과 같은 가족제도관련 의제가 활발하게 논의됐다. 사실상 이러한 의제는 1989년 통과된 제3차 개정가족법 운동에서 이루지 못했던 과제를 계승한다. 그러던 것이 1990년대 후반 들어서야 여성운동계에서 재활성화하는 경향을 보인다.

셋째, 가족정책 의제를 담론 주체간의 관련성이라는 측면에서 살펴보면, 특정 시기에 국회와 여성운동계가 비슷한 정책의제를 공유한다는 것을 알 수 있다. 특히 여성운동계에서 제기된 의제가 뒤이어 국회 및 여성특위에서 제안되는 경향을 발견할 수 있다. 이는 1990년대를 통하여 적어도 여성과 가족에 관한 정책에 있어 관련 주체간에 밀접한 상호작용이 있었다는 것을 나타낸다. 이러한 현상은 여성운동 및 시민운동의 활성화, 여성전담 정책기관의 확대, 젠더주류화(gender main-streaming), 국제적 추세 등과 같은 1990년대의 사회·정치적 배경에 상응하는 것이라 할 수 있다. 이상과 같이 볼 때, 1990년대의 가족관련 정책은 가부장적 가족제도개혁 의제와 가족복지 의제로 분류할 수 있을 것이다. 1990년대를 세 시기로 나누어 두 분야별로 가족정책 의제를 정리하면 〈표 4-2〉와 같다.

여기에서는 여성의 가족 내 지위 및 역할에 관해 제도 측면과 복지 측면이 모두 중요하다고 판단, 각 영역에서 하나씩의 정책분야에 초점을 맞추기로 한다. 이에 가족제도 분야에서는 호주제도 폐지라는 의제를 중심으로, 가족복지 분야에서는 모성보호 입법과 정책을 중심으로 살펴보고자 한다.

그러면, 왜 이들 두 분야인가? 호주제도는 민법 중 가족법(4편 친족

〈표 4-2〉두 분야로 본 가족정책 의제

	1990~1993	1994~1996	1997~1999
가족제도 분야	• 부부간 재산상속 • 부부간 재산분할		• 성비불균형 • 동성동본불혼 문제 • 부모성 함께 쓰기 • 가족법개정
가족복지 분야	• 모성보호 • 탁아입법	• 모성보호 • 육아휴직 • 복지예산	• 영유아보육법 • 실직여성가장 • 국민연금법 • 모성보호

과 5편 상속)에 법제화된 제도로서 단지 호주의 존재에 그치지 않고 부
모와 자녀, 남편과 아내 간 관계를 규율하며 나아가 친족·동성동본
등 광범위한 동족관계를 형성하는 데 모형이 될 만한 가족제도라고 할
수 있다. 호주제도는 가부장적 가장제도(patriarchy) 뿐 아니라, 부처제
결혼제도(patri-local marriage)와 부계계승주의(patri-lineage)를 제도화하
고 있다. 그런 만큼 호주제도가 가족 내·가족간·가족 바깥에서 규정
하는 여성 신분에 미치는 영향은 실로 심대하다. 호주제도는 여성, 특
히 이혼과 재혼에 임하는 여성에게 피해를 줄 뿐 아니라, 현재 증가하
는 독신 가족, 이혼 및 재혼 가족, 비혈연 가족 등 다양한 가족형태를
'가족'으로 인식하는 것을 어렵게 한다. 호주제도는 혼인과 자녀로 구
성된 이성애적이고 가부장적 가족만을 세금혜택·주택구입·신분공증
에서 '가족'으로 인정함으로써, 어떤 가족이 실제로 화목한 생활단위인
경우에도 그 가족이 이러한 틀에 맞지 않을 경우 '비정상적' 가족으로
분류되게 한다. 또, 호주제도를 매개로 한 호적제도는 전 국민을 가족
원으로 동일시하고 조직화한다. 이에 따라 한국의 전 주민은 가족원으
로서 한국 국민이 된다고 할 수 있다(김기중, 1999; 양현아, 2000). 이
렇게 볼 때, 호주제도는 가족원과 가족사안을 가족 안에만 묶어둠으로

써 국가의 정책대상으로의 책임을 약화 내지 면제시키는 '가족정책'이
라고 하겠다.

  모성보호 관련법 개정 및 제정은 여성의 증가하는 사회적 참여와 함
께 현재 한국사회의 가족에게 가장 민감한 쟁점 중 하나라고 할 수 있
다. 1990년대를 통해 활발하게 거론된 모성정책에 관한 담론은 주로
근로여성의 모성문제에 국한됨으로써, 일반적으로 여성노동정책으로
분류되곤 한다. 이 글에서는 '가정과 직장의 양립을 목적으로 하는' 모
성정책을 여성노동자뿐 아니라 모성역할을 전담하는 전업주부에게도
의미 있는 정책으로 이해하고, 특히 주로 가족 내에 일임한 모성역할
을 국가가 일정 정도 분담한다는 점에서 가족정책이라는 의미를 갖는
것으로 파악한다(여성특위, 1999: 117~118). 모성정책은 여성이 현실
적으로 담당하는 가족 내 역할과 활동에 관한 국가개입이라고 할 수
있다. 하지만 현재의 모성보호정책의 이념과 실제가 어떤 의미에서 가
족에 관한 정책이 되는지 논의할 필요가 있다.

3. 연구 내용 및 결과

  이 절에서는 가족정책담론을 주체별·주제별로 살펴볼 것이다. 모
성보호정책은 1990년대를 초기와 후기로 나누어 시기별로 정책담론의
흐름 및 성격을 분석하고자 한다. 호주제도 개혁의제는 주로 1990년
대 후반에 와서야 여성운동계에서 활발하게 논의됐으므로, 시기구분
없이 살펴보도록 하겠다. 이 분석에서는 ① 각 시기·주제·주체별로
개진된 의견 중 당시의 의견을 가장 잘 대변할 수 있는 전형적(typical)
담론을 발견한다. 또한 의미 있다고 판단될 경우에는 비전형적
(atypical) 담론에도 주목한다. ② 각 정책주체별로 나타나는 의견의
차이점과 공통점을 통해 담론 내용을 분석한다. ③ 이를 종합하여

1990년대에 개진된 모성정책과 호주제도에 대한 정책관련자들의 의견
과 입장을 여성주의 관점에서 평가하기로 한다.

1) 모성보호정책

(1) 1990년대 전반기(1990~1994)

① 국회에서의 담론

1990년대 전반기에 국회에서 모성보호와 관련한 정책논의를 발견하
기는 어렵다. 대신, 세계적 흐름에 뒤쳐지지 않을 '인력자원의 효과적
활용'이라는 의식 아래 여성정책이 의제화되는 경향을 발견할 수 있
다. 이런 의미에서 1980년대부터 국회에서 여성정책의 주요한 틀이
된 여성인력의 활용담론은 1990년대 후반부의 모성보호정책의 전신이
자 배경을 이룬다고 할 수 있다. 결국 1990년대 전반기 여성정책은 여
성 자체의 권리나 복지의 제고라기보다는 국가발전을 위한 자원, 또는
노동력 향상에 초점을 맞추었던 셈이다. 이러한 예로서 김창숙·이순
재 의원의 의견을 살펴보기로 하겠다.[1]

> 과연 우리사회는 이렇듯 중요한 여성인력 활용이 어떻게 이루어지고
> 있는가를 생각하면서 몇 가지 질문을 하겠습니다. … 여성을 차별하
> 거나 여성에게 불리한 규정을 두고 있는 법률, 즉 민법·세법·국적
> 법 등이 있습니다. … 다음으로 유휴여성노동력의 활용문제입니다. …
> 남아도는 여성인력으로 충당할 수 있는 방안이 있을 것으로 생각되
> 는데요(김창숙, 1991.04.27, 154회 8차: 299).

---

[1] 괄호 안 내용은 발의자, 회의일자, 회차를 나타내며 이하 인용문에서 강조
는 인용자에 의한 것이다.

여성의 교육수준 향상과 의식 변화로 취업욕구는 점차 증대되고 있
으나 여성인력에 대한 사회적 수요는 그에 미치지 못하고 있어 우수
한 고급 여성인력들이 사장되고 있는 것으로 알고 있습니다. 고급
여성유휴인력을 공공기관이나 사회단체에서 자원봉사자로 활용한다
면 사회 전반적 기능향상은 물론이고 봉사활동에 참여하는 여성들도
자아실현의 장이 마련되는 효과를 거둘 수 있을 뿐만 아니라 장기적
으로 보아서는 사회운동으로 승화시킬 수도 있을 것으로 본 의원은
생각합니다(이순재, 1993. 11. 03, 165회 13차: 43).

이 담론을 보면 여성이 여성인력의 관점에서 의미 부여되고 있음을
확인할 수 있다. 또한 여성유휴인력을 자원봉사에 활용하자는 이순재
의원의 의견에는 여성을 국가 · 사회, 또는 남성의 시혜를 받는 존재로
바라보는 후원자적 시각이 어느 정도 내재한다고 할 수 있다. 여기서
알 수 있는 것은, 1990년대 후반에 나타나는 여성주의 시각 내지 젠더
주류화 정책적 입장에 비해 여성을 중심으로 사고하는 사고틀이 아직
미진하다는 점이다.

② 여성운동의 담론
1990년대 초반부터 모성문제는 여성운동의 중심의제로 부상하기 시
작한다. 예컨대, 1990년과 1994년의 한국여성단체연합(이하 여연)의
사업평가를 보자.

중점사업: '평등한 노동, 건강한 모성'을 내걸고 그 방향으로서 ① 모
성보호에 대한 사회적 재평가가 이루어질 수 있도록 각급 여성대중
의 모성파괴 실상을 폭로하고 모성보호는 기본적 노동권으로서 쟁취
되어야 함을 선전하고, 이를 위해 구체적 성과를 가져올 수 있는 사
업의 우선 순위를 통해 사업을 전개토록 한다. ② 이를 통해 여성의
평생 · 평등 노동권을 확보하는 데 주력한다는 것이었다. 이런 방향

에서 추진된 제 과정을 평가하자면, 올 1년간의 사업진행을 통해 여성운동뿐 아니라 전 사회적으로 모성보호에 대한 인식을 새롭게 되새겨 보는 계기가 됐다(1990년 사업평가, 여연, 1991: 3~4).

여성의 고용안정과 모성보호의 사회제도적 확충을 위한 사업: 노동부의 '근로여성복지종합계획' 및 남녀고용평등법, 근로기준법 개정 움직임과 관련하여 여성의 비정규직 고용실태 및 여성고용 안정을 위한 법·제도적 개선방안에 대한 정책연구, 산전휴가·육아휴직 등의 모성보호 비용의 사회화 방안에 대한 정책연구, 제도적 대안책을 제시하는 활동을 전개한다(1994년 사업방향, 여연, 1995: 2).

이러한 담론에서, 모성보호란 법과 제도정비 차원에서 다뤄졌고 주로 여성의 평등노동권 관점에서 의제화됐다는 것을 알 수 있다. 여기서 서구 여성운동에서 나타나는 남성과의 역할공유논쟁(자유주의 페미니즘), 또는 모성에 대한 동등대우(*equal treatment*) 대 특별대우(*special treatment*)와 같은 논쟁구도가 등장하지 않는 점은 주목할 만하다(Weisberg, 1993). 한국여성운동의 담론에서 모성은 보호받아야 할 것을 전제로 구성되는데 이 점에 관해서는 뒤에서 논의할 것이다. 이러한 보호원칙은 1990년대 후반기 국회에서 개진된 모성보호담론에서도 유사하게 나타난다.

(2) 1990년대 후반기(1995~1999)

① 국회에서의 담론

1990년대 후반기가 되면 1990년대 초반기 및 이전에 나타났던 여성인력담론이 모성이라는 측면과 결부돼 의제화한다. 물론 모성과 무관하게 제시된 여성인력담론 역시 계속된다. 다음에 인용된 발언은 여성노동력 문제와 결합된 모성에 관한 당시의 전형적 의견들로, 여기서 모성보호 의제는 주로 비용문제 틀로 여기는 특징을 보인다.

> 기혼여성의 노동시장 진입을 위한 노력은 필연적으로 정부나 사회,
> 기업이 맡아야 합니다. 이를 위한 정부의 방안을 밝혀 주시기 바랍
> 니다. 모성보호 비용의 사회적 분담은 궁극적으로 바람직합니다. …
> 모성보호 비용 사회화 방안의 구체적 내용을 밝혀주시기 바랍니다.
> 여성인력 양성체계 문제입니다(홍기훈 의원의 국무총리에 대한 질문,
> 1995. 12. 08, 117회 17차: 1~3).

> 정부는 기혼여성 등 여성유휴인력을 산업 인력화하는 것이 여성의 사
> 회참여를 확대하고, 인력난을 해소하여 산업경쟁력을 강화할 수 있는
> 것으로 판단하고 있습니다. 따라서 정부에서는 기혼여성의 노동시장
> 진입 등 사회참여에 가장 큰 애로가 되는 부족한 보육시설을 확보하
> 기 위하여 영유아보육시설 3개년 확충계획(1995~1997)을 수립하여
> 1997년까지 보육시설 약 7,600개소를 증설할 계획이며 … 현행 사회
> 보장체제의 틀 내에서 기업의 여성고용비용 부담을 완화해 줌으로써
> 기업의 여성인력활용을 유도하고자 출산휴가의 경우, 현행 고용주가
> 전액 부담하는 급여방식을 탈피하여 사회보험 등 공공부문에서 분담
> 하는 방안을 '국민복지기획단'에서 검토중에 있으며 육아휴직의 경우,
> 현재 고용보험에서 월 8~12만 원의 육아휴직장려금을 지원하고 있
> 습니다(국무총리 이홍구 답변, 같은 날, 117회 17차: 3~4).

한편 인구성장률과 출산율의 저하 현상에 주목하여 모성보호를 국
가경쟁력이라는 차원에서 바라보는 의견도 제기된다.

> 여성들이 언제까지 임신 · 출산 · 육아 등으로 불이익을 당해야 합니
> 까? … 출산 · 육아휴직 비용의 사회부담계획은 전혀 추진되지 않고
> 있는데 그 이유가 무엇입니까? … 여성차별이 여성들의 만혼 · 독신
> 주의 · 출산기피를 초래하여 인구성장률을 감소시키고 있습니다. …
> 지금 우리나라 인구성장률이 얼마인지 아십니까? 독일, 스웨덴보다

낮은 0.9%입니다. … 2세 출산의 감소는 우리사회가 그토록 강조하는 국가안보나 국가경쟁력 강화를 그 기본부터 흔드는 일이라 생각하지 않습니까? 모성보호 비용부담의 확실한 사회부담화가 이 문제를 해결할 수 있다고 생각하는데 답변해 주시기 바랍니다(이미경, 1996. 10. 31, 181회 13차: 56~58).

결혼과 함께 한국여성에게 거의 예외 없이 적용되는 자녀출산에 대한 기대, 특히 남아출산에 대한 가족과 사회의 요구를 감안할 때 서구보다도 낮은 출산율은 매우 주목할 만한 대목이다.[2] 이러한 저출산 경향은 여성과 가족이 놓인 출산과 양육 환경의 열악함에 대한 일종의 반작용이라고 할 수 있다는 점에서, 앞으로의 가족 및 노동·인구정책에 중요한 의미를 가진다. 전체적으로 1990년대 후반 모성보호담론은 여전히 여성노동력의 관점에서 다뤄졌지만, 기혼여성의 노동력에 대해 진지한 관심을 가지게 됐다는 점에서 이전 시기와 차이가 있다.

② 여성운동의 담론

1990년대 중반 이후 여성운동에서 제기되는 모성보호담론은 원칙과 입장개진을 훨씬 넘어서 법적 제안으로 구체화하는 경향을 보인다. 이러한 노력의 결과 여성운동계는 1999년 다음을 주요내용으로 하는 법개정안을 제안하기에 이른다.

---

2) 1980~1990년대를 통하여 한국의 출산율은 크게 저하됐다. 1980년의 합계 출산율(여성 1명이 가임기간 동안 갖게 될 평균 출생아 수)은 2.7이었으나 1990년에 1.6으로 떨어지고 1995년까지 1.7로 이 추세를 유지하다가 이후 1999년 1.4명으로 저하됐다. 인구의 자연증가율도 감소하여 1992년 11.3명(인구 1천 명당 증가율), 1995년 10.1명, 1999년 8.0명으로 나타났다. 한편, 출산조건이 되는 결혼율도 감소하고 있다. 2000년 현재 조혼인율(인구 1천 명당 결혼건수)은 7.0쌍으로, 이 조사를 시작한 1970년대 이후 최저치를 기록했다.

■ 모성보호정책: 근로여성의 모성보호관련법 중심으로

- 출산휴가의 12주 연장 및 휴가비용의 사회분담화(근로기준법, 공무원복무규정 / 사회보험에서 일정부분 분담)
- 임산부에 대한 유급의 태아검진휴가 신설(근로기준법 / 생리휴가의 전환)
- 임산부 및 3세 미만 유아를 가진 여성에 한하여 휴일근로금지, 시간 외 근로금지, 갱내근로 금지(현행법상 여성근로자에 대하여 금지하고 있음. 정부는 규제완화차원에서 전면해제를 검토중)
- 유산·조산·사산휴가제도의 법제화(현재 행정해석에 의해 시행하고 있음)
- 수유시간제공 제도의 실효성 제도(사업장별 모유저장을 위한 휴게실 및 냉장시설 확보)

■ 근로자복지관련

- 육아휴직기간의 일정비율 소득을 사회보험에서 보장
- 공무원에 대한 육아휴직기간의 근속기간 포함
- 유아기 자녀양육 근로자에 대한 다양한 근무제도 도입(단축근무, 재택근무 등)
- 민간부문 근로자에게 가족간호휴직제도 도입(가족의 간호를 위한 휴가로 1년 이내 휴직 허용)
- 직장보육시설의 설치대상 기준 확대(현행 여성 상시 근로자 300인 이상 기준에서 남녀근로자 수 또는 보육대상 아동 수를 기준으로 하도록 함)

■ 여성특별보호 관련

- 유급 생리휴가를 신청에 의한 무급 생리휴가로 전환하고, 임산부에 대해서는 유급의 태아검진휴가로 전환
- 여성에 대한 야간휴일 근로금지 해제, 18세 이상 여성근로자에

대한 시간 외 근로의 제한 해제, 여자와 18세 미만 자에 대한
갱내 근로금지 해제, 단, 임산부 및 3세 미만 유아를 가진 여성
은 제외

③ 국회 여성특별위원회 담론

국회 여성특별위원회(이하 여성특위)에서 모성보호정책에 관한 논의
는 주로 1999년 한 해 동안 활발히 이뤄졌던 만큼, 이 해를 중심으로
살펴보기로 한다. 국회여성특위는 모성보호정책의 취지를 다음과 같
이 밝히고 있다.

> 국회여성특별위원회 전문위원실에서는 IMF 이후 여성에 대한 우선
> 해고 및 여성고용 기피현상에 주목하고 근로여성의 모성보호와 관련
> 된 우리나라의 현행 정책 및 법령들에 관하여 국제적 기구의 권장기
> 준 및 세계적 입법추세와 비교 검토한 결과, 모성보호는 강화함과
> 동시에 모성보호비용의 사회분담화가 요구되며 여성특별보호는 완화
> 하는 조치가 필요하다는 결론에 도달하였으며, 그 구체적인 개선과
> 제들을 다음과 같이 검토하였음(여성특위, 1999: 9).

여기서 모성보호는 강화함과 동시에 여성특별보호는 완화하는 조치
가 필요하다는 결론은, 매우 독특한 입장이다. 여성노동자의 임신·
출산에 고나한 정책원리는 서구에서 뜨거운 논쟁을 불러일으켰다. 한
편으로 그것은 남성과는 다른 여성의 차이를 옹호하고 보호하는 정책
으로, 다른 한편으로는 남녀를 동등하게 대우하는 정책으로 제기되었
다.(Williams, 1984; Kay, 1985). 그 근거를 잘 알 수는 없지만, 한국
의 모성보호정책에서 모성보호는 동등권 관점에서 고안됐다는 특징을
발견할 수 있다. 동시에 모성이란 주로 임신·출산에 국한된 생리적
측면에서 규정됐음을 알 수 있는데, 이 점은 앞서의 동등권이라는 틀
로는 설명하기 어려운 대목이다. 이는 여성의 '고유한 차이'를 생물학

적으로 인정하는 입장이기 때문이다. 이와 같은 입장이 여성운동 입장
과 매우 비슷하며, 국회여성특위가 제시하는 법안의 개정내용 또한 여
성운동의 그것과 거의 유사하다는 점은 주목할 만하다.

> 우리나라에서는 고용부문(근로기준법, 남녀고용평등법 등)과 사회보
> 장부문(의료보험법, 영유아보육법 등)의 법령에서 근로여성의 임신
> 과 출산·수유·생리·육아에 관한 보호규정을 두고 있으며, 그 위
> 에 피부양자인 여성배우자나 요보호여성의 임신과 출산에 대한 보호
> 를 규정하고 있음(이 분석에서는 근로여성의 모성보호에 관련된 정책
> 과 법규정으로 국한) (여성특위, 1999: 9).

무엇보다도 한국의 모성보호정책이 애초부터 그 입안 기초를 근로
여성의 모성보호에 관련된 정책으로 국한했다는 점이 중요하다. 이러
한 규정 자체가 '모성'을 이해하는 데 핵심적 주요 의제임에도 불구하
고 그러한 논의를 찾아보기란 쉽지 않다. 또한 모성정책이 가족정책이
라기보다는 여성노동정책으로서만 자리매김해 왔다는 것을 알 수 있
다. 한편, 근로여성의 모성보호실태 자료 부족과 부재도 중요한 문제
로 지적됐다. 연장선상에서 주로 여성들(근로여성 및 전업주부)이 하는
모성활동의 어려움과 딜레마, 이에 대한 지원요구 등에 관한 자료가
별로 없다는 것이다.

> 잠깐 여성노동의 현실을 한번 짚어보겠습니다. 1998년 통계청 조사
> 에 의하면 여성노동자의 71%가 근로기준법의 모든 조항을 적용 받
> 지 못하고 있다는 것입니다. 영세규모 사업장에 종사함에 따라 고용
> 자체가 매우 불안정한 상태에 있음에도 불구하고 지금 현재 4인 이
> 하 사업장에는 1999년 1월부터 적용이 되고 있는데 4시간 근무 당
> 30분 휴식, 요양보상, 주휴일과 산전후 휴가 등 일부 조항만 적용되
> 고 있습니다. 그럼에도 아직 4인 이하 사업장에 근로기준법이 제대
> 로 준수되고 있는지 없는지조차 파악이 안 되고 있는 실정입니다(정

영숙 한국노동조합총연맹 여성국장, 여성특위, 1999: 41).

이처럼 모성정책을 수립하는 데 있어 모성의 상황과 요구에 대한 자료가 부족하다는 의견은 특히 눈여겨봐야 할 대목이다. 작업장에서 모성비용이 실제로 얼마나, 어떻게 지출되었는지, 또 여성근로자의 모성지원 요구가 실제로 어떤 것인지 등에 관한 자료가 제대로 마련돼 있지 않은 채 정책을 수립한다는 것은 자칫 '사상누각'의 위험성을 안고 있기 때문이다. 작업장에서의 자료뿐 아니라 가족 및 지역사회 속에서 여성들이 겪는 모성의 현실과 요구에 대한 자료가 미흡하다는 것도 문제다. 전문가 견해만이 아니라 모성 역할을 담당해 온 여성들의 요구와 맥락도 정책수립의 기초자료로 쓰여야 할 것이다. 모성의 실태 파악은 모성정책 수립 이후의 실효성과도 연관되는 중요한 과제다.

한편 모성보호에 드는 비용지불문제가 모성보호 의제의 가장 전형적인 담론이자 큰 틀이라고 할 수 있다. 하지만 경영계·학계·의료보험계 등 분야에 따라 모성보호를 바라보는 입장에는 차이가 있다.

생리휴가와 육아휴직문제가 모성보호에 포함되는지 여부에 대한 구체적 검토가 필요하며… 출산휴가는 생리휴가 삭제를 전제로 ILO 기준인 12주(산후 6주 보장)로 완화하는 데 찬성하며 비용은 의료보험이나 고용보험에서 부담하는 것이 바람직함. 육아휴직은 육아휴직 기간 및 대상자녀의 범위확대는 현실여건상 사문화될 가능성이 높기 때문에 현행 규정을 유지하는 것이 타당하나 비용의 사회분담화가 이루어진다면 검토해 볼 수 있음. … 현재 산전후 휴가 60일도 제대로 집행되지 못하는 사례가 많으므로 과연 12주로 확대하는 것만이 여성에게 도움이 되는 것인지에 관한 검토도 필요함(한국경영자총협회 이승길 법제조사팀장, 여성특위, 1999: 27~30).

의료보험의 재정현황과 분만수당에 대해서 보완설명을 드리면 현재

의료보험이 1996년 이후로는 계속 적자상황입니다. 그래서 1999년
한 해만 해도 9,348억의 적자가 예상되고 있습니다. … 내년부터는
산전진찰에 대해서는 의료보험으로 적용하는 것으로 지금 정책이 만
들어져 있습니다. 다음으로 분만수당을 저희들이 도입할 때, 전체
인구를 가지고 따지면 지역가입자를 포함했을 때 단순비교만 해도
4,000억 원의 추가비용이 들어갈 것이라고 예상할 수 있습니다. …
출산휴가비용의 사회분담화 문제는 의료측면, 소득보장측면, 고용측
면 등이 있으므로 의료보험·고용보험·조세·국민연금 등 여러 가
지 방식을 제시할 수 있습니다. 현재 의료보험은 초음파 검사 같은
기본적 검사도 급여를 하지 못하는 실정이므로 과연 출산휴가 비용
까지 부담할 수 있는가를 논의해 봐야 할 것입니다(보건복지부 이상
용 보험정책과장, 여성특위, 1999: 72~74).

경영계 및 보험계에서는 이렇게 비용충당의 어려움을 호소하고, 현
재 기준도 충족하기 어려운 실정임을 지적한다. 한편, 정영숙 한국노
동조합총연맹 여성국장은 농협의 부부사원 조기 정년퇴직과 같은 사건
에서 볼 때 성차별 금지를 보다 구체화해야 한다는 의견을 제시하기도
했다. 모성의 '보호'에 따른 여성기피 내지 여성차별을 방지하고 처벌
할 수 있는 대책마련이 중요하다는 것이다(여성특위, 1999: 77). 이외
소수의견으로서 남녀 모두에게 적용되는 선택적 근로시간제·재량 근
로제가 제안되었고, 모성보호 요구의 다양화 및 유연화에 대한 의견도
있었다. 다른 한편, 모성을 사적 문제가 아닌 공적 문제로 재규정하는
것의 중요성도 지적됐다. 이상 1990년대 모성보호정책의 의제들을 정
리하면 〈표 4-3〉과 같다.

<표 4-3> 1990년대 모성보호정책의제

	국 회	여성운동	국회여성특위
초 반	▪ 근대화 · 국가발전 ▪ 국가경쟁력 제고 ▪ 여성인력 활용	▪ 탁아시설 등 여성노동 자의 복지지원 ▪ 모성보호 필요성	
후 반	▪ 출산율 감소로 인한 국가경쟁력 문제 ▪ 기혼여성노동력활용	▪ 여성의 평생노동권 위 한 모성보호 ▪ 법 개정안 마련	▪ 모성보호 최대화 ▪ 여성특별보호최소화 ▪ 전문가의견 수렴 ▪ 법개정안 심의 · 발의

(3) 모성보호정책 수립

이와 같은 논의를 거쳐서, 2000년 6월 29일 김정숙 의원 외 132명이 근로기준법 · 남녀고용평등법 · 고용보험법 · 국민건강보험법에 대한 개정안을 국회에 제출하게 된다. 2000년 11월 25일에는 한명숙 위원 외 117명이 근로기준법 · 남녀고용평등법 · 고용보험법에 대한 개정안을 국회에 제출했다. 2000년 12월 5일에는 이상두 의원이 대표 발의한 '모성보호법안'이 환경노동위원회에 상정되었다. 이 법안은 환경노동위원회의 법안심사위원회를 통과했지만, 몇 달째 본회의에서 미뤄지다가, 2001년 4월에 들어서야 환노위에서 재논의되기 시작하여 2001년 7월 18일 국회에서 통과되고 2001년 11월 1일부터 시행하기로 결정됐다.

이 과정에서 재계와 여성계 간의 대립이 첨예했는데, 핵심쟁점은 비용추계에 대한 것이었다. 재계는 모성보호비용으로 연간 최대 8,500억 원의 추가비용이 든다고 추계하였으나, 여성노동법개정연대회의가 추산한 비용은 1,366억 원, 노동부 추산은 1,657억 원에 불과해 큰 차이를 보였다.

모성관련법 개정안을 살펴보면, 첫째, 산전산후 유급휴가를 현행

128

60일에서 90일로 연장하고, 둘째, 현행 무급휴가인 육아휴직시 1년 한도에서 고용보험 재원으로 통상임금의 30%를 보장하는 것을 주요 골자로 한다(〈표 4-4〉 참조).

하지만 여성계가 요구해온 유급 태아검진휴가, 유급 유·사산휴가, 가족간호휴직제 신설 등은 제외됐다. 한편, 여성노동자의 야근과 연장·휴일근로, 위험·유해작업 및 갱내근로를 규제해온 근로기준법의 4개 조항이 대폭 완화·삭제됐다.

〈표 4-4〉 모성보호 관련법의 개정

종 전	개정내용
• 휴가기간 - 산전후 휴가 60일(산후 30일 확보)	- 90일로 확대(산후 45일 확보)
• 임금 - 사업주 부담(60일) - 산전후 휴가급여 전액 사업주 부담	- 사업주(60일)와 사회(30일) 분담 - 확대되는 30일분에 대해서는 고용보험과 재정으로 지급
	• 산전후 휴가급여의 상·하한액 설정 〈신설〉 - 상한액: 135만 원 - 하한액: 최저임금
• 육아휴직 - 대상: 여성근로자 또는 그를 대신할 배우자 - 휴직기간을 근속기간에 산입 - 육아휴직을 이유로 부당처우 금지 - 무급	- 대상: 모든 남녀근로자 - 휴직기간을 근속기간에 산입 - 육아휴직을 이유로 부당처우 금지 - 육아휴직기간 중 해고금지 〈신설〉 - 휴직종료 후 휴직 전 직무로 복귀 〈신설〉 - 급여지급(고용보험, 월 20만 원) 〈신설〉
• 모든 여성의 연장근로 제한 - 1일 2시간, 주 6시간, 연 150시간	• 임산부에 대해서만 연장근로 제한 - 임신중인 여성: 금지 - 산후 1년이 경과하지 않은 여성: 1일 2시간, 주 6시간, 연 150시간 - 기타 여성: 남성근로자와 동일

2) 호주제도 개혁

(1) 국회에서의 담론

국회에서 가족제도의 문제점은 우선 국제적 기준과의 긴장이라는 맥락에서 제기돼 왔다. 특히 한국정부가 1984년 비준한 UN 여성차별철폐협약의 특정조항과 국내법 간의 불일치 문제가 제기됐다. 1980년대부터 1990년대 중반까지 이른바 국내관습의 존중, 즉 부계국적 및 부계성 등 부계계승주의를 존중하자는 의견이 지배적이었다. 국내관습과의 관계로 여성차별철폐협약에서 유보돼온 조항으로는 국적법 관계 제9조 및 가족성(家族姓) 관계 제16조(제1항 g호)가 있다.

〈여성차별철폐협약〉(1995. 10. 20)
정부는 국내인권문제 개선을 위하여 국내적으로 법령과 제도를 정비하는 한편 인권관련 각종 협약 가입도 적극 추진하여 왔으며, 협약 가입시 우리 국내법체계나 전통관습·문화와 상충되거나 국내법 규정상 도저히 수용 불가한 조항이 있을 경우 이를 유보한 사례가 있음.

제9조 1. 국적사항: 당사국은 여성의 국적에 관해 남성과 동등한 권리를 부여하여야 하며, 특히 외국인과의 결혼 또는 혼인 중 부에 의한 국적의 변경으로 부의 국적이 자동적으로 변경되어, 처가 무국적으로 되거나 부의 국적이 처에게 강제되지 아니하도록 확보하여야 함.
      2. 당사국은 여자의 국적에 관하여 남성과 동등한 권한을 여성에게 부여하여야 함.

국적조항 유보사유: 우리 법은 국적법 제9조에 의거 우리의 전통가족제도를 이어받은 가족단일 국적제도를 취하고 있으므로 이의 유지를 위해 유보.

제16조 제1항(g호) 가족의 성

    (g) 가족 성 및 직업을 선택할 권리를 포함하여 부부로서의 동일한 인적 권리를 보장하여야 함.

유보사유: 우리 법은 여성이 결혼시에도 자신의 성을 유지토록 하고 있어, 협약상 가족성의 '선택권'과는 상충되므로 유보하고 있으며, 유사한 이유로 프랑스도 협약 가입시 이를 유보한 바 있음(1995, 177회 7차: 16~18).

하지만 1997년 12월 31일 국적법이 개정됨으로써 배타적 부계국적 계승주의가 철폐되었고, 이에 따라 여성차별철폐협약의 제9조 제1항과 제2항의 유보가 철회됐다. 이에 마지막으로 남은 유보조항은 제16조 제1항 g호인데, 앞에서 그 유보논거를 여성이 결혼시 자신의 성을 유지한다는 점으로 들고 있다는 것이 흥미롭다. 하지만 한국에서 가족성이 선택사항이 아닌 것은 여성만이 아니다. 자식의 성과 본이 아버지의 성과 본을 따르게 하는 배타적 부계성본주의가 법률에 명시되어 있기 때문에 3) 가족성의 선택은 한국인 모두에게 부재하다고도 할 수 있다. 하지만 남자의 성만이 선택 없이 대물림된다는 점에서 여성의 성문제가 보다 심각하게 침해되고 있다. 더 나아가 한국사회에서 가족의 성문제는 본인의 '선택'이라기보다는, 후손의 계승으로부터의 '배제'라는 관점에서 접근해야 할 사안임을 시사한다. 즉, 개인으로서 부모의 성에 대한 선택·비선택의 문제라기보다 후손에게 연속·불연속이라는 관점에서 성문제가 다뤄지는 것이다. 그럼에도 불구하고 앞의 담론에서 보면, 부성중심주의 문제를 언급 없이 회피한다. 이는 한국사

3) 민법 제781조(자의 입적, 성과 본) 제1항: 자는 부의 성과 본을 따르고 부가에 입적한다. 다만, 부가 외국인인 때에는 모의 성과 본을 따를 수 있고 모가에 입적한다.

회에서 부계계승주의 문제가 직접적으로 건드리기 어려운 사안임을 시
사한다. 이러한 태도는 호주제도에 대한 문제제기조차 부계계승주의
자체가 아니라 성감별과 낙태, 성비불균형 문제의 맥락에서 의제화하
는 경향에서도 확인할 수 있다.

> 성감별과 낙태에 따른 성비파괴 문제: 전국적으로 연간 4만여 건의
> 태아 성감별이 이뤄지고 있으며, 이 중 2만여 명이 임신중절 하는
> 것으로 추산하고 있습니다. 신생아의 남자 초과현상은 지역별로 최
> 고 125:100으로 나타났으며, 2010년에는 결혼적령기의 남자 중
> 23%가 신붓감을 구하지 못할 것으로 전망하고 있습니다(홍기훈 의
> 원 질문, 1995. 11. 17, 117회 13차: 13).

이외에도 부계계승주의와 관련하여 동성동본 혼인에 관한 의제가
논의됐다. 동성동본 혼인을 한 사람들에 대한 한시적 구제조치가 거론
됐고, 1996년 한 해 동안 동성동본자 혼인신고수리를 할 수 있도록 하
는 혼인에 관한 3차 특례법이 발효됐다.[4] 한편 1997년 헌법재판소에
서 동성동본 금혼제도에 대한 헌법불합치 결정이 내려짐에 따라, 민법
상의 동성동본 금혼관련 조항이 사실상 무효화됐다. 이에 따라 8촌 이
내의 혈족 등 가까운 친척간의 혼인만을 금지하는 새로운 금혼범위를
설치하고 친양자제도 등이 마련된 가족법 4차 개정안이 1998년 국회
에 제출되었고, 이후 여러 차례 법안이 제출되었으나 통과되지 않다가
2004년 6월 정부안으로 제출된 민법안이 2005년 3월에 드디어 통과됐
다. 다음은 1990년대 후반과 2000년대 초반에 진행됐던 법개정 논의
를 살펴보기로 한다.

---

4) 혼인특례법은 1977년과 1987년 발효됐다. 혼인에 관한 3차 특례법은 1995
년 11월 16일에 통과되어 1996년 한시적으로 유효했다.

132

(2) 여성운동의 담론

호주제도 폐지론은 1997년경부터 여성운동계에서 제기됐다. 앞서 국회에서의 담론에서 지적된 바와 같이, 호주제도는 주로 남녀성비의 불균형・남아선호사상・태아감별 낙태 등의 문제제기 속에서 의제화 되었다.

한편 1997년에는 시민운동으로서 '부모성 함께 쓰기 운동'이 일어났다. 부모성 함께 쓰기 운동은 이전의 성비불균형 등과 같은 문제제기로부터 부계성본주의에 대한 직접적 도전이라는 의미를 지닌다. 이 운동은 비록 문화운동으로서 스스로를 규정했지만, 이는 부계혈통주의와 부계성본주의에 대한 직접적 노출이자 대안이라는 점에서 획기적인 것으로 평가받는다. 이처럼 1990년대 후반의 가부장적 가족제도에 대한 비판과 대안모색은 앞에서 말한 동성동본불혼제도 헌법불합치 판결(1997), 부계계승적 국적법 개정(1997), 가족법 4차 개정안의 상정(1998)으로 더욱 체계화・활성화한다. 1990년대 국회 및 여성단체에서 전개된 가족제도의 개혁활동을 정리해 보면 〈표 4-5〉와 같다.

〈표 4-5〉 1990년대 가족제도 개혁의제

사회운동 분야	입법・사법 분야
• 동성동본금혼조항 위헌소송(1996) • 부모성 함께 쓰기 운동(1997년부터) • 호주제 폐지운동(1997년부터)	• 동성동본금혼조항 위헌결정(1997) • 국적법 개정(1997) • 가족법 제4차 개정안 국회제출(1998)

3) 모성보호정책과 호주제도 개혁론 평가

(1) 모성보호정책

① 여성운동의 주도권

1990년대의 모성정책은 국회·여성특위·여성운동이라는 세 주체를 놓고 볼 때, 여성운동이 정책 형성과 제안에 있어 주도권을 가졌던 것으로 평가할 수 있다. 이러한 경향은 1990년대 후반으로 올수록 더 현저해지는데, 여성운동계는 이미 1990년대 초반부터 모성보호의 법적·제도적 필요성을 공감하고 대안을 준비해 왔다는 점에서 높이 평가할 만하다. 한편, 이렇게 여성운동의 여성정책에 대한 영향력이 커진 만큼, 여성운동의 목표와 전략이 가지는 중요성이 크기 때문에 이에 대한 냉철한 비판도 필요하다.

② 여성노동정책으로서의 모성정책

1990년대를 통해 모성정책은 여성노동, 주로 여성의 노동조건이라는 관점에서 정책의제로서 그 필요성이 제기됐다. 이것은 한편으로는 국회에서 개진된 담론에서 나타나듯이, 여성인력 활용이라는 목적의식 아래 제기된 기혼여성노동자 정책이라는 성격을 띠기 때문이다. 다른 한편으로 모성보호정책을 경제적 지원의 관점에서 바라볼 때 대상을 비근로여성에게까지 확대함으로써 그 부담을 늘릴 필요는 없다는 전략적 선택의 측면도 없지 않다고 할 수 있다. 그 결과 전업주부는 모성보호정책의 대상이 아니며, 노동자라 해도 계약직·시간제·비공식 부문의 여성노동자 모성은 정책대상에서 제외될 소지가 크다. 그렇다면 여성정책전담기구는 이들의 모성역할이 남성가장의 가족임금으로 지원을 받는다는 데 동의한다는 것인가? 이 점은 현 모성정책이 가족, 또는 가족제도와의 관계 속에서 드러내는 약한 고리라 할 수 있

다. 모성을 여성노동자 문제로 황급히 재단함으로써 수반하는 모성정
책상의 몇 가지 근본적인 문제점을 들어보자.

첫째, 경제적 비용에 대한 고려가 모성정책 수립에 있어 필수적 사
안이지만, 그렇다고 모성의 성격 자체가 모두 경제적 비용으로 환원
되지는 않는다. 오히려 모성의 사회적·인간적 가치를 제대로 평가하
지 않은 채 국가와 사회에 이에 대한 비용지불을 요구한다면, 여기에
는 많은 무리가 따를 수밖에 없다. 2001년 현재 모성정책이 맞닥뜨리
고 있는 기업·국가로부터의 반발은 필요한 자원의 부족만이 아니라
모성정책이 지향하는 가치에 대한 충분한 사회적 공감 부족에도 기인
한다. 모성은 여성노동인력의 활용뿐 아니라 생명 존엄성을 지키기
위한 활동이다. 그런데 의아하게도, 모성정책을 사고할 때 생명을 낳
고(출산) 기르는 것(양육)의 의미와 가치에 대해 논의하는 경우는 거
의 찾아보기 힘들다. 서구 여성주의에서 깊이 있게 논의된 바 있는 보
살핌(caring)의 철학과 윤리, 그리고 이를 통해 모성 가치를 새로이 평
가하려는 노력은 한국의 모성정책과도 무관할 수 없다(Held, 1993;
Ruddick, 1989; Gilligan, 1982). 모성에 대한 새로운 의미부여가 이뤄
지지 않고서는 한국에서처럼 사회적으로 가치 절하되고 당연시된 '여
성의' 모성역할 및 모성활동에 관한 사회적 지원은 끌어내기 힘들다.
인구재생산이 여성만이 아니라 사회구성원의 공동책임이라면, 공동책
임의 수행은 단지 모성활동을 위한 경제적 비용지불에 국한되지 않을
것이다. 달리 말해 이는 한 사회와 국가, 남성과 비출산인구 역시 모
성활동을 '공유'해야 함을 의미한다. 모성활동은 가정과 일터, 사적 장
소와 공공장소에 걸쳐 있으며, 비용뿐 아니라 남성가족원의 태도변
화, 양육 및 교육시설, 작업장의 근로조건과 운영원리, 그리고 공간
구성의 변화까지 수반하는 것이다. 나아가 모성활동의 사회적 공유를
위해 무엇이 바뀌어야 하는가에 대한 창조적 논의가 필요하다.

둘째, 비용중심 사고와 함께 모성역할을 '최소화'하면서, 모성을 생

물학적 특성과 강하게 연관시키는 경향이 있다. 여성단체 및 여성특위
에서 제안된 법 개정안을 보면, 생리·임신·출산 등 '생리적' 모성에
초점을 맞추었고, 3년 정도의 초기 양육기간으로 그 범위를 국한시킴
으로써 모성정책에서 자녀양육과 보살핌 문제는 축소됐다. 현재 시행
되는 모성보호관련 법안에서 육아휴직은 1세 이하의 자녀를 둔 부모가
신청할 수 있는 제도로 한층 더 제한됐다. 모성이란 생물학적일 뿐 아
니라 다양한 사회적 기제 및 관계와 연루된 사회제도이다(Fineman,
1991). 여성특위의 자료집에서는 양육활동을 '모성'이 아니라 '부모됨'
의 역할로서 모성과 구분하는데, 현실적으로 모성과 양육은 뗄 수 없
는 관계에 있다. 다시 말해 현재 정책에서 양육휴가 대상인 '1세 이하
의 영아' 이후에도 자녀는 아주 오랫동안 양육과 보살핌을 필요로 하
고, 이는 지금껏 대부분 어머니인 여성들이 전담했다. 이런 어머니노
릇의 장기적 복무야말로 근로·비근로 여성의 일상을 지배하는 활동과
책임인 것이다(심영희·정진성·윤정로, 1999). 이와 같은 여성의 모성
활동에 대한 사회적 지원 및 재분배를 위해서는 출산과 양육이 이뤄지
는 가족원의 역할재조정(성별분업타파), 어머니 역할 수행자에 대한
수당 등의 혜택, 탁아시설 등 공공시설의 확충과 같은 모성정책의 큰
틀을 수립해야 할 것이다.

(2) 호주제도 개혁론 평가

　앞의 〈표 4-5〉에서 본 바와 같이 호주제도 등 부계가족제도에 대한
운동과 법개정은 주로 1990년대 후반에 일어난 현상이다. 앞에서 지
적한 바와 같이 호주제도 등 부계혈통주의 문제는 1950년대부터 제기
된 '오래된' 의제인데, 이것이 1990년대 후반에 와서 시민운동에 의해
힘차게 부상했다는 점은 퍽 흥미로운 대목이다. 여기에는 국회 담론에
서 볼 수 있는 바와 같이 UN 여성차별철폐협약의 비준과 같은 법적
조치가 영향을 미쳤다고 할 수 있다. 또한 국내 여성들의 요구보다 국

제법적 요청에 더 민감하게 반응하는 데서 확인할 수 있는 것처럼, 한국정부 차원의 여성의식이 얼마나 앙상한가를 우회적으로 보여주고 있기도 하다. 1997년 국적법도 이와 마찬가지 수순에 따라 개정됐다. 다른 한편, 1990년대 후반 들어 여성운동 및 시민운동에서 한국여성이 놓여 있는 '토착적' 문제에 눈을 돌렸던 현상 또한 주목할 만하다. 일반적으로 여성주의는 개인의 자유·평등·권리 개념에 입각했다고 할 수 있는데, 호주제도와 같은 가부장적 가족제도에 눈을 돌리기 위해서는 그러한 이념이 우선하기보다 한국여성이 직면하는 질긴 현실에 대한 참신한 시선이 필요했던 것이 아닌가 한다. 하지만 호주제도 폐지를 주도했던 여성운동과 시민운동의 입장에 대해서도 성찰해 볼 점들이 있다.

먼저, 호주제도는 부계계승주의가 아니라 남아선호와 남녀성불균형이라는 관점에서 주로 다뤄져 왔다. 물론 이러한 의제화가 부계혈통주의보다 국가와 국민으로부터 쉽게 공감을 얻어낼 수는 있을 것이다. 하지만 이러한 전략적 사고에만 편향된다면, 호주제도가 폐지된다 해도 그 결과의 실효성은 미흡할 위험이 있다. 예컨대 호주제도가 폐지돼도 어디까지 폐지될 것인가의 문제는 매우 중요하다. 호주의 존재만 폐지할 것인가, 아니면 현재 호주제도가 법제화하는 부계성본주의·부처제결혼제도·가부장적 가장제도의 문화적 기반 변화를 어떻게 도모할 것인가 하는 문제가 아직 충분히 개진되지 않은 채 남아 있다. 부계계승제도의 법적 내용과 그 대안에 대한 보다 개방적이고 비판적인 논쟁이 필요하다.

다음으로, 호주제도 폐지운동은 호주제도로 인한 피해 범위를 너무 좁게 한정짓고 있다는 인상이 강하다. 호주제도가 여성에게 미치는 피해는 주로 이혼이나 재혼시 자식과의 법적 관계에서 여성이 당하는 불이익 등 구체적 피해를 중심으로 제시됐다. 이러한 피해는 호주제도가 여성에게 끼치는 가시적 피해이긴 하지만, 호주제도로 인한 여성의 피해는 이것으로 국한되지 않는다. 호주제도는 남성과 남성의 가족에 대한 여성의 종속을 당연시하고 보편화하는 사회구조로서, 이혼과 재혼은 단지 그러한 가족구조 혹은 결혼관계의 성격이 표출되는 한 계기일 뿐이다. 호주제도와 부계계승주의가 여성과 전 국민에게 주는 피해에 대한 보다 광범한 비판이 필요하며 이에 대한 사회적 공감 및 교육이 더 많이 이뤄져야 할 것이다.

4. 결론: 몇 가지 제안

이상과 같은 분석을 종합해 보면, 다음과 같은 성격을 발견할 수 있다. 먼저 국회와 국회여성특위에 관해 살펴보면 국회는 모성정책과 호주제도 개혁에 관해 수동적 자세를 보였다고 평가하지 않을 수 없다. 국회에서 이뤄지는 정책의제 입안과정을 보면, 여성운동을 중심으로 한 사회운동에서 제기된 의제가 충분히 여론화되고 사회적으로 받아들여진 이후에 정책의제로 채택되는 경향을 발견할 수 있다. 다시 말해 적어도 1990년대에 한해서 볼 때, 여성정책 수립에 있어 입법부는 자체 분석과 문제제기보다는 사회운동 의제를 쫓아가는 경향이 있다. 또한 국내 여성의 요구에 비해 국제적 기준과 분위기에 보다 민감하게 반응했던 것으로 보인다. 뿐만 아니라 여성정책에 대한 기본 시각이 여성의 삶을 중심으로 하기보다는 국가발전과 경쟁력 강화라는 측면에서 여성을 활용하는 관점이 보다 지배적이었다는 점은 반드시 지적돼야 할 것이다. '여성'정책을 운위할 때조차 그것은, '여성 자체'의 복지와 권리차원이 아니라 국가와 사회발전, 또는 여성에 대한 (가부장적) '보호'라는 시선에서 크게 벗어나지 못한 것이다. 이 같은 점을 놓고 볼 때, 1990년대 입법부에서 여성정책을 운위했다 할지라도 진정 '페미니스트적 정책'의 입장이 개진됐다고 보기는 어렵다.

그러면 이제는 이 장에서 고찰한 두 정책 분야를 중심으로 앞으로의 과제를 제안해 보도록 하겠다.

첫째, 모성정책의 기본시각에 있어 모성을 가부장적 온정의 대상으로 간주하는 '보호' 논리를 벗어나야 할 것이다. '모성은 보호돼야 할 것'이라고 전제해 버리면, 모성의 성격에 대한 대안적 사고를 모색하기란 거의 불가능하다. 이 같은 난점에서 벗어나기 위해서는 평등권의 관점(Williams, 1984; Scott, 1988), '보살핌'의 논리와 윤리를 통한 모성의 옹호론을 참고할 필요가 있다.

둘째, 모성정책은 임신과 출산 등과 같은 생물학적 모성이 아니라 기르고 보살피는 능동적 활동이라는 관점에서 '사회적 모성'으로 재규정돼야 하며, 가족정책으로 자리매김해야 할 필요가 있다. 한국사회에서 모성역할은 어머니가 아닐 경우 다른 '여성'이 맡아야 하는 성별분업 속에 배치돼 있음을 부정하기 어려울 것이다. 따라서 여성정책으로서의 모성정책은 자녀양육에 대한 성별 역할분담의 변화를 이끌어내야 하며, 이는 가족 내의 성별 역할 및 성차별구조 타파와 엇물려 있는 과제이다. 따라서 여성정책으로서의 모성보호정책에는 크게 ① 현재 여성에게 부과된 모성역할에 대한 인정 및 지원, ② 모성역할의 '공정한' 분배라는 두 방향의 노력이 필요하다. 한편으로는 가족 내외의 성별 역할구조를 약화시켜 모성역할을 사회적으로 공유하도록 유도하면서, 다른 한편으론 모성역할을 실제로 담당한 여성을 옹호하는 조치가 필요하다. 현재의 정책은 주로 후자에, 그것도 근로여성의 출산 및 초기양육에 초점이 맞춰져 있다.

셋째, 모성의 사회성을 드러내기 위해서는, 실제로 모성(출산 및 양육)을 여성과 개별 가족의 '선택사항'으로 만들어야 한다. 한국사회에서 결혼과 출산 사이에는 대개 등식이 성립되고, 이는 다시 여성의 생물학적 기능과 연결됨으로써 여성=결혼=출산이라는 공식이 성립돼 있다. 특히 가족의 '대'를 잇도록 만드는 가족제도에 의해 임신과 출산은 여성 개인과 부부가 아닌 가족적 사안이라고 할 수 있다. 즉, 여성의 출산은 국가와 사회에 대한 기여라기보다는 사적 가족의 필요로 자리매김하고 있다. 이렇게 기혼여성들이 가족 안에서 출산에 대한 압력과 통제를 받는 한, 여성들이 출산을 놓고 국가와 협상하기란 어려우며 이런 상황에서 국가로서는 출산과 양육을 사회적 비용지불 대상으로 바라볼 필요가 없을 것이다. 한국에서 국가는 가부장적 가족을 통해 여성들이 행하는 모성역할을 비용지불 없이 누려 왔다고 할 수 있다. 이렇게 보면 모성역할 재분배는 가족제도 개혁과 서로 깊은 관련을 맺는 정책사안이다.

넷째, 모성보호정책과 호주제도 간에도 연관성이 있다는 점을 지적하고자 한다. 앞에서 모성활동의 사회적 공유를 위해서는 기존 모성개념을 사회화할 필요가 있다고 한 바 있다. 이를 위해서는, 생물학적 모성관으로부터 벗어나 모성을 여성의 선택사안으로 재규정할 필요가 있는 것이다. 모성이 선택의 문제가 되기 위해서는 여성이 성적 자기결정권과 함께 출산권을 가져야 하는데, 이를 위해서는 여성에 대한 가족과 사회의 출산압력이 없어져야 한다. 호주제도와 같이 개인 행위와 정체성 부여가 가족단위를 중심으로 이뤄지도록 하는 제도틀은 여성의 출산을 '가족화'한다. 따라서 호주제도와 같은 장치의 제거는 여성의 성과 출산이 가족 안의 사안이 아니라 여성 개인과 사회의 사안이 되기 위해 넘어가야 할 매우 중요한 문턱이다. 또한 호주제 폐지는 다양한 가족형태의 법적 인정을 이끌어냄으로써 기혼여성의 모성뿐 아니라 미혼모·이혼모·재혼모의 모성 역시 정책적 지원과 배려의 대상으로 재규정하게 하는 데 일조할 것이다. 이렇게 볼 때 호주제 폐지는 여성의 출산권 신장을 위해서도 매우 중요하다. 출산과 가족 간의 결박이 느슨해진다면, 양육을 포함한 가족의 복지활동에 대한 국가적 책임은 증가될 것이다.

다섯째, 호주제도는 가족원을 일정한 '가'(家)에 묶음으로써, 가족이 제공하는 복지서비스에 대한 국가책임을 면제하는 데 기여해 왔다. 이러한 '가족정책'은 현재의 만혼·저출산 현상 및 여성의 고학력화·다양한 가족형태 출현, 노동시장 유연화 같은 사회적 변화와 구조적으로 불일치한다. 한국사회에서 자녀출산의 사회적 압력이 지속됨에도 불구하고, 출산율이 계속 저하하는 상황은 무엇을 의미하는가? 이는 사회적 경쟁 격화, 가족의 복지 서비스 대체비용 상승, 모성활동에 대한 낮은 평가, 여성들의 취업욕구 증가 등에 대한 복합적 표현이다. 가족 속에 갇혀있는 모성활동과 책임에 대한 사회적 공유가 절실하다. 그렇지 않다면 인구재생산과 가족원의 삶의 질, 나아가 사회구성원의 삶의 질은 크게 타격 받을 것이다.

■ 참고문헌

국회사무처. 1980~1999. 《국회 본회의 속기록》.

_____. 1990~1999. 《국회 법제사법위원회 회의록》.

국회여성특별위원회자료집. 1999. 《모성보호정책: 근로여성의 모성보호관련 법을 중심으로》.

_____. 1998. 《여성관련 법률의 입법과정과 향후과제》.

한국여성단체연합. 1987~1999. 《정기총회 자료집》.

김기중. 1999. "국가의 국민관리체계와 인권". 세계인권선언 50주년기념 발표논문.

문소정. 1995. "가족 이데올로기의 변화". 여성한국사회연구회 편, 《한국가족문화의 오늘과 내일》. 사회문화연구소 출판부: 329~368.

박민자. 1995. "한국가족정책과 가족". 여성한국사회연구회 편, 《가족과 한국사회》. 경문사: 369~404.

심영희·정진성·윤정로 엮음. 1999. 《모성의 담론과 현실》. 나남출판.

조 은·이정옥·조주현. 1996. 《근대가족의 변모와 여성문제》. 서울대학교 출판부.

양현아. 2000. "호주제도의 젠더정치: 젠더생산을 중심으로". 《한국여성학》, 16(1): 65~93.

Balbo, Laura. 1987. "Crazy Quilts: Rethinking the Welfare State Debate from a Woman's Point of View". Women and the State. Anne Showstack Sasson(Ed.), London: Unwin Hyman.

Fineman, Martha. 1991. *Illusion of Equality : The Rhetoric and Reality of Divorce Reform.* Chicago and London: University of Chicago Press.

Gilligan, Carol. 1982. *In a Different Voice.* Cambridge: Harvard University Press.

Held, Verginia. 1986. *Feminist Morality: Transforming Culture, Society and Politics.* Chicago: Chicago University Press.

Herma, Hill. 1985. "Equality and Difference: The Case of Pregnancy". *Berkeley Women's Law Journal,* 1(1): 1~38.

Ruddick, Sara. 1989. *Maternal Thinking.* Boston: Beacon press.

Sasson, Anne Showstack. 1987. "Women's New Social Role: Contradictions of the Welfare State". Women and the State. Anne Showstack Sasson(Ed.), London: Unwin Hyman.

Scott, Joan W. 1988. "Deconstructing Equality Vs. Difference: Or, the Uses of Poststructuralist Theory for Feminism". *Feminist Studies,* 14: 35~50.

Weisberg, D. Kelly(Ed.), 1993. *Feminist Legal Theory: Foundations.* Philadelphia: Temple University Press.

Williams, Wendy. 1984. "Equality's Riddle: Pregnancy and the Equal Trreatment/Special Treatment Debate". *N.Y.U Review of Law and Social Change,* 325: 15~39.

제 5 장
한국의 여성빈곤과 공공부조 및 여성복지서비스정책

이 혜 경

1. 서 론

현대 산업사회의 가장 두드러진 구조적 공통점의 하나는 사회복지 제도의 성장과 정착이라 할 수 있다. 시장자본주의의 결함을 보완하는 사회적 기제로 2차대전 후에 급성장한 사회복지제도는 세계적으로, 1970년대 이후의 이른바 '복지국가 위기론'의 터널을 통과하고, 이제 21세기의 지구적 자본주의와 함께 살아남는 방법을 모색하고 있다.

사회복지제도의 기본적 기능은 사회통합이다. 2차대전 후 선진복지 국가들은 적어도 20세기 말까지는, 주로 소득재분배를 통한 계층간 평 등지향적 복지정책을 표방했다고 할 수 있다. 물론 국가에 따라, 사회 복지정책 목표를 '국민최저생활수준'의 보장에 두기도 하고, 계층간 불 평등 축소에 두기도 하며, 또 계층간 불평등의 발생원인에 관심을 두 고서 그 발생을 줄이려는 예방기능이 강조되기도 하고, 불평등의 원인 보다 결과에 초점을 맞추어 사후적 기능이 강조되기도 했다.

여성학자들이 계층간 불평등과 젠더 불평등간의 역동적 상호작용을 천착하고, 여성학적 관점에서 빈곤정책과 복지국가정책을 비판하는 이른바 여성복지 담론을 구축한 것은 최근의 일이다. 그러나 21세기 사회복지 정책의 방향을 논의하는 데 여성문제는 정보통신기술 혁명이나 지식경제·정보사회의 도래 못지않게, 중요한 변화의 축으로 간주되기에 이르렀다. 특히 1970년대 이래로 활발해진 복지국가 비판론과 맞물려, 여성복지정책담론은 21세기 복지정책 방향을 규정하는 중요한 축이 되었다.

이 글에서는 한국여성 빈곤현실을 파악하고 이에 대응하는 사회복지정책 내용을 검토하고자 한다. 한국에서는 사회복지제도 자체의 발전이 지체됐고, 동시에 여성운동 의제에서도 복지정책에 부여된 우선순위가 낮았기 때문에, 사회복지 분야에서 여성담론이 본격적으로 형성되기 시작한 것은 극히 최근의 일이다. 따라서 이 글에서는 여성복지 담론의 기초가 되는 여성빈곤 문제, 특히 빈곤의 여성화 현상을 분석하고, 구체적 사회복지 정책으로 한국의 공공부조와 사회복지서비스제도가 여성을 어떻게 처우하는지, 산물로서의 공공부조정책과 사회복지서비스 정책 분석을 시도한다. 그리하여 공공부조정책과 여성복지 서비스 정책에 반영된 양성평등관을 분석해 내고, 앞으로 필요한 담론형성과 정책개선 방향을 살피고자 한다. 이어지는 2절에서는 사회복지제도의 기본적 관심대상이라 할 수 있는 빈곤문제를 젠더의 관점에서 분석, 한국사회에서 빈곤의 여성화 현상을 실증적으로 규명한다. 3절에서는 빈곤대책으로서 소극적 사회복지정책이라 할 수 있는 우리나라의 공공부조제도를, 그리고 4절에서는 여성복지 서비스제도를 여성주의적 관점에서 분석한다. 그리고 마지막 절에서 제도개선 방향을 양성평등 관점에서 논의한다.

2. 빈곤의 여성화

여성이 남성에 비해 상대적으로 빈곤한 것은 세계 어느 곳에서나 마찬가지이고, 인류의 역사를 통해 늘 그래왔다. 여성은 늘 남성보다 자원이나 기회에 접근하기 어려웠고, 따라서 남성보다 더 큰 빈곤위험에 노출되었다. 따라서 여성이 남성보다 가난하다는 것은 새로운 사실이 아니다. 그럼에도 불구하고 빈곤문제는 주로 계층의 관점에서 다뤄졌고, 빈곤연구의 대부분은 계층의 맥락에서 가구주인 남성을 분석대상으로 함으로써 여성빈곤은 논의에서 배제돼왔다. 여성빈곤은 가족·성·노동·교육·복지와 여타 모든 영역에서 산업자본주의와 가부장주의가 상호 상승작용한 결과이며, 이러한 빈곤과 성(*gender*) 간의 구조적 관계를 인식하게 된 것은 최근의 일이다.

여기서는 한국의 빈곤에 관한 포괄적이고 체계적인 자료의 부족을 전제로, 현시점에서 활용 가능한 자료의 재분석과 종합적 해석을 통해, 빈곤의 여성화 현상을 검증하고자 한다. 그동안 한국의 공식적 빈곤인구 비율은 주로 생활보호제도의 수혜대상자 비율로 대신해 왔다. 그러나 생활보호대상자의 선정이 공식적이고 체계적인 빈곤선을 기준으로 하지 않고 가족부양책임 원칙이라든가 노동능력 유무, 무엇보다도 예산의 제약 등 다른 조건들을 고려하면서 결정되는 현실 때문에, 실제 빈곤선 이하의 소득을 가진 빈곤인구와 생활보호대상자의 수 사이에는 커다란 괴리가 존재했다. 2000년부터 국민기초생활보장제도가 도입됨에 따라, 정부가 공식적 빈곤선을 채택·발표하고 노동능력 유무에 상관없이 보충급여를 제공하게 되어, 그 괴리는 현격하게 줄어들게 됐다. 그러나 아직은 기초생활보장제도 시행의 체계적 자료가 생산되지 못했기 때문에, 이 제도에 기초한 빈곤의 성분석이 본격화되려면 시간이 필요하다. 여기서는 소득에 관한 원자료의 분석을 시도하지는

146

〈표 5-1〉 가구주 성 · 일인당 소득 · 연도별
도시임금근로자 가구의 누적분포(1985~1995)

(단위: %)

연도	가구주 성별	가구원당 평균 가구소득					
		~30%	~60%	~100%	~120%	~200%	200%~
1985	여성	48.0	56.1	72.6	77.9	91.3	100.0
	남성	33.2	26.9	51.2	60.3	85.0	100.0
	계	35.6	40.0	54.6	63.1	86.0	100.0
1990	여성	45.3	51.8	66.3	73.2	92.1	100.0
	남성	33.2	35.2	49.4	58.3	85.5	100.0
	계	35.0	37.7	51.9	60.5	86.5	100.0
1995	여성	47.7	53.1	65.2	71.9	89.6	100.0
	남성	39.4	41.0	50.2	57.7	83.0	100.0
	계	40.9	43.2	52.9	60.3	84.2	100.0

출처: 이혜경, 1998에서 재구성.

않고, 한국에서 빈곤이 여성화한다는 데 대한 검증을 시도한 2개의 기존 연구결과를 종합하여 빈곤의 여성화가 이뤄지는 대략적 추이를 파악하고자 한다. 하나는 1982년에서 1995년까지 통계청에서 산출한 도시근로자가구 소득자료를 분석, 여기에 공적부조대상자 · 편모가구 · 저소득지역 연구결과들을 보충하여 빈곤의 여성화 추이를 분석한 이혜경(1998)의 연구이고, 다른 하나는 대우경제연구소의 전국표본 경제활동조사자료로 1995년에서 1998년 사이의 여성빈곤을 분석한 유정원(2001)의 연구결과이다.

이혜경의 연구에 의하면, 도시근로자 가구를 가구주의 성에 따라 분류하여 소득분포를 비교할 경우 극빈층과 저소득층에서 여성가구주 가구의 집중현상이 두드러진다. 〈표 5-1〉은 1985년부터 1995년 사이에 여성가구주 가구의 빈곤층 집중이 심화해 왔음을 보여준다.

〈표 5-1〉은 동등화지수를 적용하지 않고, 가구소득을 단순히 가구

원 수로 나눈 가구원당 평균소득 수준에 따른 가구분포를 가구주 성별로 구분·비교한 것이다. 이 표는 최저소득계층과 저소득층에 여성가구주 가구가 집중됐음을 보여준다. 예를 들어 1985년에 여성가구주 가구의 72.6%는 평균소득보다 소득이 낮았으며, 48.0%가 평균소득의 30%에 못 미치는 소득을 가졌고, 22.1%가 평균소득의 120%보다 높은 소득을 가졌다. 1995년에는 65.2%가 평균소득 이하로서 7.4% 포인트 감소하기는 했지만, 여전히 여성가구주 가구의 절반 정도가 1인당 평균소득의 30%에 못 미쳤고, 71.9%가 평균소득의 120%에 못 미친다는 것은 성별에 따른 소득분배가 매우 불균등함을 나타낸다. 여성가구주 가구는 가구규모가 상대적으로 작기 때문에 동등화지수를 적용하면, 남성가구주 가구와 여성가구주 가구의 실질 생활수준 격차는 더 클 것으로 보인다.

도시가계연보자료의 제한점, 예컨대 독신가구를 포함하지 않았고, 도시근로자만을 대상으로 한 자료라는 점을 보완하기 위해 이혜경 (1998)은 서울대 사회복지연구소가 1995년 수행한 도시 빈민가구조사자료 등을 활용해 노인 여성·의존적 자녀를 부양하는 여성가구주·도시 저소득층 여성·도시지역 여성임금소득자가구·농촌 빈곤여성 등 범주별 여성의 빈곤실태를 파악했는데, 빈곤인구의 거의 3분의 2가 여성이며, 빈곤한 노령인구 중에 5분의 4가 여성으로 추정됐다. 또한 빈곤한 여성가구주들은 대부분 남편과 사별한 여성들로서, 교육을 받지 못하고 무직이나 불안정한 저임금직종을 가진 고령자이며, 그 가족들 역시 매우 주변화한 상태에 있다는 것으로 빈곤한 여성가구주 가구의 성격을 규명했다.

이혜경의 도시가계연보자료에 의한 가구주 성별 빈곤인구 분석에서는 빈곤선 적용에 있어 가구동등화지수를 사용하지 못했고, 도시가구 분석에 한정돼 있었다. 이러한 자료상의 한계점을 유정원(2000)의 연구가 보완했다. 유정원은 도시 농촌 전 국민을 모집단으로 하는 대우

148

<표 5-2> 정부 공공부조 기준(절대적 빈곤선)에 의한 빈곤율

(단위: 명, %)

		남 성	여 성	전 체
제4차 (1995.8~ 1996.7)	비빈곤	1,467 (88.6)	223 (68.2)	1,690 (85.2)
	빈곤	189 (11.4)	104 (31.8)	293 (14.8)
	전체	1,649 (83.5)	327 (16.5)	1,983 (100.0)
제5차 (1996.8~ 1997.7)	비빈곤	1,481 (89.8)	214 (64.1)	1,695 (85.5)
	빈곤	168 (10.2)	120 (35.9)	288 (14.5)
	전체	1,649 (83.1)	334 (16.9)	1,983 (100.0)
제6차 (1997.8~ 1998.7)	비빈곤	1,353 (82.2)	203 (60.4)	1,556 (78.5)
	빈곤	293 (17.8)	134 (39.6)	427 (21.5)
	전체	1,646 (83.0)	337 (17.0)	1,983 (100.0)

출처: 유정원, 2000.

경제연구소의 한국가구경제활동조사자료(KHPS, 이하 대우패널)를 이용하여 성과 빈곤의 상호작용을 분석했다. 유정원은 동등화지수가 적용된 정부의 공공부조 기준을 적용하여,1) <표 5-2>와 같은 빈곤율을

1) 유정원(2000)의 연구에서는 생활보호대상자의 선정기준이 되는 소득액과 재산액 중 소득액만을 고려하되, 자활보호대상자의 선정기준을 사용하였으며 표준 가구형태를 4인 가구로 규정하여 빈곤선으로 제시했다. 그리고 절대적 빈곤인구의 추계과정에서는 보건사회연구원(1999)의 최저생계비 동등화지수를 사용했다. 이러한 기준들을 적용하여 산출된 빈곤선은 아래와 같다.

정부의 공적부조 기준에 의한 빈곤선(1999년 동등화지수 사용)

(단위: 만 원)

	4차(1995.8~1996.7)	5차(1996.8~1997.7)	6차(1997.8~1998.7)
4인 가구 기준/월	82만 원	86만 원	90만 원
1인 가구 소득기준/월	28.6만 원	30.1만 원	31.4만 원

산출해냈다. 이 표에서와 같이 4차년도(1995. 8~1996. 7)의 빈곤율은 14.8%이며, 5차년도(1996. 8~1997. 7)의 빈곤율은 14.5%로 약 0.3% 포인트 감소했다. 그리고 IMF 경제위기를 겪고 있던 6차년도(1997. 8~1998. 7)의 빈곤율은 21.5%로 급격히 상승했다. 이러한 빈곤율을 가구주 성별로 구분하여 살펴보면, 4차년도에는 남성가구주 가구의 경우 11.4%가 빈곤층에 포함되지만, 여성가구주 가구의 경우에는 31.8%가 빈곤가구로 나타났다. 빈곤가구 전체에서는 남성가구주 가구가 64.5%이었으며 여성가구주 가구는 35.5%로 전체표본에서 여성가구주 가구가 차지하는 비율이 16.5%임을 감안한다면 상당 비율의 여성가구주 가구가 빈곤층에 집중되었음을 알 수 있다.

5차년도에는 남성의 경우 약 1% 포인트 정도 빈곤율이 감소한 반면, 여성의 경우에는 35.8%로 약 4% 포인트 정도 빈곤율이 증가하였으며, 빈곤층 내에서 여성가구주 가구가 차지하는 비율도 41.7%로서 전년도에 비해 6.2% 포인트나 증가했다. IMF 경제위기를 경험한 6차년도에는 남성가구주 가구와 여성가구주 가구 모두 빈곤율이 증가하는데, 절대적 빈곤율 자체는 여성가구주 가구가 여전히 높지만, 남성가구주 가구의 경우에는 전년도에 비해 빈곤율이 큰 폭으로 상승했음을 알 수 있다. 즉, 여성가구주 가구의 경우 6차년도의 빈곤율은 전년도보다 3.7% 포인트 증가했지만, 남성가구주 가구의 경우에는 무려 7.6% 포인트나 증가했다. 이는 IMF 경제위기라는 특수한 상황이 소득수준과 고용상태에 있어 비교적 안정적이었던 남성가구주 가구를 빈곤에 노출시킴으로써 4차 및 5차년도의 양상과 크게 달라진 것으로 보인다. 빈곤층 내에서도 남성가구주 가구가 차지하는 비율이 68.6%로 전년도에 비해 약 10% 포인트 정도 증가했다.

이러한 빈곤율 변화는 전체 표본의 중위소득과 절대빈곤선의 관계, 그리고 소득분배구조를 성별로 구분하여 살펴봄으로써 보다 명확하게 설명할 수 있다.

〈표 5-3〉 중위소득 대비 절대빈곤선

(단위: 만 원, %)

	제 4 차 (1995. 8~1996. 7)	제 5 차 (1996. 8~1997. 7)	제 6 차 (1997. 8~1998. 7)
중위소득(1인 가구 기준)	61. 54	68. 00	55. 84
절대빈곤선(1인 가구 기준)	28. 61	30. 14	31. 41
중위소득 대비 절대빈곤선(%)	46. 50	44. 30	56. 30

출처: 유정원, 2000.

모든 가구를 1인 가구로 동등화한 가구의 중위소득은 〈표 5-3〉을 통해 알 수 있듯이 4차년도에는 61. 54만 원, 5차년도에는 68. 00만 원, 6차년도에는 55. 84만 원인 것으로 나타났다. 그러나 정부의 공적 부조 기준을 근거로 한 절대빈곤선의 수준은 오히려 증가하여 4차년도 에는 빈곤선이 중위소득의 46. 5%이었던 것이 5차년도에는 44. 3%로 다소 감소했으나, 6차년도에는 56. 3%로 높아졌다.

〈표 5-4〉는 분석대상의 중위소득 일정비율 이하인 가구의 누적비율 을 보여준다. 먼저 4차년도를 살펴보면, 중위소득 부근(100%)에 위 치한 남성가구주 가구는 전체 남성가구주 가구 중 46. 0% 정도지만 여 성가구주 가구는 전체 여성가구주 가구의 70%에 해당하는 것으로 나 타난다. 전체 여성가구주 가구의 절반 정도가 중위소득의 70%에 해 당하는 소득수준에 가장 많이 분포하지만, 남성가구주 가구의 경우에 는 중위소득의 100~120% 사이에 가장 많이 분포함을 알 수 있다. 그러나 이 기간 동안 중위소득 40% 미만의 빈곤계층은 여성가구주 가 구 사이에서 소폭 증가했고, 중위소득 200% 이상 상위등급은 근소하 지만 감소했음을 볼 수 있다. 여성가구주 가구의 소득은 상대적으로 낮아졌다고 말할 수 있다.

가구주 성별에 따른 가구의 소득수준은 5차년도로 가면서 불평등이 더욱 심화된 것으로 나타난다. 전반적으로 남성가구주 가구의 소득 분

〈표 5-4〉 중위소득시도 기준 일정비율 이하인 가구의 누적비율

(단위: %)

중위소득 기준	제4차 (1995. 8~1996. 7)		제5차 (1996. 8~1997. 7)		제6차 (1997. 8~1998. 7)	
	남성	여성	남성	여성	남성	여성
40	9. 2	24. 4	9. 2	30. 6	9. 3	27. 0
60	18. 2	44. 0	18. 1	45. 8	19. 5	42. 5
80	31. 5	59. 0	31. 8	61. 4	31. 2	54. 5
100	46. 0	70. 0	46. 6	66. 8	46. 4	69. 1
120	60. 4	83. 1	62. 5	75. 7	58. 4	74. 5
150	77. 8	89. 8	76. 5	87. 9	73. 3	89. 6
200	89. 0	93. 1	90. 1	92. 1	88. 3	95. 4

출처: 유정원, 2000.

배수준은 비슷하게 나타나지만, 여성가구주 가구의 경우에는 중위소득 이하의 가구들은 점점 더 소득수준이 낮아지는 반면, 중위소득 이상인 가구들의 경우에는 오히려 소득수준이 높아지는 남성가구주 가구의 비율이 다소 증가하여 소득격차가 전년도에 비해 심화하는 경향을 볼 수 있다.

남녀가구주 가구 간의 소득 불평등은 IMF 경제위기를 경험하는 6차년도에는 오히려 감소하는 경향을 볼 수 있다. 특히, 중위소득 80% 이하인 여성가구주 가구가 5차년도에 비해 상당히 줄어들었다. 6차년도에 절대적 빈곤선은 56.3% 수준으로 높아졌는데, 6차년도의 중위소득 50%와 60% 사이를 차지하는 가구의 누적비율 구성에서 전년도에 비해 남성가구주 가구는 증가하고 여성가구주 가구는 감소함에 따라 남성가구주 가구의 빈곤율 증가가 상대적으로 두드러지게 나타났기 때문으로 보인다.

유정원은 대우패널자료 중 4차년도에서 5차년도까지의 패널을 구성하여[2] 가구주 성별구성과 빈곤율을 분석했다. 그 결과를 보면 역시

152

〈표 5-5〉가구 및 여성가구주 가구비율

(단위: 가구, %)

연도 가구구성	제 4 차 (1995. 8~1996. 7)	제 5 차 (1996. 8~1997. 7)	제 6 차 (1997. 8~1998. 7)
남성가구주 가구	2,502 (90.0)	2,345 (88.9)	2,095 (87.8)
여성가구주 가구	278 (10.0)	293 (11.1)	292 (12.2)
전 체	2,780 (100.0)	2,638 (100.0)	2,387 (100.0)

〈표 5-6〉가구주 성별 빈곤율*

(단위: 가구, %)

연도 가구구성	제 4 차 (1995. 8~1996. 7)	제 5 차 (1996. 8~1997. 7)	제 6 차 (1997. 8~1998. 7)
남성가구주 가구	312 (12.5)	270 (11.5)	414 (19.8)
여성가구주 가구	101 (36.3)	118 (40.3)	128 (43.8)
전 체	413 (14.9)	388 (14.7)	542 (22.7)

* 기준빈곤선: 정부의 공적부조 선정 기준(자활보호 선정 기준) 적용

여성가구주 가구의 빈곤율이 크게 높고, 공적 이전 수혜비율도 남성가
구주 가구에 비해 크게 높다.

　유정원이 빈곤율을 산정하는 데 사용한 총 소득은 조세와 공적 이전
후 가구 총 소득이고, 빈곤선은 당해 연도 정부의 공적부조 선정기준
을 사용했으며, 동등화지수는 1999년 보건사회연구원 최저생계비 계
측시 사용된 것을 적용했다. 〈표 5-5〉와 〈표 5-6〉이 그 결과를 보여
주고 있다. 1995년 중반 이래 여성가구주 비율과 여성가구주 가구의
빈곤율이 함께 증가하고 있다. 1995~1996년 여성가구주 가구가 전체
가구의 10.0%, 빈곤율은 36.3%이던 것이 1997~1998년에는 여성가
구주 가구가 전체가구의 12.2%, 빈곤율 43.8%로 증가세를 보였다.

---

2) 패널구성 결과 연도별 사례수가 줄어, 〈표 5-2〉의 사례수와 차이가 있다.

〈표 5-7〉 제5차년도 연평균 공적 이전액 / 연평균 총 소득액 비율

(단위: 만 원, %)

제5차년도 (1996. 8~1997. 7)	남성가구주 가구		여성가구주 가구	
	전체가구	빈곤가구	전체가구	빈곤가구
연평균 총 소득액(A)	2,497.8	552.1	1,251.2	297.6
연평균 공적 이전액(B)	18.6	21.6	15.8	24.8
연금+고용보험〔b-1〕	16.7	11.1	6.4	3.1
정부보조금*(생활보호 포함)〔b-2〕	1.9	10.5	9.4	21.7
B/A(%)	0.74	3.91	1.26	8.33
〔b-1〕/A(%)	0.67	2.01	0.51	1.04
〔b-2〕/A(%)	0.08	1.90	0.75	7.29

* 정부보조금 세부내용별 액수는 파악이 어려움.

외환위기 이후 여성가구주 가구의 빈곤율은 44%를 육박하게 됐다. 외환위기 이후 남성가구주 가구의 빈곤율 역시 큰 폭으로 증가하여 20%에 가까워졌으나, 여성가구주 가구 빈곤율의 2분의 1 수준이다.

중요한 것은 이들 빈곤이 모두 공적·사적 이전 이후의 빈곤이라는 점이다. 가구유형별 연간 총 소득액 평균의 차이가 〈표 5-7〉과 〈표 5-8〉에 나타나 있다(유정원, 2000). 가구전체로 볼 때 외환위기 후 총 소득액 수준은 낮아졌으나, 빈곤가구의 총 소득액은 남성가구주와 여성가구주 모두 상당히 상승했다. 특기할 것은 여성가구주 빈곤가구의 총 소득에서 공적 이전 소득이 차지하는 비율이 외환위기 이후 증가한 반면, 남성가구주 빈곤가구의 경우는 감소했다는 점이다. 외환위기 이후 남성가구주 가구의 빈곤율 급증 때문으로 보인다.

한편 공적 이전 소득 수급률은 〈표 5-9〉와 〈표 5-10〉을 통해 알 수 있듯이, 남성가구주 가구보다 여성가구주 가구가 전체적으로 훨씬 높게 나타난다. 공적 이전 수급행태를 구체적으로 살펴보면, 연금이나 고용보험의 수급은 남성가구주 가구에 집중돼 있고, 생활보호나 기타 정부지원은 여성가구주 가구에 집중돼 있는 성별 차이현상을 발견할

154

<표 5-8> 제6차년도 연평균 공적 이전액 / 총 소득액 비율

(단위: 만 원, %)

제6차년도 (1997. 8~1998. 7)	남성가구주 가구		여성가구주 가구	
	전체가구	빈곤가구	전체가구	빈곤가구
연평균 총 소득액(A)	2,187.6	610.4	1,033.9	327.2
연평균 공적 이전액(B)	22.4	9.0	33.4	36.1
연금+고용보험[b-1]	19.8	3.3	17.0	1.7
정부보조금*(생활보호 포함)[b-2]	2.6	5.7	16.4	34.4
B/A(%)	1.02	1.47	3.23	11.03
[b-1]/A(%)	0.91	0.54	1.64	0.52
[b-2]/A(%)	0.12	0.93	1.59	10.51

* 정부보조금 세부내용별 액수는 파악이 어려움.

수 있다. 즉, 이는 여성가구주 가구의 전반적 빈곤집중과 공적 이전 체계의 성분리 현상을 반영한다고 할 수 있다. 유정원의 연구는 불과 3년, 그것도 경제위기를 전후한 3년을 분석하고 있어서 이 3년치 자료로부터 빈곤의 여성화 추이를 장기적으로 추론하기는 어렵지만, 낮은 소득계층에 여성가구주 가구가 집중되는 현상은 쉽게 나아지지 않으므로, 이혜경의 연구결과를 전반적으로 지지해 준다고 볼 수 있다. 다만, 경제위기 이후 남성가구주 가구와 여성가구주 가구 간의 빈곤율 격차가 줄어든 것은 새로운 해석의 가능성을 열어주고 있으나 더 심층적 분석이 요구된다.

이 같은 빈곤문제에 대한 가장 보편적인 대책이 공공부조제도이다. 다음 절에서는 공공부조제도의 수급자로서 여성의 위치를 살펴본다.

〈표 5-9〉 제5차년도 공적 이전 수급비율

제5차년도 (1996. 8~1997. 7)		남성가구주 가구		여성가구주 가구	
		전체가구	빈곤가구	전체가구	빈곤가구
수급	전체	198 (8. 5)	65 (24. 2)	58 (19. 6)	45 (38. 1)
	국민연금	20 (0. 9)	0 (0. 0)	3 (1. 0)	0 (0. 0)
	특수직역연금	28 (1. 2)	1 (0. 4)	0 (0. 0)	0 (0. 0)
	보훈연금	21 (0. 9)	3 (1. 1)	0 (0. 0)	0 (0. 0)
	고용보험	7 (0. 3)	3 (1. 1)	3 (1. 0)	1 (0. 8)
	차비	100 (4. 3)	46 (17. 1)	25 (8. 5)	19 (16. 1)
	생활보호	1 (0. 0)	1 (0. 4)	6 (2. 0)	6 (5. 1)
	기타 정부보조금*	21 (0. 9)	11 (4. 1)	21 (7. 1)	19 (16. 1)
미수급		2, 147 (91. 50)	205 (75. 80)	235 (80. 40)	73 (61. 90)
전체		2, 345 (100. 0)	270 (100. 0)	293 (100. 0)	118 (100. 0)

* 기타 정부보조금으로는 영세민 보조금, 동사무소 보조금, 생활보조지원, 전화요금보조, 농어촌후원금 등이 있다. 대우패널에서 산재보험은 정부보조금으로 범주화하였으나 해당하는 사례가 없다.

〈표 5-10〉 제6차년도 공적 이전 수급비율

제6차년도 (1997. 8~1998. 7)		남성가구주 가구		여성가구주 가구	
		전체가구	빈곤가구	전체가구	빈곤가구
수급	전체	303 (14. 5)	115 (27. 8)	96 (32. 9)	64 (49. 9)
	국민연금	25 (1. 2)	2 (0. 5)	5 (1. 7)	1 (0. 8)
	특수직역연금	19 (0. 9)	2 (0. 5)	3 (1. 0)	0 (0. 0)
	보훈연금	17 (0. 8)	1 (0. 2)	1 (0. 3)	0 (0. 0)
	고용보험	6 (0. 3)	2 (0. 5)	0 (0. 0)	0 (0. 0)
	차비	216 (10. 3)	98 (23. 7)	65 (22. 3)	45 (35. 1)
	생활보호	4 (0. 2)	2 (0. 5)	9 (3. 1)	9 (7. 0)
	기타 정부보조금*	16 (0. 8)	8 (1. 9)	13 (4. 5)	9 (7. 0)
미수급		1, 792 (85. 40)	299 (82. 20)	196 (67. 10)	64 (50. 10)
전체		2, 095 (100. 0)	414 (100. 0)	292 (100. 0)	128 (100. 0)

* 〈표 5-8〉과 같음.

3. 여성빈곤과 공공부조

1) 공공부조제도의 체계와 특징

공공부조란 어떠한 이유에서든 생활 수준이 빈곤선 이하로 떨어지게 되면, 누구나 신청에 의하여 빈곤선까지 생활을 보장받을 수 있게 해주는 소득보장제도로서 전 국민에게 인간다운 최저생활을 보장하는 마지막 안전망 제도라 할 수 있다. 이론적으로는 공공부조제도의 수급자 수가 곧 그 나라의 빈곤인구 규모이어야 하지만, 공공부조제도의 운영방법에 따라, 예컨대 빈곤이라는 조건 외에 어떤 수급자격 요건을 요구하느냐에 따라 빈곤하지만 공공부조 수급자가 될 수 없는 경우가 발생하게 된다. 소득보장제도는 주로 공공부조와 사회보험제도로 구성된다. 사회보험제도가 예방적 성격이 강하다면, 공공부조는 사후대책으로서의 성격이 강하다고 할 수 있다. 예방적 사회보험제도가 빈곤을 예방하는 기능을 얼마나 수행하는가에 따라, 공공부조의 기능과 역할이 상당부분 결정된다.

우리나라의 공공부조제도는 1961년 생활보호법의 제정에 의하여 생활보호라는 이름으로 운영되어오다가, 1999년 국민기초생활보장법 제정으로 전면적 개편이 이뤄졌다. 과거의 생활보호법은 빈곤이라는 조건 외에 ① 노동능력이 없을 것, ② 부양의무자가 없거나, 있어도 부양능력이 없을 것이라는 조건을 더하여, 빈곤하더라도 실제 수급대상자가 될 수 없는 경우가 얼마든지 있을 수 있었다.[3] 빈곤하지만 노동

---

3) 종래의 생활보호제도의 대상자가 되기 위해서는 다음의 세 가지 요건을 충족시켜야 했다. 첫째, 65세 이상 노쇠자, 18세 미만의 아동, 임산부, 폐질 또는 심신장애로 인하여 근로능력이 없는 자, 기타 생활이 어려운 자〔실직 기타 생활수단의 상실 또는 저소득으로 인하여 생계유지가 곤란한 자, 이재자로서 재해구호법에 의한 구호기간이 종료된 자, 기타 생활근거

능력이 있으면 생계비급여 없이, 공공근로 등 자활지원만을 받을 수 있게 했다. 뿐만 아니라 생활보호법하에서는 공식적이고 체계적인 빈곤선의 채택 없이 행정적 선발기준을 빈곤기준으로 삼아, 개별적 자산조사 없이 등급별 차등급여를 실시해 왔다. 1999년 국민기초생활보장제도로 대체되면서, 노동능력 유무에 상관없이 누구나 최저생활보장을 신청할 수 있게 되었고, 공식적 빈곤선 채택을 국가의무화하고 개별적 자산조사에 의한 보충급여제가 도입됐다.

그러나 새로운 제도는 노동능력이 있는 수급자에게는 근로자활을 조건으로 하는 이른바 조건부 급여제도를 적용하여, 자활노력을 조건으로 생계비를 보충 급여하게 됐다. 따라서 자활사업의 효율적 운영이 크게 중요해졌으나 기본구상 자체가 아직도 불분명한 것이 문제였다. 또한 능력이 있는 가족에게는 친족부양의 책임[4] 부과를 원칙으로 함으로써 사실상 자산조사 범위가 크게 확대됐다.

이와 같은 공공부조제도의 기본적인 틀의 변화가 여성 빈곤에 어떤 영향을 미칠지는 아직 분명하지 않다. 아직까지 국민기초생활보장 제도의 도입과정에 여성주의 담론이나 분석이 투입된 흔적은 찾아보기 어렵다. 다만, 기초생활보장제도의 수급자의 상당부분이 여성이고, 2001년 현재 자활사업의 참여율을 성비에 따라 살펴보면 전반적으로 여성이 남성보다 높게 나타난다(〈표 5-11〉 참조). 이와 같이 자활사업에의 여성참여 가능성이 높은 현실에서 여성단체들이 여성을 위하여

를 상실한 자로서 보건복지부장관이 특히 그 보호의 필요가 있다고 인정한 자(시행령 제4조)〕로서 보호기관이 이 법에 의한 보호를 필요로 한다고 인정하는 자의 다섯 가지 범주 중 어느 한 범주에 속해야 한다. 둘째, 앞의 다섯 가지 범주 중 어느 하나에 속한 자로서 부양의무자가 없거나 있어도 부양능력이 없는 자이어야 한다. 셋째, 보건복지부가 매년 정하는 생활보호대상자 책정기준에 해당하는 소득과 자산액 이하의 소득 및 자산을 가진 자라야 했다. 새로 제정된 국민기초생활보장법은 첫 번째 조건, 즉 인구학적 구분을 전면 폐지하고, 부양의무자 규정과 소득 조건만을 남겼다.

158

특화된 자활사업의 개발에 관심을 보이고 있다. 그러나 이러한 활동의
결실이 구체화되려면 아직 시간이 걸릴 것으로 보인다.

<표 5-11> 70개 자활후견기관 자활사업 유형별 참여자분포

	총 인원	일반주민	차상위 계층	조건부수급자	일반수급자	성비*
자활공동체	1,182 (100.0)	155 (13.1)	729 (61.7)	287 (24.3)	11 (0.9)	28/72
자활근로	2,404 (100.0)	79 (3.3)	182 (7.6)	2,129 (88.4)	18 (0.8)	42/58
공동부업장	341 (100.0)	102 (29.9)	91 (26.7)	143 (41.9)	5 (1.5)	16/84
취업알선	3,037 (100.0)	835 (27.5)	1,968 (64.8)	226 (7.4)	8 (0.3)	46/54
공공근로	244 (100.0)	10 (4.0)	229 (93.9)	5 (2.0)	0 (0.0)	56/44
교육훈련	4,409 (100.0)	380 (8.6)	1,063 (24.1)	2,947 (66.8)	19 (0.4)	30/70
생업자금 융자	45 (100.0)	4 (8.9)	14 (31.1)	27 (60.0)	0 (0.0)	40/60
방과 후 교실	20 (100.0)	10 (50.0)	0 (00.0)	10 (50.0)	0 (0.0)	20/80
기타 상담	30,953 (100.0)	17,185 (55.5)	4,212 (13.6)	8,559 (27.6)	1,087 (3.5)	31/69
누계	11,673 (100.0)	1,566 (13.4)	4,299 (36.8)	5,764 (49.4)	65 (0.6)	37/64

* 성비는 남/여.

출처: 한국자활후견기관협회, 《2001년 1/4분기 자활사업 현황보고서》, 2001년 8월.

---

4) 새 법은 부양의무자의 부양능력 판단의 기준을 세분화하여 부양 무능력자,
부양능력 미약자, 부양 능력자로 구분한다. 부양능력이 없는 경우란, 부양
의무자의 소득이 부양의무자 가구에 대해 적용되는 최저생계비의 120%
미만이고 동시에 부양의무자의 재산가액이 수급권자 책정기준이 되는 재산
기준액의 120% 미만인 경우를 말한다. 부양능력이 있는 경우란, 부양의

2) 공공부조의 여성수급 현황

1999년 1월 현재 생활보호대상자의 수는 거택보호대상자 33.1만 명 (21.2만 가구), 시설보호대상자 7.8만 명, 자활보호 대상자 76.6만 명 (30.7만 가구)으로, 총 117.5만 명, 총 인구(4,685.8만 명) 대비 2.5%이었고, 생계보호를 받는 거택, 및 시설보호 대상자는 41만 명으로 총 인구 대비 0.87% 수준이었다. 여기에 IMF 경제위기 이후에 책정된 한시적 생활보호 대상자가 급여대상이 될 확률이 높다고 볼 때, 급여대상은 150만~170만 명으로 늘어날 전망이며, 이들이 모두 보충급여로서의 생계급여 대상자가 될 것이다.

이들 1999년 생활보호 대상자 중 여성의 비율은 거택보호 64.3% (가구원 수), 자활보호 51.0%(가구원 수)로 여성수급자 비율이 높은 것으로 나타났다. 생활보호제도의 여성수혜 현황을 살펴보면 다음과 같다. 〈표 5-12〉는 생활보호대상자 가구에서 여성가구주 가구가 차지

무자 가구의 소득이 부양의무자 가구에 적용되는 최저생계비와 신청자 가구에 적용되는 최저생계비를 합한 금액의 120% 이상인 경우, 또는 부양의무자 가구의 재산액이 부양의무자 가구에 적용되는 재산기준과 신청자 가구에 적용되는 재산기준을 합한 금액의 120% 이상인 경우를 말한다.

부양능력 미약자란, 부양능력이 없는 자와 있는 자를 정하는 기준의 사이에 해당하는 경우로, 부양의무자의 소득이 최저생계비의 120%는 넘지만 부양의무자 가구에 적용되는 최저생계비와 신청자 가구에 적용되는 최저생계비를 합한 금액의 120%에 미달하는 경우 또는 부양의무자의 재산이 재산기준의 120%는 넘지만 부양의무자 가구에 적용되는 재산기준과 신청자 가구에 적용되는 재산기준을 합한 금액의 120%에 미달하는 경우를 말한다. 부양능력 미약자에 대해서는 부양비를 부과하는데, 소득이 최저생계비의 120%에 미달하는 부양능력 미약자에 대해서는 부양비를 부과하지 않으며, 소득이 최저생계비의 120%는 넘고 부양의무자와 신청자 최저생계비 합산액의 120% 미만인 경우는 재산액에 관계없이 부양비를 부과하도록 되어 있다.

〈표 5-12〉 생활보호대상 빈곤가구의 가구주 성별구성

(단위: %)

생활보호대상 빈곤가구				일반가구		
연도	가구주	전체거택	자활	연도	가구주	분포
1981	남성	68.9		1980	남성	85.3
	여성	31.1			여성	14.7
1991	남성	37.1	65.5	1990	남성	84.3
	여성	62.9	38.5		여성	15.7
1995	남성	34.8	53.9	1995	남성	83.4
	여성	65.2	46.1		여성	16.6
1996	남성	34.7	52.3			
	여성	66.4	47.7			
1997	남성	35.1	50.8			
	여성	64.9	49.2			
1998	남성	35.1	49.6			
	여성	64.9	50.4			
1999	남성	35.7	49.0			
	여성	64.3	51.0			

출처: 유정원, 2000; 보건복지부, 〈생활보호대상자 분석〉, 각 연도.

이외에도 일용근로자나 행상에 종사하는 가구원만 있고 재산액이 재산기준의 120% 미만인 경우나 직계존속이나 중증장애인인 직계비속을 부양하는 경우는 부양능력이 없는 경우로, 그리고 출가한 딸이나 사위로서 부양능력이 없는 자로 판정되지 않은 경우는 부양능력 미약자로 판정하도록 한다. 또한, 부양능력에 대한 판정이 이루어지면 다음으로 부양여부를 판정해야 하는데, 부양여부는 부양불능(행방불명, 징집, 교도소 수감, 해외이주 등)과 부양기피로 구분되고, 부양기피의 경우에는 정당한 사유가 없는한 보장비용을 징수토록 한다.

하는 비율과 전체인구에서 여성가구주 가구가 차지하는 비율을 비교하
여 나타냈다. 이 표에서 보듯이, 일반가구에서 여성가구주가 차지하
는 분포에 비해 빈곤가구에서 여성이 차지하는 비율이 상대적으로 훨
씬 높다. 1980년에 전체인구에서 여성가구주 가구의 비율은 14.7%이
었으나, 1981년 생활보호대상 빈곤가구에서 여성가구주가 차지하는
비율은 31.1%를 나타냈다. 1990년에는 전체인구에서 여성가구주 가
구가 차지하는 비율이 15.7%, 생활보호대상 가구에서 여성가구주 가
구가 차지하는 비율이 거택보호의 경우 62.9%, 자활보호의 경우 38.5%

국민기초생활보장제도의 부양의무자 부양능력 판별기준은 다음 표같이
정리될 수 있다.
부양의무자의 부양능력 판별 기준

부양의무자의 소득 / 부양의무자의 재산	최저생계비의 120% 미만인 경우	최저생계비의 120% 이상이고 (신청자 최저생계비 + 부양의무자 최저생계비)의 120% 미만인 경우	(신청자의 최저생계비 + 부양의무자 최저생계비)의 120% 이상인 경우
재산기준의 120% 미만	×	△가 (부양비 부과)	○
재산기준의 120% 이상이고(신청자 재산기준 + 부양의무자 재산기준)의 120%미만	△나 (부양비 미부과) (2명: 부양능력 있음)	△다 (부양비 부과) (2명: 부양능력 있음)	○
(신청자 재산기준 + 부양의무자 재산기준)의 120% 이상	○	○	○

* ×: 부양능력 없음 △: 부양능력 미약 ○: 부양능력 있음
가 부양능력이 없다고 판정하지만, 부양비를 부과함.
나 단독으로는 부양능력이 없다고 판정하고 부양비를 부과하지 않음. 하지만 2인가구 이상이면 부양
능력이 있는 것으로 판정함.
다 단독으로는 부양능력이 없다고 판정하지만 부양비 부과함. 2인가구 이상이면 부양능력이 있는 것
으로 판정함.
자료: 이혜경 외(2000) ; 보건복지부, 《국민기초생활보장사업 안내》(2000), 29쪽.

로 더욱더 증가하는 경향을 보였다. 1995년에는 전체 인구 중에서 여성가구주 가구가 16.6%로 증가하였으며, 생활보호가구에서는 거택보호 및 자활보호가 각각 65.2%와 46.1%로써 빈곤인구에서 여성가구주가 차지하는 비율이 전체 인구와 비교해 볼 때 훨씬 높다는 것을 알 수 있다. 또한 생활보호가구에서 여성이 차지하는 비율은 해가 지남에 따라 점점 늘어나며, 남성이 차지하는 비율은 점점 작아져 절대적 빈곤선의 기준에서 빈곤의 여성화가 진행되는 것을 발견하게 된다. 법정 빈곤가구들에서 65세 이상의 노인들만 별도로 살펴보면 여성 비율은 훨씬 증가하여 여성 노인의 경우 빈곤화가 더욱 심각하다는 것을 알 수 있다.[5]

〈표 5-13〉은 거택보호대상자 중 여성가구주 가구 및 가구원 수 비율을 보여준다. 주목할 만한 것은 노인빈민 중에 여성들이 매우 많다는 사실이다. 1995년의 경우 생활보호대상자 노인 중 가구주이거나 가구원인 여성이 모두 80% 이상을 차지하는데, 다섯 명 중 네 명이 여성인 셈이다. 자활보호대상자의 경우에는 여성집중 현상이 거택보호대상자의 경우와 같이 심하지는 않지만, 전체 대상 중 여성이 차지하는 비율에 비해 65세 이상의 노인 대상자 중 여성이 차지하는 비율이 더욱 높아 여성노인이 빈곤에 매우 취약하다는 것을 알 수 있다.

---

5) 남편의 경제적 지위에 전적으로 의존해 온 전업주부가 중년 이후 사별이나 이혼을 겪게 되면 그것은 경제적 자원에 대한 접근의 단절을 의미하게 되어 여성의 노후에 치명적인 영향을 미친다(남정림, 1992). 여성노인 세대는 젊어서는 남편에게, 노년기에는 자녀에게 경제적으로 의존하는 것을 당연시해 왔으므로 대부분의 경우 노후의 자립대책이 없다. 더욱이 가정 내의 제한된 경제적 자원을 부모봉양과 아동양육으로 분배할 때, 자녀중심적 핵가족제도에서는 자원이 자녀들에게 더 집중적으로 투입되기 쉬우므로 여성노인은 빈곤상태에 빠지는 일이 더 빈번하다. 일생동안 여성의 양육·가사노동·노인부양 등의 가정 내 무임금노동은 여성의 임금노동을 제약하므로 노후에도 수입이 남성보다 적다.

〈표 5-13〉 거택보호대상자 중 여성가구주 가구/가구원수 비율

(단위: %)

	가구주		가구원수	
	여성/전체	65+여성/65+전체	여성/전체	65+여성/65+전체
1990	62. 2	72. 9	48. 0	70. 5
1993	64. 8	78. 7	62. 5	77. 1
1994	65. 0	79. 5	62. 8	78. 9
1995	65. 2	80. 4	63. 3	80. 6
1999	64. 3	81. 5	63. 1	80. 3

자료: 이혜경, 1998에서 재구성.

공공부조 대상으로 여성의 비중이 크게 높은 것은 빈곤의 여성화를 말해주는 한 증거가 되겠으나, 이러한 여성수급 비율이 실제 여성빈곤 실태를 왜곡 없이 반영한다고 보기는 어렵다. 시설보호와 한시적 생활 보호 대상자의 성별통계가 없고 여성빈곤에 관한 통계자료가 부족하기 때문에 공공부조의 성인지적 평가가 쉽지 않은데다가, 얼마나 많은 여성이 공공부조제도의 사각지대에 놓여 있는지를 파악하는 일은 더더욱 그렇다.

4. 여성복지 서비스

1) 사회복지서비스의 특징과 체계

공공부조나 사회보험과 같은 소득보장제도가 주로 시장의 배분기능 실패를 보완하는 사회적 기제라면, 사회복지서비스는 가족의 사회화 와 부양 및 양육 기능의 실패를 보완하고 예방하는 사회적 기제라고 할 수 있다. 소득보장제도가 금전적 급여를 내용으로 하는 데 비해,

사회복지서비스는 상담·보호·선도·재활 등 도움을 받는 사람과 도움을 주는 사람 간의 직접적 대면관계를 통한 기능적 지원을 그 내용으로 한다.

사회복지서비스는 가족의 기능, 주로 가족 내 여성의 기능을 대체하거나 보완·지지한다. 가족기능 수행이 완전히 불가능한 경우 가족을 대신하는 대체적 서비스가 필요하고, 상당한 기능적 손상이 발생했을 때 치료적 보완 서비스가 필요하며, 가족기능 약화가 예상될 때 지지적 서비스가 필요하다. 예컨대 돌보아 줄 자녀가 없는 노인의 경우, 전통적 가족 기능을 양로시설이 대체해 주어야 하며, 와상(臥床) 노인의 경우 자녀와 동거는 하지만 성인 자녀의 보살핌이 불가능할 때, 와상노인 수발기능을 부분적으로 대행해 주는 탁노, 단기보호서비스 같은 보완적 서비스가 필요하다. 또 비교적 건강한 노인들의 여가활동을 조직해 주는 것도 가족 유대를 유지하는 지지적 서비스가 된다. 전통적으로 가족이나 친구, 이웃과 같은 비공식적 지원망에 의해 수행되던 '보살핌'의 기능을 사회화한 것이다. '보살핌'은 가족 기능인 동시에 여성의 역할이기도 하다는 의미에서 사회복지서비스는 가족복지 서비스라 할 수 있고, 또 여성복지 서비스라 할 수 있다.

한 국가의 사회복지서비스 정책에서 제일 우선순위는 가족이 기능하지 못하고, 시장에서 필요한 기능을 구매할 능력도 없는 경우를 위해 가족대체적 서비스 제공에 있다고 해야 할 것이다. 그러나 급속한 사회변동과, 이 와중에 일어나는 여성 삶의 변화는 가족보완적이거나 가족지지적 서비스의 요구를 크게 증대시켰다. 빈곤계층만이 아니라, 중산층에까지도 보편적 욕구로서 사회복지서비스, 특히 가족지지적이고 여성지지적인 서비스의 필요성이 인식된다.

또한 광의로 볼 때, 사회복지서비스의 주체가 반드시 국가일 필요는 없다. 민간부문의 역할이 특히 중요한 것이 사회복지서비스 체계라 할 수 있다. 그러나 사회보장체계의 구성요소로서 사회복지서비스란 법

적 근거에 의한 사회복지서비스를 가리키는 것이며, 한국의 경우 사회
복지사업법 체계 내에서의 '사회복지사업'을 말한다.

1999년 현재 사회복지사업법에 의한 사회복지사업은 생활보호법(국
민기초생활보장법)·아동복지법·노인복지법·장애인복지법·모자복
지법·영유아보육법을 포함하는 14개 법률6)에 의한 '보호, 선도 또는
복지에 관한 사업' 등을 말한다. 7) 사회복지사업법은 제 4조에서 국가
와 지방자치단체의 복지증진 책임을 규정하고, 국가·지방자치단체 기
타 사회복지사업을 행하는 자는 사회복지를 필요로 하는 자에 대해 그
사업과 관련한 상담·작업치료·직업훈련 등을 실시하고, 필요할 경우
주민의 복지욕구를 조사할 수 있다고 정함으로써 국가와 지방자치단체
외의 민간부문에서 사회복지증진의 책임을 분담할 것을 명시했다.

사회복지서비스는 가족주의적 전통이 강한 나라일수록 제도화의 속
도가 느리고, 그에 대한 저항도 크다고 볼 수 있다. 한국의 경우도 사
회복지서비스는 소득보장이나 의료보장 부문에 비해 재정규모가 매우
작고, 체계화 속도도 느리다. 그러나 빠른 사회변동과 가족해체, 노동
시장구조의 변동과 가족구조와 기능의 변화는 사회복지서비스의 수요
를 계층에 상관없이 급증시킨다. 특히 IMF 경제위기를 경험하면서,

---

6) ① 생활보호법(국민기초생활보장법), ② 아동복지법, ③ 노인복지법, ④
장애인복지법, ⑤ 모자복지법, ⑥ 영유아보육법, ⑦ 윤락행위 등 방지법,
⑧ 정신보건법, ⑨ 성폭력범죄의 처벌 및 피해자보호 등에 관한 법률, ⑩
입양촉진 및 절차에 관한 특례법, ⑪ 일제하 일본군 위안부에 대한 생활안
정지원법, ⑫ 사회복지공동모금법, ⑬ 장애인·노인·임산부 등의 편의증
진보강에 관한 법률, 그리고 ⑭ 가정폭력방지 및 피해자보호 등에 관한 법률.

7) 이 법은 보호·선도·복지에 관한 사업 외에, 사회복지 상담·부랑인 선
도·직업보도·무료숙박·지역사회복지·의료복지·재가복지·사회복지관
운영·정신질환자 및 나(병) 완치자 사회복귀에 관한 사업 등 각종 복지사
업과 복지시설의 운영 및 지원을 목적으로 하는 사업의 내용도 동시에 나
열한다.

사회복지서비스 수요의 폭증은 국가부문뿐 아니라, 민간부문의 적극적 참여 없이는 이에 대응할 수 없다는 인식을 제고시켰다. 빈곤계층으로 전락할 위험이 큰 차상위 계층의 사회복지서비스 수요는 빈곤예방 차원에서도 대책수립이 시급하다.

이 절에서는 14개 법에 근거한 광범위한 사회복지사업의 전 영역을 다루지는 못한다. 여성을 수급대상으로 한정하는 이른바 여성복지 사업만을 대상으로 한다. 사회복지서비스는 소득보장이나 의료보장 분야에 비해 민간부문과 지방자치단체의 역할이 특히 중요하다. 하지만 자료수집의 한계 때문에, 중앙정부 차원의 정책으로써의 논의는 제한한다. 또 간접지원의 경우 수혜의 귀착시점에서 양성평등성을 검토해야 하지만, 자료생산의 한계 때문에 여기서는 제외한다.

2) 여성복지 서비스

여성복지사업 관련법의 기본방향을 살펴보면 요보호여성에 대한 지원을 확대·내실화하는 것과 여성의 건강을 증진하고 여성을 성폭력으로부터 보호하기 위한 전달체계를 강화하는 것으로 구분할 수 있다.

우선, 요보호여성에 대한 지원을 확대·내실화하기 위해서는 저소득층 여성의 생활안정 기반을 확충하고, 미혼모 및 윤락여성의 발생을 예방하며, 사회복귀 지원책을 마련하는 일이 중요하다. 이제까지 한국의 여성복지 서비스는 그 대상을 주로 요보호여성으로서의 여성가구주들로 보았다. 우리나라 전체인구에서 남성과 여성의 구성을 1997년부터 살펴보면, 여성에 비해 남성이 차지하는 비율은 꾸준히 증가했다. 즉, 1997년에 여성 1인에 대한 남성의 비율은 1.0152이었는데 1999년에는 1.0161로 증가하였으며, 2000년에는 1.0165로 계속 늘어날 것으로 보인다. 그러나 여성의 평균 기대수명이 남성보다 높아 노년층으로 갈수록 여성 비율이 높아지며 〈표 5-14〉가 보여주듯, 한 가

구의 경제를 책임지는 가구주의 경우에도 미혼 독신여성의 증가, 이혼
및 사별 등으로 여성가구주의 비율이 높아져 여성을 위한 복지 서비스
확대가 절실한 상황이다. 자녀의 학비와 양육비를 지원하는 재가 저소
득 모부자가정 지원대상은 1997년 21,649인에서 1999년 27,506인으
로 늘어났고, 저소득 편모·편부가정의 생업자금 지원은 1997년에 비
해 1999년 150세대 증가하여 저소득 편부모 가정에 대한 지원이 전체
적으로 증가했다고 할 수 있다. 또한 여성가구주 가구에 대한 공공근로

〈표 5-14〉 자활보호대상자 중 여성가구주 가구/가구원 수 비율

(단위: %)

	가구주		가구원 수	
	여성/전체	65＋여성/65＋전체	여성/전체	65＋여성/65＋전체
1990	38.3	43.7	51.9	52.9
1993	41.9	47.0	53.5	55.8
1994	43.9	50.1	53.9	56.9
1995	46.0	53.6	54.7	58.7
1999	51.0	60.5	55.9	64.7

자료: 보건복지부,《생활보호대상자현황》, 각 연도.

〈표 5-15〉 혼인상태별 여성가구주 가구 구성비율

(단위: 천 명, %)

연도	총 여성가구주 가구	여성가구주의 혼인상태별 분포(%)				여성가구주 가구비율(%)
		유배우	사별	이혼	미혼	
1975	850	24.5	59.4	4.3	11.8	12.8
1985	1,501	22.7	52.2	4.3	20.7	15.7
1995	2,181	16.3	55.6	7.4	20.7	16.8

자료: 통계청, 한국의 사회지표(1997)

지원항목이 1999년에 추가됐는데, IMF 경제난으로 인한 여성가구주
가구의 경제적 위험을 완화시키고자 한 측면도 있다.

한편 여성의 건강을 증진시키기 위해서는 지역간 및 계층간 균형 있
는 모자사업을 강화하며, 무엇보다 농촌 지역 및 저소득층 여성에 대
한 모자보건사업을 강화하는 데 주력해야 한다. 또한 성폭력으로부터
여성을 보호하기 위해 성폭력관련 서비스를 확대하고 연계망을 구축함
으로써 서비스의 전문성을 강화해야 할 필요도 있다. 〈표 5-16〉은 모
자보건을 제외한 여성복지사업의 내용을 시설 수와 입소자 수 및 이용
자 수로 보여준다.

이 표에 따르면, 저소득모자가구나 미혼모 및 윤락여성, 성폭력피
해자 및 가정폭력피해자 등 요보호여성들을 위한 시설은 총 86개소로,
3,695인의 여성이 입소해 있다. 즉, 1개소 당 평균 43인의 여성이 입

〈표 5-16〉 여성복지 서비스 종류별 시설 수 및 이용 현황(1998)

시설의 종류		시설 수	입소자/이용자 수
여성시설보호	모자보호시설	37	2,567
	모자자립시설	3	103
	모자일시보호시설	6	204
	미혼모시설	8	226
	선도보호시설	11	445
	성폭력피해자보호시설	6	26
	가정폭력피해자보호시설	15	124
	합 계	86	3,695
재가서비스	모자가정 지원	-	-
	여성상담소	147	355,053
	여성회관	78	57,662
	합 계	225	-

자료: 이혜경 외, 2000.

소해 있는 꼴이며, 선도보호시설·미혼모시설·모자일시보호시설·성
폭력피해자보호시설 등은 입소기간이 6개월에서 1년 이내로 되어 있다.

이용시설로는 147개의 여성상담소를 연간 355,053인이 이용한 것으
로 나타났다. 1998년 중 411인의 여성복지상담원이 활동한 내용을 살
펴보면, 생계보조 등 보호알선, 교육 및 조언, 시설입소, 선도귀가,
치료의뢰, 고소고발 순으로 조치되었다.

특히, 1998년 현재, 여성이 24시간 이용할 수 있는, 전국적으로 통
일된 특수전화 서비스인 '여성 1336' 상담전화가 102개 전화권역에 설
치되어 여성들을 위한 안내 및 상담 서비스의 내용과 접근성이 확대됐
다. '여성 1336'을 통한 상담실적을 살펴보면, 설치 당시인 1998년 1
월에는 상담건수가 1,627건에 불과하였으나 동년 12월에는 5,079건으
로 증가하여 1998년도 총 상담실적이 42,076건에 달함으로써 요보호
여성을 위한 '여성1336' 상담전화의 이용이 급속하게 확대된 것을 알
수 있다. 주목할 만한 것은 1997년 12월 31일 '가정폭력범죄의 처벌
등에 관한 특례법'이 제정되면서 1999년 가정폭력피해자 1,660인도 여
성복지 서비스의 새로운 대상인구로 포함됐다는 것이다. 가정폭력이
나 성폭력과 같은 문제를 사회문제화하고 이에 대처하기 위한 관련법
이 제정된 것은 여성운동의 성과라 할 수 있다. 성폭력, 가정폭력에
관한 담론형성과 정책형성은 다른 연구에서 상세히 다루어질 것이다.

일반여성들을 위한 이용시설인 여성회관은 78개소로, 연간 57,666
인이 이용한 것으로 나타났다. 여성회관의 기능은 크게 요보호여성을
위한 상담 및 일시보호, 저소득여성을 위한 기술교육 및 취업알선, 일
반여성을 위한 사회교육 및 문화교육 등으로 구분해 볼 수 있다. 특
히, IMF 경제위기 이후 여성회관에서는 실직가정을 위해 취업교육을
강화하고 소자본 창업반을 운영하는 등 여성의 경제적 자립기반을 강
화하는 프로그램에 비중을 두고 있다.

마지막으로 복지재정을 통하여 여성복지 서비스에 대한 국가적·사

170

회적 관심을 살펴보도록 한다. 〈표 5-17〉을 보면 2000년 현재 여성복
지 서비스는 국가예산에서 0.03%, 사회복지서비스 예산에서 3.78%
정도를 차지하는 것으로 나타나 여성복지예산 자체는 꾸준히 증가하지
만, 다른 사회복지서비스 분야에 비해 예산의 비중과 증가율이 매우
낮음을 알 수 있다. 그러나 1997년부터 2000년까지 여성복지 서비스
예산의 내용을 좀더 구체적으로 살펴보면 저소득모자 가정의 자녀양육
비 및 학비지원이 46억 3,6백만 원 증가, 가장 큰 폭의 변화를 나타냈
다(〈표 5-18〉).

또한 1997년에는 없었던 저소득 편부모가정 생업자금 및 공공근로
예산이 각각 1998년과 1999년부터 마련된 것도 주목할 만한 변화이
다. 그러나 부녀복지관·선도보호시설·여성단체 운영지원에 대한 예
산은 오히려 줄어들어 여성들에 대한 지원이 서비스 형태보다는 현금
형태에 편중돼 있음을 알 수 있다.

〈표 5-17〉 1990년대 이후 여성복지 예산규모 추이

(단위: 십억 원)

연도	국가예산 (A)	사회복지예산 (B)	비율(%) B/A	여성복지예산 (C)	비율(%) C/A	C/B
1990	27,436	117	0.42	2.7	0.010	2.308
1991	31,283	142	0.45	4.7	0.015	3.310
1992	33,362	191	0.57	4.9	0.015	2.565
1993	38,050	206	0.59	6.5	0.017	3.155
1994	43,250	215	0.50	8.9	0.021	4.140
1995	50,141	296	0.59	10.4	0.021	3.514
1996	60,112	370	0.62	12.0	0.020	3.243
1997	67,579	487	0.72	16.0	0.024	3.285
1998	75,583	497	0.66	18.0	0.028	4.225
1999	83,685	563	0.67	20.0	0.031	4.618
2000	92,658	714	0.77	27.0	0.030	3.780

자료: 이혜경 외, 2000.

〈표 5-18〉 여성복지예산 구성추이

(단위: 백만 원)

구 분		1997	1998	1999	2000
일반회계	모자보호시설	3,997	3,602	4,307	4,537
	선도보호시설	2,048	1,377	1,263	1,666
	부녀복지관	1,473	1,838	-	-
	저소득모자가정지원	6,974	9,099	8,867	11,610
	위안부할머니 특별지원금	1,100	1,100	1,101	1,004
	요보호여성 발생예방	74	-	-	-
	성폭력상담소	294	441	441	1,290
	여성단체 운영지원	195	268	57	57
	여성 1366 상담전화 운영	-	-	140	359
	저소득 편모·부자가정 생업자금	-	4,000 재특자금	4,000	4,000
	공공근로	-	-	8,522	1,142
	행정경비 등	74	67	49	49
	계	16,054	17,792	20,852	26,633
사회복지사업기금	피복비	61	52	-	-
	퇴소 모자가정 세대 자립지원금	300	250	-	-
	선도시설 퇴소자 결혼비용	7	7.5	-	-
	저소득층 동거부부 결혼식 지원	63	63	-	-
	여성복지시설 설치비	23	-	-	-
	위안부할머니 보철료지원	97	75.6	-	-
	계	551	448	-	-

자료: 1997·1998년도 여성복지사업지침, 1999·2000년도 여성복지사업안내

앞서 언급하였듯이 가족구조 및 노동시장구조의 변화로 인해 여성 가구주가 증가하고 있으며, 여성의 경제적 위치가 변화하면서 여성이 빈곤에 처할 위험 또한 증가하고 있다. 그러나 여성의 특수성을 고려한 빈곤이나 여성복지 서비스 정책은 마련되고 있지 않다. 갑작스러운 사별 및 이혼으로 인해 가구주가 된 여성의 경우, 연금이나 공적부조 등을 통해 소득을 지원 받기가 쉽지 않으며, 양육의 책임 및 가사노동으로 인한 부담까지 안고 있어 여성가구주가 일자리를 구해 경제적 자립을 이루기까지 난관이 적지 않다. 특히 노년층으로 갈수록 여성의 빈곤문제는 더욱 심각해지는데, 노인복지정책에서는 여성노인을 위한 별도의 지원이 마련돼 있지 않은 상태이다. 따라서 사회구조가 변화함에 따라 새롭게 나타나거나 보다 절실해지는 여성들의 수요를 파악하되, 여성이 다른 서비스 분야에서 보호되지 못하는 부분을 보완하는 것 또한 여성복지 서비스의 중요한 과제이다.

3) 여성복지 서비스 체계의 여성정책적 함의

한국 공공부문의 사회복지서비스 체계는 저소득층을 주요 대상으로 하며, 서비스의 성격도 가족대체적 내지 가족보완적 서비스에 집중돼 있다. 사회복지서비스 예산 규모가 매우 작으므로, 빈곤층을 우선 대상으로 하는 것은 당연한 일이라 할 수 있다. 중앙정부의 사회복지서비스 예산은 전체 사회보장비 지출총액에 차지하는 비율로 보면, 오히려 4.0%에서 3.7%로 감소했다. IMF 경제위기를 겪으면서 전체 사회보장 예산은 1997년 20조 3천억 원에서 1998년 23조 원으로, GDP 대비 4.5%에서 5.1%로 증가했다(이혜경, 2000: 109~122). 그러나 이러한 증가분 대부분이 주로 사회보험 가입자의 갹출에 의존하는 사회보험지출 증가에 의한 것이었으며, 중앙정부의 사회보장비 지출증가분은 총 증가액의 약 4분의 1에 해당하는 6,812억 원에 불과했다.

대(對) 사회보장비 중앙정부지출 비율은 1990년 이래 계속 감소하고 있으며, IMF 경제위기시에도 예외가 아니었다. 1997년과 1998년 사이 대사회보장비 중앙정부지출비율은 30.0%에서 29.3%로 감소했고, 대정부예산 비율도 6.8%에서 6.3%로 감소했다. 6,812억 원 증가분의 72.4%인 4,933억 원이 한시적 공공부조로 지출됐고, 22%인 1,498억 원이 사회보험에, 그리고 5.6%인 381억 원이 사회복지서비스 분야로 지출됐다. 한국의 사회보장체계에서 사회복지서비스의 위상을 말해주는 것이다.

사회복지서비스 체계의 내적 구성을 보면, 〈표 5-19〉에서 보는 바와 같이 1990년대를 통해 노인복지·보육아동·장애인복지 3개 항목 예산이 차지하는 비중이 1996년도 최저 88%, 1992년도의 경우 최고 91%에 이른다. 노인복지 예산이 가장 크고, 다음이 아동보육, 장애인복지의 순서로 1990년대를 통해 변함이 없다. 이 중 노인복지 항목

〈표 5-19〉 사회복지서비스 지출 및 구성비 추이

(단위: 억 원, %)

	여성복지	노인복지	보육아동	장애인복지	사회복지관	기 타	사회복지 서비스 합계
1990	27(2.4)	349(33.6)	315(28.0)	303(26.9)	-	103(9.1)	1,127(100.0)
1991	47(3.4)	393(28.5)	481(34.9)	341(24.8)		116(8.4)	1,378(100.0)
1992	49(2.7)	577(32.0)	673(37.3)	390(21.6)	51(2.8)	63(3.5)	1,803(100.0)
1993	65(2.9)	826(37.4)	708(32.1)	468(21.2)	62(2.8)	79(3.6)	2,208(100.0)
1994	89(4.2)	462(21.8)	857(40.4)	554(26.1)	46(2.2)	115(5.4)	2,123(100.0)
1995	104(3.8)	612(22.4)	1,167(42.7)	636(23.3)	68(2.5)	148(5.4)	2,735(100.0)
1996	120(3.5)	850(24.4)	1,489(42.8)	732(21.0)	119(3.4)	172(4.9)	3,482(100.0)
1997	160(3.5)	1,300(28.3)	1,781(38.7)	999(21.7)	167(3.6)	193(4.2)	4,600(100.0)
1998	200(4.2)	1,643(34.3)	1,599(33.4)	1,011(21.1)	169(3.5)	162(3.4)	4,784(100.0)
1999	209(3.7)	2,010(35.3)	1,726(30.3)	1,276(22.4)	-	-	5,689(100.0)
2000	266(3.7)	2,771(38.8)	1,991(27.9)	1,656(23.1)	-	-	7,138(100.0)

자료: 보건복지부, 《주요업무자료》, 각 연도.

은 1993년 37.4%로 최고치에 달했다가 1994년 21.8%로 급락한 후 서서히 증가하여 1998년에는 34.3%에 이르렀다. 장애인복지 비중은 21%에서 26% 수준 사이를 유지했다. 그리고 보육아동의 비중은 1994~1996년간 40% 이상 수준을 유지했지만, 1998년에는 노인복지비중(34.3%)의 증가에 따라 보육아동비중(33.4%)이 감소한 것으로 나타났다. 여성복지지출 비중과 사회복지관 운영지출 비중도 전반적으로 증가추세에 있지만, 순위가 바뀔 정도는 아니다.

한국의 사회복지서비스는 최근 들어 내용이 다양해지고 지출규모도 증대되고 있지만, 성인지적 관점에서 보면 요보호여성 중심의 여성복지와 빈곤계층 중심의 가족대체적·가족보완적 복지서비스에 관심이 집중돼 있다고 할 수 있다. 제도의 성인지적 분석을 위해서는 여성복지 범주만이 아니라 기타 노인·장애인·아동·지역복지 서비스 범주별로 세분화된 수혜의 성별귀착을 분석해 내야 하는데, 자료생산의 한계로 이는 쉽지 않은 상황이다.

5. 한국 여성사회복지정책의 기본성격과 과제: 공공부조와 사회복지서비스를 중심으로

이제까지 한국의 빈곤문제와 공공부조제도 및 여성복지 서비스제도를 성인지적 관점에서 검토했다. 이를 통해 빈곤층에 여성이 집중돼 있다는 사실과, 공공부조와 사회복지사업 양자가 모두 빈곤층을 주된 수혜자로 하여 대상자가 거의 중첩되는 불가분의 관계를 맺고 있다는 점 역시 발견했다. 이는 한국사회복지서비스 제도의 잔여적 성격을 말해 준다. 엄청난 산업화 진전에도 불구하고, 한국의 사회복지서비스는 거의가 빈곤층을 주된 대상으로 한다. 사회복지서비스의 대상범위를 확대시키지 않으면, 사회복지서비스가 여성의 일반적 지위를 향상시키는 데 적극적으로 기능하기는 힘들다. 공공부조와 사회복지서비스제도는 전형적으로 표면적 중립성을 견지함으로써 전체 사회에 구조화된 성분업과 성격리·성차별적 전제를 수용, 강화하는 결과를 초래하고 있다. 빈곤의 여성화가 공공부조 대상의 여성화로 이어지고, 성인지적 문제의식의 부재가 성차에 기초한 통계자료 생산을 막고 있으며, 또 현장에서 일어날 수 있는 성차별 감독도 제대로 이뤄지기 어렵게 하고 있다.

공공부조나 사회복지서비스나, 이들 제도와 관련된 각종 통계자료의 성구분이 불가능한 상태에서 성인지적 분석은 근본적 한계에 부딪힌다. 생활보호제도에 관한 자료 일부가 성별로 분리돼 있다고 하지만 아직 미흡한 수준이고, 한시적 생활보호대상자나 기초생활보장제도, 노인·아동·장애인·지역복지사업 등 모든 급여내용과 관련하여 성별 통계자료를 생산하는 일이 시급하다. 그리하여 다양한 복지 서비스 수혜의 귀착에 양성평등이 이뤄지고 있는지 확인할 수 있어야 한다.

특히 노동력 유무에 상관없이 최저생활을 보장하는 기초생활보장제도의 실시에 따라 자활사업 구상이 구체화될 때, 자활사업의 다양한 형태별로 여성참여 및 수혜를 용이하게 하는 특화된 자활 프로그램 개발이 필요하다. 예를 들면 모자가정이나 여성장애인의 자활기능 강화를 위한 프로그램을 개발하거나, 공공근로사업 참가자들의 공공근로 경험이 향후 취업에 도움이 되도록 하는 프로그램 차원의 배려가 필요하다.

이미 언급한 바와 같이 공공부조의 소득보장기능은 사회보험제도나 최저임금제도·조세제도, 나아가 고용정책 등 여타 빈곤예방적 제도와의 관계 속에서 규정된다. 사회복지서비스 역시 교육·훈련제도나 가족정책·노동시장정책과의 관련 속에서 수요가 발생하고 범위가 결정된다. 사회복지서비스제도가 전제한 '선가족 후복지' 원칙이 사회변동 현실에 점차 적응하고 있기는 하나, 그 방향과 관련해서는 성인지적 관점에서의 담론형성이 필요하다.

현재로서는 공공부조의 자활사업이나 직·간접적 여성복지사업 모두 극히 미미한 기초보장 단계에 머물러 있음을 확인했다. 앞으로 여성 삶의 양식은 급속한 변화를 겪게 될 것이다. 따라서 이 같은 변화를 수용하는 양성평등적 여성복지정책과 사회복지정책 모형개발이야 말로 지속 가능한 사회발전의 첫 조건이라 하지 않을 수 없다.

■ 참고문헌

강이수. 1999. "경제위기와 여성노동시장의 변화 추이". 《동향과 전망》, 통권 제 4호. 한울.

김미곤. 2000. "빈곤의 원인과 대책". 《보건복지포럼》, 통권 제 41호. 한국보건사회연구원: 5~16.

김승권 외. 1998. "여성실업자 및 실직자가정의 생활실태와 복지욕구". 한국보건사회연구원 여성특별위원회.

김영란. 1997. "빈곤의 여성화와 사회복지정책". 《한국사회복지학》, 제 31권: 1~28.

김인숙·김혜선·성정현·신은주·윤영숙·이혜경·최선화. 2000. 《여성복지론》. 나남출판.

남정림. 1992. "여성노인의 빈곤화 원인과 정책에 관한 여권론적 접근법". 《여성연구》, 제 10권 제 4호. 한국여성개발원: 85~110.

박경숙. 1999. "여성과 남성 실업가구주의 실업실태와 실업대책 활용의 비교 및 정책제안". 《한국사회복지학》, 제 37집: 143~169.

박능후. 1999. "사각지대 실업자집단 분석". 《보건복지포럼》, 6월호. 한국보건사회연구원.

보건복지부. 1999. 《보건복지백서》.

_____. 《생활보호대상자 분석》. 각 연도.

유정원. 2000. "한국여성빈곤의 특성에 관한 연구". 연세대학교 석사학위 논문.

이배용 외. 1996. "여성 빈곤의 실태와 극복방안: 도시 저소득층 여성 사례를 중심으로". 《여성학논집》, 제 13집: 97~215.

이혜경·김한중·하성규·윤건영·김동배·이익섭·김기환·김재엽·최재성·유태균·남찬섭. 2000. "사회복지와 배분적 정의". 미간행 연구보고서.

이혜경. 1998. "빈곤의 여성화: 한국여성빈곤의 원인과 결과". 《빈곤퇴치: 한국의 경험과 교훈》. UNDP 한국대표부.

이혜경·김진욱. 2000. "1992~1998 한국의 소득분배와 빈곤". 미발간.

이혜경·한혜경·김재엽·정재훈. 1999. "보건복지 여성정책의 중장기계획 수립방안". 보건복지부.

통계청. 《경제활동인구연보》.

_____. 《생명표》.

_____. 《인구주택총조사보고서》.

_____. 《한국의 사회지표》.

한국여성개발원. 1999. 《1999 여성통계연보》.

김태홍·문유경. 1999. 《여성실업의 현황과 대책방안》. 한국여성개발원.

한혜경. 2000. "빈곤의 여성화와 생산적 복지: IMF 이후 빈곤 및 실업대책에 대한 성인지적 분석". 미발간.

허 선. 1999. "빈곤계층 및 저소득 실업자에 대한 기존 정부대책의 한계". 엄규숙·김연명·허선 편, 《국민기초생활보장법과 노동조합》, 노동연구원 연구서 64, 한국노총 중앙연구원.

제 6 장
여성실업, 고용보험과 복지정책담론

엄 규 숙

1. 연구목적 및 문제제기

이 글의 목적은 정책형성 과정에서 입법기구의 담론이 복지제도에 미친 영향을 고려하면서 한국의 사회보험과 여성 사이의 관계, 특히 고용보험과 여성 사이의 관계를 조명하는 것이다. 사회보험은 공공부조 및 사회복지서비스와 더불어 복지제도의 3대 축의 한 분야이며, 일반적으로 경제활동 여부 내지 취업지위에 따라 사회보험제도 적용 여부가 결정된다는 특징이 있다. 특히 한국의 사회보험은 1967년 산재보험을 필두로 1995년 고용보험에 이르기까지 대규모 사업장에서부터 소규모 사업장으로, 행정적 적용이 용이한 사업장 종사자 위주에서 지역가입자에게로 적용범위가 확대되는 하향적 보편주의, 행정적 편의주의에 입각한 확장원칙을 취했다. 사회보험제도가 관료 주도로 도입되었기에, 정부가 마련한 안들은 입법기구에서 일정한 논의를 거쳐 곧바로 제도화하였으며 입법기구와 기존 정책틀의 여성에 대한 시각이 별다른 여과장치 없이 제도에 흡수됐다. 이런 이유로 이 글에서는 고용보험 등 사회보험제도 형성과정에서 입법기구의 담론을 여성과 고용보험 사이의 관계를 결정짓는 복지정책담론으로 주목하고 살펴보고자 한다.

경제위기 이후 한국에서 여성취업은 급격하게 축소됐으며, 대량실업은 남성과 여성 모두에게 빈곤의 주된 원인으로 대두됐다. 그럼에도 불구하고 정부의 실업정책은 남성가구주를 위주로 진행되었으며, 이는 여성실업에 관한 한 기존의 '선가족 후복지'주의 기조가 유지되고 있다는 비판의 근거가 됐다(한국여성단체연합, 2001). 남성 위주로 구성된 실업관련 사회복지제도가 여성의 빈곤화를 방치 내지 촉진한다면 이에 대한 사회적 비판이 정책개선의 주된 요건이 될 것이나 한국의 여성실업관련 담론은 오로지 여성가장의 실업을 중심으로 이루어져 온 경향이 있다.

이 연구의 목적은 대량실업 발생 이후 고용보험을 중심으로 한 실업정책이 여성의 역할과 노동시장에서의 지위, 나아가 여성의 복지수요를 어떤 것이라 가정하고 형성됐는지, 그리고 그것이 여성에게 미친 영향은 무엇인지 살펴보는 데 있다. 고용보험과 제반 실업대책에 의해 여성이 어떻게 수혜를 받았거나 이로부터 배제됐는가 라는 구조적 측면과 더불어, 제도 및 정책형성 과정에서 여성실업 및 제도적 보호장치와 관련된 입법기구의 담론구성에 초점을 맞춘다. 이러한 분석이 필요한 이유는 여성실업정책을 형성하는 과정에서 작용한 사회적 담론이 구체적 정책 내용을 미리 결정하게 하고, 정책의 양성평등적 또는 성차별적 효과를 정책수행 이전에 미리 결정짓는다고 판단하기 때문이다.

연구대상은 고용보험과 실업정책으로 한정했다. 사회보험 전반에 대한 담론의 성별효과를 분석하는 것은 연구범위가 너무 광범위하다고 판단, 1995년 도입된 고용보험과 1998년 대량실업 사태 이후 실업대책으로서의 정책형성 과정에 분석을 집중했다. 단, 고용보험이 사회보험 내지 복지제도로서 어떤 정책적 논의틀 안에서 언급되는가에 대한 분석은 입법기구에서 거론되는 여성관련 사회복지 담론에 대한 분석으로 병행할 것이다.

연구범위와 방법으로는 사회보험 중 고용보험을 주된 분석대상으로 하고, 경제위기를 전후로 한 여성취업 및 실업구조, 고용보험과 실업대책의 수혜구조를 통해 고용보험과 여성수혜 사이의 관계를 분석했으며, 사회보험과 여성정책 사이의 관계에 대한 한국사회정책담론을 추적·분석하는 데는 해당기간 국회 본회의 회의록을 분석했다.

2. 한국사회보험의 성격

고용보험과 실업정책형성 과정에서의 남성중심주의 분석에 들어가기 이전에 우선 한국사회보험의 성격에 대해 살펴볼 필요가 있다.

우선 한국의 사회보장과 관련하여 헌법 제34조는 "① 모든 국민은 인간다운 생활을 할 권리를 가진다, ② 국가는 사회보장, 사회복지의 증진에 노력할 의무를 진다, ③ 국가는 여자의 복지와 권익의 향상을 위하여 노력하여야 한다, ④ 국가는 노인과 청소년의 복지향상을 위한 정책을 실시할 의무를 진다, ⑤ 신체장애자 및 질병, 노령, 기타의 사유로 생활능력이 없는 국민은 법률이 정하는 바에 의하여 국가의 보호를 받는다, ⑥ 국가는 재해를 예방하고 그 위험으로부터 국민을 보호하기 위하여 노력하여야 한다"라고 국가의 사회보장의 의무와 취약집단에 대한 복지정책 실시 필요성을 인정한다. 그러나 이러한 헌법정신이 실제 사회복지제도에서 제대로 구현되는가는 꼼꼼히 따져볼 문제이다.

고도성장을 추구하는 과정에서 한국의 사회정책은 경제정책의 목표달성에 보완적 기능을 수행하는 범위 안에서만 작동했다. '성장이 곧 복지'라는 신화는 개발국가의 '선성장 후복지' 정책을 정당화하는 주된 담론 틀이었으며 고도성장이 지속된 20~30년 동안 별다른 사회적 저항 없이 수용됐다. 특히 복지제도의 핵심이라고 할 수 있는 4대 보험은

〈표 6-1〉 사회보험 적용범위 확대현황*

범위 / 연도	산재보험	의료보험	국민연금	고용보험	
				실업급여	고용안정 및 직업능력개발사업
1964	500인 이상				
1967	100인 이상				
1973	16인 이상				
1977		500인 이상			
1979		공무원·사립 학교 교직원 300인 이상			
1982	10인 이상	16인 이상			
1988		5인 이상 농어촌 지역주민	10인 이상		
1989		도시지역 주민			
1992	5인 이상		5인 이상		
1995			농어촌 지역 주민	30인 이상	70인 이상
1998. 1				10인 이상	50인 이상
1998. 3				5인 이상	50인 이상
1998. 7				5인 이상	5인 이상
1998. 10				1인 이상	1인 이상
1999			도시지역 주민		
2000	1인 이상				

* 표를 보면 우리나라의 4대 보험제도는 모두 대규모 사업장에서 시작해 소규모 사업장으로 의무적용이 확대됐고, 고용보험의 경우 비교적 단기간에 적용범위 확대가 이뤄졌음을 알 수 있다. 산재보험이 모든 사업장에 적용되기까지 36년이 소요된 반면 고용보험은 4년 이내에 모든 사업장에 적용확대를 이뤘는데, 이는 경제위기 이후의 대량실업 사태에 발빠르게 대응하기 위한 노력의 결과로 여겨진다.

1967년 도입된 산재보험을 제외하고는 의료보험을 필두로 1970년대 말부터 도입되기 시작했는데, 사회보험의 성격상 보험료 지불능력이 있는 수혜자의 책임부담을 전제로 정부가 제도도입을 추진했다는 특징이 있다. 복지제도가 자본주의 시장경제에서 개인이 처할 수 있는 위험을 줄이는 정도는 국가가 어느 만큼 각 개인의 시장에서의 수행능력과 별도로 위험(질병·사고·노령·실업) 발생시 적정한 시장 외 소득 확보 및 그 수급권 획득의 보편성을 보장하는가에 따라 결정되며, 이를 에스핑 앤더슨(Esping-Andersen, 1990)은 탈상품화라 개념화했다.

한국의 4대 보험제도는 앞의 기준에 맞추어 볼 때 크게 두 가지 문제점을 갖고 있다. 첫째, 대규모 사업장에서부터 적용되기 시작한 한국의 사회보험은 적용 보편성을 확보하지 못했다. 상대적으로 시장의 위험에 노출이 심한 영세사업장 노동자의 경우, 제도 도입시 적용이 유보된 것이 그 이유이다. 이러한 공급자 행정편의 위주의 제도적용은 영세사업장에 집중돼 있는 여성노동자, 영세자영업자인 여성 등이 사회보험의 혜택을 받는 데 시기적 진입장벽이 존재함을 의미한다(엄규숙, 2001b). 둘째, 사회보험의 현금급여는 그 성격상 피보험기간의 소득에 근거하여 보험료를 납부하고 현금급여인 경우 그에 준하여 급여가 지급되기 때문에 실업자의 경우 취업기간 중 소득이 낮으면 실업급여로 지급받을 수 있는 급여 수준도 낮아진다. 이는 여성의 평균임금이 남성에 비해 낮음을 감안할 때 여성이 사회보험에 의해 보장받을 수 있는 대체소득 수준이 남성보다 낮아짐을 의미한다(엄규숙, 2002). 나아가 영세사업장과 비정규직 노동자에 대한 보호가 제도 후기에 가능해진다는 점과 적용 이후에도 사업장 규모와 고용형태별 임금격차가 그대로 해소되지 않고 사회보험 현금급여 수준에 전이된다는 점이 지적돼야 한다. 여성이 주로 10인 미만 영세사업장에 집중적으로 분포하고 계약직·일용직 등 비정규직에서 여성이 차지하는 비중이 높다는 사실은, 노동시장의 패자인 여성이 사회보험에서도 패자일 수밖에 없음을 의미한다.

최근 복지체제 유형론에서 개별 국가의 사회복지체제의 성격을 판가름하는 척도로 '탈상품화' 개념을 자주 사용하는데, 에스핑 앤더슨은 사회보험을 중심으로 특정 국가의 사회복지체제가 구성돼 있다면 중간 정도의 탈상품화 효과가 있다고 주장했다(Esping-Andersen, 1990). 그렇지만 이러한 사회보험의 탈상품화 효과는 여성과 남성에게 다르게 나타날 가능성이 높다(Jane Lewis & Ilona Ostner, 1994). 여성이 사회보험 청구권을 획득하기 어려운 노동시장 및 사회복지제도 아래서는 사회보험을 탈상품화의 주된 축으로 삼는 전략이 남성의 취업 및 인생경로를 중심으로 복지제도가 구성되도록 하는 경향이 강하기 때문이다. 한국의 사회보험 도입 및 확대는 선진국에 비해 짧은 기간 안에 이뤄졌지만 소득대체율, 급여의 범위와 포괄성, 적용의 사각지대, 소득재분배 효과 등에서 아직 해결해야 할 문제들이 많이 있는 상태이다. 제도도입 과정에서 노동시장의 성별분절 현상에 대한 세심한 고려 없이 획일적으로 사업장 규모에 따라 의무가입을 늘려간 점과, 비정규직에 대한 특별한 배려가 없다는 점, 여성의 단속적 취업경력과 불안한 고용지위, 가사 및 육아부담에 대한 고려 없이 제도가 구성돼 있다는 점은 여성이 핵심 복지제도인 사회보험에서 불리한 위치를 차지할 수밖에 없는 요인으로 지적돼야 할 것이다.

'남성은 가장, 여성은 피부양자'라는 사고방식이 정책입안자들에게 지배적인 만큼 의료보험의 경우 1인의 피보험자에게 본인 이외의 부양가족에 대한 보험청구권을 부여하고 부양가족 범위에 처부모도 다른 부양자가 없을 때 포함시키며, 국민연금의 가급연금액은 명실상부하게 남편의 아내에 대한 부양비용으로 풀이된다(석재은, 2001). 물론 다른 보장의 가능성에서 배제된 여성들을 가족부양 테두리 안에서 사회보험 틀에 포함시키는 것이 아무런 정책적 조치가 없는 것보다는 현실적으로 도움이 되겠지만 여성의 독자적 사회보장권에 대한 정책대안에는 미치지 못하며, 아울러 여성을 가족과 남성부양자에 귀속시키는 가부장적 제도틀을 재생산하는 것이다.

여성이 핵심 복지제도인 사회보험제도의 틀 안에서 개별적으로 피보험자가 된다고 하더라도, 앞서 지적했듯이 그 적용범위는 훨씬 좁고 효과도 남성에 비해 적다. 그 이유는 노동시장에서의 성별 분절현상이 사회보험으로 그대로 이전되기 때문이다. 가족부양 여부에 따라 피부양자 규정을 두어 급여를 지급하는 의료보험이나, 피부양자에 대한 부양비용으로 가급연금액이나 유족연금 제도를 두는 의료보험·연금보험에 비해 고용보험은 오직 피보험자의 실업 여부에 따라 급여가 지급되기 때문에 노동시장 지위종속성이 더 크다고 하겠다.

사회보험 중 한국의 고용보험은 이른바 적극적 노동시장정책과 소극적 노동시장정책을 포괄하는 특이한 형태로 구성되었다. 고용안정사업·직업능력개발사업 및 실업급여사업은 각각 실업발생에 대한 소극적 소득보장 기능과 실업위험에 대한 적극적 예방 및 인적자원 개발의 기능을 모두 갖추었다. 원론적으로는 이와 같은 고용보험제도가 제대로 작동할 경우 별도의 실업대책은 사족에 불과한 것이다. 하지만 정부는 1998년 한 해 동안만 해도 고용보험법을 4회에 거쳐 개정하는 등 대량실업 사태에 부응해 제도개선을 거듭했다. 동시에 고용보험제도 실효성이 제한적임을 인정하고, 별도의 실업대책 예산을 마련하여 공공근로사업, 실업자 재취업훈련, 한시적 생활보호사업, 인턴사원제도 등을 실시하는 등 '백화점식' 실업대책을 시행하면서 실업자 수를 최소화하려 했다. 그 이유는 앞서도 지적된 바와 같이 1995년 도입된 고용보험의 제도적 적용범위가 협소하여 이를 통해 보호할 수 있는 실업자 범위가 한정돼 있었기 때문이다. 특히 여성은 대량실업 사태 초기에 실업에 대한 1차적 사회안전망인 고용보험 혜택에서 체계적으로 배제될 수밖에 없었는데, 대규모 사업장과 정규직 노동자에게 우선적으로 적용되기 시작한 고용보험제도가 성중립적 여성배제 효과를 발휘했기 때문이다. 실업자는 주로 비정규직 및 중소기업 노동자에게서 대량으로 발생했으며, 이는 비정규직 및 영세사업장에 집중된 여성노동자에게 실업의 타격이 남성보다 클 수밖에 없었음을 의미한다.

그럼에도 불구하고 공식적 통계에서 여성 실업률은 남성보다 낮은 것으로 나타났으며, 이를 근거로 한 정부의 실업정책은 남성가장을 위주로 진행되고 여성실업자는 여성가장인 경우에만 정책의 명시적 대상으로 천명됐다. 새로 등장한 국민의 정부가 '실업대책 정부'라는 지칭을 받을 지경으로 실업문제가 심각한 수위에 도달했을 때에도 국회에서 실업대책 및 고용보험에 대한 논의가 여성과 연관해 이뤄진 경우는 여성실업가장이나 '일하는 여성의 집'에 한정되는 경향이 있다.

앞으로 대량실업위기 이후 한국실업정책이 여성의 실업과 취업에 미친 영향에 대해 다음과 같이 가정하고, 이를 증명하려 한다. 첫째, 실업정책형성 과정에 가족보장 원칙이 작용되면서 여성노동자의 실업은 남성에 비해 부차적 현상으로 취급된 결과, 여성의 실망실업자화가 정책적으로 방치됐고, 둘째, 이로 인해 실업기간 동안 노동능력의 유지와 개발, 또한 이에 관련된 실업대책사업에의 참여기회도 여성실업자보다는 남성실업자에게 우선적으로 제공되었다. 셋째, 여기에다가 여성에게 제공된 실업정책 혜택은 한시적 소득보전 내지 적극적 노동시장정책이라고 하기는 매우 어려운 일자리창출사업(공공근로)이나 훈련사업의 일부로 자리매김했다.

3. 고용보험 도입을 전후한 한국의 복지담론

공공부조나 사회복지서비스와는 달리, 사회보험제도는 선진국에서도 취업지위와의 연관성이 강한 제도이다(Döring, 2000). 여성 취업률이 높은 선진국에서도 취업시간·근속연수·임금의 성별 차로 인한 사회보험 혜택이 현금급여를 중심으로 발생할 가능성이 높다(Scheiwe, 1994, Klammer, 2000). 선진국에서는 1980년대 이후 노동시장 유연화로 인해 정상노동관계가 점차 줄어드는 사태에 부응하여 사회보험제도에 여러 가지 보완장치를 마련하고 유연한 사회보장(*flexicurity*)으로의 전환을 추구하는 실정이다(Pfarr, 2000; Döring, 2000). 그 주된 방향은 노동시간단축, 취업경로 다변화, 가족형태 다양화, 인생경로별로 상이한 사회보장 수요를 고려하도록 사회복지제도들을 개선하는 것이다. 고용보험과 관련해서는 노동시장 유연화를 고려하여 기존 실업보험의 ① 소득보전 기능 증대, ② 고용성 증대(소득획득 능력의 유지·확대를 위해 실업자를 노동시장 재통합 내지 직업훈련에 참여시키는 것), ③ 유동성 제공(노동시장 상황 및 제반 제도의 변동에 따른 노동력 이동에 대한 지원)이라는 기능 강화가 시도되고 있다(Schmid, Gazier, & Flechter, 1999). 특히 여성과 관련하여 흥미 있는 부분은 자녀양육기간·가족에 대한 간병기간 등 가사노동과 취업노동 사이의 전환으로 발생하는 취업단절기간을 더 이상 사회보험의 사각지대로 놓아두지 않는다는 점이다(Leitner, 2001; Klammer, 2000). 여성이 여전히 가사노동의 대부분을 담당하는 것을 감안해 무급가사노동을 수행한 기간을 연금제도에서 피보험기간으로 산정하도록 한 개혁들은 비교적 소극적 대응방법이라면 육아휴직을 직업훈련과 연계시키거나 시간제노동과 병행토록 하고, 남성과 여성이 번갈아 사용할 의무를 부여하는 것은 가사노동의 사회적 성격을 인정하면서 변화하는 노

동시장과 사회보험 제도를 조응시키려는 적극적 대응방법이라 할 것이
다(Schmid, Gazier, and Flechtner, 1999).

한국의 복지제도가 가정하는 '노동'과 '비노동', '실업'은 어떤 것인
가? 한국의 사회정책은 '노동'과 '비노동'을 남성가장(male breadwinner) -
가사·육아 전담주부(female housekeeper) 라는 성별분업 축으로 구분한
다고 보아도 좋을 것이다. 사회보험의 기초가 되는 취업노동은 형식적
으로는 중성적 가정에 기초하지만, 실제로는 성별로 층화된 취업구조
로 인해 남성의 '노동'을 기준으로 하는 것이나 다름없다. 반면, '비노
동'은 사회보험에서 취업노동으로 인정되지 않지만 사회적으로는 필요
한 다양한 무급노동을 의미한다. 이와 같은 '비노동' 안에는 가사 및 육
아, 병자·노인·장애인에 대한 간병 내지 수발, 지역사회에서의 자원
봉사활동 등이 모두 포함될 수 있다.

여성의 경제활동 참여율이 전후 지속적으로 증가했으나, 노동시장
에의 여성진입은 비정규직·하급직·영세사업장 등에 집중됐고, 이들
의 취업경로도 단속적(斷續的) 인 경우가 많다. 여성의 취업노동은 일
반적으로 부차적 생활수단으로 여겨지며, 여성의 독자적 생계수단으
로 간주되지 않는다. 남성가장의 취업이 '정상적 노동'이며, 여성은 사
적 영역의 '비노동' 담당자이고 예외적 경우에만 '노동'을 부차적으로
수행하는 것이다. 사회정책은 남성가장이 가족단위의 부양을 하는 것
을 전제로 짜여졌다. 이는 '노동'이 한정된 자원임을 고려할 때 가족부
양 의무가 있는 남성에게 우선적으로 그 기회가 주어진다는 고용관행
을 그 배경으로 삼는다. 노동기회 상실을 의미하는 실업이 발생할 경
우 여성에게는 '비노동'의 영역으로의 후퇴라는 완충지대를 제공하여
실제로 '노동'하는 여성이라도 '실업'의 심각성이 남성에 비해 덜 부각
되도록 하는 셈이다. 사회정책의 노동에 관한 가정이 이처럼 낙후하기
때문에 노동시장의 변동, 성별 취업구조 및 취업경로의 차이, 가족구
조 변동, 인생경로별·취업집단별로 다양한 사회보장 수요에 민감한

사회보장 담론이 존재하지 않는다. 이는 다시 고용보험제도에 여성의 특수한 '노동'행태가 반영되지 못하는 이유가 된다.

이상과 같은 맥락을 고려하여 1990년대 국회의 고용 및 복지관련 담론을 살펴보면 다음과 같은 특징을 발견할 수 있다. 첫째, 고용과 복지제도 사이의 연관성에 대한 담론이 서로 별개의 것으로 존재한다. 둘째, 여성은 노동시장에 일손이 모자를 경우에는 '유휴인력'이고, '사회참여 확대'가 필요한 계층, 또는 '장애인, 아동, 노인' 등과 더불어 복지서비스의 지원이 필요한 '취약계층'이다. 셋째, 여성취업 증대는 한편으로는 '노동시장의 한계집단'으로서의 여성이자 다른 한편으로는 경제정책 수행과정에서 한국의 생산을 분담하는 노동자로서의 여성이라는 개념으로 가시화된다. 이를 몇 가지 유형으로 나누어 정리해 보면 다음과 같다.

1) 복지국가의 이념

1990년대, 특히 문민정부가 성립되면서 적어도 한국이 경제개발의 후발주자에서 복지국가로 전환해야 한다는 정치적 담론이 형성된 것은 사실이다. "선진화·세계화는 무엇보다도 복지화를 위한 것"이며 "21세기의 경제·사회여건 변화에 적극 대응하는 복지시책을 추진해 나가고자 … 우리사회의 소외계층에 대한 보호와 지원을 강화하도록 노력"이 필요하다는 담론이 형성되기 시작한 것이다. 단, "복지는 결코 소모적인 것이 아니고… 사회의 통합력을" 높이는 것이어야 하는데, "서구 복지국가의 장점을 받아들이면서도 가족을 중시하는 우리 전통의 장점을 살려 한국적 복지사회의 모형을 만들어야 할 것"이라는 단서가 붙는다. "사회복지수준이 선진국에 비할 때 아직도 불충분"하기 때문에 "국민기본생활의 안정과 저소득 취약계층을 위한 사회복지제도가 경제력에 상응되게 신장되어야"하되 "21세기 무한경쟁 시대에 상응하는 생산적인

복지시책을 추진"한다는 것이다(제 172회 국회 본회의, 1995. 2. 23).

이에 한국적 복지모델 정립을 위한 중·장기 계획수립 필요성에 대한 인식이 제고되면서 1995년 고용보험이 도입됨으로써 산재보험·의료보험·국민연금과 함께 4대 사회보험의 틀이 마련되었으므로 "대통령의 삶의 질 세계화 선언을 계기로 해서 성장과 복지가 조화되고 우리사회의 전통적 가치를 유지 발전시키는 방향에서 국민복지 기본구상을 마련"하자는 제안이 등장하였다. 그 기본원칙은 "경제발전 수준에 상응해서 성장의 과실이 적정하게 배분"되고, "복지확대가 건강하고 의욕적인 생산력을 창출해서 성장 잠재력의 밑거름이 되고 사회통합에도 기여"한다는, 즉 "경제성장의 궁극적인 목표는 복지증진"(제 181회 국회 본회의, 1996. 10. 31)인 것이다.

새로운 복지정책 추진을 위해 "사회보장청을 신설"하고 "복지담당 부총리제 실시"를 추진하며, "복지국가를 지향하는 현대국가에서 정부가 무엇보다도 먼저 해결해야 할 일이 공적 부조대상인 절대빈곤계층에게 의식주·의료·교육 등에서 기본적인 인간의 삶"을 보장하고, 사회복지서비스제도 측면에서는 "장애자, 노인, 아동, 부녀복지 등으로 공적 부조제도나 사회보험제도에서 해결할 수 없는 사회적으로 어려운 특수한 대상자를 위한 복지제도"(제 180회 국회 본회의, 1996. 7. 20)를 마련해야 한다는 주장이 등장했다.

국민의 정부가 제시한 3대 국정이념 중 하나인 '생산적 복지' 정책의 경우 문민정부의 국민복지 기본구상을 수정·발전시킨 측면이 엿보인다. 생산적 복지는 "중산층 육성과 서민생활 향상을 목표로 인간개발 중심의… 복지정책"으로 정의되며, 그 구체적 내용은 보건복지부가 제시한 1998~2003년 사회보장발전계획(1998)에서 확인할 수 있는 것처럼 "복지가 소비라는 개념에서 인간중심의 개발전략을 통해 성장잠재력을 키워주는 투자적 개념으로 전환"할 수 있도록 하고, "단순보호 차원의 소득이전 중심의 복지보다 자활능력 배양 등을 통해 경제활성화에 기여하는 생산적 기능을 강화"하는 것을 골자로 한다(양철호 외, 2000).

그러나 한국적 복지국가 내지 생산적 복지의 비전이 여성정책과 어떤 연관성을 갖는지에 대한 논의는 거의 이루어지지 않는데, "여성문제에 적극적으로 대응하고 각 부처에 산재된 여성정책을 조정하며 아동, 청소년, 노인 등의 문제를 가족정책 차원으로 통합적으로 수행할 수 있도록 하기 위한 여성부 설치"(제 177회 국회 본회의, 1995. 12. 2)가 건의된 정도로, 여성정책은 기존의 가족정책과 동일시되고 성주류화의 관점에서 담론화되지 못했다.

2) 여성의 고용에 대한 이중적 담론: 여성유휴인력과 노동시장의 한계 계층으로서 여성

안정적 고용지위는 사회보험 수급권의 기초이다. 이런 의미에서 여성의 일할 권리는 여성이 사회적 보장을 받을 권리와 직결된다고 할 수 있다. 그렇지만 1990년대 한국의 여성고용과 관련된 국회의 담론은 여성고용을 여성의 독자적 권리 측면에서 다루는 데까지는 이르지 못했다. 문민정부의 세계화 전략은 여성의 사회참여 확대방안을 포함하지만, 이는 여성의 주체적 필요성과 요구에 의한 것이라기보다는 "유휴여성인력이 있음에도 불구하고 섬유·전기전자·봉제완구와 같은 여성유휴인력을 얼마든지 활용할 수 있는 업종에서조차 외국인 근로자가 다수 고용"(제 176회 국회 본회의, 1996. 7. 12)된 실태에 대한 우국지심의 일환으로 발현된다. "인력난 해소는 산업활동의 원활화와 인건비 절감을 위해 대단히 중요한 과제"인바, "현재의 인력부족 상황은 사람 수가 부족해서 초래된 것이 아니라 … 고령자와 활용 가능한 여성유휴인력을 산업현장에서 제대로 활용하지 못하는 데에 그 원인"이 있다고 진단하고, 구체적 문제해결방안으로 "점증하는 제조업 인력수요를 충족하기 위해 유휴노동력인 주부·노인인력을 산업현장으로 취업"하도록 유도하고, "시간제 적합 직종을 대상으로 채용" 권장할 것과 여성유휴인력에 대한 취업 촉진책으로써 "직장보육시설 설치지원을 위해 보육교사 인건비 일부를 고용보험에서 지원"한다든지 "공공탁아소를 대폭 증설…"하고, "고령자·주부 등을 대상으로 취업용이 직종의 단기적응훈련"(제177회 국회 본회의, 1995. 12. 2)을 실시하는 방안 등이 제시되는 것이다.

 "주부노동자를 위한 탁아소의 지원"은 여성취업자의 복지수요 맥락이 아니라 "종합적인 중소기업인력 확보방안의 마련" 차원에서 언급되고, "시간제 근로와 근로자파견제 등 유연한 근로제도"가 "중소기업의 인력난 해소를 위해"(제177회 국회 본회의, 1995. 10. 23) 제시된다. "각 가정의 생계를 가장 한 사람에게만 의지하는 우리나라 소득구조와 고급 여성인력의 취업을 막는 노동시장의 구조문제"가 "주부 등 여성의 취업기회를 확대하여 가구당 소득"을 늘려 "기업 측에서도 임금상승에 대한 부담을 더는 것"(제181회 국회 본회의, 1996. 10. 30)으로 해결된다는 발상이다. 결국 여성의 사회참여 촉진이라는 구호성 정책은 저렴한 노동력 확보를 위한 경제 중심적 사고의 연장에 지나지 않는다. 여성을 경제발전에 활용 가능한 산업예비군으로 보는 이러한 시각은 "여성들의 노동력을 사회가 건전하게 흡수하지 못한 결과… 노동력의 손실뿐만 아니라 과소비나 사치풍조, 파행적 성윤리 문제를 비롯한 각종 사회문제를 유발하는 원인(이기 때문에)… 여성들이 가족이기주의에서 벗어나서 사회에 기여할 수 있는 계몽교육을 시키고 여성의 유휴노동력이 공익과 사회봉사활동에 활용될 수 있도록"(제181회 국회 본회의, 1996. 10. 31)해야 한다는 여성비하적 시각의 연장선상에 있다.

 노동시장에서 여성의 주변적 위치를 개선해야 한다는 시각은 이미 취업한 여성들에 대한 차별을 지양하는 방안에 대한 논의로 이어지지만, 여성의 노동이 주변적·부차적인 것으로 간주되는 노동시장의 "뿌리 깊은 남성우월주의를 극복하기 위해서는 정부와 공공기관의 주요

의사 결정직을 여성이 20% 이상 차지하도록 할당제를 도입"(제181회
국회 본회의, 1996. 10. 31) 하는 것의 당위성이 거론되기도 한다. 남녀고
용평등법을 노동시장에서 여성의 균등처우보장 기제로 인정하면서도
"법률상·제도상 남녀평등이 너무 철저하게 될 경우 오히려 실제에서는
여성고용을 기피하게 만들어 여성에게 불이익이 될 수도 있다"(제166
회 국회 본회의, 1994. 2. 24) 는 노동부장관의 발언은 여성취업이 노동시
장에서 실질적 평등을 확보하기 어렵다는 것을 단적으로 반증한다.

특히 파견노동, 신인사제도로 인한 새로운 형태의 비정규직 고용이
여성의 동등한 노동시장 참여에 제약요인이 된다는 지적이 있음에도
불구하고 "정보화 촉진으로 일의 형태가 근원적으로 달라지고 있고 그
만큼 고용형태도 다양해지고 있는 추세"임을 이유로 "새로운 비정규직
형태의 고용에 대해서 남녀를 불문하고 보호의 필요성이 제기(되고)…
새로운 고용형태와 관련해서 여성에게 전적으로 불리하다는 견해가 있
으나 여성고용 촉진은 물론 직업생활에 긍정적 측면도 있는 만큼 이와
같은 새로운 고용형태가 우리경제의 활성화에 기여할 수 있도록 운영
되는 과정에서 여성근로에 대한 가치가 제대로 인정되는 사회풍토를
조성하는 데… 노력"(제181회 국회 본회의, 1996. 10. 31) 하자는 정도의
구호성 관심만이 표현되고 있을 뿐이다.

분야별 여성고용정책은 "일할 능력과 의사가 있는 여성의 취업촉진
을 위해서 일하는 여성의 집을 확충하고 여성훈련원생 비율을 확대하
는 등 여성의 직업능력 개발을 강화하고 육아휴직장려금을 지급하면서
직장보육시설 확충을 통한 여성의 취업장애요소를 해결"(제181회 국회
본회의, 1996. 10. 31) 하거나, "고용보험법시행령을 고쳐서 직장을 떠난
여성이 특히 제조업에 재취업할 때는 거기에 상당하는 장려금을 지원
하는 제도를 새로이 확보"(제183회 국회 본회의, 1997. 2. 28) 하는 것 등
으로 제시된다.

경제위기가 가시화되면서 "경제구조 조정기에 양산되는 고학력 실업

자의 생활대책 중… 특히, 여성의 경우 재취업 기회가 지극히 제한되어"있음을 인정하고, "고학력 여성실직자를 위한 대책"으로 "공공근로 사업의 일환으로서 방문간호사업, 여성복지도우미 사업, 저소득아동 생활지도사업, 생활용품 재활용사업 등"과 "간호사 해외취업, 사회복지사 해외연수, 의사 등 의료인력의 해외송출 등"(제198회 국회 본회의, 1998. 11. 18)이 제시된다. 아울러 "실직 여성가장 등 저소득층 여성들의 생활안정을 위한 지원"(제198회 국회 본회의, 1998. 10. 19)이 실업이 본격화되면서 강조되기 시작한다.

이제 여성복지와 관련된 논의들을 한 번 살펴보자. 여성복지에 관련된 담론은 크게 모성보호, 취약계층으로서 여성에 대한 지원, 사회보험과 관련된 논의로 나누어 볼 수 있다.

3) 여성복지 Ⅰ: 모성보호의 강화, 탁아시설의 확충

선진국에서 여성의 출산·육아기능과 관련된 복지제도는 전통적 성별분업의 연장선 안에서만 구성되는 것이 아니라, 기존의 성별분업을 재구성 내지 해체하는 방향으로 진행되기도 한다. 한국의 경우 1990년대 들어 모성보호와 여성의 육아부담을 덜기 위한 탁아시설 확충에 관한 논의가 활발했던 게 사실이지만, 이는 대개 출산과 양육이 여성의 고유역할이라는 성별분업의 고정관념 안에서 이뤄진 것이었다.

모성보호 강화 및 탁아시설 확충과 관련하여 가장 지배적인 정당화 논리는 역시 경제적인 것이다. 유급출산휴가 비용을 "기업이 전액부담"하는 현 제도가 "기업이 여성고용을 기피하는 요인"이라고 보고 "이를 개선하기 위하여 현행 사회보장체제의 틀 내에서 기업의 여성고용 비용부담을 완화해 줌으로써 기업의 여성인력 활용을 유도"(제177회 국회 본회의, 1995. 12. 8)해야 한다든지, "여성의 경제활동이 늘어나지 않고서는 현재 6,500달러에서 1만 달러로 올라가기가 어려운데 여성의 경제활동을 위해서 유아교육을 공교육에서 담당해 주는 것이 아주 필수적인 부분"(제201회 국회 본회의, 1999. 3. 4)이라는 것이다.

모성보호와 탁아시설의 필요성이 경제적 이유로 인정되는 만큼, 그 제도화 내지 시행에 대해서도 경제 중심적·비용 중심적 논의가 지배한다. 예컨대 "출생 2개월 이후의 영아를 대상으로 하는 보육사업은 여성근로자들의 출산 후 직장 복귀를 돕기 위해서 정부가 특별히 노력해야할 분야지만 … 3세 이상의 유아보육에 비해서… 난이도가 대단히 높아 … 예산이 많이 필요"(제180회 국회 본회의, 1996. 7. 20)하다는 것이 영아 보육시설을 확충하기 어려운 이유로 제시되며, 모성기능을 사회화하는 측면보다는 모성보호비용을 사회적으로 분담하는 방향, 예컨대 출산휴가의 경우 "고용주가 전액 부담하는 급여방식을 탈피하여 사회보험 등 공공부문에서 분담하는 방안"이 제시된다던가, "육아휴직의 경우… 고용보험에서 월 8~12만 원의 육아휴직장려금을 지원"(제177회 국회본회의, 1995. 12. 8)하는 방안 위주로 논의가 집중되고 아직까지도 그런 형편이다(엄규숙, 2000). 이러한 경제 중심적이고 비용편향적인 사고는 기존 성별분업의 구획에 따라 출산·육아를 여성만의 특수사안으로 한정시키고 그 사회적 의미인 차세대의 생물학적·사회적 재생산을 정책적으로 어떻게 추진해야 하는지 깊이 고려하지 않은 결과라 하겠다.

4) 여성복지 II: 취약계층으로서 여성에 대한 지원

한국사회정책의 틀 안에서 여성이 보호가 필요한 취약계층으로 자리잡은 것은 1960년대 부녀복지 개념으로 거슬러 올라간다. 저소득여성·가출여성·미혼모·윤락여성 등이 부녀복지의 대상이라는 것은 전체 여성을 아우르는 통합적 정책지향 없이 여성복지가 흔히 장애인·저소득층·아동 등 보호가 필요한 계층에 대한 지원 중 하나로 인지됨을 의미한다. 문민정부 아래에서도 "여성, 노인, 장애인 등 소외된 부문의 생활권적 요구"를 충족시키기 위한 "획기적인 사회복지정책의 수립과… 투자가 요청"(제172회 국회 본회의, 1995. 3. 3)된다는 주장이 국민복지 기본구상과 관련하여 제기된다. "국민연금 등 사회보장의 기본틀이 형성되기 시작했으나 노인, 저소득층, 요보호아동, 장애인 등의 소외계층과 여성에 대한 복지정책은 아직도 미흡한 실정"(제183회 국회 본회의, 1997. 2. 28)이라는 것이다. 선진국 수준으로 복지예산을 점증시켜야 하며, "여성과 노인, 장애인 등 사회적 약자에 대한 국가의 관심과 지원을 강화"하고 "최저한의 국민복지 기본선을 보장해 주는 동시에 생산적 복지 개념을 정착시켜야"하기 때문에 "일을 할 능력과 의욕이 있는 사람에게는 일할 기회를 주어 자립할 수 있도록 하며 자립능력이 없는 사람에게는 국가가 이를 지원"(제185회 국회 본회의, 1997. 10. 22)해야 한다는 보편주의적 복지확대론이 등장한다. 그러나 이러한 복지확대가 "1995년 말 현재 노인인구는 254만 명, 장애인 인구는 105만 명, 아동은 1,280만 명, 여성인구는 2,470만 명"이고 "이들 중에 저소득층 취약계층은 약 350만 명으로 판단"되며 "부녀복지는 저소득 모자세대에 대한 자립지원과 가출여성 등 요보호여성의 사회복귀에 중점"(제180회 국회 본회의, 1996. 7. 20)을 두는 것임을 확인할 때, 구호의 보편성에도 불구하고 여성복지가 여전히 '요보호대상'에 대한 지원을 넘지 않는 수준에서 논의됨을 알 수 있다.

5) 여성복지 III: 여성과 사회보험

여성이 자신의 취업노동에 근거한 사회보험 혜택에서 배제되고 영세사업장에 집중된 여성을 위해 사회보험의 조속한 확대가 절실하다는 지적은 여성복지와 관련된 또 다른 담론의 유형이다. "선진복지사회를 지향하는 오늘날… 중요한 문제는 사회복지제도에서 여성의 권리가 보장되지 못하고 있다는 점"이며, "국민연금·고용보험·산재보험 등 주요 사회보험은 많은 여성들이 종사하는 5인 미만 사업장 근로자·임시직 근로자·시간제 근로자 등을 적용대상에서 제외"시키기 때문에 "여성의 삶의 질을 개선하기 위해서는 사회보험 적용대상을 확대하는 것이 시급"한데 "적용대상을 5인 미만 사업장·시간제·임시직 등에까지 확대"(제183회 국회 본회의, 1997. 2. 28) 하자는 것이다.

적용확대의 당위성에 대한 논리는 두 가지로 나누어 볼 수 있다. 첫째, 영세사업장에서 일하는 기혼여성이 "과거… 산업화 단계에서 어려운 시절에 저임금 노동자로 청춘을 바친 사람들"로서, "1960~1970년대 선성장 후분배 논리 앞에 형편없는 대우를 받았던 이들"로 "경제성장의 역군들이 받아야 할 대우"(제181회 국회 본회의, 1996. 10. 31) 측면에서 고려돼야 한다는, 노동시장 기여에 대한 보상적 당위성이다. 둘째, 여성의 가사노동에 의한 기여를 사회보험을 통해 인정해 주자는 논리이다. "각종 사고 및 산업재해 등의 피해가 보상 처리되는 과정에서 여성의 가사노동가치에 대한 정당한 평가가 이루어지지 않고… 주부 사망시 학력·소득·연령에 관계없이 건설 일용직 노동자 임금기준에 따라 … 일률적으로 평가"(제176회 국회 본회의, 1995. 7. 12)되는 불합리한 관행에 대한 비판이 사회적으로 제기됨에 따라 "여성의 가사노동을 인정하고 보호"하기 위해 "여성기초연금제를 실시해서 500만 전업주부의 자아실현과 사회적 권리를 보장해야"(제185회 국회 본회의, 1997. 10. 23) 한다는 주장이 그것이다. 가사노동에 대한 사회적 인정의 당위성은 "전업주부의 근로가치를 보장"하여 "가족과 가정의 바탕이 다져지게 해야"(제184회 국회 본회의, 1997. 7. 4) 한다는 가족중심주의 가치관과 혼재하며, 반드시 여성의 가사노동을 사회적 노동으로 인정하자는 차원의 여성주의적 주장으로 이어지지는 못했다. 이러한 상황에서 '여성의 독립된 수급권을 보장하기 위한 연금 분할'(제183회 국회 본회의, 1997. 2. 28) 권에 대한 논의나 1인 1연금제도에 대한 요청이 있

었다는 것은 나름대로 여성계의 압력이 입법기구에까지 전달된 결과라
하겠다.

4. 경제위기 이후 한국 여성취업과 실업 · 고용보험: 몇 가지 특징

1) 경제위기 이후 여성의 취업 및 실업

경제위기 이후 여성의 취업 및 실업추이는 다음과 같이 정리해 볼
수 있다.

첫째, 일자리를 잃은 남성의 경우 구직등록을 통한 실업선언이라는
경로를 택하는 것이 대부분인 반면, 여성의 경우 일부만이 실업자로
등록되고 많은 수의 노동자가 비경제활동(이하 비경활) 인구화했다.
즉, 남성의 실업구조는 대다수가 노출된 반면 여성의 실업구조는 은폐
된 부분이 많다. 1997년 이후 한국 남성과 여성의 경제활동 상태를 살
펴보면 15세 이상 인구는 여성이 남성에 비해 1998년 초반에 약 106
만 명 정도, 2001년에는 약 112만 명 정도 많은 상태이다. 이들 중 대
량실업이 심각한 1997년 4/4분기에서 1999년 1/4분기 사이 남성 비경
제활동인구는 48만 명이 증가한 반면, 여성 비경제활동인구는 93만
명이 증가하여 그 규모가 남성의 거의 두 배에 이른다. 같은 기간 실
업자는 남성이 35만 8천 명에서 117만 명으로 81만여 명 증가한 반면
여성은 20여만 명에서 57만 7천여 명으로 37만 6천 명 증가한 것으로
나타난다. 동기간 취업자 수는 남성이 1,245만여 명에서 1,142만여
명으로 102만 6천 명, 여성은 868만 5천 명에서 768만 4천 명으로 1
백만여 명이 감소했다. 여성의 경우 감소한 취업자 규모에 비해 실업
자로 등록된 수가 절반을 약간 상회하는 것이다.

둘째, 여성의 실업이 가시화되지 않는 것은 주당 근로시간에 따른 취업자 구조와 맞물려 있으며, 비경활인구의 비경제활동 이유에 대해서 살펴보면 여성의 '비노동'구조와 맞물려 있음을 알 수 있다. 1997년 이후의 취업시간대별 취업자 수 분포를 살펴보면, 여성의 평균근로시간이 남성에 비해 길었던 1970년대 후반 내지 1980년대 초반과는 대조적으로 여성이 36시간 미만의 단시간 근로자에 많이 분포함을 알 수 있다. 1997년 1/4분기의 주당 36시간 미만 여성근로자 수는 약 100만여 명인 데 비해 남성근로자는 74만여 명이었다. 36시간 미만 단시간 근로자의 수는 경제위기 이후 꾸준히 증가하여 1998년 4/4분기에 여성 112만 명, 남성 93만 명, 1999년 1/4분기에 여성 121만여 명, 남성 119만여 명까지 이르지만, 1999년 4/4분기에 도달하면 여성은 122만여 명 규모를 유지하는 반면 남성은 90여만 명 규모로 축소되고 이러한 추세는 지속되어 2000년 4/4분기에 여성 단시간노동자는 120여만 명 수준을 유지하지만 남성은 84만 명 규모로 줄어들게 된다. 다음으로 성별 비경활인구는 여성이 남성의 2배 이상 규모를 유지하며, 경제활동을 하지 않는 이유에서도 여성과 남성 사이에 차이를 보인다. 남성 비경활인구의 지배적 비경제활동 사유는 통학(1997년 1/4분기 53.5%, 1998년 1/4분기 51.7%, 1999년 1/4분기 48%, 2000년 1/4분기 46.4%)인 데 비해 여성이 경제활동에 참가하지 않는 이유는 가사와 육아를 합하여 해당분기에 모두 68% 수준을 점한다.

셋째, 고용지위를 중심으로 볼 때 실업사태는 전반적 고용량 감소와 더불어 여성의 경우 고용형태가 정규직에서 비정규직으로 집중되는 결과를 초래했다. 1997년 이후 성별 취업자를 종사상 지위별로 나누어 보면 남성과 여성 상용근로자의 감소와 1999년 이후 여성일용직의 급증이 가장 두드러진다. 상용직 노동자는 남자가 529만여 명에서 최저 450만여 명까지 약 79만 명 규모로, 여자가 253만여 명에서 148만여 명으로 105만여 명 규모가 줄어 여성노동자의 상용직 감소가 훨씬 급격하게 이루어졌음을 알 수 있다. 임시직 노동자의 경우 증감을 반복하며 1997년 초반기와 유사한 수준을 유지하다가, 1999년 4/4분기 이후 남녀 모두 약 20만여 명 정도 증가한 것을 알 수 있다. 일용직 노동자는 남성의 경우 1998년 초반부터 급격하게 감소하는데, 이는 주로 건설업 일용노동자의 대량실직과 관련된 것으로 풀이된다. 반면 여성일용직 노동자는 1998년 1/4분기에만 전년 동기 대비 십만여 명 정도 감소하고 이후 꾸준히 증가세를 보이며 1999년 4/4분기에는 최대 규모인 129만여 명에 이르게 되는데, 이는 1997년 1/4분기보다 40여만 명이 증가한 수준이다.

2) 여성의 실업과 고용보험

1995년 도입된 고용보험은 대량실업사태에 직면하여 급속하게 그 적용범위가 확대됐다. 적용 사업체 수는 1995년 당시 3만 3천여 개소에서 1999년 말 60만여 개소로 늘었으며, 적용근로자 수는 남자가 302만여 명에서 424만여 명으로, 여자가 116만여 명에서 181만여 명으로 각각 증가하여 1999년 말 현재 총 605만여 명으로 나타난다. 동시점의 총 취업자 수가 2,061만여 명, 임금근로자가 1,302만 명, 적용대상 근로자수가 924만 명인 것을 감안하면 총 취업자의 29.4%, 임금근로자의 46.5%, 적용대상근로자의 65.5%가 고용보험의 적용을 받고 있는 것이다. 여기서 우선 임금노동자 중 378만 명이 고용보험 적용에서 배제될 정도의 열악한 고용지위를 갖고 있음을 다시 확인하게 된다.

겉으로는 모든 규모의 사업장 노동자와 임시직 및 일용직을 적용대상으로 하지만, 우리나라의 임금근로자 중에 고용보험 적용 자체가 어려운 한계집단이 많다는 것이다. 1999년 말 현재 임금노동자는 남성이 783만 8천 명, 여성이 519만 3천 명이었는데, 성별로 고용보험 가입

〈표 6-2〉 성별 고용보험가입자 및 실업급여 수급자*

	고용보험가입자		실업급여 수급자		총 가입자 대비 실업급여 수급자	총 가입자 중 여자	실업급여 수급자 중 여자
	남자(A)	여자(B)	남자(a)	여자(b)	(a+b)/(A+B)	B/(A+B)	b/(a+b)
1995	3,023,611	1,156,743					
1996	3,132,494	1,168,978	4,791	917	0.1	27.2	16.1
1997	3,134,399	1,146,031	11,309	3,702	0.4	26.8	24.7
1998	3,765,621	1,502,037	124,855	55,729	3.4	28.5	30.9
1999	4,237,584	1,816,895	327,891	156,881	8.0	30.0	32.4

* 적용대상근로자는 산업대분류상 가사서비스업 종사자, 공무원연금 피보험자, 사학연금 피보험자, 1월 미만 일용근로자, 65세 이상인 자 및 주당 18시간 미만 근로자를 제외한 임금근로자이다(KLI, 고용보험동향, 2000, 봄 참조).
출처: KOSIS 데이터베이스.

자 비중을 계산해 보면 남성은 54.1%의 가입률을 보이는 반면 여성의 가입률은 34.9%에 머문다. 이는 여성의 경우 임시직과 일용직의 비중이 각각 44.6%와 24.8%로 높기 때문에 제도적용 자체의 어려움이 있기 때문이다.

〈표 6-2〉를 보면 전체 고용보험 가입자에서 여성이 차지하는 비중이 1996년 27.2%에서 1999년 30%로 약간 증가했다. 〈표 6-3〉을 보면 여성피보험자 중 30인 미만 영세 사업장 가입자는 44.1%인 반면, 남성피보험자의 해당 비중은 34.1%이다. 반면 1천 명 이상 대규모 사업장 소속 피보험자는 여성피보험자의 15.4%, 남성피보험자의 20.2%로서 여성이 영세사업장, 남성일수록 대규모 사업장에 종사하는 일반적 취업구조가 고용보험에도 반영되고 있음을 알 수 있다. 〈표 6-2〉를 다시 보면 1999년 평균 실업급여 수급자 수는 48만 5천여 명으로 실업자 수를 훨씬 밑돌고 있으며 실업급여 수급자 중 여성 비중은 32.4%이다. 고용보험의 영세사업장 적용확대로 실업급여의 적용률이 1년 사이에 크게 증가하여 1998년의 경우 남자 실업자는 98만 3천 명, 여자

실업자 47만 8천 명으로 성별 실업급여 수급률은 각각 12.7%와
11.7%이었는데, 1999년의 실업자 수가 남자는 91만 1천명, 여자는
44만 2천명이었으므로 성별 실업자 대비 실업급여 수급률은 각각
36%와 35.5%를 기록해 수급률에서 별다른 성차는 발견되지 않는다.

〈표 6-3〉 사업체 규모별·성별 고용보험 적용현황

	시점	고용보험 적용사업체수	사업체당 평균피보험자수	고용보험 적용근로자수	남자	여자
전체	1995	33,459	124.9	4,180,384	3,023,611	1,156,743
	1996	35,528	120.1	4,301,472	3,132,494	1,168,978
	1997	47,427	90.3	4,280,430	3,134,399	1,146,031
	1998	400,000	13.2	5,267,658	3,765,621	1,502,037
	1999	601,394	10.1	6,054,479	4,237,584	1,816,895
30인 미만	1995	1,944	22.3	43,421	31,682	11,739
	1999	560,029	4	2,245,564	1,443,578	801,986
30~49	1995	12,768	35	447,442	313,779	133,633
	1999	15,982	27.5	439,432	309,581	129,851
50~99	1995	10,111	63.2	638,684	447,187	191,497
	1999	12,528	45.8	574,347	407,446	166,901
100~299	1995	6,420	153.3	984,127	710,336	273,791
	1999	9,521	97	923,893	681,871	242,022
300~499	1995	1,013	358.2	362,851	262,947	99,904
	1999	1,660	203.1	337,095	247,265	89,830
500~999	1995	704	664.2	467,631	336,622	131,009
	1999	1,034	384.6	397,699	291,663	106,036
1,000명 이상	1995	499	2,477.4	1,236,228	921,058	315,170
	1999	640	1,775.7	1,136,449	856,180	280,269

출처: KOSIS 데이터베이스.

그렇지만 여성이 일단 실업급여 수급자가 된다고 하더라고 문제는 남아 있다. 실업급여의 지급수준이 남성에 비해 훨씬 낮기 때문이다. 노동시장 지위가 고용보험에 미치는 성별화 효과는 실업급여 수급자의 성별 급여기초임금일액의 분포를 통해 알 수 있는데 〈표 6-4〉를 보면 급여기초임금일액이 3만 원 미만인 수급자가 남성의 경우 1999년 상반기에 13.8%, 같은 해 하반기에 17.3%이었던 반면, 여성은 1999년 상반기 44.9%, 같은 해 하반기에 55.5%이었다. 이는 노동시장에서의 임금격차가 고용보험으로 그대로 전이됨을 의미한다.

〈표 6-4〉 성별 급여기초임금일액의 분포(1999)

성별 임금일액		남자		여자	
		인원	비중(%)	인원	비중(%)
전체	상반기	126,329	100.0	60,574	100.0
	하반기	88,391	100.0	48,185	100.0
2만 원 미만	상반기	2,052	1.6	7,105	11.7
	하반기	2,048	2.3	7,055	14.6
2~3만 원	상반기	15,416	12.2	20,127	33.2
	하반기	13,215	15.0	19,696	40.9
3~4만 원	상반기	22,677	18.0	13,033	21.5
	하반기	18,922	21.5	11,489	23.8
4~5만 원	상반기	21,589	17.1	7,383	12.2
	하반기	16,943	19.2	4,563	9.5
5~6만 원	상반기	17,394	13.8	4,505	7.4
	하반기	12,887	14.6	1,929	13.0
6~7만 원	상반기	12,146	9.6	3,207	5.3
	하반기	17,109	19.4	1,231	2.6
7만 원	상반기	35,055	27.7	6,006	8.2
	하반기	7,197	8.2	2,222	4.6

출처:《고용보험동향》, 2000년 봄.

    문제는 우리나라의 성별 임금격차가 선진국처럼 여성이 대다수 시
간제노동에 종사하기 때문에 발생하는 것이 아니라는 점이다. 여성의
월 평균 근로일수와 정상근로시간수는 남성과 큰 차이가 나지 않는다.
    남성의 총 근무시간이 여성에 비해 긴 것은 초과근로 시간에 의해
발생하는 것인데, 반드시 이러한 원인으로만 여성의 월 평균 급여총액
이 남성에 비해 1993년에는 56.5%, 1999년에는 63.8%로 나타난다
고 볼 수는 없다. 〈표 6-5〉를 보면 여성의 시간당 급여액은 1993년의
경우 2,303원으로 남성의 3,971원의 58%에 불과하며, 1999년에도
여성이 시간당 4,206원을 받아 남성의 6,358원에 비해 66.2% 수준이
다. 장시간 노동을 하고 있음에도 불구하고 여성이 낮은 임금을 받기

〈표 6-5〉 성별 임금 및 근로조건

		평균연령	평균 근속연수	근로일수	총 근무 시간	정상근로 시간	초과근로 시간	월급여총액
1993	남	36.03	5.36	24.94	218.57	189.15	29.42	867,970.2
	여	30.28	2.83	25.27	213.04	190.70	22.34	490,541.2
1994	남	36.44	5.54	24.52	216.58	186.74	29.84	938,982.4
	여	30.75	3.08	24.85	211.07	188.39	22.68	550,614.5
1995	남	36.73	5.93	24.23	216.96	184.78	32.19	1,049,646
	여	30.95	3.38	24.58	209.01	186.87	22.14	628,274.8
1996	남	36.72	5.99	23.44	209.43	178.08	31.35	1,176,994
	여	31.42	3.65	23.89	200.67	181.03	19.64	723,679.5
1997	남	37.23	6.25	23.94	208.56	178.30	30.25	1,261,941
	여	31.99	3.91	24.30	199.26	181.53	17.73	789,062.6
1998	남	37.63	6.74	24.03	207.80	181.19	26.61	1,274,784
	여	32.16	4.26	24.50	199.90	184.98	14.92	804,343.3
1999	남	37.58	6.37	25.06	213.65	190.47	23.17	1,358,343
	여	32.11	4.07	25.45	206.01	190.96	15.05	866,570

출처: 노동통계 데이터베이스.

때문에 실업급여를 수급할 경우에도 그에 근거하여 낮은 수준의 급여로 만족할 수밖에 없는 것이다.

1999년을 기준으로 만일 평균연령의 남성노동자가 실직한다면 평균 근속연수가 5년 이상이기 때문에 150일간 월 급여의 50%인 68만여 원을 수급할 수 있는 반면, 여성의 경우 평균 근속연수가 5년 미만이므로 120일간 43만여 원을 수급할 수 있는데, 이는 1999년 최저임금 344,650원보다 9만 원 정도 높은 수준이다.

몇 가지 통계자료 비교를 통해 우리는 고용보험의 적용과정에서 성별 효과에 대하여 다음과 같은 가정을 할 수 있다. 첫째, 여성이 비정규직에 집중되었다는 사실은 고용보험 제도의 틀 안으로 여성을 끌어들이는 데 우선적 제도장벽으로 작용한다. 둘째, 여성이 영세사업장에 집중되었기 때문에 1998년 대량실업 사태에 대한 고용보험의 보호 효과는 매우 적을 수밖에 없었다. 그렇지만 이러한 효과는 적용범위 확대와 함께 1999년에 이르러 양성 모두에게 어느 정도 개선된 것으로 나타난다. 단, 여전히 실업자 중 실업급여를 받을 수 없는 사람이 세 명 중 두 명 꼴이라는 것은 해결해야 할 과제이다. 셋째, 여성의 저임금은 고용보험의 현금급여 수준에 반영된다. 여성의 정규노동시간이 남성에 비해 결코 짧지 않다는 사실에 비춰 볼 때 급여수준을 이직 전 평균임금의 50%로 정한 현재의 급여체제를 아래에서는 성별 임금격차가 급여에 반영될 수밖에 없으며 이 문제를 해결하기 위해서는 적절한 수준의 소득대체를 위한 보완장치가 필요한 실정이다. 넷째, 여성의 특이한 노동시간구조가 현행 고용보험 제도에서는 고려되지 않고 있다. 남성에 비해 근속기간이 짧은 여성은 동일연령이라고 하더라도 가입기간별 급여일수에서 불리한 위치에 있다. 아울러 주로 임시직과 일용직에 집중된 여성취업 실태와 육아·가사 등 이른바 '비노동'과 고용보험 가입이 되는 '노동' 사이의 왕래가 잦은 인생경로에 대한 배려가 고용보험제도에 없다는 점도 지적돼야 한다.

5. 여성과 실업, 고용보험 및 실업대책: 남성 실업대책의 형성과 여성실업가장

남성 위주 복지담론의 맥락 속에서 여성실업은 어떻게 다뤄질 것인가? 대량실업이 발생한 1998년 이후 여성의 실업과 관련된 논의가 공공근로사업, 여성실업가장, '일하는 여성의 집'에 집중되는 것은 한국적 복지국가 안에서 특별한 현상이라고 할 수도 없다. 여성단체나 정치권이 4대 보험의 적용범위를 전체 사업장으로 확대하는 것을 여성에 대한 사회보장대책의 하나로 추진했다는 점은 긍정적으로 평가해야 할 것이다. 그렇지만 실업에만 국한시켜서 보더라도 적용범위의 전면확대로 해결되지 않는 제도적용의 사각지대 안에 여성이 과다하게 분포되었다는 사실은 제도구성 방식 자체에 대해 의문을 제기하게 한다. 본인 기여에 근거해 청구권이 발생하는 사회보험은 남성 정규직 노동자를 위주로 제도가 구성되어, 이에 상응하는 지위에 있는 여성만이 남성과 동일한 제도적 혜택을 받을 수 있다(엄규숙, 1998). 여성의 고용구조가 사회보험의 보호범위 안에 여성이 포괄되는 데 제도적 장해요인으로 작용한다는 것을 고려한다면, 여성의 인생 및 취업경로를 고려하는 기여 및 급여, 적용방식을 채택 내지 병행해야 한다(Lewis, 1992; Um, 1998). 이와는 달리 의료보험이나 연금보험에서 비록 혜택의 범위와 수준이 매우 한정된 것이라고 하더라도 남성노동자의 가족에 대한 파생적 사회보장 혜택이 설정되는 것은 여성의 '비노동=가사노동'을 정당화하는 근거로 작용할 수 있다. 여성의 종속적 지위를 근거 삼아 소극적으로 사회보장제도 안에 포함시키는 것은 궁극적으로 여성의 가사노동 전담을 당연시하는 기존 성별분업의 강화기제 역할을 할 수 있기 때문이다.

사회보험제도에서 여성 소외는 현재 우리나라에서 국가가 소극적으로 제공하는 사회복지서비스의 완충지대를 여성이 모두 메우고 있다는 모순된 현실과 대비된다. 여성은 사적 영역에서의 '비노동'을 통하여 제한적으로 도입된 사회복지서비스 체계로 해결되지 않는 돌봄노동(caring work)을 수행하며, 이는 심지어 보수적 정치가들조차도 가사노동의 사회적 가치를 인정해야 한다고 주장하도록 만드는 이유이다. 쉬운 예로 선진국에서 광범위한 공적 사회복지서비스를 통해서 해결하는 장애인·노인·아동·병자에 대한 돌봄노동이 여전히 가족의 연결망 안에서 해소되도록 방치하며, 이는 사적 영역에서 여성의 무급노동을 전제로 하지 않으면 불가능한 것이다. 가정에서 여성의 무급노동을 통해 사회복지서비스에 대한 수요의 대부분을 충족시킨다는 사실은, 여성이 취약집단에게 적용되는 잔여적 복지 서비스와 공공부조 대상으로 부각된다는 것과 모순되는 것처럼 보이지만 서로 맞물려 있다. 남성 가장의 취업이 '정상적 노동'이며, 여성은 사적 영역의 '비노동=무급노동'의 담당자인 동시에 '노동'을 부차적으로 수행하는 것으로 가정하기 때문에 여성이 가장의 부양을 받지 못하는 경우에는 국가에 의한 잔여적 복지제공의 대상이 되는 것이다. 이로 인해 실질적으로 국가가 담당해야 할 복지 서비스를 무급으로 제공하는 여성과 핵심 복지제도의 수혜자인 남성 사이의 불균형한 복지배분이 이뤄지며, 또한 여성이 무급노동 형태로 제공하는 복지서비스가 사회적으로 필수 노동임에도 불구하고 무급노동으로 제공되므로 '복지제공자'인 여성 자신은 제도적 복지혜택의 외곽에 머무는 복지분배의 형평성 문제가 야기된다.

경제위기 이후에 발생한 대량실업 사태에 대한 고용보험의 대처능력이 매우 제한적이었음은 이미 언급한 바 있다. 여성은 기존의 구조에서 비정규직으로 종사하는 비중이 높았기 때문에 대량실업 발생초기에 고용보험의 적용대상에서 체계적으로 배제될 수밖에 없었다. 이러한 배제는 경제위기와 더불어 그나마 정규직이던 여성 중 상당수가 비정규직화됐다는 사실과, 대량실업사태 초기의 여성실업자의 70% 정

〈표 6-6〉 1998~2000년 실업대책예산 비교

(단위: 억 원, %)

구 분	1998		1999		2000	
총 계	56,672	100.0	92,400	100.0	59,220	100.0
고용안정지원	1,224	2.2	4,832	5.2	3,663	6.2
단기일자리 제공	10,444	18.4	25,218	27.3	11,000	18.6
공공근로사업			24,924		11,000	
(대졸·고졸 인턴제)			(2,090)		(650)	
보조교사 일자리			294		-	
직업훈련 및 취업알선	9,011	15.9	6,868	7.4	4,305	7.3
실업자 직업훈련	8,351		5,692		3,416	
여성실직자 훈련			140		93	
취업알선 지원	660		1,036		796	
장애인 훈련						
실업자 생활안정	35,993	63.5	54,482	59.0	40,252	67.9
실업급여 지급	8,500		15,012		10,109	
가계안정자금 대부	7,500		11,382		5,092	
귀농·어 창업지원			410		60	
기존 생활보호	13,791		14,884		17,090	
한시생활보호, 실직노숙자 보호 등	2,558		8,263		6,046	
특별취로사업			1,500		1,000	
실직 어선원 실업수당			215		27	
실직자 중고생 자녀 학비지원			2,000		-	
결식아동 중식지원			816		828	
임금채권보장			-		-	
기타	3,664					
자활지원	-	-	-	-	-	-
실업대책 예비비·기타	-	-	1,000	1.1	-	-

출처: 엄규숙, 2001.

도가 전직 비정규직 노동자였다는 점을 고려할 때 실업과 고용지위 악화가 결코 무관한 현상이 아니었음을 짐작하게 한다. 정부는 고용보험 적용확대와 더불어 대규모의 예산투입을 통해 한시적 실업대책을 수립하고 대량실업으로 인한 사회적 충격을 완화하려 시도했다. 실업대책의 사업분야는 크게 고용안정 지원, 단기일자리 제공, 공공근로사업, 직업훈련 및 취업알선과 실업자 생활안정사업으로 나누어진다. 1999년의 경우 실업대책 예산 중 고용보험에서 지출된 부분은 고용안정사업에 1,975억 원, 직업능력 개발사업에 5,247억 원, 실업급여에 9,461억 원으로 총 1조 6,683억 원이며 이는 같은 해의 실업대책 예산에서 18.1%를 차지하는 수준이다. 소극적 노동시장정책과 적극적 노동시장정책의 기능을 모두 수행하도록 구성된 고용보험제도가 급증하는 실업자를 모두 소화할 수 없고, 실업자 중 많은 사람들이 고용보험 사업 대상으로서의 자격요건을 갖추지 못했다는 것이 공공근로나 공공부조 등 활용 가능한 모든 제도를 통해 실업자에 대한 지원을 할 수밖에 없는 이유였다. 실업대책사업의 세부분야 중 여성과 관련해서는 여성실직자 훈련만이 명시되었고, 그 예산규모도 1999년의 경우 140억 원으로 전체예산의 0.2%에 불과하다. 여성이 노동시장 및 실업자 중에서도 취약한 계층임을 고려할 때에 명시적 예산배정을 통해 여성실업의 심각성에 대응하고자 하는 의지가 제대로 표명됐다고 볼 수 없겠다.

1999년 여성백서에 따르면, 여성실업대책으로는 크게 여성가장 실업자에 대한 지원책, 여성에 특화된 직업안정 서비스 제공, 진행되는 실업대책의 여성수혜 비율 모니터링 강화, 고용보험 적용범위의 전면확대, 공공 및 인정 직업훈련기관에 여성참여 확대 및 여성에 대한 고용촉진 홍보로 이뤄진다. 실업대책의 여성수혜 비율 모니터링 결과에 따르면 공공근로사업에 참여한 이들 중 여성비중은 54%, 직업훈련이 46%, 인턴사원 45%, 실업급여 34%로 공공근로를 제외하면 여성의 수혜비중은 상대적으로 낮은 것으로 나타난다(1999년 여성백서). 실업

〈표 6-7〉 실업대책 사업에의 여성참여 현황(1999년 12월 말 현재)

(단위: %, 명)

사업유형	여성참여비율	총 수혜인원	추정수혜규모
공공근로	54%	1,515,000명	12,102
직업훈련	46%	236,192명	2,758
실업급여	34%	327,954명	1,859*
인턴사원	45%	46,950명	941

* 실업급여 중 여성의 수혜액 규모는 1999년 여성의 평균 구직급여일액 16,036원에 수혜인
원과 여성실업급여 수급자의 평균연령이 34.4세이므로 30대 실업자의 평균 실업급여 지
급일수 103.95일을 곱하여 계산한 것임(《고용보험동향》, 2000년 봄호 참조).
출처: 노동부, 2000.

대책 여성수혜 인원이 1999년 실업대책 해당사업 예산 중 어느 정도를
수혜받았는지를 추정해 보면 추정규모는 총 1조 7,660억 원으로 전체
예산의 19.1%에 불과하다.

  실업대책에서 노동시장의 약자인 여성에 대한 명시적 고용촉진책이
미미하고, 여성실업과 관련된 정책이 여성 실업가장에게 집중된다는
것은 사회정책의 남성가장 중심주의의 이면이다. 여성의 '노동'이 부차
적인 것으로 간주되기 때문에 많은 여성이 실직과 동시에 노동시장에
서 퇴장하면서 실망실업자군에 합류하는 현상이 실업대책에서 고려대
상이 되지 않는 것이다. 즉, 실업자로의 이행경로에서 이미 성여과적
과정이 존재하는 것이다. 더욱이 경제위기 이후 진행된 고용구조 재편
이 차별적 해고, 취업기회 축소, 정규직에서 비정규직으로의 전환, 모
성보호 후퇴 등을 내포하여 여성의 전반적 고용상태는 매우 불안정한
것으로 변했다. 그럼에도 불구하고 명시적 여성실업 대책은 실직여성
가장이라는 매우 한정된 집단에 제한된다. 이는 실업대책이 남성가장
의 가족부양 의무를 위주로 짜였기 때문에 가족부양 의무가 있는 예외
적 여성만을 정책대상으로 삼음을 의미한다. 여성의 '노동'이 사적 영

역에서의 '비노동'을 전제로 한 부차적인 것과 마찬가지로 여성의 '실업'도 조건부로 인정되는 것이다. 이는 여성에게 스스로를 위하여 일할 권리와 필요성, 자신의 생계를 스스로 해결한 권리와 필요성, 또한 자녀를 위해 생계를 책임져야 할 권리와 필요성이 부여되지 않음을 의미한다.

6. 실업 · 사회복지 정책의 재편성을 위한 여성주의적 제언

현행 고용보험 및 실업대책이 여성에게 제한적 혜택을 제공하는 것은 고용 및 사회정책에서 여성의 주변화와 직결된다. 원칙적으로 효과적 실업대책은 실업을 최대한 예방하고, 실업발생 이전 또는 이후에 재훈련이나 전환취업 등 인적 자원을 유지 · 개발하면서 또 다른 취업의 가능성을 열고, 이를 적절한 취업알선 시스템을 통해 현실화하며, 실업기간 동안 임금상실로 인한 빈곤의 위협으로부터 적정수준의 보호를 제공해야 한다. 우리의 경우 경제위기 이후 수량 위주의 고용조정이 진행되어 대규모의 실업자 발생을 방치했기 때문에 고용보험과 실업대책이 모두 실업에 대한 수세적 대응밖에 할 수 없었다. 또한 고용조정이 실제로는 여성, 특히 비정규직의 일자리 상실을 대규모로 초래하였지만, 실업과 관련된 담론은 거의 남성가장의 실직과 연관된 것이었다. 이러한 분위기 속에서 고용보험제도를 전면 확대했다고 하더라도, 여성 노동시장 및 실업자군 속에서의 주변적 위치에 대한 고려는 불가능한 것이었으며, 이것이 여성실업이 여성 실직가장의 문제로 국한되어 인식되는 이유이다.

여성의 노동시장 참여형태에 부응하는 고용보험제도는 비정규직 위주의 여성 노동시장 형태와 여성의 취업 및 인생경로에 대한 고려에 기반을 둬야 한다. 현재 고용보험에서 여성과 관련된 특수한 제도는 고용안정 사업의 여성고용촉진장려금, 직장보육시설 운영에 대한 지원·융자제도이다. 여성고용촉진장려금의 경우 육아휴직에 대한 장려금, 임신·출산·육아를 이유로 퇴직한 여성을 재고용할 경우 지급하는 여성재고용장려금과 부양가족이 있는 여성실업자를 채용할 경우에 지급하는 장려금으로 구성된다. 육아휴직 및 여성재고용장려금과 직장보육시설에 대한 지원은 기본적으로 여성이 육아를 전담하는 것으로 가정하고 그 역할에 대한 보완적 지원을 사업주에게 하는 방식이며, 여성가장채용장려금은 여성실직가장에 대한 실업대책의 맥락에서 이뤄지는 것이다.

여성친화적 고용보험제도의 구성을 위해서는 무엇보다도 여성의 취업경로와 취업지위로 인한 사회보험상의 수혜장벽을 제거하도록 피보험자격·기여기간·지급조건 등을 개선해야 할 것이다. 아울러 여성의 이중부담에 대한 현재의 지원제도를 강화하면서 나머지 사업분야에서 여성수혜율이 여성취업자 비율에 부응하는지 조사하고 만약 그렇지 않다면 이를 위한 조치를 취할 필요가 있다.

'일'이 개개인의 정체감 형성에 갖는 의미는 매우 크다. 자본주의 사회에서 일을 해야 먹고 살 수 있다는 사실 이외에도 일은 사회와 개인이 만나는 통로인 것이다. 따라서 가능한 한 많은 사람들이 '보람 있는' 일을 할 수 있는 여건이 형성되는 것은 '좋은 사회'의 전제조건이다. 그런데 한국사회정책의 현주소를 보면 우선, '일'에 대한 사회적 규정은 매우 협소하고 그 협소한 의미의 일자리마저 감소하고 있으며, 실업대책이 사회 전반의 고용을 관리하는 넓은 의미의 고용정책 차원에서 형성되지 못한 상황이다.

이에 대한 대안으로 '협소한' 의미의 일자리를 나누기 위해 노동시간을 단축하자는 제안에 대해 깊이 생각해 볼 필요가 있다. 전반적으로 평균노동시간을 단축하면 당장 몇 만 개, 몇 십만 개의 일자리가 생기며, 이로써 대량해고를 막을 수는 있을 것이다. 그러나 여성의 시각에서는 한 걸음 더 나아가 사회적으로 필요한 '노동'과 '비노동'을 합한 총 노동시간이 이를 통해 어떻게 배분될 것인지 따져 보아야 한다. 노동시간 단축을 통해 긴 노동시간이 단축되면 남성들도 사적 영역에서의 '비노동'에 참여하게 될지, 또 여성에게 취업노동과 가사의 이중부담은 줄어들지 질문해 볼 필요가 있다.

만일 노동시간 단축을 통한 일자리 나누기가 모든 사람의 일할 권리를 확보하기 위한 것이라면 이를 통한 혜택이 여성에게도 분배돼야 한다. 이를 위해 우선은 '비노동'으로 규정된 일을 사회적인 '일'로 다시 개념 규정하며, 남녀 모두에게 노동시간이 단축되는 방안을 마련하는 것이 여성주의적 사회정책의 단초라 하겠다. 즉, 노동시간 단축이 여성에게도 의미 있는 대안이 되려면 가사노동의 많은 부분(특히 육아기능, 노인 및 병자·장애인에 대한 보살핌 노동)이 사회화·전문화돼야 하는 것이다. 이는 추가적 일자리 창출 효과와 더불어 '일'에 대한 사회적 규정이 남성가장-전업주부(혹은 부업주부) 사이의 역할분담 모델에서 탈피하게 됨을 의미한다. 이러한 사회적 성별분업의 재구성과정을 통해 '일'은 성별에 관계없이 모든 사람들에게 필요한 동시에 보람 있는 범주로 정착할 것이다.

다음으로는 제공된 '일'이 얼마큼 개인 특성에 적합한 것인가 하는 문제가 발생할 수 있다. '일'을 통해 자신의 능력을 발휘하고 사회에 기여하기 위해서는 '일=생존'이라는 등식을 넘어서는 일의 내적 풍요가 뒷받침될 필요가 있다. 이는 제한된 일자리를 이유로 개인 특성에도 맞지 않는 일을 마지못해 하는 상태에서는 거의 기대하기 어렵다. 지속적으로 변화하는 노동력에 대한 수요를 반영하면서도 개개인의 특성에 맞는 '일'을 연계시킬 수 있으려면, 실업자에게만이 아니라 모든 '일하는 사람'들에게 지속적 직업훈련 프로그램을 제공하고 그 내용 또한 다양화해야 한다. 특히 여성이 가족주기별로 노동시장에서 퇴장하고 재취업할 경우 하향 취업하게 되는 현상은 이와 같은 직업훈련 활성화를 통해 개선될 수 있을 것이다.

■ 참고문헌

고용보험통계. http://www.worknet.go.kr.

노동부. 노동통계 데이터베이스.

노동부. 《여성과 취업》.

통계청. KOSIS DB.

노동부. 고용보험백서. 1999;2000.

여성특별위원회. 여성백서. 1999;2000.

양철호·이수애·이경미·이형하·조준. 2000. "생산적 복지의 개념에 관한 일 고찰". 한국사회복지정책학회. 《사회복지정책》, 10집.

엄규숙. 1998. "유럽의 복지제도와 여성정책". 《연세여성연구》, 4호.

_____. 2000. "모성보호비용의 사회분담화 방안". 한국노총 중앙연구원.

_____. 2001a. "2001년 정부 실업대책에 대한 평가, 발상의 전환이 먼저다". 월간 《노동포럼》, 2월호.

_____. 2001b. "김대중정부의 사회복지정책 평가". 《김대중 정부 노동관련 정책 평가》. 한국노총 중앙연구원.

_____. 2002. "여성과 국민연금". 한국여성정책연구회 편, 《한국의 여성정책》. 지식마당.

한국여성단체연합 사업보고서. 각 연도.

_____. 2001. 〈김대중 정부 여성정책 3년 평가 및 정책제안을 위한 토론회 (2001. 2. 22)〉 자료집.

Döring, Dieter. 2000. "Ansätze zur Umgestaltung der sozialen Sicherung im Hinblick auf Flexibilisierung und Beschäftigungsförderung". *WSI-Mitteilungen*, 5.

Esping-Andersen, Gøsta. 1990. *The Three Worlds of Welfare Capitalism*. Princeton.

Lewis, J. 1992. "Gender and the Development of Welfare Regimes". *Journal of European Social Policy*, 2/3.

Lewis, J. · I. Ostner, 1994. "Gender and the Evolution of European Social Policies". *ZeS-Arbeitspapier*, 4.

Klammer, Ute. 2005. "Auf dem Weg zu mehr Flexicurity in Europa". *WSI-Mitteilungen*, 5.

Leitner, Sigrid. 2001. "Sex and gender discrimination within EU pension systems". *Journal of European Social Policy*, Vol. 11 (2) : 99~115.

Pfarr, Heide, 2000. "Soziale Sicherheit und Flexibilität : Brauchen wir ein 'Neues normalarbeitsverhältnis'?". *WSI-Mitteilungen*, Schwerpunktheft : Flexicurity — Arbeitsmarkt und Sozialpolitik in Zeiten der *Flexibilisierung*, 5.

Scheiwe, Kirsten, 1994. "German Pension Insurance, Gendered Times and Stratification". Diane Sainsbury (Ed.), *Gendering Welfare States* : 132~149.

Schmid, Günther, Bernard Gazier, and Stefanie Flechtner. 1999. "Transitional Labour Markets, Unemployment Insurance and Employability". European Commission. *Employment Observatory Research Network, Employability : Concepts and Policies.* Report 1998, Berlin.

Um, Kyusook. 1998. Aspekte der staatlichen Regulierung der Mutterschaft und der Müttererwerbstätigkeit durch Sozialpolitik— Eine Vergleichsstudie der Mutterschaftspolitik in der Bundesrepublik Deutschland und in Südkorea. Marburg, diss.

제 2 부

미래의 양성평등
젠더정책을 향하여

제 7 장

여성정책 관점의 재구성을 위한 시론
여성발전론과 성주류화 개념의 이해를 중심으로

김 경 희

1. 시작하는 글

최근 들어 지난 10년간의 여성정책의 성과와 한계를 평가하면서 여성정책의 패러다임이 변화되어야 한다는 문제의식이 커지고 있다. 여성정책을 담당하는 국가기구가 1998년 대통령직속여성특별위원회를 기점으로 여성부에서 2005년 여성가족부로 전환되는 변화를 겪었다. 또한 여성계의 오랜 과제였던 호주제가 폐지되고 성매매 방지를 위한 특별법이 시행되는 등 한국사회 젠더 관계의 지형을 바꿀 수 있는 가능성이 큰 정책 변화가 있었다. 이러한 변화들은 여성정책의 성과로 평가되면서도 시행과정에서는 그 어느 때보다 큰 정책 저항과 사회적 갈등을 표출하였다. 한편 저출산, 고령화, 가족의 변화, 여성노동의 불안정 등 지구화와 탈근대적 사회변동 속에서 새로운 여성의제들이 출현하고 있다. 이러한 변화들은 여성정책 패러다임 전환의 필요성을 제기하는 충분한 배경이 된다.

여기저기서 제시되는 새로운 패러다임의 필요성과 논거들은 여성정

책의 장기적 방향을 잡아가는 데 유용성을 주었지만, 정작 정책 과정
에서 어떻게 쓰여야 할지 구체적 방안을 마련하는 것은 또 다른 과제
로 남겨졌다. 1)

우리는 이미 지난 10년간 여러 가지 여성정책 개념들과 관점들을 사
용했다. 1990년대 중반 이후로 주류사회 변화를 추구하는 상당히 전
환적 개념인 성주류화(gender mainstreaming)는 정부의 여성정책뿐 아
니라 여성운동의 주요 의제가 되어 정부와 여성운동이 동일한 여성정
책담론으로 수렴하는 특징을 보여주기도 했다. 이외에 양성평등 정책,
성인지적 정책, 여성발전에 관한 정책 접근법인 발전 속의 여성
(Women in Development) 관점과 젠더와 발전(Gender and Develop-
ment) 관점 등이 여성정책 법안이나 제도들 속에 반영되었다. 지난 10
년간의 여성정책은 그 이전까지의 여성정책 패러다임에서 전환을 이룬
셈이다. 이러한 전환은 1995년 세계여성대회를 기점으로 지구적 여성
정책의 흐름을 수용하는 것과 궤를 같이한다. 현재 우리나라에서 쓰이
는 여성정책 용어들은 국제기구 및 초국가적 정책 네트워크를 통해 공
유되면서 개별 국가에 확산된 것이다. 2)

이렇게 지구적 차원에서 공용되는 여성정책 용어들의 기원은 여성
주의 이념과 전략에 기반을 두고 있다는 특징이 있다. 여러 나라에서
여성주의 이념과 전략들은 성평등 정책 프레임에 영향을 끼쳤으며 새
로운 성평등 개념의 발전과 도입을 위한 우호적 환경을 조성했다.

사실 지난 10년간의 여성정책을 되돌아보면 지구적 차원의 여성정

---

1) 여성부에서는 2004년에 향후 10년을 전망하는 성인지 전략 기획연구를 실
   시한 바 있다. 앞으로의 여성정책은 돌봄 노동에 대한 사고전환이 필요하
   다는 결론을 이끌어냈다.
2) 1990년대 중반 이후 초국가적 옹호 네트워크(Transnational advocacy
   network-TANS)는 지구적 차원에서 인권, 여성에 대한 폭력, 환경파괴
   등과 같은 가치를 공유하면서 광범위하게 형성된 초국가적 네트워크이다
   (Zippel, 2004).

책의 주요 개념과 관점들이 정돈되지 않은 채 사용된 편이었다. 지구
적 차원의 정책언어들은 무비판적으로 받아들여져, 그 개념들의 사전
적 혹은 액면적 정의에 집착하면서 한국적 맥락에서 어떻게 적용되어
야 하는지, 혹은 올바르게 적용되고 있는지에 대한 공론화는 거의 부
재하다고 해도 과언이 아니다. 지구적으로 통용되는 동일한 정책 언어
들도 국지적 맥락에서는 복잡한 성정치(gender politics)에 의해 다른
의미를 생산해 낸다. 아무리 여성주의 이념이 정책 언어로 소비된다고
하더라도 그것은 시장주의적 정치와 기존 보수세력이 여전히 지배적인
상황에서는 수사적이거나 공허한 선언으로 그치게 되는 결과를 낳기도
한다. 때로는 여성정책의 주요 개념과 용어들이 가진 여성주의적 의미
가 왜곡되어 주류 권력의 정책 틀로 통합되는 과정을 겪기도 한다. 그
렇기 때문에 정책수립 전 과정에 걸쳐 '관점' 혹은 '철학'을 견지한다는
것은 매우 중요해진다.

이 글은 이러한 맥락에서 지난 10년간 우리나라의 여성정책에 사용
되었던 여러 개념들과 관점들을 비판적으로 검토해보고자 한다. 이 글
은 크게 다음과 같은 두 부분의 내용으로 구성된다.

첫째, 여성정책을 표현하는 다양한 정책용어들을 검토해본다. 여성
정책 연구와 정책현장에서 사용하던 개념들은 여성정책, 여성주의 정
책(feminist policy), 성인지적 정책(gender-sensitive policy), 양성평등
정책(gender equality policy), 그리고 성주류화(gender mainstreaming)
등이다. 이 개념들은 같은 의미로 쓰이기도 하고 때로는 사용하는 사
람의 목적에 맞게 편의적으로 쓰이면서 혼동을 초래한다. 이 글에서는
여성정책과 관련된 다양한 개념과 논쟁들이 지난 10년간의 한국 여성
정책에서 어떻게 쓰이는지를 살펴볼 것이다. 그리고 이를 통해 여성정
책이 역사적으로 여러 관점들이 경합과 협상을 통해 끊임없이 구성,
변화되는 연속체(continuum)의 성격을 가진다는 것을 보일 것이다. 따
라서 여성정책에 대한 사전적 정의는 그다지 의미가 없으며, 오히려

여성정책이 만들어지고 수행되는 맥락 안에서의 정책 관점 혹은 철학이 필요하다는 점을 강조하게 될 것이다.

두 번째 내용은 그동안 우리나라 여성정책의 방향과 관점을 정립하는 데 영향을 끼친 여성발전접근법과 성주류화 전략에 대해 비판적 검토를 할 것이다. 이들은 모두 지구적 차원에서 여성정책의 공통된 언어로 우리나라에 유입되었기 때문에 그것들의 기원과 함께, 다른 나라에서는 어떻게 적용되는지를 살펴볼 것이다. 이를 통해 여성발전론과 성주류화 전략이 갖는 여성주의적 의미를 되짚어보고, 그 의미들이 우리나라의 여성정책과정에 어떻게 적용되는지 분석할 것이다.

결론에서는 앞의 논의들을 바탕으로 여성정책 관점의 정립을 위한 제언할 것이다.

2. 여성정책의 범주와 개념들의 재검토

1) 여성정책과 여성주의적 정책

정책현장에서 여성정책은 사회정책의 하위분야로 행정기능과 행정체계의 분류를 위해 환경, 건축, 교육 등과 같이 가치가 배제된 개념이다. 우리나라는 1995년에 제정된 여성발전 기본법에 근거하여 평등사회 구현, 여성의 사회참여 촉진, 여성복지 증진을 목적으로 하는 대통령이 정하는 정책이라고 광범위하게 정의한다.[3]

---

3) 우리나라 여성정책은 "헌법의 남녀평등이념을 구현하기 위한 국가와 지방자치단체의 책무 등에 관한 기본적 사항을 규정함으로써 정치·경제·사회·문화의 모든 영역에서 남녀평등을 촉진하고 여성의 발전을 도모함"(여성발전기본법, 제1조)을 목적으로 여성발전기본법이 1995년 12월 30일 제정·공포되어 1996년 7월 1일부터 시행되었다. 시행 후 6차례 개정되었으며, 금년에 제정 10주년이 되었다(김엘림 외, 2004).

여성정책의 목적이 평등이라는 전제 아래 여성정책을 지칭하는 평등정책 혹은 성평등정책이라는 용어가 사용되는 것이 일반적 경향이다. 우리나라에서도 여성정책을 양성평등정책으로 부르는 경향이 1990년대 후반 이후 나타났다.

성평등정책은 다른 분야에 사용되기도 하지만 미국과 유럽연합 국가들에서는 노동시장의 성차별을 시정하기 위한 고용정책에 사용되었다. 고용에 국한된 평등정책 유형에는 기회의 평등을 위한 정책, 동등대우정책, 동일노동에 대한 동일임금정책, 적극적 조치(affirmation action) 등이 있다(Bacchi, 1999; Mazur, 2002). 이 중 동등대우정책은 미국에서 대표적으로 쓰이는 정책으로 남성과 여성의 같음을 강조하면서 생애과정과 선택에서 발생하는 근본적 차이를 제거하기 위하여 평등개념을 사용한다. 따라서 미국에서는 여성만을 위한 적극적 조치를 취하는 데 그다지 적극적이지 않으며, 적극적 조치의 실행 효과가 여성에 대한 특별한 대우로 인해 노동시장에서 차별로 나타나지 않도록 하는 데 애를 써 온 편이다(이주희, 2004).

유럽연합의 여러 국가에서는 1970년대와 1980년대 중반까지 동등대우정책을 강조하였으나, 이후에는 남성과 여성이 사회적으로 구성된 차이가 있음을 인정하고, 과거의 차별에 대한 보상을 위해 적극적 조치로 선회하는 경향을 보였다. 1999년에서 2003년 사이에 유럽연합은 공식적으로 '일과 가족의 조화'(reconciliation between work and family)라는 전략을 채택하였는데, 평등정책의 법적 규제가 임금보다는 시간에 초점을 두었다. 따라서 모성, 부성, 부모 휴가 등과 같은 조치들이 제시되었는데, 남성들에게도 보살핌 권리가 주어졌기 때문에 매우 혁신적이라고 평가된다. 그러나 많은 연구들은 남성과 여성 간의 가사일과 보살핌 노동의 재분배라는 원래의 정책목적이 고용창출이라는 우선순위에 부응하기 위하여 여성들의 유급노동과 가사노동의 조화라는 새로운 개념으로 재구성되었고 결국은 유연노동을 정당화시키는 목적으

224

로 사용되는 현실을 보여준다(Ostner and Lewis, 1995; Ostner, 2000; Stratigaki, 2004).

서구에서 시행된 동등대우나 적극적 조치는 남성과 같은 방식으로 능력을 발휘할 수 있는 여성들에게만 국한된 평등정책이라 비판받는다. 즉 여성들 대다수가 비정규직에 종사하지만 정규직 여성에 초점을 두는 평등정책은 한계가 있다는 것이다. 또한 동등대우 법안은 그 기준이 남성의 삶의 유형을 기준으로 삼고 있어 불평등의 근본적 원인을 건드리지 못하며, 고용평등에만 초점을 둠으로써 그동안 성폭력, 낙태, 성적 지향성(orientation)과 같은 비경제적 이슈들에 대하여 적극적 개입이 이루어지지 않는 것은 심각한 문제라는 우려가 나오고 있다(Walby, 2005).

이처럼 고용 평등정책에 포함된 동등대우나 평등기회라는 개념이 정책의 의도하지 않은 결과는 다룰 수 없다는 한계 때문에 평등정책이 반드시 여성주의적 정책이라고 할 수 없게 된다.

여성주의적 정책이라는 개념은 여성정책의 과정과 결과를 분석하기 위해 쓰이며, 여성정책 연구에서는 여러 용어로 표현된다. 여성친화적 정책(woman-friendly policy)이라는 용어는 일반적으로 여성지위를 향상시키기 위해 정부가 사용하는 넓은 범위의 정책적 선택을 의미한다. 이 용어는 헤르네스(Hernes)에 의해 처음으로 사용되었는데 국가가 국가페미니즘을 통하여 젠더 정의를 실현하는 사회가 될 수 있는 가능성 정도를 분석하는 데 쓰였다. 이때 국가페미니즘은 젠더평등을 위한 사회정책의 형태로 주어지는 페미니즘을 의미한다. 보코스트(Borchorst, 1994)는 여성친화성을 국가가 권력의 가부장적 유형에 의문을 제기하는 정도라고 정의하는데, 흔히 여성만을 위한 성특정적(sex-specific) 정책뿐 아니라 일반 복지정책이 가진 젠더 함의(gender implication)를 밝힘으로써 정책의 의도하지 않은 결과까지 포함시켜야 한다고 주장한다. 여성친화적 정책에 대한 연구는 여성주의에 근거를 둔 일군의 정책연구들이 시공간적 차이를 인식하지 않고, 대부분의 국가가 보여주는 가부장적 성격이라는 보편성에 초점을 두었다. 따라서 국가가 여성친화적 정책을 형성할 수 있는 능력(capacity)을 간과했던 한계를 넘어서려는 시도를 한다. 이러한 시도들은 주로 스칸디나비아 반도의 복지국가 정책분석에서 활발히 이루어진다(Ostner and Lewis, 1995; O'Connor et al., 1995; Mazur, 2002; Steson and Mazur, 1995).

평등정책을 비롯한 여성정책들이 과연 정치, 경제, 사회적으로 불평등한 젠더 관계를 해결할 수 있는 성격이 지녔는지를 규명하기 위하여 여성주의적 정책이라는 개념이 사용된다. 이때 '여성주의적'이라는 개념도 다양하게 정의된다. 벡위스(Beckwith)와 같은 학자는 여성운동과 여성주의운동을 구별하면서 여성운동은 여성중심적이며(women-based), 양성평등의 이슈들을 중심으로 동원되는 운동을 말하며, 여성주의 운동은 가부장제에 대한 도전을 목적으로 하는 운동이라고 정의한다. 로벤드스키(Lovenduski)와 달럽(Dahlerup)은 여성에 대한 차별을 철폐하고 그 사회에서 남성지배에 균열을 가져오는 것을 목적으로 하는 이데올로기, 운동, 정책들은 여성주의적이라고 정의한다. 비슷하게 스테슨과 마주르(Stetson and Mazur, 1995)는 특정 이데올로기나 정책행위가 집단으로서의 여성지위를 향상시키고 젠더위계의 유형을 허무는 것을 목적으로 하는 한 그 정책은 여성주의적이라고 말한다. 마주르는 여성주의적 정책이란 구체적으로 남성과 비교하여 여성의 권리, 지위, 상황의 개선을 이루어야 하며, 젠더위계나 가부장제의 철폐 혹은 감소를 이루어야 하고, 공적 영역과 사적 영역의 구분을 철폐해야 하며, 남성과 여성 모두에 초점을 두며, 정책과정에 여성운동이나 여성들의 대표성을 담보해야 한다는 조작적 정의를 제시한다(Mazur, 2002: 27~29).

이상의 논의에서 보자면 여성정책에 관한 다양한 용어들은 여성정책이 표방하는 목적인 평등을 어떻게 인식하는가에 대한 다양한 관점의 표현임을 알 수 있다. 주로 고용정책의 일환으로 실시되는 평등정책은 때로는 동등대우를 통해서, 다른 경우에는 적극적 조치를 통해 여성정책의 목적인 평등을 달성하려고 한다. 그러나 그 평등정책이 모든 여성에게 동일한 정책효과를 주는 것은 아니다. 따라서 평등정책은 어떤 관점을 취하는가에 따라서 다양한 함의와 정책결과를 수반하는 정책용어가 된다. 여성정책의 목적과 실행 효과가 가부장적 젠더 관계를 변화시킬 때 여성주의적 혹은 여성친화적 정책이라는 용어를 사용했다. 따라서 고용에 국한되어 좁게 사용된 평등정책은 여성주의적 정책분석의 대상이 될 수 있으며, 한 사회의 불평등한 남성과 여성의 권력관계를 변화시킬 수 있는 대안적 개념으로서 평등을 추구할 때, 여성주의적 정책이 될 수 있는 것이다.

2) 우리나라 여성정책의 범주와 성격

우리나라에서 지난 10년간 시행했던 여성정책들은 정치, 경제, 고용, 교육, 사회문화, 가족 등 사회 제 분야에 대한 것들을 망라하지만 정책의 목적과 효과를 기준으로 나누어 보면 크게 소외계층 여성들의 복지를 위한 현실개선 정책, 공공부문의 적극적 조치를 통한 차별해소 정책, 사적 문제로 인식된 가족 및 성폭력 문제 등을 해결하기 위한 정책, 여성정책이 아닌 다른 정책에 대한 성별화(gendering) 정책 등 네 범주로 구분해 볼 수 있다.

소외계층의 여성복지를 위한 현실개선 정책은 1980년대부터 줄곧 시행된 정책들로 모부자가정 지원, 이른바 윤락여성 보호정책, 여성가장 지원정책 등이 있다. 특히 1998년 경제위기 속에서 저소득층 여성가장의 문제가 가시화되어 복지정책의 대상이 되었다.

차별해소 정책의 범주에는 과거에서부터 누적된 여성에 대한 차별을 시정할 목적으로 시행된 적극적 조치가 대표적이다. 적극적 조치는 여

성들의 사회참여 확대라는 목적을 표방하면서 전통적으로 남성들의 영
역이었던 정치, 행정, 교육, 최근에는 과학기술 분야 등에 적용된다.
이는 지난 10년간의 여성정책 성과 중에서 가장 가시적이다. 우리나라
에서 사용된 적극적 조치는 여성에 대한 차별이 과거에서부터 사회적
차원에서 체계적으로 이루어지고 있음을 공식화했다는 의미가 있다.
1995년에 제정된 여성발전기본법은 적극적 조치의 법률적 기반이 되었
으며, 남녀고용평등법과 1999년에 제정된 남녀차별금지 및 구제에 관
한 법률 등에는 차별 개념을 명시하여 적극적 조치는 차별로 보지 않
는다는 법률적 근거를 제시하였다. 1995년 여성발전기본법 제정 당시
에는 잠정적 우대조치라는 용어를 썼으나, 2002년 여성발전기본법 제
5차 개정에서는 '잠정적 우대조치'를 '적극적 조치'로 변경하였다. 대
표적 조치로는 1996년부터 시행된 여성공무원 채용목표제를 들 수 있
다. 이 제도가 시행된 이후, 외무고시에서 여성 합격률은 1998년에
16.7%에서 2002년에 45.7%로 증가하였고, 행정고시에서는 여성 합
격률이 1998년 23.1%에서 2002년에는 28.4%로 늘어났다. 또 다른
적극적 조치로는 정부위원회와 여성 고위공무원 증가를 위한 노력을
들 수 있다. 각 위원회의 여성비율이 2003년 32%가 되었으며, 국가직
의 5급 이상 여성공무원 비율이 2001년 4.8%에서 2003년 말 6.4%로
증가하였다. 그리고 2004년 총선에서 비례대표후보에 여성 50% 할당
제를 실시하여 국회 내에서 여성의원이 13%로 증가하였다. 2002년에
는 여성교수 비율 제고를 위해 교육공무원법을 개정하여 국공립대에
여성교수 채용목표제를 실시했다. 그러나 적극적 조치의 가시적 성과
는 정책과정에서는 정책저항의 형태로, 사회적으로는 역차별 정서가
확산되어 사회갈등 양상으로 나타났다. 적극적 조치는 자격이 갖추어
지지 않은 사람들에게 혜택을 주는 것이며 할당제나 결과의 평등은 평
등기회에 반한다는 역차별 논리가 대두되었다. 이러한 역차별 정서를
완화시키기 위해 2002년까지 실시한 여성공무원 채용목표제를 '남성들

도 찬성하는 공무원채용목표제'라는 취지에서 2003년부터 양성평등채용목표제로 바꾸어 실시되기 시작했다(배득종·김영미, 2002). 양성평등채용목표제는 공무원 채용에서 남성이든 여성이든 한 성이 30% 미만일 경우 추가 합격시키는 방안을 골자로 하는 양적 성비균형을 의미하는 평등개념을 도입한 것이다(김경희·신현옥, 2004).

다음의 범주로는 아동, 노인, 가족, 인구, 장애인, 성(sexuality) 등 양성을 대상으로 하나 대부분 여성관련 정부기구에서 다루어졌다는 이유로 여성관련 정책으로 분류되어 상당 기간 동안 가족과 여성문제를 등치시켰던 정책들이다. 이 범주의 정책들은 지난 10년간 정책관점 변화를 통해 우리사회의 가부장적 질서를 변형시킬 수 있는 잠재력을 가진 정책으로 변화되었다. 즉, 그동안 사적 영역 문제로 치부되던 성과 가정폭력의 문제를 공론화하고 그 이슈를 정책영역에 제도화함으로써 우리사회의 공사영역 경계를 변화시키고 있다. 가정폭력, 성폭력, 성매매 방지특별법이 만들어졌으며 이는 이른바 여성인권 3대 법안으로 평가된다. 특히 그동안 윤락행위방지법을 통해 성매매에 종사하는 여성의 처벌과 보호 위주의 정책을 실시해 왔으나, 2004년에 제정된 성매매방지특별법은 오랫동안 유지된 착취와 폭력화된 성매매 구조 및 사회 전반에 만연된 성매매 문화를 해결할 수 있는 중요한 기제가 되었다. 또한 사적 영역이라고 인식되던 가족을 차별의 진원지로 파악하여 호주제를 폐지하였으며, 별도의 가족정책을 시행하기 위하여 건강가족기본법을 제정하였다. 또한 그동안 가족 안에서 여성 역할로 인식되었던 보육문제를 사회화하기 위한 보육정책이 만들어지고 있다.

그러나 동시에 이러한 정책들은 가부장적 문화와 체계가 여전히 공고하며 남성의 변화를 수반해야 한다는 개혁성 때문에 커다란 정책적·사회적 저항 속에 있다. 보육정책과 호주제 폐지에 따른 새로운 가족제도 등은 남성과 여성의 이해 갈등뿐 아니라 가족과 개인의 이해가 갈등하는 지점들을 가진다. 특히 성·가정폭력과 관련된 정책들이

여성주의적 성격이지만, 실제 집행과정에서는 여전히 가부장적 성격
을 드러낸다. 가정폭력 문제는 여전히 사적 영역의 일이며 가정이 깨
어져서는 안 된다는 전제에서 집행됨으로써 가해자 처벌에 있어 관대
한 경향이 여전하며, 성폭력 관련법의 집행에는 남성 중심적 관행이
나타나고 있다(한국여성단체연합, 2004). 2005년 1월부터 시행된 건강
가정기본법은 가족문제에 대한 국가의 공식적 의지를 표현한 것이지만
변화하는 가족구조와 기능을 반영하지 못하고 전형적 가족을 지향하는
한계가 지적되면서 개정 혹은 대체입법의 필요성으로 논쟁되었다(윤홍
식, 2004). 그리고 2008년부터 시행되는 새로운 신분제도 채택을 둘러
싸고 수많은 저항과 협상의 과정이 남아 있다.

마지막 범주는 2000년대에 와서 시작된 일반정책에 대한 성별화
(gendering) 정책이다. 2002년 여성발전기본법 개정을 통하여 "국가 및
지방자치단체는 소관의 정책을 수립·시행하는 과정에서 당해 정책이
여성의 권익과 사회참여 등에 미칠 영향을 미리 분석·평가하도록 하
여야 한다"라는 정책의 성별영향분석평가규정(제10조)을 신설하였다.
일반정책에 대한 성별영향평가는 지구적 여성정책 흐름을 반영한 것으
로, 우리나라에 성인지 정책(gender-sensitive policy)이라는 용어를 확
산시킨 계기가 되었다. 2004년에 주요 정부부처의 일반정책에 대한
시범사업을 실시하였고, 2005년에는 60여 개 정책에 대한 분석작업이
진행되고 있다. 그러나 이 정책은 아직 도입 초기단계에 불과하다.

이 장에서는 지난 10년간의 우리나라 여성정책을 큰 범주로 나누어
개괄적으로 살펴보았다. 우리나라 여성정책은 같은 범주의 정책이라
도 시기별로 정책관점 변화와 정치적 지형에 의해 정책내용이 변화했
다. 우리나라의 여성정책 안에서 사회적 보호를 필요로 하는 여성집단
에 대한 정책, 가장 가시적인 성과를 이룬 적극적 조치를 내용으로 하
는 평등정책, 여성에 대한 폭력과 가족의 문제를 정책영역 안에서 제
도화함으로써 젠더 관계의 지형을 변화시킬 수 있는 여성주의적 성격

을 가진 정책들이 공존한다. 이것은 여성정책의 범위가 넓다는 것을 의미하는 것이기도 하다. 그러나 이처럼 공존하는 다양한 정책들은 정책 관점으로 묶이지 않을 때 상호 모순되거나 여성정책 효과의 불균등을 초래할 수 있다. 따라서 다음의 3절과 4절에서는 이러한 문제의식을 가지고 그 동안 우리나라의 여성정책 안에서 사용되었던 정책 관점과 전략인 여성발전론과 성주류화에 대한 논의를 할 것이다.

3. 여성발전론에 대한 검토

1) 발전 속의 여성과 젠더와 발전

우리나라 여성정책의 주제어는 '발전'이라고 해도 과언이 아니다. 이는 1995년에 제정된 여성발전기본법의 명칭에서부터 드러난다. 1995년 베이징세계여성대회 이후 정부의 관료나 정책전문가들 사이에서 이른바 WID(발전 속의 여성), GAD(젠더와 발전) 접근은 자연스럽게 유통되었다.

우리가 두 접근법을 이해하기 위해서는 이것들이 제3세계 여성문제(issue)를 국제기구 정책 안에 제도화시킨 정책 접근법이라는 것을 염두에 두는 것이 매우 중요하다. 따라서 우리나라에서 이 접근법을 정책에 사용할 때에는 지구적 맥락에서 한국 여성의 위치성(locationality)과 한국사회 내에서 여성들간의 차이에 주목하는 작업이 필요하다. 이러한 필요성은 다음의 WID와 GAD 접근법에 대한 논의들을 살펴보면 더욱 분명해질 것이다.

식민주의 담론에서 제3세계 여성들은 전형적으로 이국적인 성적 대상이며 후진사회의 후진성원으로 인식되었다. 식민지 독립 이후 발전계획가들(development planners)은 여전히 이러한 전제를 무비판적으로 수용했으며 1950년대 들어 근대화 과정에서 관심을 받은 영역은 오로지 식량원조와 인구 두 영역뿐이었다. 여성들은 장애인이나 병약자와 마찬가지로 사회적 원조가 필요한 취약집단이자 진보적 사회발전의 걸림돌로 인식되었기에 복지대상이 될 수 있었다.

경제수준 성장을 의미하는 발전이 기존의 남녀 불평등을 더욱 심화시켜 여성과 아동들에게 부정적 결과를 초래하였다고 주장하는 보즈럽(Boserup, 1970)의 저작을 통해서 여성들이 수행하는 생산노동이 비로소 발전담론에 끼어들어 갈 수 있었다. 보즈럽의 저작은 발전과정에서 노동자와 생산자로서 여성의 참여를 요구하는 자유주의 페미니즘의 요구를 국제기구 안에 통합시키는 역할을 했고, 주요 선진자본주의 국가와 국제기구의 해외원조 정책 안에 여성정책 접근법으로서 WID가 도입되었다.

WID 접근법의 인식론적 근거는 시장의 효율성과 기회를 강조하는 평등개념이다. 즉, WID 접근법에서는 형평성을 추구한다면 경제개발 과정에서 소외된 여성들에게 참여 기회를 부여하게 되어 개발 프로젝트의 효율성을 높일 수 있다고 보았다. WID 접근법은 1970년대와 1980년대 국제기구의 현안이었던 절대적 빈곤 문제와 매우 잘 맞아떨어졌다. 절대적 빈곤퇴치와 GNP, 가구소득 증가에 초점을 두는 초기의 기초생활보장 접근(*Basic Need Approach*)과 결합하면서 WID 접근은 여성을 경제개발에 활용할 수 있는 자원으로 인식하게 만들었다. 1970년대 중반의 경제위기는 효율성 접근을 등장시켰으며, 이 또한 WID와 조응하였다. 이 전략은 제 3세계 여성들의 경제적 참여가 증가한다면 자동적으로 형평성 증가로 이어질 것이라는 믿음에 근거한다. 즉, 50%의 노동력을 구성하는 여성들을 국가발전 노력에 성공적으로 활용하는 것이다. 따라서 WID 접근의 사업들은 개발도상국의 보건, 영양, 가족계획, 소득창출과 같은 여성들의 현실적 요구에 부응하는 발전 프로젝트에 초점을 두었다. 또한 WID 접근은 제 3세계 안에서 여성정책의 발판을 만들기 위한 법과 제도, 그리고 인식 개선의 필요성을 강조하였다. 그러나 WID 접근법의 근거가 되는 기회동등을 강조하는 여성을 위한 적극적 조치를 도입하게 하는 데 일조하였다(Vavrus and Rickey, 2003; Rathgeber, 1990).

그러나 WID 접근법은 불평등한 젠더 관계를 개선하기보다는 여성의 전통적 성역할을 통해 보다 효과적인 성과를 추구했으며 국가마다 다른 사회적 배경과 자본축적의 효과, 그리고 이에 따른 여성들 내부의 계층화 문제를 포착할 수 없었다. WID 접근은 발전을 경제적 발전 혹은 경제성장과 동일시하며, 제3세계 여성에 대한 관심이 서구여성의 타자에 대한 인식에 근거한다는 점에서 비판받는다. 즉, 제3세계 여성은 경제발전의 수혜자 혹은 빈곤이나 폭력의 피해자인 취약계층(*vulnerable group*)으로 인식되며, WID 접근법의 주창자들 눈에 제3세계 여성은 동질적 이해를 가진 집단으로 인식되는 것이다(Mohanty, 2003).

WID 접근의 이러한 한계들 때문에 1985년 나이로비 UN 3차 여성대회에서는 그간 WID 중심의 여성발전 사업을 평가하면서 남성과 여성의 지위와 역할이 빚어내는 불평등한 권력관계에 주목하는 GAD 접근법이 본격적으로 논의되었다(Vavru and Rickey, 2003). 이 접근법은 사회주의 여성주의(*socialist feminism*)와 제3세계 여성주의에 의해 형성되었다.

앞서 살펴본 WID 접근이 남성들이 정의하고 지배하는 사회 경제 구조 안에 여성들에게 참여기회를 제공하는 것에 초점을 두었다면, GAD 접근은 이러한 전제에 의문을 제기한다. 우선 이 접근은 여성을 발전 원조의 수혜자라기보다는 자신들의 정치적 목소리를 가지고 조직될 수 있는 행위자라는 점을 강조한다(Lind, 2003; Young, 1993). 이 접근은 계급 연대와 계급 범주의 중요성을 인식하면서 그 안에서 작용하는 가부장제 이데올로기에 대해 주목한다는 점에서 사회주의 여성주의의 인식론을 반영한다. 즉, GAD 접근에서는 여성의 불평등한 지위의 근원은 여성들이 발전과정에 통합되지 못했다거나 훈련, 교육, 신용 부족이 아니라 사회에 팽배한 남성우월주의 이데올로기와 남성주도의 권력분배와 통제방식 때문이라고 본다. 따라서 GAD 접근은 남녀 간의 불평등한 권력관계를 여성을 발전 과정에서 소외시키는 가장 주요한 요인으로 보고 여성과 남성의 역할변화를 모색하는 데 초점을 둔다(Miller and Razavi, 1998).

WID 접근법은 효율성 접근과 결합하여 여성인력을 활용한 사업들을 수행했으나 1980년대와 1990년대에 구조조정 프로그램 속에서 여성 실업자군을 양산하는 문제점을 드러냈다(Rai, 2002; Miller and Razavi, 1998). WID 접근의 관심은 제3세계 여성들을 어떻게 근대화를 위한 공식경제에 참여시킬 것인가에 있지만 제3세계 여성주의자들은 1970년대 이후 생산의 세계화와 자본의 자유로운 이동을 특징으로 하는 경제의 세계화가 노동시장 유연화 방식을 통해 3세계의 여성노동에 얼마나 부정적 영향을 끼쳤는지에 주목한다(Beneria, 2003). 그 이유는 제3세계는 강력한 구조조정의 압력으로 신자유주의 정책을 수용하기 때문이며, 경제의 세계화 과정이 제3세계 여성들의 노동에 끼치는 영향에 주목하면서 제1세계와 제3세계 여성들에게 끼치는 영향이 다르다는 문제의식에서이다(Lind, 2003; Moghadam, 1992). 여성들 내부의 차이에 대한 인식은 최근 국제 여성정책 공동체에서는 GAD 관점을 버리지 않으면서 포스트모던 여성주의의 차이에 주목하는 경향과 결합한다. 포스트모던 발전 여성주의는 '발전' 개념 그 자체를 비판한다. 이들은 발전이 마치 제1세계가 제3세계의 관리와 개입을 전제로 한 것이며, 이러한 발전개념 때문에 제3세계는 상상에 의해 고안된 공간이 되었다고 지적한다(Marchand and Parpart, 1995).

GAD 관점은 젠더 관계에 주목한다는 점에서 이전의 정책관점과는 확실히 차별성을 보인다. 그러나 실제 정책영역에서는 여전히 WID가

선호되는 현상이 나타난다. GAD 접근 안에서도 장·단기적 두 가지의 접근에 대한 필요성을 인식한다. 단기적 목적은 교육, 신용, 법 체계의 개선과 같이 WID 접근법과 같은 언어를 사용한다. 장기적 목적은 집합행위를 통해 여성을 세력화시키는 것으로 여성을 종속시키는 제도와 젠더이데올로기에 도전하는 것이다. 그러나 젠더 관점은 정책 영역에서 매우 전환적인 것이기 때문에 정책기구의 전문가나 실무자들의 정책저항에 직면한다. 그리고 빈곤, 실업과 같은 현안들에 대한 직접적 개입은 단기적이지만 가시적 정책효과를 보여주기 때문에 이와 같은 사업에 대한 설득력이 더 커진다. GAD 접근법이 젠더 관계의 변화라는 매우 변혁적인 관점을 견지한다는 것에는 이견이 없지만, 현재 이 접근법의 실효성은 정책과정에서 어떻게 젠더 관점이 왜곡되는가를 지적하는 정도에만 그쳤다(Baden and Goetz, 1998). 따라서 실제 정책 안에서 이 두 가지 접근을 젠더 관점에서 실행한다는 것은 매우 중요하면서도 어려운 과제가 되는 것이다.

2) 여성들 내부의 불균등 발전

여성발전에 관한 접근법들은 3세계 여성과 그들의 노동에 초점을 두었음을 알 수 있다. 그렇다면 1995년 여성발전기본법에 근거하여 수행한 우리나라 여성정책에서 여성발전은 어떻게 이해되었는지를 살펴볼 필요가 있다. 1990년 중반 이후 우리나라 여성정책은 공식적 여성정책 업무 방향에서 WID 관점에서 GAD 관점을 지향한다는 점을 밝혔다. 1998년 대통령직속여성특별위원회는 여성정책이 국가정책의 핵심 분야로 다루어지도록 주류화한다는 점을 강조하였다. 이는 기존의 여성정책이 분리주의적이고 여성을 피해자로 인식하는 주변화된 성격을 탈피하려는 목적이라고 여성정책 기본 계획안에 명시했다. 여성정책기본 계획의 배경 설명에서 이러한 논지가 다루어진다.

그러나 우리나라의 여성정책이 1990년대 중반 이후 GAD 접근을 표방하고 정책언어로 소비하고 있지만, 실제 여성노동과 관련된 정책은 매우 소극적이다. 또한 여성빈곤 정책은 저소득층으로 불리는 이른바 취약계층(Vulnerable Group) 여성에 대한 사후적 복지개입의 성격을 보여준다.

우리나라 여성정책에서 가장 가시적인 성과를 거둔 것은 공공부문에서의 적극적 조치이다. 그러나 공공부문에서의 적극적 조치의 성과에 비하면 지난 10년간 노동시장에서의 여성정책은 성과보다는 많은 한계를 보여준다. 여성노동정책은 정규직에 초점을 두었고, 육아휴직이나 보육과 같은 재생산 노동과 관련된 정책들도 여성고용 및 사회참여 확대를 목적으로 공공부문이나 저소득층 여성들에 초점을 둔 경향이 있다.[4] 따라서 공공부문에서 적극적 조치에 따른 가시적 효과의 한편에서는 여성들의 비정규직화와 빈곤화가 동시에 진행되었다.

지난 10년간 여성노동정책은 국가 경쟁력 확보를 위해 여성 인력을 활용한다는 정책담론에 바탕을 두고 있다. 현재 우리나라 여성들의 경제활동 참가율은 50%에 약간 미치지 못하며, 비정규직 여성의 비율은 IMF 경제위기 이전인 1997년에 62%에서 경제위기 이후인 2000년에 69%, 2003년에 64%에 이른다. 여성 임금근로자의 72%가 비정규직인데, 비정규직이 여성화되는 현상은 여성들의 빈곤으로 이어질 가능성을 높인다. 현재 우리사회는 일하고 싶지만 구조조정에 의해 실직과 해고를 경험하며, 일을 하더라도 고용불안정을 감수해야 하며, 늘 일을 하지만 필요한 만큼의 소득을 얻을 수 없는 신빈곤층 증가가 커다란 문제가 되고 있다(유철규, 2003). 여성들은 신빈곤의 잠재인구이

---

4) 5차 여성발전기본법 개정과 남녀고용평등법 개정은 근로자가 직장생활과 가정생활을 조화롭게 병행할 수 있도록 영유아 보육시설 확충, 방과후 아동보육 활성화, 육아휴직제 정착 등을 명시하였다. 이는 주로 정규직에 종사하는 여성들이 대상이다.

며 여성들의 빈곤은 더욱 심화될 것으로 예상된다(한국여성연구소, 2004). 이처럼 여성노동이 더욱 열악해진 배경은 1980년대 이후 더욱 가속화되어 세계적 추세가 된 노동의 유연화에서 찾을 수 있으며, 특히 경제의 세계화는 국가, 시장, 노동, 가족에 영향을 끼치는 매우 중요한 맥락이 되고 있다. 개인의 능력주의 근간으로 하는 노동유연화 정책이 대졸이상의 고급인력에게 하나의 기회를 제공하는 측면이 있으나, 대다수 여성들이 경기불황에 따라 고용불안정으로 주변적 노동력으로 존재하는 현실에 대한 여성정책의 대응은 매우 소극적이며, 노동정책은 성차별적 방향으로 진행되었다. 성차별적 노동관행과 정책이 여성노동을 주변화시키며, 이는 다시 성차별을 심화시키고 여성빈곤으로 나타나 여성들의 사회적 배제를 낳고 있다. 일례로 1998년에 파견근로자보호에 관한 법률이 제정된 이후, 파견근로 업무의 대부분은 여성들이 집중된 비서, 타자원, 보모, 간병인, 조리사, 공중보건 영양사, 전화교환 사무원, 전화 외판원, 대중유흥업소 연예 직종이다. 2004년 현재 26개 파견대상 업무 가운데 비서, 타자원, 사무원 업무는 전체의 30.2%이며, 그 외에 대중유흥업소 연예 관련 업무, 간병인이 주를 이룬다. 대부분 이들의 임금은 최저 임금 수준에도 미치지 못한 것으로 나타난다.5)

제2차 여성정책기본계획에서는 취약계층 여성들에 대한 사회적 안전망 강화와 취업지원 등 여성자활 정책을 제시하고 있을 뿐, 노동시장 유연화 전략에 의해 주변화되는 여성노동과 여성 빈곤문제를 해결하기 위한 실질적 정책과제를 제시하지 못하였다. 최근 들어 사회서비스 부문의 사회적 일자리창출이 경기침체에 따른 실업의 대안으로 논의되고 있지만, 방과 후 교실이나 보육시설 등의 교육보조 업무와 간호 서비스 등 여성들이 집중된 일자리로 채워질 것이라 예견되고 있

---

5) 《여성주의 저널 일다》, 2005. 2. 21. 조순경, "여성들 겨냥한 파견업무 확대 우려".

다. 물론 이러한 일자리들이 단기적으로 실업해소의 효과를 줄 수 있으나, 이 정책이 여성 비정규직화와 저임금 문제를 그대로 지니고 있다는 점에서 별도 정책의 필요성이 대두된다.

여성노동의 주변화와 빈곤문제에 대한 단기적 정책들이 물론 필요하며 정책효과를 낼 수 있다. 그러나 이러한 단기적 정책들에 대한 젠더 관점의 부재는 여성들이 수행하는 일에 대한 평가절하와 성별 소득 격차를 강화시키는 방향을 방관하게 했다. 특히 경제 지구화에 따른 산업구조의 변화와 노동환경의 변화가 물론 남성, 여성 모두에게 적용되지만, 가부장제와 신자유주의적 시장논리가 결합하여 만들어 내는 차별에 주목한 젠더 관점은 더욱 필요해졌다(조순경, 1998; 이영자, 2004; Duffy and Pupo, 1992; Rubery, 1988).

요즘 여성들의 생산노동뿐 아니라, 돌봄 노동에 대한 관심이 급증하면서 돌봄 노동의 사회화를 위한 새로운 정책을 만들려는 시도들이 시작되었다. 돌봄 노동의 사회화문제는 단순히 상징적으로 가사노동의 가치를 사회적으로 인정하는 차원을 넘어 실질적으로 출산과 양육이라는 물질적 토대를 갖고 있다. 따라서 돌봄 노동에 대한 정책은 적극적 노동시장 정책과 복지정책 안에서의 계급, 계층적 차이와 개인, 가족, 젠더 관계에 대한 인식 속에서 기획될 필요가 있다(윤홍식, 2004).

이상의 논의에서 보자면, 우리나라는 GAD 접근의 주제어인 젠더개념을 정책방향 안에 반영하고 있기는 하지만, 그 접근의 주요 관심사인 경제의 지구화 맥락에서 야기되는 여성노동의 주변화와 그것이 젠더 관계에 끼치는 영향에 대한 정책내용을 만들어내지는 못하였다. 앞으로 GAD 접근의 주창자인 제3세계 여성주의자들의 주요 관심사를 우리나라 여성노동정책에 적극적으로 반영할 필요가 있다고 생각된다. 굳이 GAD 접근을 빌려오지 않더라도 그 동안 여성정책이 적극적으로 다루지 못했던 여성노동의 주변화와 가치 절하의 문제와 이에 따른 여성 빈곤의 문제, 그리고 한국 속 이주여성의 문제와 아시아 속

한국여성의 문제, 그리고 계급, 계층, 연령, 성적 지향성의 다름에 의해 만들어지는 여성들 내부의 차이문제는 앞으로 여성정책의 주요 내용이 되어야 할 것이다(Mohanty, 2003).

4. 성주류화 전략

1) 정책전략으로서의 성주류화: 정책관점과 전략의 구분

성주류화 전략은 사회 전 분야에서 여성들의 양적 참여를 늘리고, 정책과정에 성관점(*gender perspective*)을 통합하며, 결과적으로 남성지배적 주류조직을 변화시킨다는 것을 주요 내용으로 담았다. 1995년 세계여성대회에서 성주류화 전략을 채택하면서 GAD 패러다임으로부터 성주류화로 전환했다는 인식이 확산되었다. 이러한 인식은 그동안 지구적 수준에서 제3세계 중심의 여성발전 담론이 주를 이루었으나 성주류화라는 언어를 통해 개발도상국뿐 아니라 선진국가들에서 젠더 불평등을 해소하고 제도적 변화를 증진시키려는 의제가 등장하고 있다는 것을 의미한다(Pollack and Hafner-Burton, 2000). 지구적 차원에서 성주류화로 여성정책 담론이 전환되는 것에 대해서는 여성주의 정책 전문가들 사이에서 논란이 되었다. 제3세계 여성주의자들은 성주류화가 GAD 관점을 수용하는 것일지라도 제3세계 정부와 국제원조기구가 경제발전과정에서 여성 참여의 중요성을 인식하는 터에 새로운 정책언어로 인해 여성에 대한 관심이 주변화될 것이라는 우려를 나타냈다. 반면에 성주류화로의 전환을 옹호하는 입장에서는 성주류화가 정부를 더 효율적이고 민주적으로 만드는 데 기여하게 될 것이라는 전망을 내놓기도 했다(True and Mintrom, 2001; True, 2003).

성주류화에 관한 연구는 다른 나라들에 비해 유럽연합에서 활발히 이루어지고 있는데 크게 두 가지 입장으로 나눌 수 있다. 하나는 성주류화를 정책관점으로 인식하는 입장이고 다른 하나는 정책관점보다는 관점을 실현할 수 있는 정책전략으로 보는 입장이다.

첫 번째 입장은 유럽연합의 성주류화 전략의 방향에 관한 리스 (Rees, 1999)의 논의에서 찾아볼 수 있다. 리스는 젠더 이슈에 관한 이념형적 세 가지 접근법을 제시한다. 첫째는 동등대우 접근법으로 모든 인간은 동등한 인권과 기회를 가진다는 전제에 근거하며, 주로 고용정책에 명시된 동일한 노동에 대한 동일한 임금의 원칙을 말한다. 그러나 이러한 접근은 배타적으로 노동자로서의 여성의 형식적 권리를 강조하기 때문에 남성과 여성 간의 비공식적 젠더 관계에서 발생하는 불평등의 근본적 원인을 다루지 못하는 한계가 있다고 비판한다. 두 번째 접근은 긍정적 조치이다. 동등대우 접근이 접근의 평등에 강조점을 두었다면 이것은 결과의 평등을 보장할 수 있는 조건 창출을 강조한다. 긍정적 조치는 가부장제 사회에서 여성들의 불평등한 출발점을 극복하기 위하여 여성을 위한 특별조치를 채택하는 것을 말한다. 세 번째 접근은 성주류화이다. 리스는 성주류화를 모든 정부의 기관과 정책을 통하여 젠더 이슈가 체계적으로 통합되는 것이라는 UN의 정의를 따른다. 리스는 성주류화 개념이 젠더 관점과 동의어로만 사용되거나 조직 내 성평등 정책의 목표로 정의되고 성별영향평가와 같은 좁은 의미의 정책분석 도구를 의미하는 것으로 사용된 것을 강력하게 비판한다. 성주류화 접근의 본질은 사회구조가 남성에게만 유리하게 만들어진 비가시적이고 인식되지 않은 점들을 드러내는 것으로, 표면적으로는 성중립적인 것들이 여성을 배제시키는 숨은 기제들을 밝혀내는 작업이라고 보았다. 그러나 리스가 구별하려고 노력하고 있기는 하나 젠더 관점과 성주류화 관점의 차이가 무엇인지 명확하게 드러나지 않는다. 리스와 같이 성주류화를 관점으로 이해하게 되면 의도하지 않았으나 여성정책 패러다임이 GAD에서 성주류화로 전환된 것으로 보는 오

류가 발생한다. 이 점은 최근 성주류화가 유럽연합에서 어떻게 적용되
는지를 분석한 스트래티가키(Stratigaki, 2005)의 연구에서 알 수 있
다. 스트래티가키는 성주류화가 두 가지 서로 다른 정책 프레임의 갈
등으로 나타남을 밝히는데, 하나는 기존의 적극적 조치와 평등법안을
보완·강화하면서 공공정책의 혁신적 성격에 초점을 두는 프레임이
고, 또 다른 하나는 기존의 여성을 위한 적극적 조치를 불필요하다고
보면서 대안적 양성평등 도구들 중의 하나로 여기는 프레임이다. 그녀
는 유럽연합 조직 안에서 여성주의 관료들이 부재하고 여성주의적 정
치를 펴지 않는다면 오히려 동등대우나 적극적 조치가 성주류화로 대
체될 것이라고 예견하였다. 스트래티가키는 성주류화가 적극적 조치
를 제거해 나가는 증거를 유럽연합 노동시장 정책 변화에서 찾는다.
매년 발행되는 유럽 고용보고서에서 1989년에서 1993년까지는 여성
고용에 관한 장이 별도로 보고되었고 각 장마다 후속적이지만 성인지
적 평가가 적용되었다. 그러나 1995년부터 이러한 노력은 성주류화가
도입되었다는 이유로 중단되었고, 고용정책 대상이었던 여성이라는
범주가 사회적으로 배제된 그룹이라는 범주로 대체되면서 노동시장 차
별정책이 언급된다는 것이다. 따라서 기존의 고용평등 프로젝트 기금
이 양성평등 주류화라는 목적으로 시행되었지만 점차 사회적으로 배제
된 여성인 한 부모나 부모휴가 사용자들을 대상으로 변화되고 있다는
점이다.

두 번째 입장은 리스의 이념형을 수정한 부스와 베네트(Booth and
Bennet, 2002)의 논의를 들 수 있다. 이들은 평등정책의 세 가지 접근
법인 동등대우, 여성의 관점, 젠더 관점을 제시하면서, 이 세 가지를
통합적으로 시행하는 전략으로 성주류화 개념을 설명한다. 동등대우
관점은 리스의 논의와 거의 동일하다. 여성의 관점은 리스의 긍정적
조치와 같은 의미를 담고 있다. 즉, 여성들의 과거에서부터 누적된 차
별 경험을 보상하기 위해 여성을 우대하는 제도들을 장려하는 것을 말

한다. 젠더 관점은 남성과 여성의 차이를 인식하며, 여성의 역할뿐 아
니라 남성의 역할을 전환시키는 것을 말한다. 부스와 베네트는 기존의
동등대우와 여성의 관점이 종종 여성을 남성과, 때로는 다른 여성들과
도 대립시켰지만, 젠더 관점은 생애과정, 계급, 연령, 민족성, 종교,
장애 등과 같은 요인과 관련된 여성의 다양성과 차이를 인식함으로써
동질적 집단이라는 여성 모델에서 벗어날 수 있다고 주장한다. 그들은
젠더 관점은 동등처우 접근의 개인화와 여성관점의 일방적 초점 사이
에서 균형을 이룰 수 있는 것으로 보았다. 그러나 젠더 관점에 대한 강
조가 앞의 다른 두 가지 접근의 폐기나 평등정책 접근이 젠더 관점으로
단선적 변화를 한다고 주장하는 것은 아니다. 부스와 베네트는 '세 발
평등걸상'(the three-legged equality stool) 은유를 사용하면서 유럽연합의
평등정책은 이 세 가지 접근을 통해 형성되었으며 성주류화 전략은 이
세 가지 관점의 균형을 통해 이루어지는 것이라는 점을 강조한다. 그
이유는 이제까지 주류화를 전환적 전략개념으로 이해하지 못하였고 동
등대우 관점, 여성의 관점, 젠더 관점 각각의 접근들의 상호보완성을
인식하지 못함으로써 많은 오해를 낳았다고 진단하였기 때문이다.

지금까지 성주류화에 관한 두 가지 입장과 실제 정책영역에 성정치
가 적용되는 분석사례를 살펴보았다. 스트래티가키의 분석은 성주류
화에 대한 정확한 이해를 수반하지 않으면 성주류화라는 개념 그 자체
가 거부되는 것은 아니지만 원래의 의미가 변형되어 다른 목적으로 쓰
일 수 있음을 보여준다.

2) 성주류화 전략에 대한 올바른 이해의 필요성

우리나라의 여성정책이 본격적으로 성주류화를 표방하기 시작한 것
은 1998년 대통령직속 여성특별위원회가 출범하면서부터이다. 여성정
책 추진방향 안에 대통령직속 여성특별위원회는 여성정책을 국가정책

의 핵심 분야로 다루도록 주류화한다는 점을 강조하고, 기존 여성정책의 분리주의적이고 여성을 피해자로 인식하는 주변화된 성격에서 탈피하려는 목적을 명시했다. 1998년 여성특별위원회와 6개 부처에 설치된 여성정책담당관은 성주류화를 달성하기 위한 거점(*focal points*)으로 인식되었다.

이어서 2001년에 출범한 여성부는 정책의 목표를 '남녀 평등한 민주인권 복지국가의 건설'로 설정하고, 정책의 기본방향을 21세기 지식기반사회를 이끌어 갈 "여성 인적자원의 개발과 남녀차별적 법제도 및 관행의 개선과 여성의 권익보장으로 삶의 질을 향상하기 위한 '여성의 권익보장'"으로 설정하였다. 여성부는 이러한 정책목표를 실현하기 위한 추진전략으로 '여성정책의 주류화'를 표방하였다. 여기에서 여성정책의 주류화는 "여성문제를 모든 국가정책에서 주요과제로 추진하고 나아가 여성의 역량을 강화하며 자율적 참여를 증진하는 것"으로 정의된다. 그리고 여성부는 2002년에 제2차 여성정책기본계획(2003~2007년)을 수립하면서 정책의 주요한 목표를 남녀의 조화로운 동반자관계 형성하는 것으로 설정하였다. 이러한 정책목표를 추진하는 전략으로 성주류화를 들고, 그 논거로 여성만을 대상으로 하는 정책을 넘어 남성을 변화시키고 남녀의 사회적 관계를 변화시키는 정책을 포함시키는 것으로, 정책결정구조의 성대표성 확보, 성인지적 통계작성 및 활용, 성인지적 정책평가제도 개발, 기존 여성정책의 지속적 추진, 새로운 가족정책의 추진을 통해 실효성을 얻을 수 있다고 정리하였다. 이렇게 보면 우리나라는 성주류화를 여성정책 추진전략으로 명시한 것이다. 그러나 실제 정책과정에서는 성주류화 개념을 둘러싸고 다음과 같이 몇 가지 문제점이 분석될 수 있다.

첫 번째 문제는 공식적 문서에서 '성주류화 전략'이라는 용어를 사용하였지만 지난 10년간 가장 어려웠던 문제가 바로 그 용어에 대한 개념적 합의가 이루어지지 않았다는 점이다. 무엇보다도 이 용어를 정의

하는 것이 무척 어렵고 대중적이지 않다는 점이다. 성주류화를 대중적
으로 이해시키기 위한 정의는 다음과 같은 언급 정도이다.

> 성주류화는 문자 그대로 지금까지 지류, 그것도 아주 작은 지류에
> 지나지 않는 것이라고 여긴 여성·남성의 관계와 그에 얽힌 문제들
> 이 우리 삶에 아주 중요한 영향을 끼치고 있음을 깨닫고 이러한 문제
> 의식을 사회적 실천의 흐름 한가운데 위치 지으려는 노력이다.

최근에는 여성부가 그동안 사용된 젠더, 성인지 정책, 성주류화의
대중적 이해를 돕기 위하여 성주류화를 양성평등 정책의 중심화 혹은
보편화로, 성인지를 양성평등, 젠더를 성별, 성인지 통계를 성별통계
로 바꾸어 부르기로 결정하였다. 그 이유로 기존 용어들은 대중들에게
생소할 뿐만 아니라 여성학 용어가 바로 정책용어로 둔갑한 사례이기
때문이라는 것이다.6) 이러한 정책용어 변경에 대하여 한국여성민우회
를 비롯하여 여성계에서는 의견수렴 절차를 거치지 않고 여성부에서
일방적으로 용어를 변경한 것에 대해 비판하고, ‘변경된 용어가 기본
개념을 왜곡할 뿐 아니라 그동안의 여성정책의 발전을 이끈 여성운동
의 노력을 후퇴시키는’ 것이라는 입장을 표명하였다. 이에 대하여 여
성부는 부처회의 때나 책임관 회의 등에서 정책용어를 이해하기 어렵
다는 문제가 지속적으로 제기되어 이루어진 일이라고 해명하였다.7)
여성부는 결국 성주류화나 젠더 개념을 양성평등으로 대체한 셈이
다. 이러한 용어변경은 성주류화나 젠더에 대한 정확한 이해를 담고
있지 못하다. 성주류화나 젠더 관점은 정책형성과 실행과정에서 적용
되어야 하는 정책 철학 혹은 관점이자 구체적 정책전략이다. 성인지

---

6) 《오마이뉴스》, 2005. 2. 7, “호주제 폐지, 그래도 방심 못해요”; 《우먼타임
   스》, 2005. 3. 23, “여성부 여성정책용어 바꾼다”.
7) 《우먼타임스》, 2005. 3. 30, “여성부 정책용어 변경 적절치 못해”.

정책은 젠더 관점을 가진 정책을 의미하는 것이다. 젠더 관점의 정책은 한 사회의 젠더 관계를 변화시키는 것을 목적으로 하기 때문에 여성주의적 정책이 되는 것이다. 따라서 이 용어들이 대중적이지 못하다면 시간이 걸리더라도 새로운 용어를 개발하거나 그 개념을 그대로 사용하면서 의미와 내용을 이해시키는 작업이 수반되어야 한다.

두 번째 문제는 이제까지 여성들만을 대상으로 벌인 정책들과 성주류화 전략을 상호배타적으로 인식하는 것이다. 이는 실제 정책현장에서 실무자들이 토로하는 성주류화의 어려움으로 다음과 같은 언급들에서 나타난다.[8]

성주류화를 목표로 하되 필요성이 있는 일정한 기간은 기존의 여성정책을 병행해야 한다.

'평등'이란 말에 거부감을 느끼는 주민이 많다. 아직은 여성을 사업대상으로 하는 것이 필요하다.

이는 성주류화를 정치나 행정분야에 여성들을 진출시키는 평등정책으로 이해하고, 여성빈곤이나 복지정책은 성주류화와 거리가 있다는 인식을 반영하는 것으로 보인다.

이러한 문제는 제3세계 학자와 활동가들이 성주류화를 여성의 이슈와 여성을 대상으로 한 특수한 프로그램을 제거하면서 주류 전환을 추구하는 것이라고 보는 맥락과 비슷하다. 즉, 성주류화를 젠더 전문가 그룹들의 현학적 의제로만 이해하기 때문이다.

마지막으로 성주류화 개념을 여성만을 위한 정책이 아니라 남성도 여성정책의 대상으로 포함시킨 것으로 이해하는 방식이다. 최근 여성부는 여성발전기본법 10년의 성과를 평가하면서 성주류화 전략을 실

---

8) 《여성신문》, 2004. 12. 1, "성주류화 실천공감대 찾아야".

행한 정책 사례로 남녀 대상의 육아휴직제 실시와 1996년부터 실시된 여성목표제를 양성평등채용목표제로 변경한 것, 그리고 2002년 12월의 모자복지법을 모·부자복지법으로 변화시킨 것, 2003년 5월 남녀차별금지및구제에관한법률을 개정하여 '남녀차별개선위원회의 위원구성에 있어 특정성이 10분의 6을 초과하지 못한다'라고 규정한 것을 들고 있다. 그러나 이러한 정책사례들이 그 동안 이루어 놓은 여성정책의 성과이기는 하지만, 동시에 한계일 수 있다는 점을 인식해야 한다. 여성채용목표제에서 양성평등채용목표제로 전환한 것이나 위원회 구성에서 특정 성의 비율 제한 등은 여성을 위한 적극적 조치의 실행과정에서 나온 역차별 정서를 완화시키기 위한 성격이 강하다. 물론 역차별 정서의 확산은 정부나 주요 조직들에서 의사결정 주도권을 쥐고 있는 남성들의 저항 때문에 정책과정에서 어려움을 겪는 것을 충분히 이해할 수 있다. 그러나 적극적 조치가 과거에서 누적된 여성에 대한 차별을 시정하기 위한 것이라면, 남성을 위한 적극적 조치도 같은 목적에서 실시되어야 할 것이다. 현재의 불평등한 젠더 관계를 변화시키려는 정책관점이 견지되지 않는다면 평등개념이 양적 성비균형을 의미하는 것으로 변형되면서 점진적으로 본래의 평등개념이 생산해 낼 수 있는 정책 영향을 부지불식간에 없앨 수 있다. 그리고 장기적으로는 변형된 개념을 알리바이로 사용하면서 원래의 개념을 사용하는 이익집단이나 여성단체의 압력과 동원에 저항할 수 있는 근거로 사용될 수 있는 것이다(Stratigaki, 2005).

5. 맺는 글

이 글에서는 지난 10년간 여성정책의 지구화 경향 속에서 우리나라가 사용한 여성발전론, 성주류화, 평등정책, 성인지 정책 등 여러 가지 여성정책 관련 개념들을 살펴보았다. 이는 지구적 차원에서 사용되는 정책 용어들을 우리나라에 들여오면서 정확한 이해와 적용을 위한 공론화가 부재했다는 문제의식에서 비롯되었으며, 여성정책 관점을 재구성하기 위한 출발점을 삼기 위함이다. 이 연구는 이러한 글의 목적 때문에 구체적 정책 사례를 심층적으로 분석하지 못한 한계가 있다. 이러한 한계는 미래의 연구과제로 삼을 수 있을 것이다.

이 글에서는 여성정책이 왜 젠더 관점을 견지해야 하는가를 여성발전론과 성주류화 개념을 검토하여 논의하였다. 정책의 젠더 관점은 한 사회에서 사회적으로 구성된 남성과 여성의 차이를 인식하며 남성과 여성의 위계적 권력관계의 변화를 추구한다는 점에서 여성의 관점이나 동등대우의 관점과 구별될 수 있다. 여성의 관점은 여성들이 처해 있는 위치에서 파생되는 여성들의 특수한 이해를 반영하기 때문에 때로는 기존의 성역할을 보존한 것일 수도 있다. 여성의 관점에서 만들어진 정책이 반드시 남성의 변화를 수반한 것은 아니다. 여성의 관점에서 만들어진 정책이 가진 이러한 한계를 인식하는 것이 젠더 관점이며, 그럴 경우 그 정책은 장기적 관점에서 여성주의적 정책으로 재구성될 수 있는 가능성을 가지게 된다.

이 글에서는 그동안 적극적 조치 중심의 정책을 평등정책의 모든 것으로 인식하는 것은 평등개념을 매우 협소하게 적용하는 것임을 보여주었다. 그 이유는 그것이 모든 여성에게 같은 정책효과를 주는 것은 아니기 때문이다. 특히 우리나라의 여성정책에는 공공부문의 적극적 조치의 성과에 비해 여성노동정책은 주변화되었고, 돌봄 노동에 대한

사회화 정책이 거의 부재하다. 따라서 젠더 불평등에 대한 대안으로
평등정책을 펼 수 있는 젠더 관점이 필요하며, 과거의 차별을 해소함
으로써 결과의 평등을 위한 조건창출이라는 적극적 조치의 목적이 왜
곡되지 않기 위해서라도 젠더 관점이 여전히 필요하다. 결국 성주류화
란 그동안 다른 관점에 의해 형성되어 상호배타적으로 시행된 여러 정
책들이 젠더 관계의 변화를 가져올 수 있는 장·단기적 필요성과 효과
성을 판단하고 예측하여 시행하는 정책 추진전략임을 알 수 있다. 그
동안 여성정책 범주 내에서 평등정책과 여성 특수적인 정책을 배타적
인 것으로 인식하거나, 여성 특수적인 정책이 평등정책으로 전환되어
야 한다는 오해를 낳았다. 장·단기적 관점에서 이들 정책이 시행되어
궁극적으로 우리사회의 불평등한 젠더 관계가 변화될 수 있도록 젠더
관점을 축으로 여러 정책들을 재구성하는 작업이 필요한 것이다. 윤락
여성보호정책에서 성매매방지특별법으로 전환한 것이나, 육아휴직이
여성들에게만 주어지던 것에서 남녀 모두에게 적용된 사례와 같이 한
정책이 관점 변화를 통해 재구성될 수 있음을 알 수 있다.

그러나 이 글에서는 젠더 관점이 그대로 정책 안에 반영되는 것이
쉬운 일이 아니라는 점도 논의하였다. 젠더 관점의 여성정책은 남성과
여성의 관계변화를 수반하는 것이기 때문에 수많은 저항에 부딪히거나
원래의 정치성이 희석될 수 있다.

정책영역은 여성주의적 아이디어와 개념을 반영하기는 하지만 본래
의 여성주의적 정치성이 그대로 실현될 수 있는 곳은 아니다. 정책과
정에서는 매우 다양한 이해를 가진 정책행위자들이 개입하고, 권력관
계의 불평등 때문에 정책의 우선순위가 경합하기 때문이다. 그렇기 때
문에 더욱더 여성주의적 개입이 필요한 것이다. 젠더 관점의 정책실천
을 위해서는 정책과정에 대한 여성운동과 여성학자들의 좀더 적극적이
고 지속적인 비판과 검토가 있어야 한다. 1990년대 후반부터 여성정
책 담당기구에 여성학 전공자와 여성운동 활동가들을 비롯하여 여성주

의자들이 진출하고 있다. 또한 주요한 여성 의제를 제도화하는 과정에
서 여성운동은 물론 학계와 연구원 등에서 전문가들이 자문위원 혹은
정책연구의 주체로 참여했다. 따라서 정책 영역은 노력 여하에 따라
여성주의적 아이디어가 개입할 수 있는 적극적 공간이 된다. 이제는
여성주의자들이 제도화되는 것을 어떻게 피하느냐가 아니라 제도를 어
떻게 활용할 것인지를 적극적으로 고민해야 한다. 즉, 젠더 관점을 정
책형성 과정에 적용하는 것이 학문적 관심을 넘어 어떻게 우리사회의
젠더관계 지형을 변화시킬 수 있는 정치적 효과를 가져올 것인가에 문
제의식이 모아져야 할 것이다(True, 2003).

■ 참고문헌

김경희 · 신현옥. 2004. "정책과정을 통해 본 젠더와 평등개념의 제도화: 양
　　　성평등채용목표제와 국공립대 여성교수채용목표제를 중심으로"《한
　　　국여성학》, 제 20권 3호.
김엘림 · 윤덕경 · 이은희. 2004. 《여성발전기본법의 효과 및 발전방향》. 여성부.
배득종 · 김영미. 2002. 《여성공무원 채용목표제의 효과분석》. 여성부.
유철규. 2003. "희망없는 빈곤, 총체적 사회통합의 위기로 가는 분수령이 될
　　　지도". 두레사상.
윤홍식. 2004. "가족정책 방향 및 가족지원 기본법(안)의 주요내용: 가족지
　　　원 기본법(안)의 법제화 필요성". 미간행 원고.
이영자. 2004. "신자유주의 노동시장과 여성노동자성: 노동의 유연화에 따
　　　른 여성노동자성의 변화"《한국여성학》, 제 20권 3호.
이주희. 2004. "적극적 조치와 여성노동: 사회경제적 효과를 중심으로"《한
　　　국여성학》, 제 20권 3호.
조순경. 1998. "민주적 시장경제와 유교적 가부장제"《경제와 사회》, 제 37
　　　호. 한국산업사회학회. 한울.
조영훈. 2000. "생산적 복지론과 한국복지국가의 미래"《경제와 사회》, 제
　　　45호 2000년 봄호. 한국산업사회학회. 한울.

한국여성단체연합. 2004. 《북경여성회의 + 10년, 한국의 여성정책을 진단하며…》.

한국여성연구소. 2004. 《여성비정규직의 차별실태와 법제도 개선과제》.

Bacchi, Carol Lee. 1999. *Women, Policy, and Politics. London:* Sage.

Baden, Sally and Anne Marie Goetz. 1998. "Who Needs(Sex) When You Can Have (Gender)?: Conflicting Discourses on Gender at Beijing". in Jackson, Cecile and Ruth Pearson(Ed.), *Feminist Visions of Development: Gender Analysis and Policy.* London: Routledge.

Beckwith, K. 2000. "Beyond Compare? Women's Movements in Comparative Perspective". *European Journal of Political Research,* Vol. 37: 431~468.

Beneria, Lourdes. 2003. *Gender, Development, and Globalization: Economics as if all people mattered.* London: Routledge.

Booth, Christine and Cinnamon Bennet. 2002. "Gender Mainstreaming in the European Union: Toward a New Conception and Practice of Equal Opportunities?". *The European Journal of Women's Studies,* Vol. 9(4): 430~446.

Borchorst, A. 1994. "The Scandinavian Welfare States-Patriarcha, Gender-Neutral or Woman-Friendly?". *International Journal of Contemporary Sociology,* Vol. 1(8): 3~21.

Boserup, E. 1970. *Women's Role in Economic Development.* New York: St. Martin's.

Cohen, M. G. 1994. "The Implication of Economic Restructuring for Women: the Canadian Situation". I. Bakker (Ed.), *The Strategic Silence: Gender and Economic Policy.* London: Zed Books.

Duffy, Ann. and Norene Pupo. 1992. *Part-time Paradox: Connecting Gender, Work, and Family.* Toronto, Ont. : McClelland and Stewart.

Hernes, H. M. 1987. *Welfare State and Woman Power: Essays in State Feminism.* London: Norwegian University Press.

Jackson, Cecile and Ruth Pearson(Ed.), 2000. *Feminist Visions of Development*: *Gender Analysis and Policy*. London: Routledge.

Keck, Margaret E. and Kathryn Sikkink. 1998. "Transnational Advocacy Networks in the Movement Society", Meyer, David S. and Sidney Tarrow(Ed.), *The Social Movement Society*. London: Rowman and Little field Publishers.

Lind, Amy. 2003. "Feminist Post-Development Thought: Women in Development and the Gendered Paradoxes of Survival in Bolivia". *Women's Studies Quarterly*, Vol. 31(3/4): 227~246.

Marchand, Marianne H. and Janet L. Parpart. 1995. *Feminism Post-modernism Development*. London: Routledge.

Mazur, Amy. 2002. *Theorizing Feminist Policy*. New York: Oxford University Press.

Miller, Carol and Shahra Razavi. 1998. "Gender Analysis: Alternative Paradigms". UNDP.

Moghadam, Valentine. 1992. "Development and Women's Emancipation: Is There a Connection?". *Development and Change*, 23(3): 215~255.

Mohanty, Chandra Talpade. 2003. *Feminism without Borders*: *Decolonizing Theory, Practicing Solidarit*. Durham & London: Duke University Press.

O'Connor, Julia S., Ann Shola Orloff, and Sheila Shaver. 1999. *States, Markets, Families*: *Gender, Liberalism and Social Policy in Australia, Canada, Great Britain, and the United States*. Cambridge: Cambridge University Press.

Ostner, Ilona. 2000, "From Equal Pay to Equal Employability: Four Decades of European Gender Policies" pp. 25~42. in Gender Policies in the European Union(Ed.), Mariagrazia Rossilli, New York: Peter Lang.

Ostner, Ilona and Jane Lewis. 1995. "Gender and the Evolution of European Social Policies in European Social Policies between Fragmentation and Integration". Stephan Leibfried and Paul Pierson(Ed.), Washington D. C.: Brookngs Institution.

Pollack, Mark and Emilie Hafner-Burton. 2000. "Mainstreaming Gender in the European Union". *Journal of European Public Policy*, Vol. 7(3): 432~456.

Rai, Shirin, 2002, *Gender and the Political Economy of Development*. Cambridge: Polity.

Rathgeber, E. M. 1990. "WID, WAD, GAD: Trends in Research and Practice". *Journal of Developing Areas*, 24(4): 489~502.

Rees, Teresa. 1999. "Mainstreaming Equality". Sophie, W. (Eds.), *Engendering Social Policy*. Buckingham: Open University Press.

Rubery, Jill. 1988. *Women and Recession*. London and New York: Routledge & Kegan Paul.

Standing, G. 1989. "Global Feminization through Flexible Labor". *World Development*, 17(July):1077~1095.

Stetson, Dorothy and Amy Mazur. 1995. *Comparative State Feminism*. London: Sage.

Stratigaki, Maria. 2005. "Gender Mainstreaming vs. Positive Action". *European Journal of Women's Studies*, Vol. 12(2): 165~186. London: Sage.

True, Jacqui and Michael Mintrom. 2001. "Transnational Networks and Policy Diffusion: The Case of Gender Mainstreaming". *International Studies Quarterly*, Vol. 45: 27~57.

True, Jacqui. 2003. "Mainstreaming Gender in Global Public Policy". *International Feminist Journal of Politics*, Vol(3): 368~396.

Vavrus, Frances and Lisa Ann Richey. 2003. "Women and Development: Rethinking Policy and Reconceptualizing Practice". *Women's Studies Quarterly*, Vol. 31(3/4): 6~18.

Walby, Sylvia. 2004. "The European Union and Gender Equality: Emergent Varieties of Gender Regime". *Social Politics*, Vol. 11(1): 4~29. New York: Oxford University Press.

Young, Kate. 1993. *Planning Development with Women*. New York: St. Martin's Press.

Zippel, Kathrin. 2004. "Transnational Advocacy Networks and Policy

Cycles in the European Union: The Case of Sexual Harassment".
Social Politics, Vol. 11 (1) : 57~85. New York: Oxford University
Press.

제8장
여성노동정책의 패러다임 전환을 위한 시론

백 진 아

1. 머리말

한국의 여성노동정책은 1987년에 제정된 남녀고용평등법을 기점으로 변화, 발전되었다. 1980년대 산업구조 재편 및 노동력 부족현상은 여성의 사회적 생산노동에 대한 인식 변화를 초래하였고, 이에 따라 여성노동자를 주 대상으로 하는 독립적 노동정책이 추진되는 계기가 되었다. 남녀고용평등법 제정은 근로기준법에 기초한 '보호'에서 '평등'의 여성정책으로 논의를 확장시키고, 여성노동의 독립성을 인정하며, 성인지적 관점에서 남녀고용평등의 토대를 확립했다는 의의를 갖는다. 이후 개정 과정을 거치면서 직접적 성차별의 금지뿐 아니라 간접차별개념의 도입이나 적극적 조치를 통한 실질적 고용평등 추진, 그리고 가정과 일의 양립 지원정책을 강화함으로써 여성노동자의 현실적 조건과 요구를 반영하는 친여성적 정책의 시행을 강화하였다. 특히 출산휴가 확대와 육아휴직 유급화를 통해 모성보호와 육아에 대한 남녀 공동의 책임과 사회적 책임을 공론화하고 성적 차이를 배려함으로써 성역할의 고정관념과 사회정책의 몰성성(gender-blindness)을 극복할 수 있는 여지를 열어놓았다. 그러나 다른 한편으로, 시장논리의 우위와 가부장제 및 남성 생계부양자 이데올로기의 지배, 그리고 남성과 정규직 노동자 중심의 정책기조에 따라 성차별적 구조조정 과정에서 일차적으로 여성을 노동시장에서 배제하거나 비정규직 여성노동자를 양산하는 성별위계적 노동시장의 재생산구조를 벗어나지 못했다.

2005년 현재, 여성의 경제활동참여 인구는 1천만 명을 넘어섰고 여성취업자도 971만 명으로 증가하여 남성취업자의 증가율을 상회하였다. 이러한 현상은 공적 영역에서 일을 통한 여성들의 자아실현과 자기계발 기회가 확대되었음을 의미하는 것으로, 저출산과 고령화 사회로의 편입에 따른 부족한 노동력 확보와 경쟁력 강화에 여성이 중요한 인적 자원으로 활용되는 동시에 양성평등의 사회화 추세가 확산되고 있음을 보여준다.

그러나 여성고용의 양적 성장은 질적 발전으로 이어지지 못하고 그 취약성을 드러낸다. 여성의 경제활동 참여율은 아직 51%에 머물러 있는 수준으로, 70%를 상회하는 선진국의 경우에 못 미칠뿐더러 경제협력개발기구(OECD) 평균인 59.6%에도 뒤진다. 남성과 여성 간의 경제활동 참가율 격차도 심해 사회 전반적으로 여성의 사회참여가 아직 보편화되지 못한 실정이다. 취업이 된 경우에도 고용상 지위가 불안정하여 여성 취업자의 상당수가 임시직이나 일용직에 머물고 있으며, 전문직보다는 서비스직·판매직 혹은 단순직에 종사함으로써 불안정한 고용상태를 보여준다. 특히, 대졸 이상 여성의 경제활동 참가율(57%)이 OECD 회원국 중 최하위 수준을 기록하고 50대 이상의 저학력 여성이 경제활동인구 증가 추세를 주도하는 현상은 여성고용의 양적 측면에서도 문제가 있음을 보여준다.

여성들의 노동단절이 빈번하고, 여성노동자의 70%가 비정규직이라는 사실은 우리사회가 여성의 사회적 노동을 제대로 평가하지 못하고 있으며, 여성의 능력을 제대로 활용하려는 제도와 의지를 갖추지 못함을 반증하는 것으로 이에 대한 국가의 개입과 적극적 노동정책이 필요한 부분이다. 또한 30대 여성의 경제활동참가율 저하는 여성들의 노동시장 참여를 방해하는 주요 장애물이 출산과 양육에 대한 부담이라는 사실을 확인시켜 준다. 경력단절은 노동시장에서의 승진과 보직, 임금 등의 차별로 이어지며, 그 격차가 갈수록 심화된다. 이런 점에서 여성노동은 양적 증가뿐 아니라 고용의 안전성과 전문성을 겸비한 질적 향상의 이중과제를 해결해야 한다. 특히 여성고용 문제가 개인의 노력과 능력에 의해서만 결정되는 것이 아니라 노동시장구조, 출산과 육아의 부담, 성차별적 제도와 관행 등 환경적 요인에 크게 좌우된다는 점에서 불평등한 젠더 관계 재편을 위한 사회적 지원체제와 정책 재검토가 필요하다.

이러한 배경에서 이 글에서는 여성이 당면한 노동현실에 기초하여 양성평등한 노동권의 실현 및 여성노동의 질적 발전을 위해 필요한 새로운 정책 패러다임의 쟁점과 과제를 살펴보고자 한다. 이를 위해 먼저 세계화·유연화에 따른 여성노동시장의 변화와 성격을 살핀 후, 지금까지 시행된 여성노동정책의 흐름을 검토하고, 이에 기초하여 정책 패러다임 전환의 쟁점과 방향을 모색할 것이다.

2. 여성노동시장의 변화와 특징: 내부구성의 분화와 비정규직화

우리나라 여성들의 경제활동 참가율은 1963년 37%에서 2005년 51%로 지속적으로 증가했다. IMF 경제위기와 함께 위축되었던 여성의 참가율이 이후 경기회복과 더불어 회복되는 추세를 보이지만 50% 수준에서 여전히 정체되었다. 미혼의 저연령·저학력 여성으로 대표되던 산업화 초기 여성노동력의 구성은 1980년대 이후 고학력 및 기혼여성의 경제활동 참여가 증가하는 방향으로 변화했다(한국여성개발원, 2002).

여성고용의 양적 확대는 25세 이상 여성의 경제활동참가율이 증가하고, 특히 20대 후반 여성 참가율이 급증하면서 연령별 고용분포 변화를 수반하였다. 아직 미혼상태인 20대 전반과 자녀 양육기를 보낸 40대 이후의 취업률이 가장 높으며, 임신과 양육의 부담이 집중적으로 이루어지는 20대 후반에서 30대 초반의 취업률은 급격히 떨어진다. 이러한 M자형 취업분포는 30대에 경제활동참가율이 정점에 달하는 남성의 취업분포와 대조를 이루는 것으로, 생애주기에 따른 여성고용의 특성을 보여준다. 특히 출산과 양육으로 인한 경력단절의 경험은 하향적 노동시장 재진입과 고용 불안정성으로 대표되는 노동시장에서의 열악한 여성 지위를 재생산하는 주요 요인으로 작용한다.

여성고용에서 특히 주목되는 현상은 비정규직의 증가이다. 일반적으로 여성은 남성보다 임금노동자의 비중이 낮고 같은 임금노동자의 경우에도 고용 안정성이 떨어지는 임시직이나 일용직 등의 비정규직에 편중된다는 특징을 갖는다. 노동자의 권리나 대우, 조직화가 법적으로 보장된 정규직 노동자와 달리 비정규직 노동자들은 노동권을 보호받지 못하기 때문에 해고나 차별의 일차적 대상이 되기 쉽다. 여성노동의 비정규직화나 주변화 현상은 기혼여성의 경제활동 참여 증가와 고학력화로 인한 사무직 선호에서 비롯된 바가 크다. 기혼여성들은 양육이나 가사부담 때문에 고용여건에서 제약을 받게 되며, 이로 인해 시간제나 탄력적 근무가 가능한 고용형태의 취업으로 집중될 수밖에 없다. 또한 노동 유연화 추세에 따라 사무직에서의 정규직 대체는 사무직을 선호하는 고학력 여성을 흡수하는 결과를 낳았다. 이런 점에서 여성 비정규직의 증가는 한편으로 여성노동시장을 단순한 비경력직으로 국한하고 여성의 고용안정성을 저해하는 부정적 결과를 초래하였지

만 다른 한편으로는 기혼여성을 중심으로 하는 여성고용의 양적 확대
에 기여한다는 이중적 의미를 갖는다(황수경, 2003).

여성노동의 비정규직화 추세는 IMF 경제위기를 계기로 확대되었지
만 이미 1980년 후반부터 본격화된 세계화 및 기업합리화 과정과 결부
되었으며, 결과적으로 현재 여성노동시장이 경험한 재구조화나 내부
분화 현상의 일면을 단적으로 보여준다. 세계화의 진행과 노동 유연화
는 한편으로 기술과 정보를 독점하는 핵심적 전문지식노동자층의 형성
과 다른 한편으로 구조조정과 성과급제의 결과에 따라 고용 불안정을
경험하는 주변노동자 집단을 양산하였다. 노동계약 자유화와 능력주
의 제도의 도입은 남성노동자와 여성노동자의 분화를 촉진하여 업종
별·직위별 성별분리를 심화시켰다. 기능적 유연화 전략에 따라 고도
의 기술훈련을 습득하고 생산과정 변화에 대한 적응력을 고양시킨 남
성노동자들이 핵심노동자로 발전하는 데 반해 사양산업에 종사하는 대
부분의 여성노동자들은 수량적 유연화를 통해 탈숙련된 주변노동자로
전락하게 되었다(Paik, 2002).

이러한 차별적 효과는 여성노동시장 내부에서도 발생하였다. 1990
년대 여성의 전문대학 이상 진학률이 30%에서 70% 수준으로 증가하
면서 고학력 신규 여성노동력의 공급이 증대되었다. 또한 근속연수와
경력연수가 지속적으로 증가하여 노동시장에의 통합정도가 높아지면
서 고위관리직이나 전문직에 종사하는 여성들의 비중도 증가하였다.
특히 국가경쟁력의 새로운 원천으로서의 여성인력에 대한 인식이 확산
되면서 단순보조업무로 인식되던 기존의 여성인력 역할관이 조직 내
기간업무를 담당하는 노동으로 변화되었다. 기업 내 대졸여성인력이
증가하면서 대졸여성의 '주류화'와 '고직급화' 현상이 지향되었고, 고숙
련·경력직에 종사하는 여성의 비중이 확대되었다. 정보기술이나 영
업의 전문성과 경쟁력이 강조되는 IT관련 산업 및 금융권에서 나타나
는 여성중간관리자의 증가 추세는 새로운 고용관계의 도입과 실적주

위·능력주의 제도의 도입이라는 외부적 도전을 기회로 활용함으로써 핵심인력으로 성장하는 여성노동자 집단의 등장을 보여준다. 이들 핵심 여성노동자층은 남성노동자와 동일한 경쟁의 규칙을 통해 노동시장에 통합되고, 개인의 시장능력에 따라 안정적 지위를 확보하며, 보다 나은 대우와 결정권을 행사하기 위해 전문성에 기초한 자유로운 이직을 선택하기도 한다.

그러나 남성노동자를 표준노동으로 규정하는 가부장제 문화와 구조 속에서 대다수의 여성노동자들의 고용 불안은 가중되었고, 특히 경기 침체에 따른 대량해고의 고통을 경험하게 되었다. 취업을 한 경우에도 주로 파견노동이나 임시직 등의 비정규직 노동으로 고용됨으로써 법의 보호가 미치지 못하는 사각지대로 주변화된다. 대부분의 노동복지를 기업에서 담당하고 국가 지원이나 사회안전망이 미흡한 상황에서의 고용 불안은 여성노동자들의 기본적 노동권조차 위협하는 결과를 초래한다. 여성노동의 주변화와 비정규직화, 구조조정과 그에 따른 실업현상들은 성적 차별과 배제의 장치들이 노동시장에서 적극적으로 작동함을 보여주는 것으로(조순경, 1998) 결과적으로 성차별의 심화현상을 초래하고 여성의 사회적 권리를 침해한다. IMF 경제위기 이후 성차별적 여성 우선 정리해고와 노동시장 유연화가 가속화된 결과, 2004년 현재 비정규직 노동자는 임금노동자의 55.9%를 차지하며, 여성의 경우 비정규직 비율이 70%에 달한다. M자형 고용분포가 시사하듯이, 여성의 가정과 직장을 양립하기 위한 조치 미흡으로 인한 노동시장에서의 단절과 이후 비정규직으로의 재진입 현실은 다수의 여성노동빈곤층을 형성하는 원인이 된다.

여성노동자 내부에서 발생하는 양분화 현상은 여성노동자들이 동일한 이해관계와 정체성을 공유하는 단일한 집단이 아니며, 따라서 여성노동자들 내부의 다양성과 차이를 고려해서 여성노동정책이 형성되어야 한다는 사실을 시사해준다. 이러한 현실을 반영하여 향후의 여성노동정책은 고학력 전문직 여성의 사회진출 지원 및 승진, 임금, 정년, 해고 등에서 실질적 차별을 해소하는 방안과 비정규직 등 저학력·저임 금노동자의 보호에 중점을 두는 방향으로 진행되어야 할 것이다. 또한 기혼여성의 노동시장 참여를 활성화하기 위해 재생산노동에 대한 사회 적 재평가와 실질적 지원체제 확립에 대한 지속적 노력이 필요하다.

3. 여성노동정책 전개와 정책환경 변화

우리사회에서 노동과 관련된 정책들은 1953년에 제정된 근로기준법 에 근거해서 이루어졌다. 근로기준법은 헌법이 보장하는 남녀평등권 에 입각하여 남녀노동자에 대한 차별대우를 금지하였지만, 실제 노동 현장에서 발생하는 성차별 문제에 대한 법적 적용기준 문제와 고용상 차별행위에 대한 규제 내용을 명시하지 않아 고용평등의 실질적이고 정책적인 효과를 얻기가 어려웠다. 더욱이 1970년대 말까지 여성노동 은 수출을 담당하는 주요한 경제행위자로서의 역할과는 무관하게 남성 노동을 보조하거나 경기변동의 완충역할을 하는 주변적 노동으로 인식 되었다. 이런 상황에서 여성노동정책은 열악한 조건의 여성노동에 대 한 시혜적이고 온정적 보호의 차원에서 이루어졌고, 따라서 남녀간의 고용평등에 대한 사회인식이나 정책적 관심이 거의 형성되지 못한 상 태였다.

우리사회에서 공식적으로 여성정책에 대한 국가적 인식이 마련되었 던 시기는 1980년대 중반이다. 이후 지금까지 결실을 거둔 주요한 여 성정책으로는 가족법 개정, 남녀고용평등법의 제정 및 개정, 영유아 보육법 제정, 근로자여성복지기본계획의 수립, 여성의 사회참여 확대 10대 과제 책정 및 실시, 성차별개선지침의 수립, 남녀차별금지 및 구 제에 관한 법률, 모성보호정책 확대 등을 들 수 있다. 여성정책은 요

260

보호여성을 대상으로 한 1970년대의 부녀복지의 개념에서 1980년대 가정과 복지 중심으로 발전되었고, 1990년대에 들어서는 여성의 인권을 중시하고 성인지적 관점에서 성정책의 주류화를 지향하는 방향으로 나아가게 되었다.

1980년대 들어 여성문제에 대한 기초자료가 수집되어 본격적으로 보편적 여성정책을 구체화할 수 있는 기반이 마련되었고, 이후 급격한 정치사회 변동과정에서 여성운동 활성화와 여성정책 제도화가 진작되었다. 이 시기 여성운동단체들은 조기정년철폐요구 소송(1985)과 여성 결혼퇴직제 철폐 투쟁(1986)의 승리를 거두면서 여성의 평생평등노동권 보장과 이를 위한 모성보호 및 보육시설 설치 등을 요구하였고, 이러한 과정에서 여성관련법의 제·개정에 적극적으로 참여하기 시작하였다. 이와 같은 상황에서 정부는 UN 여성차별철폐협약 가입국(1984)이 된 이후 국제사회성원으로서의 의무를 수행해야 한다는 압력과 여성운동의 성장, 그리고 선거를 의식한 정치적 고려에서 1987년 남녀고용평등법을 제정하였다. 남녀고용평등법은 법의 실효성 미비와 감독행정의 부실, 사회적 노동으로서의 여성노동에 대한 인식이 부족하다는 한계에도 불구하고, 보호중심의 협소한 여성정책에서 벗어나 평등개념의 보편적 여성정책으로 확대되었다는 점에서 UN의 WID(*Women in Development*) 전략단계에 근접하였다는 의의를 갖는다.[1] 이 외에도 1980년대는 여성의 지위향상과 남녀평등의 효과적 수

1) WID 접근은 여성들이 주체적 경제행위자임에도 불구하고 개발과정에서 소외되어 인적 자원의 잠재력이 활용되지 못하고 있다는 인식에서 출발하여 여성을 경제개발에 기여할 수 있는 자원으로 활용한다는 목적을 갖는다. 그러나 이 접근은 여성의 경제적 독립과 실질적 요구 수용에 주목하지만 여성의 전통적 성역할을 강조하고 남성과 여성 간의 권력관계를 도외시한다는 한계를 안고 있다. Moser, C. 1993. *Gender Planning and Development: Theory, Practice and Training*. 장미경 외 옮김(2000). 《여성정책의 이론과 실천》. 문원출판.

행을 목적으로 한 여성전담부서의 설치와 행정조직을 확대함으로써 정부차원에서 여성문제가 본격적으로, 그리고 독립적으로 다루어질 수 있는 발판이 마련된 시기이다.

정책기반 조성과 구체적 여성발전 방향에 기초하여 여성정책은 1990년대 들어 세부적 여성관련 정책이 통합되어, 체계화되는 발전 계기를 확보하게 되었다. 이념 지향성에서 탈피하여 운동의 독자성과 새로운 정체성 방향을 모색하던 이 시기 여성운동은 성, 가족, 문화, 고용 등 여성 고유의 주제와 관련된 정책입안을 추진하면서 과거 대립적이었던 대정부 관계에서 벗어나 제도정치에 직·간접적으로 참여하기 시작하였다(Paik, 2002).

여성운동이 제도화되는 과정에서 여성노동정책은 남녀고용평등법의 개정과 영유아보육법의 제정(1991), '모성보호관련법'의 개정(2001)이라는 제도개선의 성과를 거두었다. 또한 가족법과 상속법 개정을 통해 여자의 재산상속분에 대한 차등대우를 철폐하고, 주부의 가사노동에 대한 가치를 부분적으로 인정하였으며, 육아문제에 대한 남녀공동 책임을 명시함으로써 전통적 성역할 변화를 이끌어내고자 하였다. 이러한 정책들은 성분리적 역할의 변화를 통해 여성의 지위향상을 꾀한다는 점에서 GAD(Gender and Development)[2] 전략단계에 포함될 수 있으며, 가부장적 성별분업체제에서 벗어나 실질적 평등에 대한 국가 인식이 강화됨을 보여주는 것이다.

특히 노동과 관련하여 2001년 모성보호 관련법 개정을 통해 산전산

---

2) GAD 접근은 전통적 성역할관에서 벗어나 여성을 독립적 주체로 인식하고, 남성과 여성의 지위와 역할을 규정하는 성별 위계구조와 그 차이에 주목한다는 점에서 WID 방식과 구별된다. 이 접근은 기존의 불평등한 젠더 관계를 재편하고 여성과 남성의 역할변화를 통해 여성의 전략적 이해를 증진시키고자 하는 보다 여성 주체적인 방식이다. 장미경 외(2000). 앞의 책 1장을 참조.

후휴가의 90일로의 확대와 추가된 30일분의 비용에 대한 사회분담화 방안은 여성노동자들이 출산으로 인한 경력단절의 문제점을 해결하여 여성의 평생평등노동을 위한 제도적 장치를 마련하였다는 점에서 의미가 크다. 또한 영유아보육법의 개정(2003)을 통해 보육비용 지원을 확대하고 차등보육료제를 도입하는 등 여성의 가족생활과 직장생활의 양립을 강화하기 위한 조치들이 실시된다. 그러나 시장경쟁논리가 지배하는 세계화와 국가경쟁력 담론의 추세에서 과거의 성차별적 관행과 제도가 누적된 현재의 남성 중심적 사회구성을 통해서는 실질적 양성평등의 실현이 불가능할 수밖에 없다는 결론에 도달하게 된다. 제한된 자원 및 권력, 기회의 접근 등을 남성들이 지배하는 불평등 구조에서 경쟁과 능력을 통해 차별을 피하는 소극적 방식으로는 사회적으로 배제되어 있는 여성의 문제를 해결할 수 없기 때문이다(백진아, 2001).

한편, 1995년 북경여성대회를 기점으로 '성정책의 주류화'(*gender mainstreaming*)3) 방침이 전 세계적으로 확산되었다. 1998년에 출범한 국민의 정부 정책추진 목표는 크게 다섯 가지로 요약될 수 있는데 첫째, 여성정책 주류화, 둘째, 여성의 대표성 제고, 셋째, 여성인력 육성 및 경쟁력 제고, 넷째, 여성의 국제협력 활성화, 다섯째, 여성계와의 협조체제 강화이다(한국여성학회, 1999: 7). 국민의 정부에서 시행된 여성정책담당관제도와 여성정책을 총괄적으로 집행할 수 있는 여성부의 신설은 여성문제를 사회적으로 공론화시키는 획기적 여성정책을 표방하였다는 점에서 평가받는다(정현백, 2001). 그러나 노동시장 유

---

3) 성 주류화의 구체적 내용은 첫째, 사회의 모든 분야에 여성 참여가 확대되어야 하고, 둘째, 성인지적 관점에서 정책이 결정되어야 하며, 셋째, 여성의 전체 정책과정에의 참여에 따른 정책 주도세력의 전환을 내포한다(한국여성개발원, 1996). 이는 모든 정책과 사업, 프로그램들이 사회의 모든 분야에서 여성과 남성에게 어떻게 다르게 영향을 미치는가를 검토하고 남녀 간의 동등한 참여를 장려함으로써 보다 평등한 젠더 관계를 구축하기 위한 시도이다.

연화 전략에 기초하여 여성노동력을 단순노동력과 비정규노동력으로 활용하려는 시장논리 중심의 소극적 여성노동정책을 실시하였고, 결과적으로 여성노동의 실질적 권리향상에 실패하였다는 비판도 함께 받는다(정현백, 2001; 왕인순, 2001).

지난 1990년대 이후 한국의 여성운동이 정부와의 긴장구도나 참여적 거버넌스를 통해 이루어낸 법과 제도적 성과는 긍정적이다. 그러나 법과 제도 개선이 정치, 경제, 사회, 문화 전반에 걸쳐 여성에 대한 차별을 해소하고 실질적 평등보장으로 연결되지 못하는(유엔여성차별철폐위원회, 1998) 문제를 안고 있다. 여성에 대한 차별은 인간의 상호 존중이 결여되고 남녀불평등한 위계구조 사회에서 여성을 남성과 대등한 인격체로 인식하지 않는 데서 발생하며, 특히 여성의 경제적 종속성을 지속시키려는 데 문제가 있다는 점에서 여성노동의 독립성과 자립성 여부는 양성평등사회의 주요한 관건이 된다.

여성의 노동권은 남녀평등 촉진과 여성의 사회참여 확대 등을 목표로 하는 제1차 여성정책기본계획(1998~2002)을 통해 발전계기를 확보하였다. 이러한 계획을 통해 성차별적 법과 제도가 정비되고 여성의 사회참여가 증가하는 등 양성평등사회 실현을 위한 기반이 확립되었지만, 여전히 일터를 포함하여 사회 전체적으로 차별적 의식과 관행이 지속되고 있으며, 여성노동자를 위한 가족과 일의 양립을 위한 인프라 구축이 취약하다는 한계를 안고 있었다. 특히, 21세기는 제조업 중심의 산업사회에서 벗어나 지식과 정보가 핵심인 지식기반사회로서 사회경제적 환경 변화에 따른 가족구조 변화와 여성의 사회참여 욕구 증대라는 현실과 마주하고 있다. 이러한 시대적 요구와 변화에 따라 차별과 폭력이 사라지고 인권이 존중되는 실질적 평등사회의 실현을 위한 정책적 노력을 요구받는다.

21세기 지식기반사회의 도래는 산업구조 변화와 함께 지식이나 정보 위주의 신산업 구도에 적합한 노동시장 재편을 수반한다. 이러한 변화에 대응하기 위해, 개인적으로는 급속한 사회 변화에 적응하기 위하여 평생교육과 능력개발이 불가피하며, 사회적으로는 지식기반경제의 핵심 요소인 지적 자본으로서의 인간 개발을 주도하고 지원함으로써 경쟁력을 확보하는 것이 중요한 과제로 부각되었다. 특히 우리사회가 선진국으로 진입하기 위해서 고성장의 원동력이 될 지식산업과 서비스산업을 주도할 전문적 고급 여성인력 확보가 시급한 현안으로 제기되었다. 지식이 경쟁력 강화와 지속적 경제성장의 핵심인 21세기 사회변화에서 여성노동의 확대와 발전은 중요한 노동현안으로 부각되는데, 이는 여성에 대한 문호 확대를 통해 보다 풍부한 인력의 충원과 인재 선발이 가능하고, 결과적으로 생산성과 경쟁력 향상의 효과를 기대할 수 있기 때문이다. 즉, 여성고용은 정의실현의 규범적이고 윤리적인 이유나 남녀평등의 법적 요구사항을 준수하기 위한 '생색내기' 차원을 넘어 이윤추구를 목적으로 하는 기업 목표에 부합되는 현실적 고려에 의해서도 요구된다.

한편, 저출산율 추세와 고령화 사회로의 진입 상황에서 부족한 노동력을 보완할 수 있는 대안으로 여성인력 활용은 필수불가결한 과제로 부각된다. 고령화 사회의 가장 큰 문제는 노동공급의 문제이며, 따라서 소수의 일하는 사람들과 다수의 일하지 않는 사람들로 구성되는 상황에서 여성의 경제활동 참여 증대는 성장을 유지하고 가능하게 하는 핵심적 요인이라는 지적이 나온다(안주엽, 2002). 더욱이 노동의 유연화를 통해 평생고용의 의미가 사라지고, '남성=생계부양자, 여성=가사담당자'라는 성별분업에 기초한 가족임금제 패러다임이 흔들리면서 여성의 취업은 삶의 기본적 조건이 되었다.

지식정보화 사회로의 진입이라는 문명사적 전환과 그에 따른 사회경제적 환경의 변화들은 산업화 사회의 남성 중심성과 가족 중심성, 그리고 성별분업에 기초한 사회정책의 기본 틀로는 현재의 당면 과제들을 제대로 해결할 수 없을 뿐더러 미래사회의 청사진을 구성할 수 없음을 의미한다. 이러한 한계는 곧 변화하는 시대의 요구를 수용하며 성별관계의 재편과 양성평등사회의 실현을 지향하는 여성정책의 새로운 정책 패러다임의 모색을 필요로 한다.

4. 여성노동정책의 새로운 패러다임: 전환의 지점과 쟁점

1) 성분리 구조와 성별분업-남성 생계부양자 모델의 극복

가부장제의 지배가 강한 우리사회는 공·사 영역의 분리에 따른 생산과 재생산의 성별분업이 엄격하고, 이에 따라 여성은 재생산 노동의 책임자로 인식된다. 여성을 노동시장에 편입시키는 지금까지의 노동정책 역시 성 분리와 성별분업을 전제로 구성되고 실행되었다. 남성을 생계부양자로, 그리고 여성을 가사책임자로 규정하는 정책틀에서 여성정책은 남녀의 위계화된 사회적 관계에 주목하는 것이 아니라 여성들의 '역할'을 활용하고 보호함으로써 역할의 '여성성'을 강조하는 결과를 초래한다. 남성이 사회체제의 존속과 연결된 생산노동의 핵심으로 가치를 평가받는 데 반해 여성은 사적 영역에서 가사책임과 돌보기 노동을 동시에 수행해야 하는 주변적 이중노동자이며, 그 지위도 취약하고 불안정하다. 성별분업 규범을 준수하는 여성고용 활성화 정책은 남성의 사회적 생산노동을 기반으로 여성만이 일과 가정을 양립하는 방안들을 보안함으로써 남성과 여성이 선택에 의해 직장과 가정 일을 동시에 수행할 수 있는 독립적 조건형성을 제한한다. 결과적으로 사적 영역에 대한 공적 영역의 지배를 지속시키는 이러한 방향은 여성의 사회참여를 장려하기 위해 여성에게 현실적 혜택을 제공할 뿐, 기존의 성차별과 여성억압을 강제하는 젠더 관계나 성별체계의 변화를 유도하지 못한다. 이런 점에서 남녀간의 사회적 관계나 가부장적 권력관계의 변화는 성분리적 역할구도의 극복과 맥을 같이하며, 가정에서뿐 아니라 사회 전체적으로 성분리를 해체하고 남녀 역할 재구성을 지향하는 여성주의 원칙과 정책 시스템 구축의 관점에서 출발해야 한다.

같은 맥락에서 일과 가족의 지원방안은 여성의 가족책임을 완화하여 노동시장 참여를 확대한다는 소극적 문제의식에서 벗어나, 남성과 여성 모두 노동시장에 통합됨에 따라 가정에서의 재생산 노동에 대한 양성 책임을 강조해야 한다. 스웨덴의 부모휴가제는 자녀양육이 남녀 공동의 책임이며, 노동시장 편입 역시 남녀 모두의 권리라는 공감대를 통해 성분리적 분업체계를 극복하는 데 기여한 중요한 제도의 하나이다(한국여성정책연구회, 2000; Sainsbury, 1999). 또한 사회적 보육시설의 이용권리나 어린 자녀를 둔 부모가 노동시간을 단축할 수 있는 권리를 포함하는 양육의 사회화 정책도 개인의 평등노동권을 보장하고 성역할의 고정관념을 타파하는 데 기여하였다.

우리사회의 경우도 모성보호[4] 비용의 사회분담을 확대하고 육아휴직 제도를 활성화함으로써 여성의 경제활동 참여를 적극적으로 지원해야 하지만, 그 정책기조는 여성에 대한 시혜적 배려가 아니라 평등노동권의 인식에 기초해서 이루어져야 한다. 여성의 모성보호 강화를 위

---

4) 모성보호와 관련해서 주의를 요하는 쟁점 중의 하나는 실제적 정책수립에서 평등과 차이의 개념을 어떻게 설정하고 적용할 것인가라는 문제이다. 전자는 기회의 평등과 관련하여 양성을 차별 없이 같게 대우하는 접근방식이고, 후자는 조건의 평등에 주목함으로써 여성의 신체적 특성과 모성의 실천에서 비롯되는 차별성에 근거하여 특별한 보호를 요구하는 방식을 의미한다. 그러나 여성의 경제활동이 증가하고, 양육의 사회적 책임이 공론화되면서 보호와 평등에 대한 새로운 이해가 확립되기 시작한다. 즉, 여성의 신체적 조건과 삶의 조건을 고려하고, 성차이를 반영하는 평등주의의 입장이 수용된 것이다. 이런 관점에서 보호와 평등은 대립되는 것이 아니며, '보호'의 인정은 실질적 평등을 달성하기 위한 차별철폐조치의 적극적 일면으로 이해되어야 한다.

한 제도의 개선을 추진하며, 5) 육아휴직제도의 활성화를 위한 방안들 (육아휴직 장려금의 현실화, 육아휴직 대체인력 풀의 구성, 육아휴직 조건의 완화, 육아휴직자 및 대체근로자의 직업능력개발 프로그램의 개발)을 강구하고 보육지원금 및 노인보호지원금에 대한 기업부담을 장려함으로써 직장과 가정생활의 양립을 위한 실질적 지원체계를 마련하는데 역량을 두어야 할 것이다. 특히 보육의 공공성을 외면하고 상품화하려는 보육정책 기조는 보편적 보육의 기본정신을 훼손시킬 수 있으므로 우선적으로 정부 설립 및 지원의 국공립 보육시설 확대 정책을 고려하면서, 직장 보육시설의 확충에 역점을 두어야 한다. 또한 학령기 아동을 대상으로 하는 방과 후 보육의 공공성을 강화하기 위해서는 보육정책 기조의 전면적인 전환과 지원 확대도 함께 요청되어야 한다.

한편, 젠더관계 변화를 지향하는 정책 패러다임 전환은 국가정책 결정과정에서 여성들이 배제되었다는 사실에도 주목해야 한다. 이는 곧 공·사 영역 분리에 따른 성역할 유형화가 정책의 입안과 집행의 의사결정과정에 재현됨으로써 여성 대상의 주요 정책들이 여성의 경험과 시각을 제대로 반영하지 못했다는 사실을 드러낸다. 여성이 배제된 여성정책은 표면적으로 성중립적 내용을 담고 있지만 기존의 성차별적 사회여건상 '남성(에 우호)적'인 정책효과를 낳게 된다. 그 결과는 사회정책의 성중립성을 전제함으로써 사회적 실천과 제도의 성차별적 특성이 무시되거나 여성에게 특별히 적합하고 의미가 있는 쟁점들이 복지

---

5) 2003년 출산휴가를 받은 여성노동자의 보육실태를 조사한 노동부의 결과는 모성보호제도가 제대로 활용되지 못하는 현실을 지적한다. 응답자의 12.9%는 출산휴가 후 직장을 그만두었고, 10% 정도는 육아의 어려움 때문에 퇴사한 것으로 나타났다. 기혼여성 가운데 출산휴가를 제대로 사용한 사람은 30%에 그쳤고, 육아휴직을 사용한 사람은 4%에 불과했다. 출산휴가를 제대로 사용하지 못한 주된 이유는 회사의 눈치가 보이고, 회사의 대체인력이 없기 때문이지만 출산휴가 사용시 퇴사압력에 대한 지적도 7%를 차지하였다.

268

의 현안에서 주변화되고 배제되는 방식으로 나타난다(Woodward, 1997). 이런 점에서 여성들의 경험을 어떻게 주류화 할 것인가6)의 문제는 여성정책의 새로운 패러다임에서 세밀히 검토되어야 할 중요한 의미를 갖게 되며, 7) 세력화(empowerment)를 통한 참여적이고 평등주의적 시민권 확보라는 관점에서 진행되어야 한다.

2) 돌보기 노동의 사회화와 노동 개념의 재구성

근대 산업사회 형성과 자본주의 진전은 가정과 일터의 분리와 함께 진행되었다. 전근대 사회의 가족기능으로 수행되었던 생산과 재생산 노동이 각각 공적 영역과 사적 영역의 주된 책임으로 엄격히 분리되어 구성되고, 이에 대한 성역할 분리가 강조되었다. 가사노동을 포함하여 여성의 돌보기 노동은 핵가족 유지와 가족신화를 위해 사랑과

---

6) 노동정책과 관련하여 현실적으로 활용될 수 있는 성주류화 전략은 성인지적 분석과 성별분리통계의 도구적 활용을 통해 이루어진다(Corner, 1999). 성인지적 분석은 모든 정책 속에 성관점을 통합하는 시도로서, 특히 정책개발에 필요한 성과 관련된 정보를 제공하여 정책에 내재한 성차와 불평등을 밝힘으로써 양성평등적 정책 개발을 모색하는 것이다. 한편, 성별분리통계는 여성의 사회경제적 불평등을 초래하는 남녀 생활상의 차이를 분석하고 분석결과를 정책개발에 활용하는 성인지적 분석의 필수조건이다. 성별분리통계를 통해 노동시장 내에서의 여성노동과 남성노동의 유사성과 차이를 구별할 수 있고, 나아가 여성이 당면한 특수한 위치와 제약들을 포착할 수 있기 때문이다(Galvez, 2003). 특히 여성노동의 비정규직화 현상과 관련하여 사업체 단위의 비정규직 성별 실태조사를 실시하고, 모든 통계자료에 성별 항목을 보강하는 작업이 필요하다.

7) 성 주류화 전략은 불평등 문제를 여성의 특수 문제로 인식하는 것이 아니라 남녀간의 사회적 관계라는 총체적 문맥에서 이해한다는 점에서 이전 국가발전 중심논리의 여성정책 패러다임과 구별된다. 그러나 개념과 접근방식에 대한 오해, 정책실현을 위한 현실적 여건과 환경의 미비로 인한 한계를 지적받는다. 자세한 내용은 김영옥(2004) 참조.

헌신의 이름으로 당연시되었고, 남성의 임금노동과는 달리 사회적 생
산에 기여하지 못하는 가치 없는 일로 무시되었다. 남성의 생산활동
참여를 가능하게 하고, 가족임금제도를 통해 자본주의적 질서의 재생
산에 기여함에도 불구하고 돌보기 노동은 '온전한' 일이 아니라 여성에
게 천성적 자질, 그래서 대가를 지불하지 않아도 되는 무급봉사에 불
과하였다. 남성 임금노동, 여성 무급 돌보기 노동의 도식은 복지체제
와 사회정책 형성의 기본 축을 이루며 전개되었다(O'Conner, 1993;
Orloff, 1993; Daly, 1994).

우리사회에서 노동정책의 대부분은 남성 정규직 임금노동과 가족을
중심으로 이루어지기 때문에 사회적 생산활동에서 제외되거나 비혼인
상태의 여성은 복지수혜에서 소외되고 차별을 경험하게 된다. 남성부
양자 중심의 노동시장 관행과 복지정책의 가족중심성을 드러내는 사례
는 국민연금제도의 시행에서도 확인되며, 노동과 관련된 사회보험제도
의 경우에는 정규직 남성노동자를 수혜대상으로 전제한다. 따라서 전
업주부의 경우에는 부양자에 의해 파생된 보장청구권 정도로 복지혜택
이 한정되고, 노동시장에서 비정규직으로 고용된 대다수 여성들은 사
회보험의 적용단계에서부터 배제되며, 제도에 포섭된 정규직 여성노동
자 역시 노동시장에서의 임금격차나 차별적 노동조건으로 인해 최저
수준의 급여를 지급 받게 되는 것이다(엄규숙, 2002). 이는 가부장제
사회에서 여성이 가족 내에서 수행하는 무보수 가사노동이나 돌보기
노동에 대한 평가가 이루어지지 않기 때문이며, 이로 인해 노동시장에
서 우선적 보호가 필요한 비정규직 노동자나 영세 사업장에서 일하는
여성들의 복지향상에 별다른 혜택을 주지 못하게 된다. 이와 같이 평
등과 재분배를 목표로 하는 정책들이 남성임금노동자 중심의 복지원칙
에 따라 오히려 여성의 예속성과 성별분업 체계를 강화시키는 결과를
초래하기도 했다. 이런 의미에서 여성을 독립적 주체로 인식하는 시민
적 권리의 차원에서 정책논의를 전환해야 할 필요성이 제기된다.

역사적으로 여성을 가정에 종속시키는 사적·공적 영역의 분리는 여성의 시민사회로의 통합을 저해하였다. 시민권은 근대로의 이행을 촉발시켰던 시민혁명의 성과로서 민주주의 발전에 핵심적인 개념이지만, 실질적 내용은 남성들의 경험에 기초하고, 남성의 권리를 의미하는 '절반의' 의미로 출발하였다. 복지국가와 사회권에 대한 연구에서 전형적 시민은 임금노동을 하는 남성노동자로 간주되는데, 이는 시민권에서 중요한 기준이 되는 독립성에 대한 부여가 고용을 통해 이루어지기 때문이다(O'Connor, 1993). 남성노동자를 표준으로 하는 사회정책의 기본틀에서는 가정에서 재생산노동을 담당하며 남편에게 경제적으로 의존하는 여성들은 독립적 정책단위로 평가될 수 없는 이등시민에 불과하다. 여성의 시민권은 출산 및 양육의 의무와 연계되어 부여된다는 점(Pateman, 1989)에서 공적 영역에 기초하는 남성의 시민권 개념과 구별되어야 한다.

여성이 실제적으로 남성과 동등한 시민이 되는 것이 양성평등한 복지국가의 구성 및 성통합적 여성정책 수립에 필수적이라는 인식은 두 가지 사실에 대한 고려를 요구한다. 하나는 장기적 관점에서 여성을 가족 내의 재생산 노동자로 한정하는 성별분업의 변형을 지향해야 한다는 점이고, 다른 하나는 현실적으로 여성이 수행하는 재생산 노동에 대한 평가와 조직화를 통해 내부적 젠더 관계의 성격에 주목하는 것이다. 여성 시민권의 재구성은 노동시장에서의 여성의 위치, 가족 내 돌보기 노동에 대한 여성의 관계성, 사회보장제도 및 복지체계에서의 여성들의 경험을 기초로 남성과는 다른 여성들의 기본권 확보를 위한 것이다.

복지체제에 대한 여성주의적 논의들은 공적 영역에 한정되어 이루어졌던 기존 연구들이 가족이나 노동시장에 고착된 성별분업, 사회의 돌보기 노동에 대한 가치평가, 여성과 남성 사이의 불균등한 삶의 기회의 정착 등이 복지제도 구성에 미치는 영향을 간과하였다는 사실에 주목한다. 주류 사회정책 연구에서 분석의 출발은 언제나 남성노동자

로부터 시작되었고, 여성은 노동자일 경우에만 분석대상에 포함되었
다. 여성노동자를 연구에 포함시키는 것은 전형적 남성생산노동자에
근거한 연구들보다 진일보한 것임에 분명하지만 한계를 갖는다.⁸⁾ 따
라서 남성의 경험과 규범을 표준으로 하는 기존의 모델에 여성을 단지
첨가하는 접근방식을 넘어 젠더 관계가 사회적으로 구성되는 방식을
비판적으로 검토하는 인식틀의 필요성이 제기된다. 이러한 관점에서
세인스베리(Sainsbury, 1999)는 남녀간의 관계, 수급원리, 성별분업,
그리고 정책구성의 기본이념에 따라 젠더복지의 유형화를 시도하였
다.⁹⁾ 젠더 관계와 이데올로기에 기초한 이러한 접근은 가족이나 부부

8) 한계의 내용은 세 가지로 집약된다. 첫째, 임금노동을 중시하는 표준적 주
류연구의 분석틀을 고수한 채 단지 여성에게 확대하는 피상적 방식으로 젠
더 문제가 고려됨으로써 남성과 구별되는 여성노동시장 참여의 차별적 효과
를 간과하였다. 둘째, 남성들의 노동시장 참여가 여성의 무급 재생산 노동
때문에 가능하다는 사실을 간과함으로써 탈상품화의 결과가 남성과 여성에
게 다르게 나타난다는 사실을 무시한다. 셋째, 노동시장의 지위에 근거한 사
회적 권리에 집중함으로써 여성이 수혜 받을 수 있는 결정적 기준, 즉 아내로서
그리고 어머니로서 제공받는 수급권을 간과한다(Sainsbury, 1999).

9) 첫째, 남성부양자모델(male breadwinner model)은 엄격한 성별분업에 기초
한 남성우위의 젠더이데올로기로 특징지어지며, 여성과 남성 간의 상이한
역할과 의무를 규정함으로써 수급권 제공에서 성불평등 결과를 초래한다.
둘째, 성역할 분리모델(separate gender roles)은 남성과 여성 간의 역할 차이
를 중시하고, 그 차이에 기초해서 사회적 권리가 할당된다는 특징을 갖는
다. 엄격한 성별분업을 고수하고 사회정책의 구성과 실행에서 가족책임의
중요성을 강조하지만, 기본적으로 생계유지 원리와 돌보기 원리를 모두 중
시한다. 셋째, 개인적 모델(individual earner-carer model)의 젠더이데올로
기는 여성과 남성이 서로 역할과 의무를 공유하고 동등한 권리를 갖는다는
점에서 앞의 두 모델과 구분된다. 남녀 모두 부양을 책임지는 동시에 돌보
는 노동을 수행하는 사람으로서 수급권을 가지게 됨에 따라 사회정책 역시
여성이 노동자가 되고 남성이 돌보는 노동을 담당하게끔 구조화된다. 또한
임금노동과 무급노동에 대해 동일한 혜택을 제공함으로써 사회적 권리에서
젠더 차이를 중립화시키는 효과를 거둔다(Sainsbury, 1999).

를 복지 단위로 삼는 것에 대해 문제 제기하고, 복지제도에 의한 가족 내 경제적 의존 관계에 관심을 기울인다. 특히 임금노동과 돌보기 노동을 구분하는 이분법적 성별분업의 틀을 넘어 사적 영역에서 수행되던 돌보기 노동의 공공성을 인정하고, 사회적 지원을 받는 수혜 급부의 근거(시민권) 및 돌보기 노동과 여성의 경제활동 참가율 등의 기준을 통해 복지의 분배와 사회정책의 성별화된 결과를 측정하였다. 이러한 접근은 여성을 어떤 존재로 인식하는가에 따라 사회정책의 방향성과 결과가 상이하다는 사실을 보여준다. 이런 점에서 노동시장에서의 성평등을 위한 정책과 제도의 모색은 특히 여성노동에 내포된 돌보기 노동에 대한 재평가에 주목해야 할 것이다.

프레이저(Fraser, 2000) 역시 여성의 모성역할과 돌보기 노동에 대한 평가를 통해 가족과 일의 관계를 분석하였다. 보편적 부양자 모델(*universal breadwinner model*)이나 양육자 등가 모델(*caregiver parity model*)처럼 가정 내에서 수행되는 여성의 어머니 역할에 대한 직접적이고 사회적인 보상이 강조되는 경우에는 여성의 노동시장 편입이 제약을 받게 되고, 성평등 효과도 감소된다. 반면에 여성의 노동시장 참여를 중시하고 보육의 공공성을 통해 국가와 사회가 돌봄의 책임을 공유하는 경우에는 여성과 남성 모두가 돌보기 노동의 주체가 되며(Fraser 2000), 복지제도 내 성별 계층화를 완화하는 데 영향을 미치게 된다(Leira, 1989). 이는 공·사 영역 분리에 대한 도전이며 임금노동 중심의 정책기조를 바꾸며 사회를 재편해내는 문제의식의 근간이 된다.

핵가족의 해체와 여성의 노동시장 참여는 돌보기 노동에 대한 재평가와 근대적 남성시간에 기초한 노동 개념의 재구성을 요구한다. 여성 고용이 확산됨에 따라 자녀양육이나 노인부양과 같은 돌보기 노동은 더 이상 개별 가족에서 개인적으로 수행되는 노동이 아니라 사회적 서비스로 전환된다. 특히 저출산과 고령화의 추세는 돌보기 노동의 사회화를 촉진하며, 고성장의 근대사회가 낳은 임금노동의 고용효과는 일자리 창출이 어려운 복지사회에서 기대하기 어려운 상황이다. 따라서 사적 영역에서 수행되는 여성의 돌보기 노동에 대한 가치 인정을 통해 시민권의 범위와 내용을 변화시키는 작업이 필요하며, 무급의 재생산 노동이 창출하는 사회적 가치를 산출하거나 무급노동의 사회적 기여에 대한 보상을 위해 제도를 재편성함(김경희 외, 2001)으로써 노동에 대한 재정의가 이루어져야 할 것이다.

3) 비정규직 여성노동권의 보호

현재 여성노동의 열악한 지위와 관련하여 가장 우려되는 점은 '여성 노동의 비정규직화'와 '비정규직의 여성화' 현상이다. 비정규직 확산과 여성화 현상은 시장의 움직임뿐 아니라 사회적 생산 및 재생산의 성별 분업과 남녀차별적 노동정책에 의해 영향을 받았다(김태홍, 2001). 이미 1990년대 초반부터 진행되기 시작한 비정규직화 추세는 경제위기 이후 단행된 신자유주의 노동정책에 의해 가속화되었다. 특히 여성의 비정규직화는 특정 계층에 한정된 것이 아니라 고학력을 포함한 모든 교육수준과 연령, 직종에 보편화되어 발생한다는 점에서 남성의 경우와 구별된다. 또한 금융산업의 구조조정 결과로 금융사무직의 정규직 여성들이 해고되어 비정규직으로 재고용되면서 비정규직의 여성화 역시 빠르게 진행되었다. 이러한 현상은 노동력 재생산이 여성의 몫이라는 가부장적 성역할 이데올로기와 사회 전반의 성차별적 관행, 그리고 기간제 및 파견제와 같은 신자유주의적 노동정책들이 결합되어 나타난 결과이다. 비정규직의 문제는 남녀가 성역할 구분 없이 사회적 생산과 재생산노동에 평등하게 참여할 수 있는 기반 확충과 핵심노동자 중심의 내부노동시장에 존재하는 성차별적 노동관행의 철폐, 그리고 비정규직 여성에 대한 보호권 강화와 연결된다.

  고용이 불안정하고 각종 사회적 보호가 필요한 취약 노동자를 포함해서 전체 여성노동자의 절대 다수가 사회적 보호대상으로 추정된다는 점에서, 특히 비정규직 노동권 강화는 여성고용의 활성화를 이끄는 주요한 지원방안이 된다. 이를테면, 일용노동자에 대한 고용보험의 확대 적용과 실업급여 및 모성보호 혜택의 부여, 남녀고용평등법의 적용대상 확대를 통해 비정규직 여성노동자에 대한 정책의 실질적 확대를 추진할 수 있다. 현재 출산과 양육으로부터 여성의 안정적 고용을 보장하고, 직장과 가족생활을 양립함으로써 여성의 노동단절을 방지하기 위해 시행되는 모성보호 및 보육정책의 강화는 주로 정규직 여성노동자를 대상으로 한다. 따라서 여성노동자의 70%가 비정규직이라는 사실은 다수의 여성노동자들이 모성보호 혜택에서 배제되었으며 결과적으로 여성고용의 질적 악화를 수반하는 현실을 반영함을 보여준다. 이런 점에서 비정규직 여성노동자들의 산전산후휴가 90일 보장과 양질의 보육에 대한 지원 강화를 위한 제도개선은 시급히 풀어야 할 과제이다. 또한 비정규직 노동자의 경우 기업복지와 노동조건에서 차별대우를 받는 권리상의 문제가 발생하고, 기회부족이나 능력개발의 부족으로 인해 정규직의 희망직종에 취업하기 어려운 실정이다. 이러한 점을 감안하여 특성에 맞는 훈련기회의 확대와 직업능력을 개발하기 위한 정책적 지원이 지속되어야 한다. 아울러 노동비용의 절감을 위해 정규직을 비정규직으로 불법적으로 대체하는 것을 막기 위해서 동일(가치)노동 동일임금원칙이 준수되어야 할 것이다.

5. 여성노동정책의 방향

여성노동정책은 남녀고용평등법이 제정된 이후, 성차별 해소 및 양성평등 실현이라는 지향점을 향해 지속적 발전과정을 경험하고 있다. 총론적 차원에서 성평등의 제도적 정착을 모색하는 동시에 보다 구체적 영역에서의 정책과제와 정책수단의 개발을 요구받는다. 사회적 생산자로서의 여성 역할은 결혼과 상관없이 자율적 가구를 형성할 수 있는 독립성의 기본전제이며 시민권 획득의 핵심사안이라는 점에서, 여성노동정책은 '남성＝생계부양자, 여성＝양육자'라는 사회경제적 관계에 대한 대안을 제시할 수 있는 지표이자 여성정책의 중심영역이다. 특히 여성노동자들이 다양하고 이질적인 이해관계를 갖는 현실을 잘 반영하여 구체적 정책결정에서의 내부적 차이에 주목할 필요가 있다. 이러한 점을 고려하면서 여성노동정책이 지향해야 할 방향과 과제를 정리하면 다음과 같다.

첫째, 여성노동정책의 성주류화 전략을 지향하는 한편, 이를 실현시킬 수 있는 정책추진기구 및 인적자원 확보와 같은 구체적 환경 및 정책기반 조성이 필요하다. 성주류화 정책은 현재의 사회구조가 성중립적이지 못하고 성별에 따라 구조화된 권력관계에 기초하며, 남성에게 귀속적 특권을 부여한다는 인식에서 출발한다(Rees, 1999). 따라서 구체적으로 모든 정책결정에 여성 참여가 확대되어야 하고 성인지적 관점에서 정책이 결정되어야 하며, 기존 정부 및 주류영역이 성인지적으로 재편되어야 한다는 전략이 제기되었고, 이를 계기로 여성정책이 국가의 주요 정책으로 논의될 수 있는 체계가 확립되었다. 이러한 전략은 남성 중심적 가부장제 사회에서 남성과는 다른 삶의 조건을 경험하는 여성들이 실질적(de facto) 평등을 구현할 수 있는 기본 토대를 제공한다. 성주류화는 전통적 성역할에 기초하여 여성의 지위 향상을 꾀하고, 수혜대상으로서의 여성을 전제하는 소극적 정책관의 극복에서 출발한다. 오히려 여성이 남성과 동등하게 발전과정의 주체적 행위자로 참여하여 자신들의 삶의 특수성을 반영하면서 사회발전의 내용을 구성하고 젠더통합 방식을 통해 정책이나 프로그램 실행에서 성평등 효과를 기대할 수 있다고 전망된다. 또한 여성과 남성 간의 다름뿐 아니라 여성들 내부의 차이와 다양성을 고려함으로써 변화하는 사회환경에 능동적으로 참여할 수 있는 기반을 제공할 수 있다는 의의를 갖는다. 그러나 불평등한 젠더 관계의 극복 및 여성의 자율성과 독립성에 기초한 실질적 양성평등 사회의 실현이라는 지향과는 별도로 현실적으로 성주류화 정책을 관철시키는 여건이 미비하거나 여전히 여성의 전통적 역할을 중시하는 정책들이 부각됨으로써 그 한계를 드러낸다 (김영옥, 2004). 따라서 성주류화 전략의 정책원리가 정치적 '수사'에서 벗어나 실질적 효과를 거두기 위해서는 가정과 사회에서의 새로운 젠더관계 형성을 위한 평등이념 및 규범의 전환과 이를 정책으로 구현할 수 있는 정책기구나 인적·물적 자원의 구체적 장치가 마련되어야 한다. 이와 함께 고용의 기회균등과 성차별 개선을 위해 간접차별의 세부적 기준 및 동일가치노동 동일임금의 판단기준을 구체화하고, 사업장의 고용평등 이행을 조사함으로써 여성친화적 노동환경을 조성하는 것이 중요하다.

둘째, 기존의 성별분업 구조를 재조정하는 것이다. 남성 가장과 여성 양육자라는 이분법적 성역할관을 극복하고, 공·사 영역의 재통합을 통해 남녀 모두 직장과 가정에서의 역할을 수행하는 평등한 체제로의 성별분업 관계 재구성을 지향한다. 21세기 정보기술사회가 경험하는 노동과정과 근무형태의 변화, 그리고 여성인력에의 요구가 전통적 성역할 관계에서의 변화를 이끌어내고 있음을 감안할 때 전통적 성별분업의 재구성을 향한 여성노동정책의 변화는 불가피하다. 복지국가의 경험은 여성고용이나 젠더관계 평등이 국가정책에 크게 영향받고 있음을 지적한다(Sainsbury, 1999). 양성 모두가 삶의 질을 향유하는 실질적 평등으로 이행할 수 있는 가능성은 복지제도 유형에 따라 다르게 나타나며, 이 점에서 국가의 복지이념과 실천은 실질적 평등을 성취하는 데 영향을 미치는 중요한 변수이다. 특히 노동시장에서의 성불평등이 복지제도와 연관된다는 점에서 계층화 문제 또한 성별분업의 재구조화를 지향하는 국가의 적극적 개입을 통해 개선될 수 있을 것이다.

셋째, 여성의 평생노동권을 보장하는 것이다. 이는 곧 여성의 가족책임을 제도적으로 분담하는 복지정책 확충을 의미하며 여성이 한 시점에서만이 아니라 평생 노동시장에 있다고 전제하여 여성노동정책이 수립되어야 함을 의미한다. 우리나라 여성의 연령계층별 경제활동참가율 분포에서 20대 후반부터 30대 초반 여성의 경제활동 참여가 저조한 이유는 이 시기 여성들이 결혼과 출산으로 인해 가족책임의 막중한 부담을 지고 있는 데 반해, 영유아 보육 및 모성보호의 사회화 등 제도적 장치는 미비하여 가정에서의 요구와 일의 요구가 일으키는 충돌로 인해 취업을 포기하기 때문이다(Gornick et al., 1998). 또한 가족책임으로 인한 업무부진이나 저임금 혹은 승진 대열에서의 낙오 등이 원인이 되어 노동시장을 떠나기도 한다. 그러나 모성보호 등의 제도적 장치를 완비한 선진국의 경우 여성의 재생산노동으로 인한 경제활동 공백이 두드러지지 않고 설사 잠깐 동안의 단절기간을 갖더라도 그것이 곧 노동시장으로부터의 완전퇴진을 의미하는 것은 아니다(Bittman, 1999). 잘 발달된 육아시설과 직업훈련체계를 갖추고 고용단절 후 정규직으로의 고용을 보장하는 사회에서는 가정과 일의 병행이 큰 도전 없이 보다 용이하게 이루어지며, 결과적으로 여성노동력 참가율은 연령별로 큰 차이를 보이지 않는다. 따라서 양육으로 인한 여성의 고용단절과 재취업의 문제를 풀기 위해서는 가족책임에 대한 사회적 분담체제 확립과 함께 여성의 생애주기나 가사조정에 따른 직업훈련 프로그램 개발이 요구된다. 여성노동자가 교육에 참여할 수 있도록 업무시간을 유연하게 조절하고 일련의 교육과 훈련을 이수할 경우 이를 업무에 적극적으로 활용할 수 있는 기회를 확충하며, 교육 프로그램 이수의 인센티브제 도입을 통해 직무 숙련도 향상을 유도할 수 있다. 또한 육아와 직장의 병행이 가능한 재택근무, 시간제노동 등의 활성화를 통해 여성노동자의 고용안정을 추진하는 동시에 인턴제를 활용함으로써 예비노동자들의 직업능력과 직업교육을 강화한다.

넷째, 노동자의 재생산권·모성권을 확보하는 것이다. 공·사 영역의 분리가 엄격한 사회에서 출산이나 양육 등의 재생산 노동은 여성의 일로 간주되고 이러한 가족책임은 여성의 특수성과 보호의 관점에서 인식되었다(국회여성특별위원회, 1999). 그러나 여성의 임신이나 출산이 사회적 노동력을 재생산하고 사회유지에 중요하다는 점에서 재생산 노동이 노동권 문제로 대두되었고, 모성보호가 곧 사회적 문제라는 공감대가 형성되기 시작하였다. 그러나 모성보호정책은 전통적 성별분업관에 기초한 정책적 이념으로 인해 여전히 그 정책대상의 범위와 내용이 제한적이라는 평가를 받는다. 여성고용이 출산과 양육의 책임으로 인해 제한당하고 있음을 고려해 볼 때 사회적 지원체제를 통한 보육의 사회화는 여성의 자유를 확장시키는 역할을 한다. 여성의 모성권 강화는 향후 정보화 사회에서 요구되는 여성인력의 충원과 생산성 향상과도 관련된다는 점에서 국가 경쟁력 제고에 기여할 수 있는 주요한 요인이기도 하다. 또한 모성이 임신과 출산 등의 단순히 여성에게 부과되는 생물학적 활동이 아니라 남성에게도 요구되는 돌보기 책임과 배려의 '사회적 모성'이라는 인식을 확대하고, 양육의 남녀공동부담을 강조함으로써 보편적 권리로서의 재생산권을 확장시켜야 한다. 이를 위해 양육의 사회화와 가족친화적 프로그램 정책의 제도화 및 보육시설 확대가 시급하다.

다섯째, 여성노동자 내부의 계층적 차이에 주목한다. 현재 여성노동시장은 고령화 사회로의 변화와 함께 기혼여성의 경제활동이 증가하는 한편, 여성의 고학력화 및 노동의 유연화 과정에서 경력직에 종사하는 소수의 전문적 핵심인력과 단순직이나 비정규직 노동형태로 존재하는 다수의 주변인력으로 내부구성 변화를 경험한다. 이러한 변화는 여성노동자 내부에서의 임금이나 노동조건, 고용 안정성 등에서 심각한 격차를 초래한다. 여성노동자의 절대다수가 비정규직 형태로 고용되었고, 비정규화 추세가 계속될 것이라는 점에서 향후 여성노동정책은 정규직 노동자 중심의 정책기조에서 벗어나 법의 보호에서 소외된 미숙련직이나 비정규직 노동의 질적 개선에 초점을 맞춰 양 집단 간의 격차를 줄이는 데 주력해야 한다. 기본적으로 한정된 재화 및 기회의 독점과 배제를 기초로 하는 차별구조가 여성 내부 집단에서 재현되는 것을 막기 위해서는 여성노동자 집단간의 차이와 다양성을 염두에 두면서, 시장에서 방치된 사회적 소수자 집단의 요구를 수용하는 적극적 정책을 마련하는 동시에 노동권이나 사회권의 혜택을 받을 수 있는 정책 적용대상을 확대함으로써 차별의 실질적 개선 효과를 거두어야 할 것이다.

6. 맺음말

1960년대 초부터 전개된 산업화 과정에 동원된 여성노동은 빠른 경제성장의 견인차이자 산업전사로서의 막중한 역할을 수행하였지만, 1980년대에 들어서서까지 여성노동자에 대한 국가의 관심과 정책적 노력은 거의 전무하였다. 국가는 여성 관련법이나 독립적 여성정책의 중요성을 인식하지 못하였고, 따라서 여성노동자를 경제발전 도구로서 이해하는 정도였다(Paik, 2002). 이후, 1980년대 중반부터 성차별적 제도와 의식, 관습 등을 개혁하여 남녀가 사회발전에 함께 참여하도록 해야 한다는 분위기가 확산되었고 국가 여성정책 기본목표로 상정되었

280

다. 특히 남녀고용평등법 제정을 계기로 성평등 정책으로의 전환이 이루어지고, 여성 고용창출을 위한 적극적 조치와 기혼여성노동력 활용에 대한 요구가 증가하면서 육아의 사회적 책임과 모성보호 정책이 강화되었음은 주목할 만한 성과이다. 그러나 세계화와 지식정보사회의 무한경쟁 압력 속에서 국가경쟁력 향상은 여전히 국가정책의 주요한 화두이고, 여성노동정책 역시 경쟁력 향상에 필요한 유용한 인적자원 활용이라는 도구주의적 논리가 강조되었다. 이러한 정책담론에서 여성의 일차적 역할은 육아 및 가사책임자로 규정지어 지고, 여성노동을 가계보조적 노동력으로 인식하는 기존 성역할관의 한계를 벗어나지 못했다. 또한 일과 가족의 양립을 위해 필수적인 보육의 공공성이 제도화되지 못했기 때문에 여성노동시장 상황은 여전히 주변적이고 열악한 상태이다.

1990년대 중반 이후 수립된 1·2차 여성정책기본계획은 성주류화 관점에서 여성정책을 조정하고, 정부 전 부처가 참여하여 수립하고 시행하는 통합적 국가계획을 추진하고 정책에 양성평등 관점을 통합하기 위한 다양한 정책방안을 제시함으로써 실질적 양성평등 사회의 실현을 지향한다는 목표를 가진다(여성부, 2002). 이는 여성을 남성중심의 구조와 규범에 맞춰 정책대상으로 협소화하기보다는 여성의 이해와 경험에 준거하여 기존 성별위계구조의 재구성을 시도한다는 의미를 갖는다. 그러나 '여성만을 대상으로 하는' 정책을 넘어 '남녀의 사회적 관계를 변화시키려는' 여성정책 목표는 실제 정책구성과 집행에서 체계적으로 반영되지 못하며(김영옥, 2004), 불평등한 성별관계 변화를 이끌어내지 못한다.

21세기 지식기반사회는 세계화와 정보화, 그리고 과학기술혁명을 토대로 사회 전 영역에서의 대대적 사회변동을 경험한다. 전 지구적 자본주의화 및 노동시장 유연화에 따른 노동시장 변화와 전통적 핵가족 해체를 포함하는 가족구조 변화 등은 특히 여성의 일상적 삶과 노동경험에 주요한 영향을 미친다. 산업사회를 뒷받침했던 성별분업과 가족임금제의 지배규범, 그리고 남성 정규직 중심의 노동개념이 도전 받는다. 근대 형성과정에서 사랑과 헌신으로 당연시되던 여성의 돌보기 노동에 대한 새로운 담론과 정책적 재평가를 통해 일과 가족, 나아가 공동체 통합을 지향하는 사회의 재조직화 요구가 확산된다. 여성노동정책의 패러다임 전환을 위한 모색은 바로 이 지점에서부터 출발하여야 하며, 젠더질서 전환에서 여성의 경제적 독립과 노동권 강화, 그리고 참여를 통한 성 통합적 정책 접근이 강조되어야 할 것이다.

■ 참고 문헌

국회여성특별위원회. 1999. 《모성보호 정책: 근로여성의 모성보호관련법 중심으로》.

김경희·백진아·엄규숙. 2001. "복지정책이론의 여성주의적 재구성을 위한 시론". 《연세여성연구》 7.

김영옥. 2004. "여성정책의 새 패러다임 정립을 위한 시론". 《여성정책포럼》 여름/가을호. 한국여성개발원.

김태홍. 2001. "신자유주의와 비정규직 여성노동". 《성평등연구》 5.

백진아. 2001. "남북한 여성의 일과 양성평등한 노동의 실현." 윤택림 외. 《여성이 만드는 통일한국의 미래》. 미래인력연구센터.

안주엽. 2002. 《중장기 인력수급전망: 2002~2010》. 한국노동연구원.

엄규숙, 2002. "여성과 국민연금." 《한국의 여성정책》. 지식마당.

여성부. 2002. 《제 2차 여성정책기본계획》.

왕인순. 2001. "여성노동분야 정책 추진현황 평가 및 정책제안". 김대중 정부 여성정책 3년 평가 및 정책제안을 위한 토론회. 한국여성단체연합.

정현백. 2001. "김대중 정부의 여성정책 3년에 대한 총괄평가 및 정책제안". 김대중 정부 여성정책 3년 평가 및 정책제안을 위한 토론회. 한국여성단체연합.

조순경. 1998. "성차별적 '구조조정'과 여성고용". 남녀고용 평등의 달 기념 토론회 자료집. 한국여성단체연합.

조주현. 1996. "여성주의에서 본 평등문제: 대안적 다름의 정치학." 조형,
《양성평등과 한국법체계》. 이화여자대학교 출판부.
조 형. 1996. "법적 양성평등과 성의 정치". 《한국여성학》 제12권 1호.
조 형 외. 2003. 《여성의 시민적 권리와 사회정책》. 한울.
한국여성개발원. 1996. 《북경행동강령을 위한 정책과제에 관한 연구》.
_____. 2002. 《여성통계연보》.
한국여성정책연구회 옮김. 2000. 《복지국가와 여성정책》. 새물결.
한국여성학회. 1999. 《신정부 여성정책의 현황》. 제6차 워크숍 자료집.
황수경. 2003. 《여성의 직업선택과 고용구조》. 한국노동연구원.

Bittman, M. 1999. "Parenthood without Penalty: Time Use and Public Policy in Australia and Finland". *Feminist Economics* 5(3).

Crompton, R. 1999. "Restructuring Gender Relations and Employment". The Decline of the Male Breadwinner. New York: Oxford University Press.

Corner, L. 1999. *A Gender and Power: Society, the Person and Sexual Politics. Cambridge.*

Daly, M. 1994. "Comparing Welfare States: Towards a Gender Friendly Approach". Diane Sainsbury(Ed.), *Gendering Welfare States.* London: Sage.

Fraser, N. 2000. "After the Family Wage: A Postindustrial Thought Experiment". B. Hobson(Ed.), *Gender and Citizenship in Transition.* London: Routledge.

Galvez, T. 2003. "Do We Have Gender Statics?". M. Gutierrez(Ed.), *Macro-Economics: Making Gender Matter.* London: Zed Books.

Gornick, J., M. Meyers, and K. Ross. 1998. "Public Policies and the Employment of Mothers". *Social Science Quarterly* 79(1).

Griffin, G. and R. Braidotti(Eds.), 2002. "Thinking Differently". *A Reader in European Women's Studies.* London: Zed books.

Gutierrez, M. (Ed.), 2003. *Macro-Economics: Making Gender Matter.* London: Zed Books.

Leria, A., 1989. "Models of Motherhood", *Welfare State Policier and Everyday Practice : The Scandinavian Experience.* Oslo.

Lewis, J. and I. Ostner. 1994. "Gender and the Evolution of European Social Policies". ZeS-Arbeitspapier 4.

Loutfi, M. F. (Ed.), 2001. *Women, Gender and Work: What Is Equality and How Do We Get There?*. Geneva: International Labour Office.

Mazur, A. 2002. *Theorizing Feminist Policy*. New York: Oxford University Press.

Moser, C. 1993. *Gender Planning and Development: Theory, Practice and Training*. Routledge. 장미경 외 옮김(2000). 《여성정책의 이론과 실천》. 문원출판.

O'Conner, J. 1993. "Gender, Class and Citizenship in the Comparative Analysis of Welfare State Regimes". The British Journal of Sociology 44(3).

O'Conner, J., A. Orloff, and S. Shaver. 1999. *States, Markets, Families: Gender, Liberalism and Social Policy in Australia, Canada, Great Britain and the United States*. Cambridge University Press.

Paik, J. 2002. "Formulation of and Discourse on Women's Labor Policy of the 1990s: Centered on Sexual Equality Employment Act and Other Maternity Protection Related Acts". *Korea Journal* 42(2).

Pateman, C. 1989. *The Disorder of Women*. Cambridge.

Rees, T. 1999. "Mainstreaming Equality". S. Watson and E. Doyal. (Eds.), *Engendering Social Policy*. Buckingham: Open University Press.

Sainsbury, D. 1999. *Gender and Welfare State Regimes*. New York: Oxford University Press.

Woodward, K. 1997. "Feminist Critiques of Social Policy". M. Lavalette and A. Prat(Ed.), *Social Policy: A Conceptual and Theoretical Introduction*. London: Sage.

제 9 장
탈가부장적 주류화 성정책의 모색
성폭력 및 성매매정책을 중심으로

심 영 희

1. 서 론

1) 연구의 필요성 및 목적

이 연구는 현재까지 우리나라의 성정책을 검토하고 이를 통해 앞으로 새롭고 포괄적인 성정책 패러다임을 제시해보려는 것이다. 그러면 성정책에 대한 새로운 포괄적 구상과 틀이 요청되는 것은 무엇 때문인가? 필자는 다음과 같은 몇 가지 이유를 들고 싶다.

첫째, 한국 성정책은 1990년대에 의미 있는 변화가 일어났으나, 해결되지 않고 남아 있는 문제들이 여전히 많다는 것이다. 1993년에 성폭력특별법이 제정되었고 1997년에 가정폭력방지법이 제정되었으며 1999년에는 남녀차별금지법이 제정되고 남녀고용평등법이 개정됨으로써 성희롱이 규제받게 되었고 2000년에는 원조교제를 규제하기 위한 청소년성보호법이 제정되었고 2004년에는 성매매방지법이 제정·시행되었다. 이렇게 보면 우리나라의 성정책은 1990년대에 비약적으로 발전하였고 특히 2000년대에는 성매매 정책이 입안되고 시행됨으로써 새로운 전환을 맞이하였다.

　그럼에도 해결되지 않은 문제들이 여전히 많이 남아 있다. 보다 구체적으로 표방하는 법이나 정책은 성중립적이거나 여성보호적이지만 실제 집행은 남성 중심적으로 이루어지는 경우가 아직도 많다. 성폭력법은 제정되었지만 법집행상에 여러 가지 문제점이 드러나는 것이 그중 하나이다. 이는 이중 성윤리가 여전히 강력하게 작동하는 원리가 되고, 여성을 성의 대상으로 보는 시각 또한 그다지 약화되지 않았기 때문인 것 같다. 그 결과 성정책에 대한 노골적 반발이나 반격 또한 거세지고 있는 실정이다. 특히 최근 성매매정책에 대해서는 남성들의 반발뿐만 아니라 성매매여성 자신들의 반발마저 있어서 혼란이 일어나고 있는 실정이다. 성매매 연구자나 성매매여성들 사이에서는 성매매를 성노동으로 보아야 한다는 의견들도 나온다(고갑희, 2005). 이런 문제들에서 알 수 있듯이 오늘날 우리사회에는 포괄적이고 실질적인 성정책 틀이 부재한 상태이며 새로운 포괄적 구상이 요청된다 하겠다.

　둘째, 특히 성정책은 주로 사적 영역에서 이루어지는 성문제에 국가의 공적 개입을 의미하는 것으로 노동이나 가족문제와는 또 다른 차원으로서 기존 복지국가의 이론틀에서 다루기가 쉽지 않은 문제이다. 따라서 포괄적 관점에서 성정책의 영역과 범위는 무엇이고 원리와 철학은 무엇이어야 하는지에 대한 논의가 요청된다고 하겠다. 현재 한국 여성정책에서 성정책 중심원리는 크게 보아 '보호'라고 할 수 있다. 성폭력특별법에서나 가정폭력방지법 또는 성매매방지법에서 초점은 가해자 처벌과 피해자 보호에 있는 것으로 나타난다. 이러한 '보호'의 관점은 가부장적 한국사회의 성정책에서 필요한 면도 없지 않지만 피해자 보호를 넘어서는 보다 포괄적이고 실질적인 틀이 요청된다 하겠다.

　이렇게 볼 때 여성주의적 성정책 모델을 제시하기 위하여 다루어야 할 연구문제는 다음과 같다.

　첫째, 기존 성정책의 패러다임과 전략은 무엇인가?

둘째, 기존 성정책의 문제는 무엇이었는가?

셋째, 앞으로의 새롭고 포괄적인 성정책의 비전 또는 평등원리는 무엇이며, 이러한 비전을 달성하기 위한 성정책 전략은 무엇인가?

이 글은 이러한 연구문제를 중심으로 다음과 같이 구성된다. 먼저 분석틀을 제시하기 위해 정책대상이 되는 문제영역이 어떻게 분류될 수 있으며, 분석전략은 어떤 이슈를 중심으로 할 것인지 논의한다. 둘째, 이 틀을 염두에 두고 성폭력 성매매정책의 성격과 문제점을 차례로 살펴본다. 셋째, 성정책의 새로운 패러다임 모색을 위해 성주류화 정책이 어떤 평등원리에 기반해야 하는지, 성정책의 내용과 모습이 어떠해야 하는지 살펴본다.

2. 성정책의 분석틀

기존의 성정책 분석 평가를 위해서는 우선 분석틀을 제시할 필요가 있다. 이를 위해 필자는 가장 단순하고 기본적인 분석틀을 제시하고자 한다. 이 분석틀은 첫째, 정책대상의 분류틀을 제시하는 것으로 성정책 영역의 대상은 무엇이고 어떻게 분류될 수 있을까 하는 것이다. 둘째, 분석전략을 제시하는 것으로서 어떤 이슈를 중심으로 분석할 것인가의 문제이다.

1) 정책대상 분류: 문제영역

성정책을 논의하기 위해서는 먼저 어떤 성문제를 다룰 것인가를 논의해야 한다. 성의 개념에는 첫째, 사회적 성 (gender), 둘째, 성관계 (sex) 및 섹슈얼리티 (sexuality) 의 여러 개념이 포괄된다. 여기에서 다루는 성문제에는 사회적 성은 일단 제외하고 두 번째 범주의 섹슈얼리티문제를 초점으로 한다. 그러나 두 번째 범주의 섹슈얼리티를 다루는 데 첫 번째 범주의 사회적 성(gender)이 관련되지 않을 수 없다.

두 번째 섹슈얼리티의 문제도 동의 여부에 따라 동의에 의한 성, 상품화된 성, 강제된 성으로 나눌 수 있고, 성선호에 따라 동성간의 성, 이성간의 성으로 나눌 수 있다(심영희, 1992). 성선호 문제는 우리사회에서 이제 겨우 나타나기 시작한 문제이므로 일단 제외하고 주로 강제된 성의 문제, 즉 성폭력 문제와 상품화된 성 중 성매매문제에 초점을 맞추려고 한다. 이를 2차 여성정책 기본계획의 내용과 연결시켜 보면(여성부, 2002), 10대 과제 중 "8. 여성에 대한 폭력예방 및 인권보호강화"에 해당한다. 이는 다시 "8-1. 성매매 방지대책의 실효성 제고, 8-2. 가정폭력 및 성폭력 근절을 위한 대책 추진, 8-3. 남녀차별 및 성희롱 피해의 예방과 구제강화"로 세분되는데 8-1과 8-2가 주 해당분야라고 할 수 있다. 〈표 9-1〉은 성정책을 국가 영역, 경제 영역, 사회·가족 영역, 문화·공론·기타 친밀성 영역으로 나누고, 정책대상이 되는 문제 영역 및 이와 관련된 정책내용인 관련법률과 주 내용을 정리한 것이다. 이 글에서는 경제영역의 상품화된 성 중 성매매와, 사회·가족 영역의 강제된 성 중 성폭력을 주 연구대상으로 설정한다.

2) 성정책의 분석전략

성정책에 들어 있는 평등원리를 찾아내고 평가하기 위해서는 성정책의 내용과 모습, 담론의 내용에 초점을 두고 분석할 필요가 있다. 이를 위해 보다 구체적으로 세 가지 이슈를 중심으로 분석하고자 한다.

분석을 위해 선정한 세 가지 이슈는 다음과 같다. ① 성폭력 성매매의 개념은 어떻게 규정되었으며 누구의 관점에서 규정되었는지, 보호법익은 무엇인지, ② 성폭력 성매매의 행위와 맥락에 대한 이해는 어떻게 이루어지고 있는지, 성폭력 성매매의 판단기준은 무엇인지, ③

행위자 대상을 누구로 보고 권리·책임의 주체를 누구로 보는지 등에 관한 것이다. 즉, 그것이 남녀 모두에게 보편주의적인지 아니면 특수적인지 하는 문제이다.

이 세 가지 이슈를 선정한 이유는 이것이 성폭력, 성매매를 구성하는 중요한 요소이기 때문이다. 예컨대 우리나라 법에서 강간에 대한 규정을 보면 "폭행 또는 협박으로 부녀를 강간한 자는 3년 이상의 유기징역에 처한다"(형법 제32장 제297조)라고 되어 있다. 이 규정을 앞의 세 가지 이슈와 관련지어 한번 생각해 보면 다음과 같다. 첫째로 '정조', '간음', '강간'의 의미가 무엇인가 라는 것은 성폭력의 개념정의 또는 보호법익의 문제에 해당된다. 둘째로 '폭행이나 협박으로', 즉 강

〈표 9-1〉 성정책의 대상영역 및 내용

	정책대상	정책내용
	문제영역	관련법률 및 주 내용
국가 영역	• 전시, 무력 갈등하에서의 성 (위안부문제) • 이주여성의 성(국제결혼 등)	• 위안부 지원에 관한 법 • 국적법
경제 영역	• 상품화된 성 (성매매, 포르노, 원조교제)	• 윤락행위 등 방지법(1996) • 성매매방지법(2004) • 청소년성보호법(2002)
사회·가족 영역	• 강제된 성 (성폭력, 가정폭력, 성희롱) • 재생산 관련(간통, 낙태)	• 성폭력특별법(1993) • 가정폭력방지법(1997) • 남녀고용평등법(1999) • 남녀차별금지및구제에관한법 (1999~2005) • 간통에관한죄(1948 형법) • 낙태에관한죄(1948 형법)
문화·공론· 기타 친밀성 영역	• 금기시된 성·당연시된 성 (동성애, 트랜스젠더, 외모, 다이어트, 이중 성윤리)	

제로 한다는 개념은 동의 없이 하는 것을 말한다. 과연 동의 없이 하는 것의 뜻이 무엇인가에 대해 생각해 보면 이것은 행위와 맥락의 이해에 관련되는 문제이다. 셋째, '부녀에게' 한다는 것은 강간은 남자가 여자에게 하는 것이라는 뜻이다. 즉, 우리나라에서는 남자가 남자에게 행하는 것은 강간이 아닌 것이다. 실제로 감옥이라든지 군대에서 그런 일들이 많이 일어나는데, 그것은 규정상 강제추행밖에 되지 않는 것이다. 이것은 행위자 대상의 문제에 해당된다.

이 분석틀에 입각한 분석결과에 기반을 두어 성폭력정책과 성매매 정책이 어떤 철학적 원리와 기본원칙에 입각하여 정립되었는지, 그리고 앞으로 어떤 방향으로 나가야 하는지 평가해보겠다.

3. 한국 성폭력정책의 성격과 문제점

1) 성폭력정책내용의 변화

강간죄는 우리나라에서 1953년에 제정되어 '정조에 관한 죄' 하의 강간죄로 규정되다가 1995년 '강간과 추행에 관한 죄'로 개정되었다.

성폭력문제는 오랫동안 사회문제로 부각되지 못하다가 1980년대 말에 와서야 사회문제로 등장하기 시작했는데, 이것은 변월수, 김부남, 김보은 사건 등 센세이션한 사건의 발생과 이로 인한 활발한 성폭력추방운동과 조사연구 덕분이었다(심영희, 1998; Shim, 2004). 그리하여 1994년 1월 성폭력특별법이 제정되었다. 그러나 성폭력특별법이 제정되었다고 하더라도 그 특별법안에 형법의 강간죄 조항이 포함되기 때문에(성폭력특별법 제2호 3항에 형법 제297, 298, 299, 300, 301, 302, 303, 339조 포함) 무엇이 강간과 성폭력을 구성하는가에 대한 법의 기본구조는 그대로 유지되고 있다고 볼 수 있다. 다음은 앞서 논의한 세 가지 분석틀을 바탕으로 강간죄와 성폭력특별법을 비교 분석해보고 각각이 어떤 평등원리에 기초했는지 밝혀보고자 한다.

2) 성폭력의 정의 및 보호법익: '정조의 보호'에서 '성폭력 피해자 보호'로

먼저 성폭력의 개념정의 또는 보호법익의 문제와 관련해서는 강간죄의 경우에는 '강간'을 '정조에 관한 죄'(형법 32장)로 규정하여 정조에 대한 보호를 명시화하였으나 사실, 피해자여성의 명예를 보호해주는 것이 아니라 오히려 신고율을 낮춤으로써 성폭력을 증가시키는 효과를 가져왔다. 또한 성폭력특별법 제정 후 여성계의 끈질긴 요구로 '정조에 관한 죄'라는 제목이 없어지고 대신 '강간과 추행에 관한 죄'로 바뀌었다(1995년). 그러나 보호법익이 무엇인지 명시하지 않았고 범죄행위를 제목으로 삼았다.

'정조에 관한 죄'를 '강간과 추행의 죄'로 바꾼 것은 강간을 '정조에 관한 죄'가 아니라 기본적으로 인간존엄의 권리위반으로 인권침해이고 성적 자기결정권 침해로 볼 수 있는 기초를 마련하였다는 점에서 의미가 있다고 할 수 있지만, 아직도 강간을 '정조에 관한 죄'로 보는 흔적은 남아 있다. 예컨대 우리나라 강간 규정에서 성기삽입이 있었느냐 그렇지 않았느냐를 중요하게 보고 있다는 것이 그것이다. 이것은 우리나라에 팽배한 성기 중심적 사고 때문이다(심영희, 1998c). 이전에는 강간이 성립하려면 삽입뿐만 아니라 사정이 있었느냐 그렇지 않았느냐를 기준으로 보았다. 삽입이 되더라도 사정이 일어나지 않았으면 강간으로 보지 않았다. 중요한 것은 임신할 수 있느냐 없느냐를 본다는 것이다. 말하자면 '이 여자는 재생산을 할 수 있는 사람이고 어떤 남자에게 소속된 사람이거나 앞으로 어떤 남자에게 소속될 가치를 가진 사람인데 그 여자에게 엉뚱한 남자가 임신시켜 버리면 그 여자의 가치를 떨어뜨리는 것이다'라는 식의 사고방식이 들어 있는 것이다(심영희, 1998a, 9장). 이 때문에 많은 성폭력 피해자들이 성폭력이라는 범죄를 당했다기보다 성관계를 가졌고 정조를 잃었다고 생각하게 된다. 여성의 몸에 대한 위반이라는 사고보다 남성 중심의 사고방식이 들어가 있다고 할 수 있다.

또한 성기 외 다른 물질의 삽입도 마찬가지로 인권의 침해이고 마찬가지로 나쁜데 이것은 강제추행으로만 인정되는 것도 문제다. 지난번 한 미군이 윤금이 씨를 살해한 사건을 예로 들어 보자. 그 미군은 피해자의 질에 우산과 병을 꽂았다. 그것은 강간보다 더 나쁜 범죄라고도 할 수 있지만 법적으로 볼 때 만약 성기삽입이 일어나지 않았으면 강간이 아닌 것이다. 다른 종류의 성관계(항문성교나 오럴섹스)를 했다면 강간이 아니냐 라는 문제가 제기될 수 있다. 우리 법은 지금 성기삽입이라고 하는 것을 매우 중요하게 여긴다. 우리 법에서 강간한 경우라고 했을 때, 이것은 삽입이 일어난 것을 의미한다. 다른 종류의 성관계는 강제추행은 되지만 강간으로 인정되지 않는 것이다.

이것 역시 강간은 여성의 몸에 대한 침해, 여성인권에 대한 침해로 보기보다 남성 중심적으로 이해한다는 것을 보여준다. 이렇게 남성 중심적 시각이 법에 침윤되어 있는 것은 우리사회가 기본적으로 가부장적 사회이기 때문이다. 따라서 가부장제 사회라는 불평등한 사회맥락을 고려할 필요가 있다.

여성운동의 요구로 1993년에 제정된 성폭력특별법은 "성폭력범죄의 예방과 그 피해자의 보호"를 법의 목적으로 명시했다(제1장 제1조). 성폭력특별법의 경우에 '강간' 대신 '성폭력' 개념을 사용함으로써 중립적 인상을 주고 이런 점에서 적어도 성중립적 성정책으로 평가할 수 있다. 또한 성폭력특별법은 성폭력 범위를 확장한다. 성기삽입 여부를 넘어서서 강간 개념 아래에 포괄되지 못했던 다양한 유형과 범위의 성폭력들이 성폭력 범주 속에 들어오게 되었다. 심지어 몰래카메라,

성희롱까지도 포함될 수 있게 되었다.

또 '성폭력 피해자'라는 용어를 사용함으로써 중립적 입장에서 보려고 하는 의도가 보인다. 또한 대부분의 피해자가 여성이라는 점을 고려함으로써 여성이 사회구조적으로 약자임을 인식한 것으로 보인다. 거기다가 성폭력 피해자 보호를 위한 법을 만듦으로써 피해자여성을 보호하겠다는 의지를 보인다. 이는 성폭력특별법이 성중립적 성정책, 나아가 성인지적 성정책에 기반함을 보여주는 것이라 하겠다.

다만 '강간과 추행에 관한 죄'로 개정은 되었지만 아직도 성폭력을 다루는 형법에서는 법의 목적 또는 보호법익이 '정조'보호이거나 또는 불분명하다는 것은 법의 시각에 문제가 있음을 보여준다. 이는 보호법익이 불분명하고 아직 성적 자기결정권을 보호법익으로 삼지 않았다는 반증이라고 할 수 있다. 즉, 아직도 성폭력 문제를 여성 피해자에 대한 보호 문제로 생각하지 여성이 당연히 누려야 할 권리로서 생각하지 않는다는 말이다. 성적 자기결정권 침해라는 용어는 판례에 등장하게 되었으나 아직 법제화되지는 않았다. 따라서 앞으로 이에 대한 법 제정이 이루어져야 한다.

3) 성폭력 행위 및 맥락 이해: '행위만 고려'에서 '불평등한 사회구조 고려'로

성폭력 행위 및 맥락 이해와 관련해서는 성폭력특별법 제정 전에는 성폭력을 폭력적 행위 중심으로 이해하였으나(성적 행위에 폭력성이 있을 때), 그 행위가 일어나는 맥락, 즉 일상의 권력(심영희, 1998) 속에서 불평등한 젠더 관계는 고려하지 않았다.

이러한 것은 강간이 '폭행이나 협박으로' 일어날 때 강간이 된다는 데서 찾아볼 수 있다. 즉, 강간성립 여부 판단기준이 '신체적 저항'에 있다는 데서 단적으로 드러난다(심영희, 1998c). 여성의 거부의사 표시는 거부로 받아들여지지 않고 '죽을 힘을 다해 처음부터 끝까지 저항'했을 때 비로소 강간으로 인정될 수 있다. 더구나 피해자와 가해자가 아는 사이인 경우에는 거부의사 표시와 함께 저항이 있었다 하더라도 강간으로 인정되기 어렵다. 저항과 관련해서 다른 범죄, 예컨대 강도 범죄와 비교해 보자. 강도가 어떤 집이나 상점에 총을 들고 들어와 위협하며 '꼼짝 말고 다 내놔'라고 했을 때 처음부터 끝까지 있는 힘을 다해서 저항해야만 강도를 당했다는 것을 증명할 수 있는가? 그건 아니다. 그때는 꼼짝하지 않고 다 내주어도 강도로 인정된다. 그런데 강간의 경우에는 있는 힘을 다해서 처음부터 끝까지 저항해야만 강간으로 성립된다는 것이 문제이다. 이것은 여성의 말을 믿지 않고, 여성의 동의능력을 인정하지 않는다는 문제를 내포한다(심영희, 1998a). 이것은 사건을 남성 입장에서 바라보기 때문이고 또한 여성의 의사표현을 동등한 입장에서 인정하지 않기 때문일 것이다. 피해자의 '거부'의사표시가 있으면 신체적 저항이 없더라도 말 그대로 수용, 인정되어야 하고, 나아가 피해자의 명시적 동의가 없으면 신체적 저항이 없더라도 강간으로 인정되어야 할 것이다.

성폭력특별법 제정 후 조금 바뀌어서(성별화된 구조에 대한 인식이나 설명은 없지만) 성적 자유를 가진 독립적 개인들끼리의 욕망의 충돌로 발생되는 개인의 권리문제로 보는 경향이 있는 것 같다(변혜정, 2004). 예컨대, 최근 들어 여성들이 자신의 몸에 대한 권리 개념을 가지면서 성적 자기결정권을 내세워 1993년 12월 성폭력특별법 제정시 성적 자기결정권 개념을 넣으려고 했으나 실패하였다.

성적 자기결정권 개념으로 성폭력을 바라본다는 것은 커다란 변화의 움직임이라 볼 수 있다. 그러나 이것은 남녀간 평등한 관계를 전제해야 하지만 실제로 우리사회는 그렇지 않다. 이제 이러한 불평등한 권력관계에 대한 인지와 함께 문제제기가 시작되고 있다. 예컨대, 성폭력특별법의 경우 성폭력 피해자에 대한 보호, 피해자를 위한 상담소나 쉼터의 지원은 성폭력 피해가 여성 피해자의 개인적 잘못이 아니라 여성이 사회적 약자이고 가부장제 사회에서 불평등한 권력관계에 놓여 있기 때문이라는 것을 가정하는 것이다. 그러나 이 법이 아직 명시적 으로 성폭력을(여성과 남성의 경험이 다르다고 전제하고, 성별권력의 영향력을 드러내 설명하면서) 강자의 약자에 대한 권력행사로써의 폭력, 즉 성적 요소를 통해 권력이 행사되는 것이라고 보지 않는 실정이다. 따라서 가부장제 사회라는 불평등한 사회맥락을 명시적으로 고려할 필요가 있다.

이것은 가해자의 말과 피해자의 말 중 누구의 말을 믿을 것인가의 문제와 연결된다. 강간사건의 경우 가해자와 피해자의 말이 엇갈리는 경우가 대부분이다. 남자는 그 여자가 원했기 때문에 한 것이라고 말 하고, 여자는 싫다고 했는데 남자가 강제로 한 것이라고 말한다. 이런 경우 누구의 말을 믿을 것인가? 대개의 경우 가해자의 말을 믿는다. 그 근거로 곧잘 하는 말이 '여자의 No는 Yes다' 라는 말이다. 검사들 이나 판사들 모두 그런 식으로 생각한다. 판결로도 나와 있고, 미국에 서도 마찬가지다. '세상의 어떤 여자가 남자가 성관계를 원했을 때 좋 다고 하느냐, 사실은 좋으면서 'No'라고 말하는 것'이라고 해석하는 것 이다. 여자가 인간으로서 자기의사를 분명히 표시했는데도 그것을 인 정하지 않는 것이다.

성폭력의 정의나 성폭력 행위 및 맥락 이해에 대해 이러한 문제가 발생하는 것은 보편주의적이고 성중립적인 이름으로 포장했지만 그 밑 에는 남성 중심적 가치가 침윤되어 있기 때문이라고 볼 수 있다. 이것 은 실상 일상의 권력(심영희, 1998a)이라는 맥락 속에서 불평등한 남 녀관계가 법에 반영된 것이라고 볼 수 있다. 따라서 여성주의적 성정 책은 법에 침윤되어 있는 불평등한 권력관계와 남성 중심적 가치를 드 러내고 해체하는 것이 되어야 할 것이다.

사법적 대책 문제와 관련하여 수사과정상 피해자여성에게 인권침해

가 많은 것으로 보고되는데 이 역시 가부장제 사회에서 불평등한 젠더
관계를 고려하지 않기 때문에 발생하는 것이라고 볼 수 있다(심영희,
2001). 따라서 피해자여성에게 보다 세심한 수사과정이 필요하다. 다
시 말하자면 여성의 특수성을 인정하고 여성의 필요와 욕구를 인정하
고 지원하도록 하는 것이 필요하며 여성의 사회적 위치와 욕구에 입각
하여 여성을 '보호'가 아니라 '지원'하는 여성주의적 정책이 필요하다는
말이다. 2003년 이런 방향으로 성폭력특별법개정이 이루어진 것은 다
행한 일이며 여성주의적 성정책으로 바뀌어가고 있는 측면을 보여주는
것이다.

4) 행위자 대상·권리의 주체: 특정 여성에서 일반 여성으로

형법상 강간죄는 그 피해 및 보호의 대상을 여성으로 규정한다. 이
것은 ① 강간을 인간에 대한 범죄가 아니라 여성에 대한 성관계로 잘
못 인식시켜 강간이 인권의 침해인지 아닌지 혼동하게 만드는 문제가
있고, ② 아내를 부녀의 범주에서 제외시키고 아내에 대한 강간을 인
정하지 않음으로써 아내의 인권을 부인하는 문제가 있으며, ③ 보호해
야 할 여성에서 특정 계층이나 직업을 가진 여성을 제외하거나 특정
연령의 여성을 과잉 보호함으로써 특정 집단에 속한 여성의 인권을 침
해한다는 문제가 있다. 이 중 세 번째 것은 강간과 추행의 죄도 개정
이후 '정조'의 개념이 됨으로써 달라지게 되었다. 그러나 첫 번째, 두
번째 것은 성폭력특별법 제정 이후에도 거의 달라지지 않았다.
첫째, 여성만을 성폭력의 피해자라고 규정하는 것에는 어떤 문제가
있는가? 남성은 성폭력 피해자가 될 수 없는가? 남성도 성폭력 피해자
가 될 수 있다. 그럼에도 여성만을 피해자로 규정한 이유는 현실적으
로 남자가 가해자고 여자가 피해자인 경우가 대부분이기 때문일 것이
다. 이것은 기존 가부장제 사회의 불평등한 남녀의 권력관계를 반영한

것이며, 섹슈얼리티에서 남성은 능동적이고, 여성은 수동적이라는 가정을 반영한 것이다. 그러나 문제는 여성을 보호한다는 것이 실제로 여성을 보호할 수 있는가 라는 것이다. 이것이 여성을 보호해 주는 측면이 없지 않겠지만, 오히려 이중 성윤리를 고착하는 결과를 불러올 수 있다. 즉, 여성의 순결을 계속 강조함으로써 기존의 불평등한 남녀 권력관계를 재생산하는 효과를 불러일으킬 수 있다. 이렇게 보면, 여성을 피해자로 규정하는 것이 여성입장에서 결코 고마운 일만은 아니다. 오히려 성별분업을 해야 하고 여성은 순결을 지켜야 한다는 등의 기존의 이중 성윤리를 고착시킬 수 있다(심영희, 1998a, 9장). 가해자와 피해자의 관계가 남녀인 경우뿐만 아니라, 남-남, 여-남, 여-여인 경우에도 모두 강간으로 인정함으로써 적어도 법적·형식적 평등권을 인정할 필요가 있다.

둘째, 여기서 부녀라고 한 것은 누구를 의미하는가? 이것은 아내가 아닌 다른 여성들을 가리킨다. 가령 남편과 아내 사이에서 강간이 인정되는가? 우리나라에서는 아직까지 부부간에는 아내강간이 인정되지 않는다. 다시 말해서 아내는 자기 신체에 대한 권리, 성적 자기결정권이 부정되고 아내에 대한 남편의 전인격적 지배가 가정되는 것이다. 이는 아내는 남편의 소유물이므로 마음대로 해도 된다는 뜻을 내포한 것으로서, 아내에게는 인권이 없는가 하는 문제를 제기한다.

셋째, 어떤 여성의 정조에 대한 보호인가라는 질문을 던질 수 있다. 정조 보호라는 개념 자체에 문제가 있지만, 여성의 정조라고 해서 모든 여성의 정조를 보호하는가 하면 실제로 그렇지도 않다. 우리나라의 법은 보호해야 할 정조가 따로 있다고 생각하는 것 같다. 1980년대 말 대구의 한 다방에서 일하는 여성이 경찰에게, 그것도 경찰서에서 성폭력을 당한 일이 있었다. 고소를 하고 또 맞고소를 하여 세상이 떠들썩했었다. 그 와중에 '다방에서 일하는 여자인데 그러면 어때' 라는 이야기가 나왔다. 남자들을 유혹하여 곤란한 지경에 빠트리는 이른바

'꽃뱀'의 경우에는 더할 것이다. 이후 여성단체들의 많은 항의와 지원 운동이 있었다. 여기서 알 수 있는 것은 우리사회가 여성들 중에서도 처녀, 중산층 가정의 딸, 부인, 이런 사람들의 정조만 보호한다는 것 이다. 여성 인권이 평등하게 보호되는 것이 아니라, 실제로 보호되는 여성과 보호되지 않는 여성의 차이가 존재하는 것이다(심영희, 1998c). 이런 문제 역시 행위자 대상을 여성으로 설정하고 권리 주체 를 남성으로 보는 관점에서 비롯된 것이라 할 수 있다.

또한 여성의 동의연령을 정해 놓은 것이 있는데, 이것도 여성 인권 을 침해하는 내용을 담고 있다. 이것은 이른바 의제강간과 관련된 것 이다. 나라마다 다르긴 하지만 대개 13세에서 17세 정도가 된다. 그 연령 이하에 해당하는 여성 피해자의 경우에는 아직 동의할 만한 능력 이 없다고 간주하기 때문에 두 사람이 서로 사랑하고 합의하여 성관계 를 맺었다 하더라도 무조건 강간이 성립된다. 이것 역시 여자의 선택 이라는 것이 인정되지 않는 경우이다. 여기서도 여자 인권이 반영되지 않는다는 것을 확인할 수 있다.

이상의 논의를 표로 정리한 것이 〈표 9-2〉이다.

5) 평등원리 평가 및 대안

강간죄에서 성폭력특별법으로 개혁하면서 많은 변화가 있었던 것처 럼 보인다. 이를 앞에서 논의한 세 가지 이슈별로 요약하면 다음과 같다.

첫째는 어떤 행위를 성폭력으로 보는가? 다르게 말하면 (여성의) 몸 과 성의 침해 행위를 어떻게 보는가의 문제이다. 이것은 성폭력 정의 의 내용에 대한 것으로 성폭력을 정조의 침해로 볼 것인가 인권에 대 한 침해로 볼 것인가에 관한 문제이다. 강간죄의 경우 정조를 보호법익 으로 보고 남성중심적, 보호의 입장에서 접근했으며 여성을 주체로 인정 하지 않고 대상으로 보는 경향이 있었던 것이 사실이다. 따라서 강간죄

〈표 9-2〉 성폭력특별법 제·개정 전후의 주요 이슈별 관점 비교

항 목	강간죄	성폭력특별법	이슈 및 대안
성폭력의 정의 (보호 법익)	- '강간', '정조에 관한 죄' (남성 중심적, 정조보호) (성차별적 성정책*) • 문제점 ① 엄격한 의미의 강간만 인정 ② 가해자는 처벌하나 피해자보호조치, 쉼터 상담소 거의 없음	- '성폭력', '강간과 추행의 죄' 성폭력피해자의 보호(여성보호) (성중립적·성인지적 성정책**) • 개선점 중립적 용어, 범위확대 절차 개선, 가해자처벌, 피해자보호 • 문제점 ① 실제 집행과 괴리, 여성을 피해자로 보고 보호하는 것 ② 성폭력 상담소 및 쉼터 운영 지원, 인력교육 및 재정 지원 부족	• 누구의 관점? • 무엇을 보호하나? - 여성의 특수성을 고려하는 기준에 의한 규정 및 평가 필요 - 여성친화적 환경 마련을 위한 정책적 지원 필요
성폭력 행위와 맥락의 이해	- 폭력적 행위 중심으로 이해 - 임신가능성 (성적 행위에 폭력성이 있을 때, 행위만 고려, 맥락 비고려) • 문제점 ① 가부장제, 공식적· 일상적 권력에서 여성의 불평등을 고려하지 않음 ② 이중성윤리, 정절· 순결이데올로기 수용, 피해자비난 ③ 수사과정상 피해자 인권침해	- 폭력적 행위 중심으로 이해 - (성별화된 구조에 대한 인식이나 설명 없이) 성적 자유를 가진 독립적인 개인들끼리 욕망의 충돌로 인해 발생하는 개인의 권리문제로 이해 (행위만 고려, 맥락 비고려) • 문제점 ① 남녀불평등, 일상적 권력 고려하기 시작했으나 차별· 불평등한 맥락 고려 취약 ② 이중 성윤리 개선 위한 교육 시작, 그러나 개선 취약 ③ 수사과정상 피해자 인권침해 개선	• 불평등한 권력 관계를 고려하는가? - 차이를 유지, 재생산하는 구조를 전환하는 전략 필요
성폭력 판단기준	- 신체적 저항	- 신체적 저항, - 피해자의 '거부' 의사 표시· 명시적 동의 표시	• 불평등한 권력 관계를 고려하는가?

〈표 9-2〉 계속

항목	강간죄	성폭력특별법	이슈 및 대안
행위자 대상· 권리주체	- 강간피해자, 아내 아닌 여성 - 피해자의 말 안 믿음 - 의제강간의 동의연령	- '성폭력피해자', 아내 아닌 여성 - 여성의 동의 연령	• 누구를 대상으로 보는가? • 누가 권리의 주체인가? - 특정 여성에서 일반 여성, 남성으로 확장 필요 (불평등 권력 관계 변화 전제)

* 여기에서 쓰는 성차별적·성중립적·성인지적 정책의 평등원리와 젠더구성효과는 양현
아 (2005)에서 활용한 것으로 다음 표 〈여성정책의 평등원리 평가기준〉에 나타난 것과
같다.
** 위와 동일.

평등의 전망	관련정책	젠더구성효과
남녀 차별	성차별적 정책	젠더강화
같음에 기반을 둔 평등주의	성중립적 평등정책	젠더중립
차이에 민감한 평등주의	성인지적 평등정책 (형식적·실질적 평등+성차에 대한 보호입법 공존)	젠더인지
젠더 재구조화	성주류화 정책 (대안적 평등기준 개발+성차에 대한 사회역사적 맥락 통합)	젠더재구조화

의 경우에는 전통적 정절개념에 기반한 성정책으로서 '성차별적 성정
책'이었다고 볼 수 있다.

성폭력특별법의 경우에는 정조보호의 이데올로기를 폐기하고 피해
자여성을 보호하고 지원하는 정책이다. 이제까지의 흐름은 크게 이를
피해자 중심으로 보호 관점에서 보는 측면도 있고 여성의 인권 관점에
서 보는 측면도 없지 않다. 따라서 성폭력특별법의 경우에는 '성중립
적' 성정책이면서, '성인지적' 성정책인 측면도 가지는 것으로 보인다.
앞으로의 방향은 보다 명시적으로 여성의 인권 관점에서 보고, 또한
여성의 특수성을 고려하는 기준에서 성폭력을 정의해야 할 것이다.

둘째는 몸과 성의 침해가 일어나는 사회적 맥락, 즉 사회에 팽배해
있는 젠더불평등을 어떻게 보느냐 하는 문제이다. 이것은 성폭력이 일

어나는 사회가 어떤 사회인가에 대한 문제제기가 있느냐의 문제이다. 강간죄의 경우에는 오랫동안 남성 중심의 시각에서 접근해서 젠더불평등을 당연시하고 문제삼지 않았다. 특히 남성이 폭력을 쓴 경우에도 그것을 여성의 신체적 저항이라는 기준에서 판단함으로써 여성의 동의 능력을 인정하지 않을 뿐 아니라 사회 전반에 퍼져있는 남녀 불평등한 가부장제와 일상의 권력을 당연시하였다. 또 수사과정상 피해자의 말을 잘 안 믿고 피해자 인권침해가 많은 것으로 나타났다. 1990년대 후반에는 가부장적 사회에서 일상의 권력 불평등에 대한 문제제기가 일어나기 시작했다. 성폭력특별법의 경우에는 성폭력 피해자보호를 통해 여성을 사회적 약자로 인정함으로써 가부장적 사회에서 일상의 권력 불평등이라는 맥락을 고려하기 시작한 것으로 보인다. 특히 2003년 피해자가 수사 재판과정에서 인권침해를 받는 일이 없도록 현행제도의 미비점을 개선한 것은 진일보한 것이다. 앞으로의 대안으로 가부장제 또는 남녀간에 불평등한 일상의 권력이라는 맥락을 고려할 뿐만 아니라 이를 변화시키는 정책이 요구된다.

셋째는 행위자 대상을 누구로 보느냐 하는 문제인데 이는 권리의 주체가 누구냐의 문제와도 관련된다. 이것은 성폭력이 여성에 대한 범죄인가 인간에 대한 범죄인가의 문제로 여성을 성폭력 피해자로 보고 아내는 이에서 제외하며 특정 집단의 여성에게는 그나마 보호도 해주지 않는 것으로 나타났다. 이것은 강간죄의 경우에 특히 그러했다. 성폭력특별법의 경우에는 좀 개선된 점은 있으나 이를 벗어났다고 보기 어렵다. 남성강간, 아내강간은 아직도 인정되지 않고 있다. 이 사회가 남성들을 권리의 주체로 가정하는 가부장제 사회임을 확인시켜 준다. 앞으로는 여성뿐만 아니라 남성들에 대한 강간도 인정되어야 하고 여성들에 대한 차별도 없애는 포괄적이고 보편적인 행위자 규정이 이루어져야 할 것이다. 그러나 이것은 물론 불평등한 권력관계를 변화시켰다는 것을 전제로 해야 할 것이다.

4. 한국 성매매정책의 성격과 문제점

1) 성매매정책 변화의 배경

기존의 윤락행위등방지법은 1961년 군사정부하에서 제정되었고 이후 1995년에 개정되었다. 윤락행위등방지법 외에도 한국 형법에서는 성매매 목적의 인신매매에 대하여 다양하게 규정하여 처벌했다. 1) 뿐만 아니라, 한국정부는 인신매매 및 타인의 성매매와 관련된 중요 국제협약에 가입하거나 비준하였다. 2) 각각의 협약서는 타인과 여성의 인신매매 및 성매매의 착취를 금지한다.

그러나 윤락행위등방지법이 성매매에 대하여 엄격한 금지주의와 형사처벌을 목적으로 하고 국제협약에 가입했는데도, 성매매는 우리사회에서 독버섯처럼 창궐해 왔다. 이는 법과 사회의 괴리현상이자, 성매매에 대한 법적 지배가 사실상 공백 상태라 할 수 있다.

2000년 9월 군산 대명동과 2002년 1월 군산 개복동에서 발생한 화재로 인해 성매매여성들이 사망한 사건은 성매매문제에 대한 여성운동에 불을 붙인 사건이었다. 한국여성단체연합이 주도하여 2001년 4월 성매매방지특별법 마련을 위한 전문가 간담회가 구성됨으로써 본격적

---

1) 형법상 영리목적 약취, 유인죄(제 288조 1항), 취업사용목적 부녀매매죄(제 288조 2항), 약취, 유인, 매매된 자의 수수, 은닉죄(형법 제 292조) 등이 규정되어 있고 '특정범죄가중처벌등에관한법률'은 이상의 죄를 가중처벌하고 있다(동법 제 5조의 2 제 4, 6, 8항).

2) 이와 관련하여 한국이 가입하거나 비준한 국제협약은 다음과 같다. 1962년, 1949년에 제정된 '인신매매금지 및 타인의 성매매 착취금지에 관한 협약'(Convention for the Suppression of the Traffic in Persons and of the Exploitation of the Prostitution of Others)에 가입하였고, 1984년에는 '여성차별철폐협약'(Convention of the Elimination of All Forms of Discrimination Against Women, CEDAW)에 가입하였다.

으로 대체입법마련에 착수하였다. 여성단체연합은 '성매매알선 등 범
죄의 처벌 및 방지에 관한 법률안'을 마련하여 2001년 11월 26일 국회
에 입법 청원하였다. 그후 2002년 7월 25일 국회의원 94인 (조배숙 대
표발의)의 이름으로 여성단체가 청원한 법안의 내용을 기본적으로 거
의 그대로 수용한 법안이 발의되었다. 이후 2002년 9월 11일자로 조배
숙 의원 등 국회의원 86인은 앞서 발의한 법률안을 두 개로 분리하여
다시 발의하고 이전 법률안을 철회하였다. 이 법률은 제 9차 법제사법
위원회 (2002.11.1) 에 상정하여 심사한 후 심사 제 1소위원회에 회부되
었다. 제 1소위원회는 동 법률안을 수차례 심사하여 제 245회 국회 (임
시회)에 의원회 대안으로 제안하여, 2004년 3월 2일 국회 본회의에서
통과되었다 (양현아, 2004).

성매매방지법은 성매매처벌법과 성매매피해자보호법으로 구성되어
있다. 내용상의 변화를 알려면 윤락행위등방지법의 내용과 비교해보
면 보다 쉽게 알 수 있다. 이 변화를 비교 정리한 것이 다음 〈표 9-3〉
이다. 다음은 앞에서 논의한 세 가지 이슈별로 이 두 법을 비교해 보
겠다.

2) 정의와 보호법익: '선량한 풍속의 보호'에서 '피해자인권의 보호'로

먼저 성매매의 개념정의 또는 보호법익의 문제와 관련해서 검토해
보면 윤락행위등방지법 (이하 윤방법)의 경우에 성매매는 '윤락행위'로
표현되었다. 윤락행위 규정을 보면 '윤락행위'라 함은 "불특정인을 상
대로 하여 금품 기타 재산상의 이익을 받거나 받을 것을 약속하고 성
행위를 하는 것을 말한다"라고 되어 있다 (윤방법 제 2조 1호).

여기에서 윤락이란 ① 성기접촉에 의한 성행위에 한정, ② 성매매를
'문란한 성관계'로 규정하는 태도를 보이고, ③ 문제 초점을 윤락여성
에게 두며, ④ 윤락여성에 대한 도덕적 낙인효과가 있다고 할 수 있다.

304

이로써 윤락행위에는 성을 파는 자, 즉 여성에 법의 초점이 맞추어짐
에 따라 성을 사는 자, 또 성매매가 이루어지게 하는 다양한 중간 매개
자들에 초점이 맞추어지지 않았다는 한계가 있다.

윤락행위등방지법의 보호법익은 이 법의 목적에 잘 드러난다. "법은
선량한 풍속을 해치는 윤락행위를 방지하고 윤락행위를 하거나 할 우
려가 있는 자를 선도함을 목적으로 한다"(윤방법 제1조). 윤락행위등
방지법에서는 성매매에 대한 도덕적 접근이 이 법철학의 주류를 이룬
다. 윤락의 정의가 '타락하여 몸을 버림'인 것을 보더라도 성매매에 대
한 기본 인식이 도덕적 접근에 바탕을 두고 있음을 알 수 있다.

〈표 9-3〉 윤락행위등방지법과 성매매방지법의 비교

	윤락행위등방지법	성매매방지법	의의
정의	윤락 등의 왜곡된 표현	가치중립적·인권중심적 표현	용어순화
대상: 성매매알선자	법정형 하한(혐의 중복 되면 2년 6월까지 가능)	법정 상한 10년	성매매알선자 처벌 강화
대상: 성매매알선자	X	성매매알선자 수익 몰수 및 추징	경제적 제재 조항 신설
대상: 성매수자	1년 이하 징역, 300만 원 이하 벌금 (경찰, 훈방 등 관대한 적용)	옛법과 같음 (경찰, 무조건 입건 방침)	성매수자 처벌
대상: 성매매피해자	성매매여성 무조건 처벌	업주 강요에 따른 성매매시 피해자로 보고 형사처벌 제외	성매매피해자 규정 신설
절차: 피해자보호	X	증인보호법상 신변보호, 신뢰관계자 동석	성매매피해자 보호규정 신설
절차: 수사기관협조	X	각종 자활지원, 긴급구조 요청시 경찰관 동행 의무	수사기관협조 조항 신설
절차: 의료비 지원	X	14조에 지원근거 신설	의료비 지원 조항 신설

자료: 경찰청

성매매방지법에서는 '윤락행위' 개념 대신에 '성매매'라는 개념을 사용하여 보다 중립적인 용어를 썼다. 또한 성매매 강요, 알선자 등 중간 매개자의 처벌과 성매매 피해자의 인권보호를 명시함으로써 성인지적 입장에서 접근함을 볼 수 있다. '성매매' 개념3)에 성교행위뿐만 아니라 '구강, 항문 등 신체의 일부 또는 도구를 이용한 유사성교행위'를 포함함으로써 성매매행위의 범위를 확장하였다.

성매매방지법에서는 또한 성매매를 인권, 특히 여성인권의 관점에서 사고한 점에서 의의를 찾을 수 있다. 이것은 성매매처벌법에서 위력, 위계, 금전 등에 의해 강요된 성매매와 인신매매로 인한 성매매를 각각 처벌하는 반면, 이로 인한 피해자들은 처벌하지 않고, 오히려 '성매매피해자보호법'에서 이들은 국가의 보호와 지원의 대상이 된다고 규정한 데서 볼 수 있다.

또한 성매매방지법에서는 금지주의를 채택함으로서 성매매를 금지했으며 이를 성노동으로 보지는 않는다.4)

3) 행위와 맥락의 이해: 2자 관계에서 3자 관계로

성매매행위 및 맥락의 이해와 관련해서는 윤락행위등방지법의 경우 성매매문제를 선량한 풍속의 관점에서 봄으로써 도덕적 관념이 내재한 반면, 그 경제적 · 정치적 · 문화적 차원의 사회구조적 차원이 사상되어 있다. 따라서 우리 사회에서 성매매가 확산되는 현상을 타락한 여

---

3) '성매매'라 함은 불특정인을 상대로 금품, 그 밖의 재산상의 이익을 수수 약속하고 다음 각 목의 어느 하나에 해당하는 행위를 하거나 그 상대방이 되는 것을 말한다.
　　가. 성교행위
　　나. 구강, 항문 등 신체의 일부 또는 도구를 이용한 유사성교행위
4) 최근 성매매를 성노동으로 볼 것인가의 문제가 논란의 대상이 되고 있다. 고갑희(2005), 이나영(2005) 참조.

306

성들의 증가 때문으로 보았다. 즉, 법의 초점이 주로 '윤락행위' 또는 그런 행위를 하는 여성에 있다고 할 수 있다. 또한 윤방법하에서는 성매매 알선, 강요 등 행위에 대한 벌칙조항을 두었지만 성매매문제를 성판매자와 성구매자의 양자관계로만 해석하던 시각에서 탈피하지 못하였다.

그러나 성매매방지법에서는 성매매가 증가하는 것을 성매매 공급 및 중간 매개체들이 증가하고 또 확장되고 있기 때문이라는 시각의 전환을 보인다. 이에 따라 현행법은 성매매에 대한 과정적이고 사회구조적인 접근을 취한다. 알선업자와 업주 등 중간매개자를 포함시키고 가장 중요한 행위 주체로 부각시킴으로써 성매매를 양자관계가 아니라 삼자관계 구도로 포착·해석하는 진전된 구조적 접근을 취한다고 볼 수 있다.

또 성매매방지법은 범죄자 처벌과 성매매 피해자 보호조치에서 커다란 변화를 보인다. 성매매처벌법에 '성매매 알선 등의 행위', '성매매 목적의 인신매매'5) 등의 개념을 도입하고 여기에 형사처벌의 초점

---

5) 성매매 알선 등의 행위란, "가. 성매매를 알선, 권유, 유인 또는 강요하는 행위, 나. 성매매의 장소를 제공하는 행위, 다. 성매매에 제공되는 사실을 알면서 자금, 토지 또는 건물을 제공하는 행위"를 말한다(성매매처벌법 제2조 제1항 제2호).
성매매 목적의 인신매매란 "가. 성을 파는 행위 또는 형법 제245조의 규정에 의한 음란행위를 하게 하거나 성교행위 등 음란한 내용을 표현하는 사진, 영상물 등의 촬영대상으로 삼을 목적으로 위계, 위력, 그 밖에 이에 준하는 방법으로 대상자를 지배, 관리하면서 제3자에게 인계하는 행위, 나. 가목과 같은 목적으로 청소년보호법 제2조 제1호의 규정에 의한 청소년, 사물을 변별하거나 의사를 결정할 능력이 없거나 미약한 자 또는 대통령령이 정하는 중대한 장애가 있는 자나 그를 보호, 감독하는 자에게 선불금 등 금품 그 밖의 재산상의 이익을 제공, 약속하고 대상자를 지배 관리하면서 제3자에게 인계하는 행위, 다. 가목 및 나목의 행위가 행하여지는 것을 알면서 가목과 같은 목적이나 전매를 위하여 대상자를 인계받는 행

을 맞췄다는 점은 큰 의의가 있다.

성매매처벌법에서 이러한 개념들을 도입했다는 것은 성매매를 매개하는 행위를 ① 과정적으로 파악하고 있어서 성매매피해자가 체계적으로 양산되는 과정을 포착하게 해주며, ② 최초의 인신매매추진자가 최종적 행위자가 아니라 그 중간(대상자 지배 관리, 인계한 자 등) 매개자 역시 처벌할 수 있게 한 점 등은 성매매의 사회구조적 맥락을 고려한 것이라는 점에서 높이 평가할 수 있다. 현재 한국의 성매매는 성매매 당사자들에 의한 것이라기보다는 오히려 성매매 알선, 인신매매 등을 통한 이윤착취가 그 존재와 확산의 강력한 동기가 되었음이 법에 명시되었기 때문이다(양현아, 2004). 이는 과거 윤방법에서 '윤락행위' 또는 그런 행위를 하는 여성에 주로 법의 초점을 둔 것과 비교할 때 법의 패러다임에 있어 일대 변화라고 할 수 있을 것이다.

이런 초점의 변화와 함께 처벌행위가 보다 현실화·세분화되고, 법정형도 강화되었다. 윤방법과 비교할 때 성매매처벌법의 주요 특징은 ① 성매매매개자들에 대한 벌칙을 강화했다는 점 이외에도 ② 이전 법에 명시되지 않은 범죄행위유형, 예컨대 성매매를 목적으로 한 인신매매, 마약 등에 의한 성매매, 성매매광고, 재산몰수 및 추징 등에 대한 조항 등이 대폭 신설되었다는 점이다.

4) 행위자 대상·권리의 주체: '요보호자'에서 '피해자'로

행위자 대상과 관련하여 윤방법의 경우에는 '요보호자'를 대상으로 한다. '요보호자'의 개념규정을 보면 "'요보호자'라 함은 윤락행위의 상습이 있는 자와 환경 또는 성행으로 보아 윤락행위를 하게 될 현저한 우려가 있는 자를 말한다"(윤방법 제2조의 2)라고 규정했다.

───────────────

위, 라. 가목 내지 다목의 행위를 위하여 대상자를 모집, 이동, 은닉하는 행위"(성매매처벌법 제2조 제1항 제3호).

이 규정에 나타난 성매매여성에 대한 윤방법의 시각은 성매매의 강
요, 알선 등의 행위보다는 오히려 성매매여성을 죄인시하고(사기죄,
윤락행위), 포주들의 주장에 공감하고, 성매매여성들을 불리하게 하는
법이라고 볼 수 있다. 더군다나 '요보호자'의 개념이 윤락행위 상습자
외에도 윤락행위를 하게될 '현저한 우려가 있는 자'로 규정한 것은 문
제가 있다. 법 집행자의 주관적 판단과 편견이 개입할 여지가 있기 때
문이다.

반대로 성매매방지법상 '성매매피해자' 또는 '성매매된 자'라는 범주
는 자신의 자발성과 결정에 의하지 않고 성매매를 강요당한 자를 의미
한다. 이는 성매매문제를 사회구조적 차원에서 바라보고, 특히 포주,
업주 등에 의한 알선, 인신매매 행위를 처벌하는 데 주안점을 둔다는
점에서 성매매 법의 일대 패러다임 전환이다. 성매매여성들이 손쉽게
돈 버는 업종을 택했다는 등의 사회통념과는 반대로 착취와 노예적 상
황에 있다는 그간의 고발이 법에 반영된 것이라고 하겠다.

성매매피해자보호법 제2조 제1항 제4호상의 '성매매된 자'는 성매
매처벌법상의 '성매매피해자'를 가리키는 것이다. 반면 성매매피해자
보호법에서는 성매매피해자와 구분되는 '성을 파는 행위를 한 자'라는
개념을 사용하는데 이러한 범주는 단순 성매매에서 성판매자를 지칭하
는 것이다.

여기에서 약간의 문제점도 발견되는데 그것은 단순 성매매와 강요
된 성매매를 구분한다는 것이다. 성매매피해자는 자신의 자발성과 결
정에 의하지 않고 성매매를 강요당한 자를 가리킨다. 반면, '성을 파
는 행위를 한 자'라는 개념은 '단순 성매매'에서 성판매자로서, 성매매
행위 당사자들간 합의에 의한 자발적 성매매자로 구분한다. 이들 역시
성매매피해자와 마찬가지로 성매매피해자보호법에서 규정하는 각종
보호와 지원사업의 대상이 되지만(성매매보호법 제1항), 성매매처벌법
에서는 '사건의 성격, 동기, 행위자의 성행 등을 고려하여 이 법에 의

한 보호처분에 처함이 상당하다고 인정하는 때에는 특별한 사정이 없는 한 보호사건으로 관할법원에 송치하여야 한다'고 규정함으로써 보호처분을 명시하였다. 이것은 단순 성매매에 대하여 형사처벌 외에 부분적 또는 사실상의 비범죄화 조치를 두는 것이라 볼 수 있지만 성매매피해자와 구분하여 처분하고 있다.

이러한 단순 성매매와 강요된 성매매 간의 구분에 대하여 여성학계와 여성활동가들에 의해 많은 문제제기가 있었다. 여성주의 관점에서 볼 때, 성매매행위는 여성들의 성에 대한 착취 및 가난에 대한 대안부재 등으로 인한 사회구조적 산물이다. 따라서 순수한 '단순 성매매'가 현실에 어느 정도 존재할지 의문시된다. 여성계에서는 성매매여성들의 성매매행위에 대해서는 비범죄화하고, 성구매자들에 대해서는 처벌할 것을 주장하기도 하였다. 그러나 현재법에서는 이러한 구분을 유지한다. 이 구분은 성매매를 보는 법의 시각에 해당하기 때문에 앞으로도 현장의 목소리를 더 반영한 지속적 논의가 필요하다.

5) 평등원리 평가 및 대안

윤방법에서 성매매방지법으로 개혁하면서 많은 변화가 있었던 것처럼 보인다. 이를 앞에서 논의한 세 가지 이슈별로 정리하면 다음과 같다.

첫째는 어떤 행위를 성매매로 볼 것인가 하는 문제이다. 이것은 성매매 정의의 내용과 관련된 문제로, 성매매가 풍속이나 도덕의 문제인가 인권의 문제인가라는 것이다. 윤방법의 경우에는 '윤락행위'라는 용어에서 나타나듯이, 선량한 풍속을 보호법익으로 보고 남성 중심적 관점을 취하고 도덕 보호의 입장에서 접근해왔으며 여성을 도덕 문란의 주범으로 보는 경향이 있었던 것이 사실이다. 따라서 윤방법의 경우에는 전통적 도덕 개념에 기반한 성정책으로서 '성차별적 성정책'이었다고 볼 수 있다.

　　반면 성매매방지법의 경우 '윤락행위'라는 용어를 보다 중립적인 '성
매매'라는 용어로 바꾸고 풍속·도덕 보호의 이데올로기를 폐기하고
피해자여성의 인권을 보호하는 정책이며, 특히 성매매보호법을 통해
다양한 보호와 지원을 명시했다는 점에서 피해자여성의 인권보호를 위
해 진일보한 것이다. 따라서 성매매방지법의 경우에는 '성중립적' 성정
책 내지 '성인지적' 성정책이라고 할 수 있다. 앞으로 여성의 특수성을
고려하는 기준에서 성폭력을 정의해야 할 것이다.

〈표 9-4〉 성매매방지법 제정 전후의 내용비교

항 목	윤락행위등방지법	성매매방지법	이슈 및 대안
성매매의 정의 보호법익	'윤락행위' '선량한 풍속'의 보호 (남성 중심적, 사회도덕 보호, 성차별적 성정책)	'성매매', '성매매피해자 인권보호' (피해자여성 인권보호, 성중립적, 성인지적 성정책), 성알선자 처벌, 강제된 성매매피해자 보호	- 누구의 관점인가? - 무엇의 보호인가? - 여성특수성에 적합한 기준에 의한 평가 필요, - 여성친화적 환경 마련을 위한 정책적 지원 필요
성매매 행위와 맥락의 이해	- 성매수자와 성매매자 관계로 봄(행위만 고려, 맥락 비고려) - 성매매의 강제적, 폭력적 상황 비고려	- 성매수자와 성매매자 외 성알선자, 즉 포주의 강제라는 맥락 인정 - 불평등한 권력관계 고려	- 불평등한 권력관계를 고려하는가? - 차이를 유지, 재생산 하는 구조를 전환하는 전략 필요
성매매 판단기준	윤락행위 여성	제3자의 강요, 매개	
행위자 대상· 권리의 주체	'요보호자'	'성매매피해자'· '단순 성매매자' 구분	- 누구를 대상으로 보는가? - 특정 여성의 구분을 없애고 남성으로 확장 필요(불평등한 권력관계 변화 전제)

둘째는 성매매가 일어나는 사회적 맥락, 즉 사회에 팽배한 젠더불평등을 어떻게 보느냐 하는 문제이다. 이것은 성매매가 일어나는 사회가 어떤 사회인가에 대한 문제제기가 있느냐의 문제이다. 윤방법의 경우에는 오랫동안 남성 중심의 시각에서 접근하여 젠더불평등을 당연시하고 문제시하지 않았다. 특히 남성이 성매수를 했음에도 그것을 여성의 윤락행위라는 기준에서 판단함으로써 사회 전반에 퍼진 남녀 불평등한 가부장제와 일상의 권력을 당연시하였다. 성매매방지법에서는 성매매를 양자관계로 보지 않고, 강요·알선하는 중간매개자를 포함하는 3자 관계로 보았는데 이것은 사회구조적 맥락을 일정 정도 고려한 접근이라고 할 수 있다. 가부장적 사회에서 일상의 권력 불평등에 대한 고려를 한 것이다. 앞으로의 대안은 가부장제 또는 남녀간에 불평등한 일상의 권력이라는 맥락을 고려할 뿐만 아니라 이를 변화시키는 정책이 요구된다고 하겠다.

셋째는 행위자 대상을 누구로 볼 것이냐 하는 문제인데 이는 권리의 주체가 누구냐의 문제와도 관련된다. 이것은 성매매여성을 누구로 보느냐의 문제이다. 윤방법에서는 성매매여성을 '요보호자'로 보고 선도대상으로 간주하여, 보호에 취약했다. 성매매방지법의 경우에는 '성매매피해자'라는 용어를 사용함으로써 피해자의 인권을 보호한다는 점에서 개선되었다. 그러나 성매매피해자와 단순 성매매자를 구분하는 것은 제고되어야 한다. 대부분의 성매매여성이 성착취나 가난 등 피치 못할 사회구조적 환경 때문에 성매매를 하게 되는 것을 고려할 때 이러한 구분은 문제 있다. 따라서 앞으로 여성뿐만 아니라 남성들에 의한 성매매를 포함하는 포괄적이고 보편적인 행위자 규정이 이루어져야 할 것이다. 물론 이것은 불평등한 권력관계의 변화를 전제로 한다.

5. 성정책의 새로운 패러다임 모색: 탈가부장적 주류화 성정책모델

1) 젠더 재구조화와 성주류화 정책

지금까지 성에 대한 일상적 권력의 침윤이라는 면에서 성관련 현행 법들의 문제점을 살펴보았다. 기존의 성폭력정책과 성매매정책을 행위의 정의, 행위와 맥락의 이해, 행위자 대상의 세 가지 이슈 측면에서 분석하고, 문제점과 대안을 제시하였다. 기존의 성정책은 성차별적·성중립적·성인지적 성정책이었다. 그러나 여성주의 성정책의 모습이 어떠해야 하는지 여성주의 성정책 모델을 제시하기 위해서는 구체적이고 현실적인 문제들을 뛰어넘어 여성정책이 어떤 원칙이나 철학에 기반을 둬야 하는지에 관한 보다 근본적인 모색이 필요하다.

그러면 바람직한 새로운 성정책은 어떤 평등원리에 기반을 둬야 하며 이를 달성하기 위해서는 어떻게 해야 할 것인가? 바람직한 새로운 성정책의 평등원리 또는 비전은 '탈가부장적 성주류화 성정책'이라고 명명할 수 있겠다. 그러면 이를 보다 자세히 살펴보자.

남녀평등의 방향에 대한 주장들을 검토해 보면, 의외로 여성주의 내부에서도 다양한 견해가 있다는 것을 알 수 있다. 여기에서는 '같음'에 기초한 평등주의와 '다름'을 인정하는 평등주의 등 여성주의에 기반을 둔 몇 가지 입장 및 관련 정책을 소개하고, 바람직한 평등의 전망을 제시하도록 하겠다.

'같음'에 기초한 평등주의는 적어도 형식적 평등에서 여성들의 지위 향상에 상당히 기여했다고 볼 수 있다. 그러나 객관성과 중립성에 기초한 개인권리 개념이 구체적 상황에 적용될 때 기대한 만큼 여성권리를 보장해주지 못한다는 것이 드러나기 시작했다. 즉, 객관성이란 남성 기준에 근거한 객관성이며, 그러한 기준에 부합하지 않는 여성권리

는 다른 특수성을 전제해야만 확보될 수 있는 것이었다. 그것은 남녀
가 처한 현실적 조건이 불평등하다는 구체적 맥락을 반영하지 않았기
때문에 때로는 여성에게 오히려 불리할 수도 있다는 것이다(Jaggar,
1994; 심영희 외, 2002).

따라서 이에 대한 대안은 평등을 주장하되 여성의 특수성을 반영하
는 방향을 모색하는 것이었다. 이것은 남녀간의 차이를 어느 정도 인
정한다는 전제 위에 '성에 민감한(sex-responsive) 평등'을 주장하는 것
이라고 할 수 있다(Jaggar, 1994; Littleton, 1994). 어떻게 보면 이것
은 비대칭주의에 입각한 평등주의다. 즉, 여자와 남자의 차이가 평등
실현의 전제가 되는 것이다. '차이'를 인정하는 평등주의는 할당제, 모
성보호 등 여성적 특수성을 고려한다는 면에서 현실적으로 많은 기여
를 하였지만 또한 몇 가지 문제점을 초래하였다. 자칫하면 여성다움에
대한 고정관념이 작용하여 특정 영역에서 여성을 배제하고 구래의 성
역할과 성별분업을 합리화할 수도 있다(심영희 외, 2002).

'같음'에 기초한 평등주의와 '다름'을 인정하는 평등주의, 각각에 잠
재된 문제점을 보완할 수 있는 새로운 대안은 없을까? 그 대답은 성주
류화를 통한 젠더재구조화에서 찾을 수 있다(심영희, 2005).

성주류화는 국제기구의 정의에 따르면 양성평등(gender equality)을
이루기 위해 성관점(gender perspective)이 모든 과정에 통합되는 것을
의미하는 것이다. 1995년 베이징 여성대회에서 성(gender)과 성주류화
(gender mainstreaming)라는 용어를 공식적으로 행동강령에 수용하면
서, 성주류화란 '체계적 절차와 메커니즘의 양성평등을 향한 도약을
의미하며 젠더 이슈를 주로 정부와 공공기관의 모든 의사결정과 정책
실행에 고려해야 하는 것'이라고 정의하였다.

성 주류화는 구체적으로 세 가지의 내용, ① 사회의 모든 분야에 여
성의 양적·질적 참여 확대를 의미하는 여성의 주류화, ② 모든 정책
분야 및 이를 다루는 기관의 성관점이 통합되어야 함을 의미하는 성관

점의 주류화, ③ 기존의 남성 중심적으로 조직된 정부 및 주류영역이 성인지적으로 재편되어야 함을 의미하는 주류의 전환을 포함한다(김경희, 2004).

성폭력정책에서 주류화는 이 중 특히 두 번째, 즉 모든 정책분야 및 이를 다루는 기관의 성관점이 통합되어야 함을 의미하는 성관점의 주류화와 관련 있으며 이를 통해 피해자 중심의 접근을 넘어설 수 있을 것이다.

우리사회의 경우를 보면 1990년대 이후부터 현재에 이르기까지 국내·외적으로 여성정책의 기본이념은 기존의 성역할을 수용하면서 여성을 발전과정에 통합하려는 접근(WID 접근)으로부터 여성의 역량강화(empowerment)를 추구하고 불평등한 양성관계 변화를 추구하는 양성평등주의(GAD 접근, 성주류화 접근)로 나아갔다. 그리고 최근에는 발전에 기초한 성주류화 한계를 비판하고 '보살핌' 윤리에 기반하여 '관계에 기반한 평등'을 성주류화의 대안으로 제시하기도 한다(허라금, 2005).

그러면 이러한 성주류화의 평등원리 안에서 탈가부장적 성주류화 성정책을 달성하기 위해서는 어떻게 해야 하나? 보다 구체적으로 앞에서 논의한 세 가지 이슈, 즉 첫째, 보호 중심의 성폭력 정의, 둘째, 불평등한 젠더 관계라는 사회적 맥락을 고려하지 않는 남성 중심적 관점의 문제, 셋째, 여성을 권리 주체로 인정하지 않고 대상으로 보는 문제 등을 중심으로 주류화 성정책의 모습은 어떠해야 할지 논의해보겠다.

2) 정의와 보호법익: '보호'에서 몸의 권리로

성, 성폭력, 성매매 등은 기본적으로 보호의 문제로 접근되는데 이제는 보다 명시적으로 몸에 대한 침해로써 기본권으로 인정하는 것이 필요하다.

그러면 여기에서 기본권이란 무엇인가? 기본권 보장은 한편으로 평등권과 다른 한편으로 인간의 존엄과 가치 및 행복추구권(이하 자유권)이라는 두 개의 축으로 이루어진다. 여기에서 인간의 존엄과 가치 및 행복추구권은 개인의 자유로운 영역을 상정하고 이를 침해하는 국가의 행위를 금지하거나 또는 특정한 행위를 요구하는 것이다. 평등권은 이와 달리 비교를 기본 속성으로 하는 권리이다. 따라서 국가가 특정한 상황에서 조건이 다른 상황에서와 달리 행동한다면 비교의 문제, 즉 평등권 문제가 대두된다. 평등권에서는 차등을 두는 행위가 개인의 자유를 얼마나 심각하게 제한하는가보다는, 다르게 대우하는 기준과 논거의 정당성이 문제된다(송석윤, 2004).

평등권과 자유권 등 다른 기본권이 경쟁하는 경우 어떤 기본권이 우선하는가가 문제시된다. 이러한 경우에 심사대상과 내용상 보다 밀접한 연관성을 지니는 기본권을 우선 적용해야 할 것이다. 하지만 이 경우에도 나머지 기본권이 지니는 경향을 고려하고 참작해야 한다. 일반적으로 자유권적 기본권의 상이한 향유나 급부 확대의 경우에는 평등권에 중심이 놓이고, 제한된 재화의 분배 또는 의사표현이나 종교활동의 차별의 경우에는 평등권이 우선하는 경향이 있다고 한다(송석윤, 2004).

여성의 몸과 성은 남성의 그것과 다르다. 신체적으로 다르고 재생산 면에서 다를 뿐만 아니라 성에 대한 욕망과 느낌, 그리고 담론이 다르다. 따라서 이 다름을 인정하되 차별하지 않고 존중하는 방향으로 접근해야 할 것이다. 이를 위해서는 여성 특수성을 고려하는 기준에서 접근하고 평가하는 것이 필요하다. 또 여성친화적 환경마련을 위한 정책적 지원이 필요하다.

여성의 몸에 대한 침해에 대하여 여성학에서는 통상 평등권의 관점에서 접근했다. 성희롱을 성차별 문제로 보고 성폭력을 불평등한 권력관계에서 발생하는 것으로 보았다. 불평등한 젠더 관계를 고려할 때 이것은 중요하고 의미 있는 접근이다. 그러나 이러한 접근은 피해자 보호를 우선시하는 담론이 중심을 이룬다. 피해자보호를 우선시하는 담론은 피해자를 대상화하기 때문에 주체화하기는 어렵다는 문제를 가진다.

따라서 주류화 맥락에서 피해자보호를 넘어서는 정책을 만들기 위해서는 몸에 대한 침해를 평등권의 기반 위에, 기본적으로 인간의 존엄과 가치 및 행복추구권 차원에서 인정되어야 한다.

3) 행위와 맥락의 이해:
탈가부장적 성정책과 일상의 권력에서 젠더재구조화

성폭력과 성매매 문제는 일상의 권력이라는 불평등한 권력관계 맥락에서 일어나는 것이기 때문에 이러한 불평등한 권력관계를 드러내고 바꾸는 것이 필요하다.

법의 특징은, 특히 성관련 법의 특징은 그것이 비록 겉으로는 성중립적 모습을 띤다고 하더라도 실제로는 노골적으로 또는 은연중에 남성적 시각에 기반한다는 것이다. 따라서 여성주의적 시각에서 법을 볼 때 맨 처음 해야 할 일은 성중립의 겉모습 속에 숨어 있는 남성적 시각을 발견, 해체하는 것이다. 그러기 위해서는 법을 보는 시각에 대한 발상의 전환이 요구된다(심영희, 1995).

그러면 이러한 발상의 전환은 어떠해야 하는가? 여성주의적 관점이 취해야 할 몇 가지 기본적 원칙을 말하자면, 첫째, 법의 남성 중심적 관점과 여성 혐오적 관점을 탈피하고, 여성을 법의 서자나 남자의 부속물로서가 아닌 실질적 주체, 시민으로 인정하는 것이 필요하다. 특히 여성의 성과 몸에 대한 규정이나 규제에 대해 여성 자신의 입장을 반영할 필요가 있다.

둘째, 차이모델에서 지배모델로 전환해야 한다는 것이다(MacKinnon,

1989). 이제까지 성불평등에 도전하는 방식은 남성을 기준으로 해서 여성이 남성과 같거나 다르다는 입장에서 접근했다. 즉, 남성과 같다고 보는 경우에는 성중립적 용어를 사용해서 여성의 평등권을 주장하려 했고, 차이를 주장하는 경우에는 다름에 기반을 두어 보호나 특별대우를 주장했다. 그리고 필요에 따라 이 두 가지가 한꺼번에 사용되기도 했다. 그러나 이들 경우에 모두 성공적이지 못했다. 그 이유는 이 논리들이 모두 표면적 논리에 불과했고 실제로 작동하는 원리는 따로 있었기 때문이다. 즉, 표면은 남녀의 차이로 나타나지만 실제로는 남성지배ㆍ여성종속의 지배관계가 작동한다는 것이다(MacKinnon, 1989). 여성 평등을 위한 조건이 이루어지지 않은 상태에서, 즉 여성이 사회구조적으로 그리고 권력 면에서 '불리'한 위치에 있는데(Rhode, 1992: 155) 이를 감안하지 않고 형식적 또는 원칙론적 평등만을 주장해서는 실질적 평등을 이루기 어렵다는 것이다. 일상의 권력이라는 맥락 속에서 작동하는 불평등한 남녀관계를 밝혀야 한다는 것이다.

따라서 양성평등은 원칙론적 또는 형식적 평등이 아니라, 조건의 평등을 실현하는 평등, 즉 사회정의를 실현하는 평등이 되어야 한다. 그러기 위해서는 사회 내에서의 남성과 여성의 위치와 권력관계를 정확히 파악하고 이러한 지배관계를 고려하여 차이모델이 아니라 지배모델의 관점에서 보아야 한다. 즉, 실질적 권력 차이에서 차별이 결과한다고 볼 수 있으므로, 이를 상쇄할 수 있도록 고려하여 법의 내용을 만들고 법을 적용해야 한다는 것이다.

예컨대 이것은 강간이나 성희롱이 성이나 성에 관한 문화적 차이에서 기인하기보다는 공포나 권력에서 기인한다고 봄으로써 더욱 잘 이해할 수 있다는 것과 일맥상통한다. 강간의 유형을 구분하면서 그로스(Groth, 1979)는 강간이 성충동에 의한 것이라기보다 분노분출이나 권력추구에 의한 것이라고 보고 그 중에서도 권력형 강간이 가장 많다고

318

보고한 바 있다. 비슷한 맥락에서 '성희롱은 미묘한 강간' 같은 것으로
서 '남성이 여성을 취약하게 만드는 방식의 하나'라고 볼 수 있다. 이
렇게 볼 때 문화적 차이에 의한 것이라고 보이는 성폭력이나 성희롱도
보다 깊이 분석해 본다면 그 밑에는 '일상의 권력' 추구라는 다른 원인
이 깔려 있다고 볼 수 있다(심영희, 1994a). 즉, 일상의 권력이라는
맥락 속에서 불평등한 젠더 관계를 고려해야 하는 것이다.

  성매매의 경우에는 이를 착취로 보는 입장이 우세하지만 성노동으
로 보는 입장도 있다. 성매매를 성노동으로 보는 입장은 여성의 주체
성과 자유권을 인정한다고 볼 수 있지만, 불평등한 젠더 관계, 특히
3자 관계의 알선, 매개자에 의한 착취를 호도할 위험도 가진다. 따라
서 자유권과 주체성을 보장하더라도 그 맥락이 평등하지 않으면 문제
가 있다.

  이러한 가부장제 개혁 및 젠더재구조화는 정치적·경제적·사회적
민주화뿐만 아니라 '친밀성 영역의 민주화'(Giddens, 1992)도 포함해
야 하며 '관계에 기반한 평등', '보살핌에 기반한 성주류화'를 통한 사
적 영역의 공공화도 포함해야 할 것이다.

  4) 행위자 대상·권리의 주체: 대상에서 주체로

  이렇게 남성 중심적 관점에서 여성 중심적 관점으로, 차이모델에서
지배모델로, 평등의 관점에서 정의의 관점으로 관점을 바꿔보면 여성
의 성과 몸에 관련된 문제들을 관통하여 페미니즘이 취해야 할 몇 가
지 기본원칙을 찾아낼 수 있다. 그것은 여성이 성이나 통제의 대상이
아니라 권리 주체가 되어야 한다는 것이다. 다시 말해, 여성에게 자신
의 몸과 성에 관하여 자기가 스스로 결정할 수 있는 권리가 주어져야
한다는 것과 여성에게도 존경받을 권리가 보장되어야 한다는 것이다.

보다 구체적으로 말하자면, 성적 자기결정권은 성폭력과 관련하여, 신체의 자기결정권은 낙태 등과 관련하여 분명하게 드러나고, 존경받을 권리, 비하당하지 않을 권리는 포르노, 가정폭력, 성폭력 등에서 두드러진다. 성폭력이나 포르노, 가정폭력 등이 모두 성의 문제라기보다는 권력의 문제이고, 남성의 입장에서 규정되고(예컨대, 성폭력을 정조의 문제로 규정하는 것), 여성을 존경하지 않고 무시, 비하하거나 함부로 하는 데서 기인한다고 볼 수 있기 때문이다.

또한 성적 자기결정권(독립권)의 한 측면으로서 여성의 독립권(특히 가정폭력의 경우 구타남자로부터의 독립)이 주어져야 하며, 가정폭력의 경우 여자만이 아니라 남자와 여자 모두가 구타가 주기적으로 일어나는 현상의 원인을 이해하게 되어야 한다.

우리사회에서는 성적 자기결정권은 판례상으로는 인정되지만, 법적으로는 아직 명문화되지 않은 상태이다. 따라서 이를 법제화하는 것이 필요하다.

그런데 성적 자기결정권을 적용할 때 문제가 생기는 면도 없지 않다. 예컨대, 간통죄의 경우에서와 같이 처벌하기 어려워지는 경우가 있다. 이런 경우에는 '불평등 영향 접근'(Tong, 1984)을 이용해야 할 것이다. 즉, 사회적으로 권력이 불평등하게 분배되고 그 결과 같은 행동이라고 해도 성별에 따라서 그 영향이 다르게 나타날 때에는 실질적 평등이 이루어지지 못했고 차별이 있다고 보아서 이에 따라 처벌을 해야 한다는 것이다. 여기에서 조건의 평등이라는 문제가 심각하게 제기된다.

양성평등이 실질적으로 확보되기 위해서는 이를 위한 조건의 평등이 선행되어야 한다. 즉, 남성과 여성의 권력이 사회 내에서 균등하게 분배되어야 한다. 이는 공식적 권력과 일상적 영역의 두 차원 모두에서 그러해야 한다. 성폭력의 경우 여성피해자들이 주를 이루는 이유는 일상적 권력의 분배가 불평등하고, 이것이 공식적 권력의 불평등과 중복되어 나타나기 때문이라고 할 수 있다.

320

따라서 어떤 사건이 실질적으로 그 효과에서 성별로 차이가 있는지 알아보기 위해서는, 그 반대의 성에게 그런 사건이 일어났을 때에도 영향이 같은지 뒤집어놓고 생각을 해보아야 한다. 그래서 만약 결과가 동일하지 않은 상황에서는 '불평등 영향 접근'(disparate impact approach)(Tong, 1984: 81~82)을 해야 한다. 그리고 이런 권력의 불평등을 상쇄시키기 위하여 할당제와 같은 우선적 처우가 필요하다. 그러나 물론 이러한 조치는 남성에 의한 여성지배가 있는 동안에만 시행하는 잠정적인 것이어야 한다.

6. 요약 및 결론: 주류화 성정책을 향하여

이 연구는 1990년대 한국의 성폭력 및 성매매정책에 대한 분석을 기반으로 바람직한 새로운 여성주의 성정책의 비전과 전략을 제시하려는 것이었다.

이 문제에 대한 대답을 찾기 위해 이 연구는 1990년대 이후의 성폭력 성매매 관련법·정책의 변화를 살펴보고 문제점을 분석하여 세 가지 주요 이슈를 찾아내었다. 그것은 첫째, 보호 중심의 성폭력 성매매 정의, 둘째, 불평등한 젠더 관계라는 사회적 맥락을 고려하지 않는 남성 중심적 관점의 문제, 셋째, 여성을 권리 주체로 인정하지 않고 대상으로 보는 문제 등이다. 이 세 이슈를 중심으로 탈가부장적 성주류화 성정책의 모습은 어떠해야 할지 살펴보았다.

이러한 연구결과에 기반을 두어 바람직한 성정책의 방향과 원칙을 다음과 같이 제시할 수 있다.

첫째, 바람직한 새로운 성정책의 기본방향은 여성 중심적 접근과 함께 성주류화 관점의 채택을 필요로 한다. 바람직한 새로운 성정책의 기본원칙은 보다 구체적으로 다음을 포함해야 할 것이다.

둘째, '보호'에서 기본권 또는 행복추구권으로서 몸의 권리를 인정하는 것으로 바뀌어야 한다. 자유권과 평등권의 두 축을 포괄하는 기본권으로서의 몸의 권리를 인정하는 것이 중요하다.

셋째, 일상의 권력 맥락에서 불평등한 젠더 관계를 드러내고 바꾸어야 젠더재구조화와 성주류화를 이룰 수 있다.

넷째, 여성을 대상에서 주체로 인정해야 한다. 특히 성적 자기결정권을 인정하고, 성별영향분석을 통한 '불평등영향접근'을 도입하여야 한다.

끝으로 정책은 사회와의 상호작용 없이는 성공할 수 없다. 불평등한 젠더 관계의 맥락 속에서 강하고 자율적인 여성운동과 여성정책기구의 유기적 상호작용이 필요하다.

■ 참고문헌

고갑희. 2005. "한국과 아시아의 성매매·성노동에 대한 몇 가지 생각". 서울여성영화제 국제포럼 2005: 아시아지역 성매매 현실과 비디오 액티비즘. 2005. 4. 12. 이화여자대학교 국제교육관 LG컨벤션홀.

김경희. 2004. "여성정책의 새로운 패러다임 모색을 위한 시론". 한국의 양성평등적 여성정책 모델의 개발을 위한 연구: 한국 및 국제 간 비교연구를 중심으로. 학진 3차년도 연구보고서.

김엘림·윤덕경·박현미. 1999. 《성폭력 가정폭력 관련법의 시행실태와 과제》. 한국여성개발원 연구보고서.

김영란. 2003. "한국의 여성운동과 여성복지정책의 변화". 《한국사회학》, 제 37집 3호.

변혜정. 2004. "성폭력 개념에 대한 비판적 성찰: 반성폭력운동단체의 성정치학을 중심으로". 《한국여성학》, 20권 2호.

서울대학교 공익과 인권연구소. 2002. 《성매매》.

322

송석윤. 2004. "차별의 개념과 법의 지배". 《사회적 차별과 법의 지배》. 서울대학교 공익인권법센터 주관 2-4년도 2차 학술대회 발표논문. 2004. 6. 29. 서울대학교.

신상숙. 2001. "성폭력의 의미구성과 '성적자기결정권'의 딜레마". 《여성과 사회》, 13호.

심영희. 1989. "성폭력의 실태와 법적 통제: 성폭력의 연속선 개념에 입각하여". 《한국여성학》, 5집, 심영희. 1992. 《여성의 사회참여와 성폭력》. 나남출판(재수록).

_____. 1992. 《여성의 사회참여와 성폭력》. 나남출판.

_____. 1995. "몸의 권리와 성관련법 개선안: 권력과 성의 관계를 중심으로". 《한국여성학》, 11집, 한국여성학회.

_____. 1998a. 《위험사회와 성폭력》. 나남출판.

_____. 1998c. "여성의 인권". 한상진 편. 《현대사회와 인권》. 나남출판.

_____. 1998b. "일상의 권력과 성폭력". 《위험사회와 성폭력》. 나남출판.

_____. 2001. "검찰 수사상 피해자 인권보호에 관한 문제". 한국여성의 전화연합 세미나, 2001년 11월.

_____. 2002a. "90년대 한국 성정책의 전개과정: 변화의 내용과 요인". 《젠더와 사회》, 창간호. 한양대학교 여성연구소.

_____. 2004. "성정책의 국제비교: 미국과 호주를 중심으로". 《젠더와 사회》, 2, 3 합병호. 한양대학교 여성연구소.

_____. 2005. "젠더재구조화와 양성평등". 광복 60주년 기념 종합학술포럼 3차 포럼, 역동적 균형과 선진한국: 사회통합과 균형성장, 2005. 10. 28 전주리베라호텔, 광복 60주년 기념사업추진위원회

심영희 외. (2002). 《함께 이루는 남녀평등》. 나남출판.

양현아. 2004. "성매매방지법의 의의와 과제". 한국여성학회 특별심포지엄 성매매방지법과 성담론, 2004. 11. 17. 서울 YMCA 강당.

_____. 2005 "여성주의 정책으로서의 한국가족정책의 원리 모색". 한국의 양성평등적 여성정책 모델의 개발을 위한 연구: 한국 및 국제간 비교연구를 중심으로. 학진 연구결과보고서.

여성부. 2002. 《제 2차 여성정책기본계획 2003~2007》.

이나영. 2005. "성매매: 여성주의 성정치학을 위한 시론". 《한국여성학 21권》, 1호.

이영자. 2004. "성매매에 관한 정책 패러다임". 《한국여성정책의 뉴 패러다임 정립》. 여성부.

허라금. 2005. "성주류화 패러다임의 모색: '발전'에서 '보살핌'으로". 《한국여성학》, 21권 1호.

Gelb, Joyce. 1987. "Social Movement 'Success': A Comparative Analysis of Feminism in the United States and the United Kingdom" in Mary Katzenstein and Carol Mueller(Eds.), 1987. *The Women's Movements of the United States and Western Europe*. Philadelphia: Temple University Press.

Groth, A. Wicholas. 1979. *Men Who Rape*, New York: Plenum Press.

Heidensohn, Frances. 2000. *Sexual Politics and Social Control*. Buckingham: Open University Press.

Jaggar, Alison. 1994. "Sexual Difference and sexual Equality", in Jaggar (Ed.), *Living With Contradictions*, Boulder: Westview Press.

Littleton, Christine A. 1994. "Reconstructing Sexual Equality". in Jaggar (Ed.), *Living With Contradictions*, Boulder: Westview Press.

MacKinnon, Catharine. 1987. *Feminism Unmodified: Discourses on Life and Law*. Cambridge, Mass: Harvard University Press.

Mazur, Amy. 2002. "Body Politics II: Sexuality and Violence Policy". *Theorizing Feminist Policy*. New York: Oxford University Press.

Mazur, Amy and Stetson, Dorothy McBride. 1995. "Conclusion: The Case for State Feminism". Dorothy McBride Stetson and Amy Mazur(Eds.), 1995. *Comparative State Feminism*. London: Sage.

Randall, V. 1998. "Gender and Power: Women Engage the State". V. Randall and G. Waylen (Eds.), *Gender Politics and the State*. London: Routledge.

Shim, Young-Hee. 2002. "Sexuality Policy in Korea in the 1990's". *Korea Journal*, Vol. 42, no. 2(Summer).

_____. 2004. *Sexual Violence and Feminism in Korea*. Seoul: Hanyang Univ. Press.

Stetson, Dorothy McBride. 1991. *Women's Rights in the USA: Policy*

Debates and Gender Roles. Pacific Grove, California: Brooks/Cole Publishing Company.

Stetson, Dorothy McBride, and Amy Mazur (Eds.), 1995. *Comparative State Feminism.* London: Sage.

Tong, Rosemarie. 1984. *Women, Sex, and the Law.* Totowa, NJ: Rowman & Allanheld.

Weldon, S. Laurel. 2002. *Protest, Policy, and the Problem of Violence Against Women: A Cross-National Comparison.* University of Pittsburgh Press.

제 10 장
여성주의정책으로서의 한국 가족정책의 원리모색

양 현 아

1. 도입

1990년대는 한국의 여성정책에서 괄목할 만한 시기이다. 1984년 UN여성차별철폐협약(*UN Convention on Elimination of All Form of Discrimination Against Women*)을 비준한 한국정부가 1995년에 제정한 '여성발전기본법'은 여성정책에 대한 체계를 밝힌 최초 법률로서, 여성정책의 범위·목적·주체 등을 법에 명시하고 모성지원·여성에 대한 적극적 조치 등에 대한 국가와 지방자치단체의 책임을 명확히 했다.

1990년대 이후부터 현재에 이르기까지 가족 관련 정책에서도 의미 있는 변화가 일어났다. 먼저, 1989년에 국회를 통과하고 1990년부터 시행된 현재의 가족법(민법 제4편 신분편과 제5편 상속편)은 지난 30여 년간 전개된 가족법 개정운동의 산물이고, 2005년 3월 국회를 통과한 가족법 개정법률안 역시 오랜 여성주의 법개정운동의 귀중한 결실이다. 둘째, 가족법 개정으로 다 해소하지 못한 과제들은 위헌법률심사제도 등의 사법적 장치를 통하여 변화되었다. 동성동본금혼제도의 헌법불합치 결정(1997년), 호주제도 헌법불합치 결정(2005년)이 대표적 예이다. 셋째, 1990년대 지속적으로 논의된 모성보호정책이 본격적으로 수립됐다. 2001년 8월에 통과되고 11월부터 시행중인 현재의 모성보호정책은 이전의 정책에 비해 진전된 내용으로 변화했다. 넷째, 이외 가족과 관련된 여러 법률이 제·개정됐다. 모부자복지법은 주로 한부모 가족을, 아동복지법·노인복지법은 주로 저소득 취약계층을 대상으로 한다는 점에서 변화하는 가족 현실에 대처하고 취약한 가족 기능을 국가와 지방자치단체 등이 보조하는 기능을 갖는다. 또 가정폭력방지법은 가족 안에서 발생하는 폭력의 피해자를 보호하고 가해자를 처벌하고 가정을 보호하고자 하는 목적을 가진 법률이라는 점에서 가족정책의 의미를 가진다.

하지만 이러한 변화 속에서도 2005년 오늘을 살아가는 한국인들은 흔히 '가족의 위기'를 말한다. 그것은 주로 이혼율 상승, 출산율 하락, 혼인율 하락, 그 외 정상가족 분열과 인구 개인화 등으로 체감하는 현상이다. 이에 따라 한부모가족·동거가족·이혼가족·동성애자·비혈연 가구·독신 등 가족과 개인의 삶의 형태가 다양성이 증가했고, 이러한 삶의 형태에 대한 사회적 보호장치를 요청하기에 이르렀다. 이에 한국 국가는 보다 전면적인 가족정책의 새로운 패러다임을 요청받는다. 이때의 새 패러다임은 크게 다음의 세 축을 포함해야 할 것이다.

첫째, 개별적 가족관련 정책 및 법을 넘어서 가족정책이란 무엇인지 그 대상과 범위를 확정할 필요가 있다. 여기에는 가족·국가·개인간의 연관성에 대한 정립과 이에 따른 '가족'의 재개념화가 요청된다. 이러한 재개념화를 통해 정책수립과 집행체계에 대한 입체적 구축이 필요하다.

둘째, 가족정책이란 그 정책 대상인 인간의 재생산이 이뤄지는 기존의 '사적 영역'에 대한 공적 개입을 의미하기에, 이에 대한 새로운 기준과 철학이 필요할 것이다. 기존의 정의론·권리론·다양성, 또는 보살핌 윤리 등의 심도 있는 논의를 통한 가족정책 원리수립이 필요하다.

셋째, 여성 이외에도 아동·노인·장애자 등 소수자 위치에서 가족정책의 정의론 수립이 이뤄져야 하겠지만, 여성과 여성주의적 관점은 가족정책에서 특별한 중요성을 가진다. 그간 가족에 대한 공적 지원 결여는 성별분업과 성차별에 의한 가부장적 가족이 있었기에, 다시 말해 가족의 재생산 역할을 담당한 여성들의 역할과 이에 대한 평가절하로 유지될 수 있었기 때문이다. 이 점에서 페미니스트 정책(*feminist policy*)으로서 가족정책의 수립이란 기존의 가족시각·정책·현실에 대한 대대적 패러다임 전이(*paradigm shift*)를 의미할 것이다. 하지만 구체적으로 어떤 원리와 어떤 내용으로 가족정책과 여성주의정책이 연결점을 찾을지에 관해서는 많은 논의를 필요로 한다.

이 장은 이러한 축 중에서 주로 세 번째 문제, 즉 가족정책과 여성주의정책원리를 서로 결합시키는 과제를 다룬다. 이를 통해 두 번째 문제, 즉 가족정책의 원리와 철학에 대해서도 간접적으로 다루게 될 것이다. 가족정책의 여성부 이관을 앞두고 있는 현시점에서 가족정책에 대한 여성정책 원리의 수립은 시기적으로도 적절한 의미를 가진다.

주지하다시피, 한국의 여성정책에서 가족정책의 중심원리는 '양성평등'이다. 여성발전기본법에 따라 매 5년마다 수립되는 여성정책기본계획의 제2차 계획에서, 가족정책의 목표를 "9. 양성평등한 가족정책 기반조성에 부응"으로 제시했다. 그 하위목표로는 "9-1. 통합적 가정(가족) 복지정책 기반조성, 9-2. 양성평등한 가족법, 제도구축"을 들었다. 이 장에서 여성주의 원리로서의 '양성평등'이란 형식적 평등을 넘어선 실질적 평등을 의미한다. 따라서 성별간 평등원리뿐 아니라, '차이'의 문제 역시 다룰 것이다. 한국 가족정책에서 양성평등원리란 구체적으로 어떤 것인지를 논의해야 할 것이다.

한편, 가족정책의 영역과 대상을 명확히 하는 것은 정책의 방향설정과 긴밀히 연결될 수밖에 없다. 그동안 가족정책이 미비했던 한국에서는, 기존 법률이나 정책에서 가족정책이 무엇인지 그 영역을 분명하게 확정하는 것조차 어려운 일이었다. 가족정책 분야의 주요 연구자인 카머만과 칸(Kamerman & Kahn, 1978)은 가족정책을 다중적 개념으로 제시했다. 즉, 사회정책의 한 분야로서의 가족정책, 수단으로서의 가족정책, 관점으로서의 가족정책을 구분한다. 이들에 따르면, 사회정책의 한 분야로서의 가족정책이란 가족성원에게 지지적이고 대리적인 사회서비스를 제공하는 정책 측면을 말하고, 수단으로서의 가족정책이란 정책목표 달성을 위해 가족 및 가족성원을 이용하는 정책을 의미하며, 관점으로서의 가족정책이란 가족의 안녕이 모든 정책에 적용된다는 의미에서의 가족정책을 뜻한다. 이런 점에서 가족정책이란 '가족을 대상·수단·관점으로 하는 모든 정책'을 말한다. 하지만 이 개념은 매우 넓어서 가족정책의 분석적 개념이 되기에는 난점이 있다. 오히려 "가족정책을 단일 정책으로 바라보는 나라는 없으며, 가족들에게 직접적으로 영향을 주는 정책들·수단·급여 등의 군집(cluster)으로서 바라"볼 수 있다는 변화순 등(2004: 25)의 지적이 적절하다고 본다. 이런 시점에서 보면, 가족정책의 영역설정이란 언제나 선택적이고 불충분할 수밖에 없을 것이다. 현시점에선 오히려 특정 가족정책의 영역에 천착하면서 정책의 원리를 구축해 나가는 작업이 더욱 생산적일 것이다.

서구의 학자들에게 전통적으로 가족정책이란 주로 국가가 가족에게 임금을 보전하는 각종 수당 및 복지정책을 중심으로 다뤄졌다. 카머만과 칸(Kamerman & Kahn, 1997)은 가족정책을 주로 세금제도·가족수당(family benefit)과 같은 소득유지정책 차원에서 접근했다. 고티에(Gautier, 1999) 역시 가족정책의 핵심적이고 전통적인 요소를 현금의 직접적 이전(가족수당·주거수당·학비지원) 및 간접적 현금이전(세제혜택)으로 나누었다. 이 장에서는 기존의 가족정책 범주에 기반하여 가족정책을 미리 정의하기보다는 한국의 가족들에게 중요한 문제를 중심으로 가족정책 영역을 귀납적으로 구성하는 방법을 택하고자 한다.

가족과 마찬가지로 가족정책도 한 사회의 다각적 맥락과 한계 속에서
구축되기 때문이다. 여성주의정책으로서 가족정책 원리를 모색하기
위해 이 장에서는 1990년대 이후의 '가족정책들'을 고찰할 것이며, 여
기에서 양성관계가 어떻게 구축되었는가를 검토하고 앞으로의 방향을
제시하고자 한다.

  정리하면, 이 장에서 다룰 연구문제는 ① 기존에 존재하는 가족정책
영역은 어떻게 개념화되고 분류될 수 있으며, ② 가족정책에서 양성평
등 기준이란 어떻게 평가될 수 있을까 라는 물음으로 요약할 수 있다.
이 과정을 통해 ① 현재의 가족관련 정책에 양성평등 저해정책이 존재
하는지, 또 ② 앞으로 추구해야 할 양성평등원리는 어떤 것인지를 살
필 것이다. 이러한 문제들을 다루기 위해 이 장에서는 여성발전기본
법, 모성보호정책관련법률, 가족법(호주제·부부재산제·이혼시 가사노
동의 경제적 평가)의 내용을 살펴볼 것이다. 1)

2. 한국 가족정책의 분석틀

1) 가족문제 진단

  가족이라는 개념 자체가 사회적 성격을 가지는 것이기에, 가족정책
역시 사회적 맥락 속에서 의미를 부여받는다. 그동안 한국사회에서
'가족'이 자조(自助) 원칙에 의해 꾸려야 할 사적 부양의 단위였다면,
이제 가족을 국가가 책임지는 단위로 재정의할 필요가 있다. 이를 위
해서는 기존 개념에 입각한 각종 법과 정책(네거티브 정책)을 해소하

---

  1) 이에 따라 이 글은 건강가족기본법, 또는 가족지원기본법과 같은 법을 분
    석대상으로 삼지 않는다는 한계점을 가진다. 이에 관한 논의는 이후의 연
    구과제로 삼고자 한다.

고, 가족 개념 재구성을 통한 정책의제 수립(포지티브 정책)이 이뤄져야 할 것이다. 정책의 관점과 내용은 서로 긴밀히 관련되는 만큼, 내용을 중심으로 논의를 시작해 보고자 한다.

낸시 프레이저(N. Fraser)의 진단에 따르면, 복지국가 위기의 뿌리에는 무엇보다 가족임금(*family wage*)에 근거한 남성의 가족부양 임무가 더 이상 충족되기 어려운 데서 온 오랜 젠더질서의 붕괴가 자리한다(Fraser, 2000). 하지만 한국의 경우 양성간의 불평등, 그리고 젠더간 질서의 문제를 과연 가족임금에 기초한 성별노동분업의 관점에서 다룰 수 있을지는 의문이다. 국가에 의해 제도화된 가족을 명시한 한국 가족법상에서, 남성과 여성은 서로 다른 '신분적' 위상을 부여받았다(양현아, 2000). 노동시장 이전에, 가족 안에서 여성됨과 남성됨이란 전혀 다른 존재로서 자리매김했기 때문이다.

기혼여성의 취업률이 상승하고, 전업주부도 갖가지 수단으로 가정경제에 일익을 담당한다. 이는 남성부양자·여성가사종사자라는 기존의 성별분업이 한국사회에서는 그대로 실현되기 어렵다는 점을 시사한다. 하지만 여성의 경제활동 참여가 활발해진다고 해도 가족 내의 노동책임을 여성과 남성, 또는 가족과 사회 간에 합리적으로 분담하지 않는다면, 가족성원들 특히, 여성들은 가족 내 역할을 최소화하려 할 동기가 매우 커진다. 즉, 가족역할을 최대한 줄이고 필요불가피한 사안만을 처리하게 되리라는 것이다. 의식주 생활에서 전통적 가족역할로 이뤄지던 것들 대부분을 간편하게 만들거나 상품으로 대체하겠지만, 그렇게 하기 어려운 역할이 있다. 아동·노인·병자 등에 대한 보살핌 활동(*care activities*), 또는 보살핌 노동(*care work*)이 그것이다. 특히 가족이 소규모화되고 가구 세대구성이 단순화됨에 따라, 노인 세대와의 동거율이 낮아져 노인에 대한 가족의 보살핌 기능은 점점 더 떨어지고 있으며, 출산과 양육은 인구재생산 측면에서 사회적 핵심사안이지만 출산율은 급격히 낮아지고 있다.

이와 같이 가족 바깥의 생산영역에 고질적 불안정이 출산과 양육을 포함한 가족 재생산 활동을 위축시키는 한편, 전통적으로 수행하던 '보살핌 노동'을 가족이 모두 담당하기에는 버겁게 만들면서 그 규모를 더더욱 축소시키고 보살핌 노동의 사회적 분담 필요성을 증대시킨 셈이다. 박경숙(2003)은 이러한 현상에 대해, 그간의 한국사회가 취해온 저비용 복지전략이 이제 고비용의 대가를 치러야 하는 딜레마에 빠진 것으로 진단한다. 1960년대와 1970년대를 이끌어온 한국의 사회발전 모델이 국가는 생산활동에 전념하고 재생산 영역은 사적인 가족들에게 맡겨둠으로써 국가의 공적 지불을 최소화하는 것이었다면, 이러한 사회발전 모델은 1990년대 이후에는 저출산, 이혼과 재혼의 증가, 인구고령화에 따라 국가가 이제까지 얻은 복지절감 효과에 비해 어쩌면 더 많은 비용을 지불해야 할 지경에 이르렀음을 의미한다. 이 점에서, 페미니스트 가족정책은 가족 안에서 지속된 재생산 노동의 새로운 자리매김에 큰 역할을 할 수 있을 것으로 보인다. 무엇보다도 재생산 노동을 '숨겨오고' 저평가해 온 가부장적인 효용 위주의 관점을 넘어설 수 있도록 할 것이다. 이와 함께 가족 내에서 이루어져 온 모성역할과 가사노동이 가족정책의 중심적 내용으로 부상하고, 또 부상하도록 해야 할 것이다. 이에 따라 '가족'에 대한 재정의가 필요하며, 기존의 이성애적 혼인·혈연제도의 틀을 따르지 않는 '가족들'에 대한 정책적 배려가 필요하다. 앞으로의 가족정책은 가족의 다원화를 수용하면서 기존의 가족관을 넘어설 수 있는 보편적 관점이 요청된다. 이상과 같은 시점으로 가족정책의 영역을 분류해 본다.

2) 정책영역 분류: 문제영역별

(1) 소득보전: 빈곤·실직·경제불안에 대응하는 가족지원[2]

가족소득을 보전하는 경제적 지원 정책은 가족정책의 핵심적 영역이다. 경제적 불안은 독신과 소가족화의 배경이 되고, 이혼 등 가족관계 해체의 주요인이 된다. 이를 극복하기 위해서는 세제·임금지원 이외에도 가족상담 등 완충작용이 요청된다. 또 여·남의 고용확대·안정화 및 실직대비 대책과 같은 노동정책과의 협응이 필요하다.

(2) 가부장적 가족관계: 네거티브 가족정책

이 영역은 가부장적 구조에 의해 매개된 성별간·세대간 갈등의 제도화 영역이라고 할 수 있다. 그동안 우리사회에서는 노동·교육·정치·문화 영역에서의 성별 관계는 많이 개선된 반면, 가족관계에서의 가부장제는 온존함에 따르는 사회모순이 존재했다. 이 모순은 특히 기혼여성들에게 첨예하게 다가오지만, 한국사회의 도덕관념, 가족의 사사화(私事化) 현상 속에 묻히곤 한다. 기혼여성 입장에서 가부장적 가족규범의 지속은 혼인관계를 불안정하게 만들고, 미혼여성들을 결혼에 진입치 않게 하는 요소이다. 또한 여성들의 불안정 체험은 전 가족에게 파급되어 결국 가족 안정성을 저해한다. 제도화된 불평등은 이에 대한 사회적 처벌과 규제가 약할 때, 폭력과 학대의 가능성을 가진다.

---

2) 한국의 경우, 가족의 경제적 수준을 보장해 주는 가족수당이 있으나 가족임금적 성격이 강하다. 남녀 모두가 사용할 수 있는 급여로는 육아휴직수당이 있으나 아직 활용도가 저조하다. 또한 국민연금법상 노령퇴직연금·장애연금·유족연금 등이 있으며, 국민기초생활보장법에 기초하여 저소득층의 최저생활보장이 보장된다. 이렇게 기존의 소득유지정책은 가족임금적 성격이거나 저소득층 개인을 대상으로 하거나 가족위기에 대한 개입과 중첩(실업·재해·노령화·사망 등)된다. 하지만 이러한 정책영역은 복지정책 분야에서 다뤄질 것이므로 이 장에서는 제외한다.

이렇게 현재의 가족구조 안에는 남녀간, 이를 매개로 한 서열간(예컨대 형제·동서간)·세대간 갈등(시부모간·시댁과 친정 간 등)의 소지가 항상적으로 존재한다. 이런 이유에서 이 연구에서는 가부장적 가족관계를 주요한 가족정책 영역에 포함하고자 한다.

(3) 가사노동: 가족의 보살핌 기능

가사노동 영역은 자녀양육을 포함하여 가족이 담당하는 보살핌 활동의 필수적 측면이다. 가사노동이란 가족원의 생활 재생산을 위하여 가족의 의복, 음식, 주거생활을 위한 노동이며 가족원을 돌보아주는 노동의 성격을 가진다. 특히 아동, 병자, 장애인 등 약자를 돌보는 노동은 주로 가족에서 담당하던 역할이기도 하다. 이 노동은 주로 여성들이 가족에서 담당하던 역할인데, 그동안 법과 정책이 관심을 보이지 않았던 영역이라 할 수 있다. 하지만 현대복지국가에서 기존 가족이 담당하던 보살핌 노동의 의미가 중심적 영역으로 부상하고 있다. 가사노동은 현재 우리 법률에서는 가족법상 이혼시 재산분할에서 그 경제적 가치가 고려되고, 여성의 재난경험시 손해배상액 산정의 기반이 된다. 이 연구에서는 가족법상 재산분할, 이혼판례 경향 등을 통해 이를 논의할 것이다. 또한 이 연구에서는 모성정책을 별도 대상으로 분리하였으므로, 이 가사노동에서 모성부분은 제외한다.

(4) 재생산: 출산 및 혼인기피

출산과 혼인의 급격한 저하, 인구고령화는 향후 사회발전의 기초를 불안정하게 만든다는 점에서 인구의 재생산 문제가 현재 한국사회에서 집중적 조명을 받고 있다. 앞으로 혼인 및 출산 부양책은 친가족·친양육적 노동환경을 조성하고, 일회성의 출산장려금이 아니라 출산과 양육 통합정책이 요청된다. 양육에서도 10세 이하의 어린 자녀뿐 아니라 청소년 등 교육에 대한 구상도 통합할 필요가 있다. 이를 위해서는, 여성과 남성 모두에서 일과 가족을 통합하는 노동정책 혹은 젠더 정책의 시각이 요청된다. 모성보호정책은 임신과 출산에 대한 사회지원책으로 현재 여성정책에서도 큰 의미를 지닌다. 이 연구에서는 모성정책의 내용과 실효성 평가를 중심으로 인구 재생산 영역의 정책 쟁점과 관점을 논의할 것이다.

(5) 취약가족: 이혼·가정폭력 등

이외 노동 유연화, 취업구조 변동, 가족 내 불평등, 환경재해, 재난 등 가족위기가 만연했다. 이에 따라 이상의 영역 이외에도 특별히 위기개입에 대한 정책 프로그램이 필요하다. 여기에서는 가족폭력, 이혼, 실업 등 가족위기에 맞는 상황별 접근이 이루어져야 한다. 또 아동, 노약자 중심의 각종 사회 서비스, 한부모 가족, 장애 가족, 외국인 가족 등 취약 가족 및 가족원에 대한 경제적·정신적 지원이 요청된다. 가족 정상성을 극복한 다양한 가족요구에 접근할 수 있는 대책에 필요하다.

3) '양성평등'의 평가기준

(1) 차이와 평등기준

평등원칙은 기회균등과 자의(恣意) 금지(권영성, 1999: 349) 혹은 차별대우 금지, 혼인과 가족생활에서의 남녀평등, 근로관계에서 여성차별 금지(이은영, 1999: 45~46) 원칙 등으로 이해된다. 대한민국 헌법은 양성평등에 관한 여러 조문을 두었다. 일반적으로, 평등개념은 형식적 평등(formal equality)과 실질적 평등(substantive equality)으로 나뉜다. 형식적 평등이란 기회의 평등이며, 동일한 조건에 속한 사람들이 동등한 대우를 받는 것을 목표로 한다. 즉, 성별을 이유로 하여 더 우대 받지도, 더 차별 받지도 않고 개인으로서 법 앞에 평등을 의미한다(이은영, 2004: 35; Bartlett, Harris & Rhode, 2003: 117~119). 실질적 평등은 결과의 평등을 보장하는 평등 원리로서 과거로부터 누적된 차별의 효과를 극복하여 열등한 상태에 처한 사람들이 잠정적으로 평등한 결과에 도달하도록 대우하려는 생각에서 제안된 평등 개념이다.

이러한 평등론에 입각하여 이 글에서는 실질적 평등을 실현하기 위한 원리를 모색하고자 한다. 서구 법여성학의 평등 기준 논쟁은 평등과 차이 기준의 논쟁사라고 할 수 있을 정도로 평등과 차이 기준에 대한 논란이 많았다(양현아, 2002). 이때의 젠더간 차이란 모성기능으로 특징되는 생물학적 차이, 사회적으로 구성된 차이, 또 양 차이가 서로 엇물려서 구성된 입장 차이 모두를 다루게 된다. 또한 차별 원인이 된 차이와 옹호·지지되어야 할 차이도 구분돼야 할 것이다. 이렇게 차이 수준은 다양하다. 성별간 차이와 평등 기준에 대한 정책입장을 유형화하면 다음과 같다.

① 성차별 젠더특정적 정책

양성관계에 영향 미치는 젠더정책이 기존의 성역할, 특정 성별에 대한 고정관념, 권력 차이를 시정하지 않는다면 그것은 기존의 성차별에 입각하고 그것을 재생산하는 정책이라고 할 수 있다. 이와 같은 정책을 성차별적인 젠더특정적 정책이라고 할 수 있다.

② 젠더중립적 정책

어떤 정책이 성별과 무관하게, 즉 성별에 따라 마찬가지로 효과를 미칠 것을 전제로 할 때 우리는 이를 젠더중립적 정책이라고 할 수 있다. 이런 모델은 합리성 모델(*rationality model*)로서 인간의 공유된 본성에 대한 보편주의적 시각이 내재한다. 합리성 모델에 입각한 입법례로는 노동현장에서 여성보호조치에 대한 폐지를 들 수 있다. 우리의 경우, 2001년 근로기준법 개정으로 여성노동에 대한 '특별보호' 조항

을 폐지하고 임산부(임신중이거나 산후 1년이 경과하지 아니한 여성)에
대한 최소 보호방식을 택했다. 이는 ILO(국제노동기구)가 추구하는 양
성평등 입법방향과도 일치한다.

③ 젠더차이의 인정 및 재해석 정책

1980년대 이후 여러 여성주의 법학자들에 의해 합리성 모델이 비판
받았다. 먼저, 합리성 모델의 보편주의적 명제와 달리 여성과 남성은
같지 않다. 여성은 사회에 대해 다른 관점과 경험, 재생산에서의 생물
학적 역할에 대한 다른 인식, 집안일과 아이양육에 대해 다른 역할과
감정, 그리고 다른 삶의 패턴과 역사를 가진다는 것이다(West, 1996:
515). '같음'의 강조는 남성의 성향을 규준으로 만들고 여성의 성향과
삶의 방식의 존재와 가치를 부정하게 된다. 여성과 남성이 같다는 이
론에 기초하여 만들어진 헌법적 기준들은 법의 보호가 가장 덜 필요한
여성들(예컨대 남성과 거의 같은 전문직 여성 등)에게만 이익이 될 뿐이
고 형식적 평등은 남성과 가장 닮지 않은 여성들 — 전형적 가정주부,
저임금 여성전용 직업에 갇힌 여성들 — 을 무시하고 해악을 끼친다고
주장한다. 합리성 모델은 여성의 종속적 지위를 설명하는 사회·경
제·정치적 차이를 다루는 데 실패했다(West, 1996: 516). 성별차이
인정의 법률적 논변은 작업장에서의 임신과 출산이 여성들에게 불이익
을 주지 않도록 하는 여성의 실질적 평등론, 상이한 직무에 대한 비교
가능 가치(comparable worth), 혹은 동등권리론(equivalent rights) 등에
서 발견할 수 있다.

(2) 젠더관계 구성효과

특정 정책이 기존의 젠더에 대한 관념을 어떻게 변화·유지시키고,
또 앞으로 젠더관계의 불평등·평등 효과를 만들어내는지를 중심으로
평가하는 기준이다. 챔버레인(Chamberlayne, 1993)의 다음과 같은 여

성정책 분류는 특정 정책의 성인지성을 평가하는 하나의 수단이 될 수 있을 것이다.

① 젠더강화(*gender reinforcement*) 정책: 기존 성역할의 전제를 재확인하면서 기본적 사회보장수혜의 자격기반을 만드는 정책.

② 젠더중립적(*gender neutrality*) 정책: 이 유형은 여성 위치의 특별한 고려 없이 양성은 평등하게 취급되어야 한다는 입장에서 법을 제정하고 적용함.

③ 젠더인지적 또는 젠더차이(*gender recognition or gender difference*) 정책: 여성의 평등을 방해하는 장애요인에 초점을 두고 양성간의 차이를 고려하는 점에서만 평등이 성취될 수 있다고 보는 입장(한시적인 적극적 조치 · 섹슈얼리티 관련법제).

④ 젠더재구조화(*gender reconstruction*) 정책: 가부장적 사회구조의 변화를 지향. 남성과 여성의 역할변화를 말하고 보살핌과 노동을 위한 보상의 균등화 등(김영란, 2003).

이 장에서는 두 기준의 평등원리와 젠더구성원리를 결합하여 정책의 페미니스트적 평가를 추구할 것이다. 이를 도표로 정리하면 〈표 10-1〉과 같다.

〈표 10-1〉 페미니스트 정책평가 기준

젠더구성	평등원리＋젠더구성 원리
젠더강화	성 특정적 성차별 정책
젠더중립	형식적 · 성중립적 평등
젠더인지	형식적＋실질적 평등원리(주로 여성 보호입법)의 공존
젠더재구조화	형식적＋실질적 평등원리＋성차의 사회역사적 맥락 인식

3. 한국 가족정책의 성격

앞의 가족정책 영역 분류에 따라, 이 장에서는 신분영역·모성영역·가사노동영역·가족위기영역을 중심으로 한국 가족정책의 양성평등 정도와 그 성격에 관하여 살펴본다.

1) 신분영역

가족법의 친족편(민법 제4장)은 명시적 가족정책이라고 보기 어려운 점이 있지만, 법을 통해 국가가 가족간 신분관계(예컨대 부성과 모성, 남편과 아내)를 규율한다는 점에서 가족정책의 근간이라고 생각한다. 특히 신분관계란 '가족'의 경계를 법적으로 명시하고 가족의 권리와 의무의 틀을 형성한다는 점에서, 달리 말해 정상가족·복지정책 대상으로서의 가족 등에 관한 틀이 되는 '가족'을 제시한다는 점에서 가족정책에 미치는 영향은 심대하다. 신분영역에 관한 법제도는 한국의 어떤 가족도 빠져나갈 수 없는, 전 계층에 대해 규정력을 갖는 '보편적 가족정책'이라 할 수 있다.

(1) 호주제도 [3]
호주제도의 효과는 다음과 같다. 먼저, 모든 가(家)는 한 명의 호주와 가족(원)으로 구성되는 것으로 규정함으로써 가족의 개념 및 범위를 확정짓는다. 이렇게 위계질서, 대표자와 피대표자로 구성되는 가

---

3) 호주제도 폐지를 골자로 하는 민법개정안이 2005년 3월 2일 국회 본회의를 통과함으로써 이 제도는 2008년 1월 1일 이후 폐지된다. 하지만 호주제도가 도입된 이래 지난 80여 년 동안 누적된 역사적 효과를 가진 제도라는 점을 감안하여 그 내용을 검토한다.

족 모형은 한국사회 가족에 대한 이념형(*ideal type*)이 된다.

다음, 호적제도와 연동되어 있다는 점이다. 호적법 제8조는 "호적 은 시·읍·면의 구역 내에서 본적을 정하는 자에 대하여 호주를 기준 으로 하여 가별로 이를 편제한다"라고 되어 있다. 무엇보다도, 호주제 는 철저하게 성차별적으로 조직된 가족제도이다.

첫째, 호주제는 한 가족집단에 호주가 있어 그 가족에 대하여 일정 한 권리와 의무로서 가족구성원을 지배하며 통솔한다는 종적 사고를 내포하고 상징한다.

둘째, 아들 중심의 승계순위를 통해 남성우월과 여성경시를 상징한 다. 즉, 호주가 사망하면 그 지위는 직계비속 남자, 가족인 직계비속 여자, 처, 가족인 직계존속여자, 가족인 직계비속의 처로 그 순위를 정해(민법 제984조), 장남우월과 남아선호, 여성경시를 법적으로 인 정한 셈이다.

셋째, 출생, 혼인, 이혼 등 가족 내 사건이 철저히 호주로 대표되는 남성을 중심으로 구성된다. 자녀는 출생하면서 아버지의 성과 본을 따 르고 부가에 입적하는 것으로 규정되어 있다. 이는 부계계승주의 (*patrilineage*)의 법률적 승인이나 다름없다. 그리고 아버지를 알 수 없 는 경우에 한해서 어머니의 성을 따르고 어머니 가에 입적하므로, 아 버지 우월과 어머니 경시를 온몸으로 익히며 자란다.

넷째, 혼인의 경우, 아내는 남편과 달리 혼인하면서 부가(夫家)에 입적함으로써 출가외인이 되고(민법 제826조 3항), 친가와 시가형제 간 불평등의 원인이 되거나, 여성의 삶을 당당하지 못하게 하는 원인 이 되고 있다(부처제 결혼제도: *patrilocal marriage*). 이러한 혼인상의 양성불평등은 이혼 및 재혼에서 더욱 첨예하게 드러난다. 여성이 이혼 하여 자녀에 대한 친권 및 양육권을 갖는다 해도 자녀들은 계속 아버 지 호적에 남게 된다. 이혼하는 여성이 증가하는 추세지만, 그들의 자 녀는 함께 사는 어머니를 따라 호적을 옮길 방법이 없다. 또한 처가

부(夫)의 혈족 아닌 자녀를 입적시킬 때는 그 자녀의 호주 동의와 부의 동의를 얻어야 하는(민법 제784조) 반면, 부는 그의 혼외자를 임의로 입적시킬 수 있도록 함으로써(민법 제782조) 부와 모를 차별한다.

다섯째, 호주제에는 아들과 딸, 아내와 남편에 대한 성역할(sex-role) 기대가 내재한다. 남자어른에게는 호주의 지위에 걸맞은 기대가 주어지고, 여자어른에게는 호주를 보좌하고 보조하는 가족원의 기대가 주어진다.

(2) 가족법 대안

국회를 통과한 정부의 민법개정안은 처음 2003년 11월 국무회의를 거쳐서 정부안으로 국회에 제출되었으나 회기 내에 처리되지 않음으로써 자동 폐기되었고 17대 국회가 시작되는 2004년 6월에 제출됐다. 이후 2005년 3월에 국회를 통과한 새로운 가족법 개정안의 주요 내용은 다음과 같다.

먼저, 제4편(친족편) 2장의 호주와 가족장의 제목을 삭제하고 대신 '가족의 범위와 자의 성과 본'으로 한다. 이는 기존 호주제도가 폐지됨에 따라 관련조문이 모두 삭제되지만, 가족의 범위 및 자의 성과 본에 관한 조문만이 존재함을 나타낸다.

둘째, 자의 성과 본 규정에서 주요 변화는 자의 성과 본의 선정에서 부성주의를 원칙으로 하되, 현행법에 비해 모성을 따를 수 있는 길을 더 많이 인정한다는 점이다. 부부는 혼인신고시 모의 성과 본을 따르기로 협의한 경우에는 모의 성과 본을 따른다(제781조 1항). 혼인외 출생자가 인지된 경우, 자는 부모의 협의에 따라 종전의 성과 본, 즉 모의 성을 따를 수가 있다(제781조 5항). 또한 자의 성과 본의 변경을 가능하게 하는 제도 마련도 획기적이라 하겠다. 자의 복리를 위하여 자의 성과 본을 변경할 필요가 있을 때에는 법원의 허가를 받아 이를 변경할 수 있다(제781조 6항). 이 조항에 따라 어머니의 전혼(前婚)

에서 낳은 자녀의 성과 본의 유지, 또한 자녀입양시 성과 본의 변경이
가능하게 됐다.

셋째, 1997년의 동성동본금혼에 관한 제809조 규정이 헌법재판소
에서 헌법불합치 판정을 받음에 따라, 새로운 금혼범위조항이 마련됐
다. 그것은 8촌 이내의 혈족(제809조 1항), 6촌 이내의 혈족의 배우
자, 배우자의 6촌 이내의 혈족, 배우자의 4촌 이내의 혈족의 배우자인
인척이거나 인척이었던 자(제809조 2항) 사이로 한정되었다.

넷째, 친양자 제도가 신설됐다. 친양자는 기존의 양자제도와 달리,
입양과 함께 양부나 양모의 성과 본으로 변경되고, 출생할 때부터 부
부의 혼인중의 출생자로 간주하고, 이전의 생친(生親) 및 친족관계는
종료되는 제도이다.

다섯째, 부양상속분(扶養相續分)이 신설됐다. 공동상속인 중에 피
상속인과 상당한 기간동안 동거하면서 부양한 상속인(피상속인의 배우
자는 제외)의 상속분은 그 고유 상속분의 5할의 범위 안에서 가산한다
(제1008조의 3). 이 제도는 자녀의 부모에 대한 보살핌 활동에 대한
보상의 의미와 부모부양에 대한 도덕적 해이에 대한 경각심을 일깨운
다고 평가할 수 있다. 하지만 '부양'의 개념이 주로 아들이 하는 경제
적 부양을 위주로 한다면(민법 제974, 975조), 여성들이 주로 행하는
보살핌 노동에 대한 가치평가는 약화되거나 사상될 수 있음도 지적되
어야 한다.

여섯째, 현행 호적제도는 호주제도의 원리에 따라 편제되었는데,
호주제도가 삭제된 새로운 가족법이 통과될 경우, 신분제도에 대한 대
안도 필요해진다. 이에 대해 법무부는 개인을 중심으로 하여 출생, 사
망, 혼인, 이혼 등의 신분변동과 부와 모, 자녀관계와 같은 가족관계
가 명시되는 개인별 신분등록제안을 선택한다는 의견을 제시한 바 있
다. 개인별 신분등록제도가 채택되어 호적법과 관련법들이 정비될 경
우, 이혼 및 재혼가족, 사실혼, 혼외자 등 기존의 '정상가족'에 맞지

않는 가족에 속하는 개인에 대한 차별의 소지가 줄어들게 될 것이다.

(3) 양성평등원리 평가

이상과 같이 호주제도는 대다수 성인 여성은 호주 아닌 가족성원이라는 '사적' 존재성을 제도화한다. 남성은 가족 바깥을 향한 대표자이며 여성은 가족 내부에서 남편에 속하는 자라는 의미가 내포된다. 또한 가사노동 및 자녀양육과 같은 '보살핌' 활동을 제도적 '신분'에 대해 부차적인 것으로 만듦으로써 잘 보이지 않게 한다. 또 부부, 노부모, 자녀로 구성된 이른바 정상가족 모형을 법이 견지하고 있어서 가족구조 변화를 수용하지 못한다.

이렇게 호주제도는 남성권력을 당연시하고 여성 종속성을 제도화하는 네거티브 가족정책이다. 여기서 네거티브라고 함은 국가가 의식적·적극적으로 가족정책을 펼치지 않음에도 가족들에서 스스로 가족사항을 책임지도록 만든다는 점에서 소극적 의미에서의 가족정책이고, 성차별과 가족 내 위계질서를 공고히 하고 '정상가족' 이데올로기를 지속시킨다는 점에서 여성과 인권보호에 부합하지 않는다는 의미에서 그러하다.

호주제도는 남녀에 따라 호주권, 호주승계, 혼인·이혼·재혼에 따른 효과, 자녀 이적 등에 대해 포괄적으로 분류한다. 이러한 분류에 대한 합리적 근거는 없다. 또한 이상의 법률은 남녀의 공·사 분할, 성역할을 전제하는 법률, 성별에 따라 조문의 효과가 다르고, 심지어 해당 조문이 다르다. 이를 통해 여자와 남자에게 특정한 주체 '위치'를 부여하는 법이다. 이런 의미에서 호주제도는 남녀를 가족과 사회 속에 포괄적으로 상이하게 배치하는 성차별적이고 젠더특정적 정책이다. 이제 이러한 호주제도가 법에서 삭제됨으로써 강도 높은 차별 제도가 폐지되었으나 새로운 법에도 몇 가지 한계점이 남아 있다.

첫째, 성본제도에서 선택의 폭이 다소 증가하기는 했지만 부성 중심주의를 채택함으로써, 여전히 성별에 따른 상이한 지위를 부여하고 그 합리적 근거는 제시되지 않았다. 이로써 여성차별철폐협약에서 한국의 유보조항인 제 16조 1항 g호의 유보철회는 아직 어렵다고 보인다. [4]

둘째, 이혼·재산제도에 대한 대책 미비하다. 이번 개정안이 호주제도 폐지에 중심을 두다 보니 급증하는 이혼 및 이에 따른 부부재산제도, 자녀양육 문제 등에 대한 대책에는 상대적으로 소홀했다고 평가된다.

셋째, 개정안에서도 가족을 규정하는 범위 조항을 남겨 '정상가족' 모형으로부터 완전히 벗어나지 못했다. 그래도 조문상 성중립적 가족규정 조항을 도입한 것은 중요한 의의이다. [5] 하지만 현재 증가일로에 있는 수많은 가족과 개인들, 모부자가정, 노인단독가정, 미혼모가정, 공동생활가정, 자활공동체 등은 민법상의 가족에서 제외되는 결과를 낳게 된다. 가족 다양성을 포함하는 보다 개방적인 '가족' 형태의 재정립을 고민해야 한다.

---

4) 제 16조 혼인과 가족관계 관련조항
  1. 당사국은 혼인과 가족관계에 관한 모든 문제에 있어 여성에 대한 차별을 철폐하기 위한 모든 적절한 조치를 취하여야 하며, 특히 남녀평등의 기초 위에 다음을 보장하여야 한다.
    (g) 가족성(姓) 및 직업을 선택할 권리를 포함하여 부부로서의 동일한 개인적 권리
5) 민법안 제 779조(가족의 범위)
  ① 다음의 자는 가족으로 한다.
    1. 배우자, 직계혈족 및 형제자매
    2. 직계혈족의 배우자, 배우자의 직계혈족 및 배우자의 형제자매
  ② 제 1항 제 2호의 경우에는 생계를 같이하는 경우에 한한다.

2) 모성영역

모성정책은 여성정책에서 중심적 의제가 되었고 이는 1980년대 말과 1990년에 걸쳐서 남녀고용평등법, 여성발전기본법, 영유아보육법 등의 제정으로 결실을 보았다. 하지만 이러한 모성보호정책이 가지는 한계가 지적되면서 관련법의 대대적 개정을 촉구하게 됐다. 이 결과 2001년 11월 1일부터 시행된 남녀고용평등법·근로기준법·고용보험법 등 모성보호 3법으로 구축된 현재 모성보호정책은 관련법의 이전 정책과 많은 차이를 보인다.

(1) 1990년대 이후의 모성정책

1990년대에 모성정책은 주로 남녀고용평등법·영유아보육법·여성발전기본법에 관련조문을 두고 시행됐다. 남녀고용평등법상의 모성정책은 주로 근로여성의 모성역할을 지지하기 위한 정책이다. 영유아보육법은 사회경제적 사유로 영·유아를 돌보기 어려운 부모를 지원하기 위한 정책으로, 6) 여성발전기본법은 여성정책의 주요정책으로 모성정책을 자리매김했다는 데 의의가 있다.

한편, 2001년 11월부터 시행되는 모성보호법은 한국의 모성보호정책의 큰 틀을 정립했다는 점에서 획기적이라고 평가할 수 있다. 여기에서는 모성보호법을 중심으로 그 내용과 특성, 실효성을 중심으로 살펴보도록 하겠다. 모성보호법이란 근로기준법, 남녀고용평등법, 고용보험법상 모성보호를 규정한 법에 나타난 모성보호정책을 뜻한다. 모성보호정책의 이전 정책과의 변화 골자는 다음과 같다.

---

6) 제1조(목적) 이 법은 보호자가 근로 또는 질병 기타 사정으로 인하여 보호하기 어려운 영아 및 유아를 심신의 보호와 건전한 교육을 통하여 건강한 사회성원으로 육성함과 아울러 보호자의 경제적·사회적 활동을 원활하게 하여 가정복지증진에 기여함을 목적으로 한다.

첫째, 산전후 휴가가 60일에서 90일로 확대됐다. 이 중 사업주가 60일을 부담하고 고용보험재정으로 나머지 30일분이 지급된다.

둘째, 산전후 휴가급여의 상하한액이 설정됐다(상한액 월 135만 원, 하한액 최저임금).

<표 10-2> 1990년대의 모성보호입법

분류 \ 법명	남녀고용평등법	영유아보육법	여성발전기본법
제정	1987년 10월 30일	1990년 12월 18일	1995년 12월 30일
의의 및 한계	• 입법사상 최초로 사업주에게 근로여성을 위한 육아휴직제도와 수유·탁아 등 육아시설을 의무화함. • 육아휴직 대상을 여성으로 한정.	• 비용지원은 저소득 자녀보육으로 한정 (1조와 21조). • 직장보육시설 관련한 사업장규모는 '상시 여성근로자 500인 이상 고용사업장' (7조).	• 한국의 여성정책에 대한 전반적 지침과 목적을 명시함. • 모성정책 관련 조문을 제18조와 23조, 24조에 둠.
변화내용	• 남녀차별 정의를 명문화하고 육아휴직기간을 근속연수에 포함(1차). • 육아휴직 대상을 '근로여성 또는 그를 대신한 배우자인 근로자'로 확대(2차). • 유급육아휴직도입, 출산휴가제도의 사회보험분담화, 부모육아휴직제 도입 등(4차)	• 영유아의 보육에 필요한 비용은 보호자가 부담하되(21조), 국민기초생활 보장 등이 정하는 저소득층 자녀에 대해서 국가 및 지방자치단체가 부담하는 원칙. 성인지성 미약. • 시행령개정(1995. 5. 19)으로 여성상시 고용자 300인 이상으로 기준변경.*	• 5년마다 여성정책 기본계획 수립의무 명시. • 정책수립 주체를 '정부'에서 '여성부 장관'으로(제 7, 8, 9, 13, 29, 31, 33, 35 등) 변경(3차). • 제 23조의 명칭을 〔영유아 보육 등〕에서 〔직장 및 가정생활의 병행〕으로 변경(4차).

* 2005년 1월 관련 시행령은 다음과 같이 개정되었다. "제 20조(직장보육시설의 설치) 법 제 14조 제 1항의 규정에 의하여 사업주가 직장보육시설을 설치하여야 하는 사업장은 상시 여성근로자 300인 이상 또는 근로자 500인 이상을 고용한 사업장으로 한다."

셋째, 육아휴직 대상은 생후 1년 미만의 영아가 있고 당해 사업장에서 1년 이상 재직한 경우 1년 이내의 육아휴직을 신청할 자격이 주어진다. 모든 남녀근로자를 대상으로 하며 휴직시간을 근로기간에 삽입하기로 했다.

넷째, 육아휴직급여는 고용보험에서 월 20만 원을 지급한다(2004년 5월 현재 40만 원으로 상향).

다섯째, 임산부에 대해서만 연장근로 제한하고 나머지 여성에 대해서는 남성근로자와 동일하게 대우한다.

(2) 정책 활용

현재의 모성정책은 주로 근로여성의 노동조건 관점에서 정책의제가 되었고 근로여성들의 모성에 대한 국가적 지원으로 국한되었다. 이 결과, 전업주부, 계약직, 시간제, 계약제 및 비공식 부분의 여성노동자의 모성은 정책대상에서 제외될 소지가 크다. 또한 모성정책상의 '모성' 개념이 임신, 출산에 국한하는 생물학적이고 양육활동으로서의 모성 개념은 삭제됐다. 모성은 생리, 임신, 출산 등 '생리적' 모성에 초점을 맞추고, 육아휴직은 1세 이하의 자녀를 둔 부모가 신청할 수 있는 제도로 한층 한정됐다.

하지만 현실적으로 모성과 양육은 뗄 수 없는 관계이다. 한국사회에서 모성역할은 어머니가 아니라면 다른 '여성'이 맡아야 하는 성별분업 속에 배치됐다는 것은 부정하기 어려운 현실이다. '남녀(부모)'가 양육을 분담해야 한다는 원칙만 확인한다면, 현실적으로 여성 어머니들이 가족에서 행하는 모성의 자녀양육 측면에 대한 사회적·경제적 가치 부분을 외면하거나 삭제하는 효과를 내게 된다.

좀더 구체적으로 정책 활용에 대해 살펴보기로 하자. 2003년 산전후 휴가 사용자는 1월~6월간 15,434인이며, 2004년 같은 시기에 19,198인, 육아휴직 신청자는 2003년 1~6월간 3,045인, 2004년 같은 시기 4,290인으로서 증가세를 나타낸다. 산전후 휴가급여 총 지급액은 같은 기간 중 지난해 159억 원에서 올해 205억 원으로 29.4% 증가했고, 육아휴직급여 지급액은 지난해 동기간 중 41억 원에서 85억 원으로 106.9%로 대폭 늘어났다(〈연합뉴스〉, 2004.8.4). 하지만 크게 늘어난 2004년 모성보호 비용(290억×2배 추정=580억 원)을 모두 합한다 해도 2001년의 경총추산액인 연간 8,500억 원 지출의 6.8%, 노동부의 연간 1,657억 원의 35%, 여성부 1,366억 원의 42.5%에 해당하는 비용이다.

육아휴직의 경우, 남녀근로자 모두 신청할 수 있지만, 남성노동자의 활용률은 대단히 저조하다. 2003년 1~6월 기간 중 40인(1.3%)의 남성이 육아휴직제도를 사용했고, 2004년 1~6월 기간 중에는 78인(1.8%)이 사용했다. 물론 증가세라는 점에서 긍정적이지만, 여성의 활용률과 비교할 때, 남성의 그것은 2%에도 미치지 못하는 저조한 것이다. 다양한 가족상황과 여성의 취업상황을 고려할 때, '자녀양육(특히 어린 유아)은 역시 어머니가 해야 한다'는 성역할구조가 강고함을 보여주는 지표이다. 여기에는 현재의 육아휴직 비용으로 남성노동자가 휴직하기 어렵다는 여·남의 임금조건도 작용할 것이다. 법과 정책에서는 자율적이고 합리적인 남녀상을 전제하지만, 현실의 여성들은 그러한 인간상을 성취하기 매우 힘겹다는 것을 알 수 있다. 남성도 자녀양육 책임자가 되기 위해서는 가족과 직장문화의 변화, 남성노동자의 삶 역시 변화되어야 한다. 이는 남성노동자도 노동자이자 동시에 양육자라는 재정의를 이끄는 이념이 요청된다. 이것이 바로 양성을 대상으로 하는 젠더정책적 접근이고 모성제도의 젠더화(engendering) 방향이라 할 수 있다.

현재의 모성보호정책의 한계점으로 지적되는 점은 법이 지정하는 사항을 위반했을 때 업주의 처벌·제재수단이 약하다는 점, 비정규직 여성보호가 미비하다는 점(여성노동자의 70%, 남성노동자는 33%), 산전후 휴가급여의 기업의존성이 높다는 점, 대체인력 육성이 미비하다는 점 등이 지적된다. 현재 기업에서는 산전후 휴가급여의 66.6%를 지급하는데, 앞으로 사회보험의 분담률이 높아지는 2005년에서 2006년에는 100% 사회보험에서 지급될 예정이다(김태홍·김난주, 2003).

(3) 양성평등원리 평가

현재의 모성정책은 자발적으로 여성에 대한 특별대우(*special treatment*)를 지양하고 형식적 평등원리에 입각해 있다고 평가한다. 이에 따라 불가피한 남녀 차이만을 인정하고 이외에는 남녀가 동등한 노동자이며 자녀양육자라는 평등원리를 발견하게 된다. 다음의 법률을 살펴보자.

〈남녀고용평등법〉
제19조(육아휴직) ① 사업주는 생후 1년 미만의 영아를 가진 근로자가 그 영아의 양육을 위하여 휴직(이하 '육아휴직'이라 한다)을 신청하는 경우에 이를 허용해야 한다. 다만, 대통령령으로 정하는 경우에는 그러하지 아니하다.

즉, 남녀 '근로자'가 육아휴직을 신청할 수 있는 주체가 됨으로써, 이전 법에서 육아휴직 신청 주체를 '근로여성 또는 그를 대신할 배우자'에서 젠더중립적 정책으로의 변화를 의미한다. 이런 원리는 여성차별철폐협약이나 여성발전기본법에서도 발견된다.

〈여성에 관한 모든 형태의 차별철폐 협약(CEDAW)〉
제11조 2항 모성관련조항 (c) 특히 아동 보육시설망의 확립과 발전의 촉진을 통하여 부모가 직장에서의 책임 및 사회생활에의 참여를 가사의 의무와 병행시키는 데 도움이 될 필요한 사회보장 혜택의 제공을 장려하는 것

〈여성발전기본법〉

제 18조(모성보호의 강화) ① 국가·지방자치단체 또는 사업주는 여성의 임신·출산 및 수유기간 동안에 이들을 특별히 보호하며 이를 이유로 하여 불이익을 받지 아니하도록 하여야 한다.

② 국가 및 지방자치단체는 취업여성의 임신, 출산 및 수유와 관련한 모성보호비용에 대하여 사회보장기본법에 의한 사회보험 및 재정 등을 통한 사회적 부담을 높여나가도록 하여야 한다.

제 23조(직장 및 가정생활의 병행) 국가 및 지방자치단체는 근로자가 직장생활과 가정을 병행할 수 있도록 다음 각호의 사항에 관한 시책을 강구하여야 한다.

  1. 영유아 보육 시설의 확충
  2. 방과후 아동 보육의 활성화
  3. 육아휴직제의 정착

다른 한편, 현재의 육아휴직제도는 남녀 노동자를 모두 대상으로 한다는 점에서 '젠더재구성화'의 방향을 가진 정책이라고 평가한다. 아쉬운 점은 남성 활용도의 제도 활용률이 높지 않다는 점이다. 실제로 여성들이 취업 중단을 고려하는 것은 출산 자체보다는 양육의 책임에 있다(장지연, 2003; 2004). 따라서 법률은 역할공유를 '전제로' 할 것이 아니라 역할공유로 이행되고 촉진될 수 있는 제도적 장치를 마련하는 일이다.

이 점에서 모성정책의 관점은 우선 여성들이 주로 수행한 어머니 역할을 인정하고 이에 대한 지원책을 마련하는 일종의 '젠더인지적' 원리의 한시적 채용이 보다 합리적이라고 생각한다. 출산과 양육의 보편적 가치를 인정하고, 이 바탕 위에서 양육에 대한 남녀간 역할공유의 노력이 이런 정책원리와 함께 진전되어야 한다고 생각한다. 그러한 가치 인정 위에서만 여성들의 경제적·사회적 지위가 안정화되고, 보살핌 노동이 '공유할 만한' 노동으로 자리매김되기 때문이다. 모성정책과 별도로 영유아보육법 개정 등 아동양육에 대한 사회적 분담에 대한 정책이 입안되었다. 하지만 이러한 정책 역시 '기혼직장여성'을 도와주고자 하는 시각을 넘어서 가족구성원인 남녀의 부담을 덜어주고자 혹은 공유하고자 하는 젠더시각을 갖추어야 할 것이다. 이상을 정리하면 현재의 모성보호정책은 기존의 성차별적 성역할 모델을 넘어서 성중립적 정책으로 변모했다. 이는 정책시각이 여성 과보호, 여성 스테레오 타입을 넘어섰다는 점에서 진일보하였으나, 현실의 구조화된 성역할을 변화시키기보다는 선언적으로 성평등을 선언하면서 현실로부터 미끄러진다고 평가할 수 있다. 앞으로 모성지원정책은 여성들이 대부분 담당하는 보살핌 노동에 대한 인정과 가치 평가 위에서(젠더인지) 역할 공유(젠더재구조화)의 단계로 나아가야 할 것이다.

3) 가사노동 영역

여성의 가사노동에 관한 정책적 시각은 가족법에서의 가사노동에 대한 평가를 중심으로 살펴보기로 하겠다. 가사노동은 보살핌노동 (*care work*)의 일환으로서 의식주의 재생산으로 정의되는 가사노동에 더하여 어린이·노인·병자 등 의존자들에 대한 배려, 또 모든 가족원들에 대한 보살핌 노동을 포함한다. 보살핌 노동과 같은 개념은 아직 법이나 정책 개념이 아니다. 가사노동은 전업주부이건 직장여성이건 간에 대다수의 여성들이 수행해야 한다는 점에서 일종의 운명 같은 성역할이다. 따라서 이 노동 또는 역할에 대한 정책 관심이 증가된다면, 이는 가족복지의 질의 향상뿐 아니라 여성의 지위와 삶의 향상에 크게 기여할 것이다.

가사노동 영역에 대한 정책적 시각은 무엇보다도 정책부재라는 것으로 특징지을 수 있다. 첫째, 가족법과 가족정책에서 보살핌 노동에 대한 관심은 별로 없다. 앞서 가족의 신분분야에서 지적하였듯이 한국

의 가족법은 신분과 정체성의 규율에 많은 부분을 할애하면서 가족유
지를 위해서 주로 여성들이 담당하는 가사노동활동에 대해서는 큰 관
심을 두지 않는다. 이에 따라 가사노동은 여성들의 무임노동이며 대부
분 '보이지 않는 노동'이라고 할 수 있다. 가사노동에 대한 법률적 관
심은 1989년 제 3차 가족법 개정 이후 신설된 이혼시 재산분할제도 및
처의 재산형성에 대한 기여분 산정에서 비로소 시작됐다. 둘째, 현재
한국 가족은 가족의 소규모화 경향과 여성의 경제활동 참여율 상승과
함께 의식주 재생산 등 가족은 보살핌 활동에 있어 과부하 상태에 놓
여 있다. 이는 가족 안에서 전통적으로 맡아왔던 보살핌 영역을 사회
로 이전하고 배분해야 할 필요성이 절실함을 나타낸다.

 아동복지법 · 모자보건법 · 노인복지법 등에 의해 가족 안에서 수행
되던 보살핌 노동 역할의 일정 부분이 국가와 지방단체에 의해서 수행
되기도 한다. 하지만 이 법의 대상은 주로 저소득층, 무의탁노인 등
'가족이 없거나' 그 기능을 수행할 수 없는 경우에 한정한다. 따라서
이때 공공의 '보살핌' 활동은 가족을 대체하는 것이지 가족기능을 보조
하거나 분담하는 것이라 보기 어렵다. 요컨대 가족 내 보살핌 활동은
사회적으로는 그 가치가 적극적으로 인정되지 않거나 혹은 침묵되는
가족기능 영역이라고 할 수 있다. 보살핌 활동에 대한 탈가족적 개념
이 요청되고 보살핌 활동의 보편적 가치평가 위에서 가족정책 전망이
마련돼야 한다.

(1) 부부재산제와 처의 기여분

 가족법상 부부재산제는 부부별산제로서 제 830조에 규정되어 있다.
제830조 제 1항에는 부부의 일방이 혼인 전부터 가진 고유재산과 혼인
중 자기의 명의로 취득한 재산은 그 자의 특유재산으로 하고, 제 2항
에서 부부의 누구에게 속한 것인지 분명하지 아니한 재산은 부부의 공
유로 추정하는 것으로 규정되어 있다. 그런데 특별히 혼인 전 고유재

산을 소유하지 않은 기혼여성이 대다수일 것이고, 혼인 중 전업주부인 경우는 자기명의로 취득한 재산이 매우 적거나 없을 확률이 높다. 뿐만 아니라, 혼인 중 쌍방배우자의 공동노력으로 취득한 재산(집·토지·자동차·채권·예금 등)도 대부분 남편의 명의로 하는 것이 한국사회의 관행이므로 처에게는 매우 불리하다. 남편과 처 간의 이분법적 성역할 전제가 법과 사회에 지배적 상황에서 이 같은 엄격한 별산제를 취하는 것은 (가사노동을 전담하는) 처의 경제적 지위를 대단히 불안정한 것으로 만든다.

한편, 1989년의 가족법 개정으로 이혼시 재산분할청구권(제 839조의 2)이 신설되어 제 1항에 "협의상 이혼한 자의 일방은 다른 일방에 대하여 재산분할을 청구할 수 있다"라고 규정하고 제 2항에서 "당사자 쌍방의 협력으로 이룩한 재산의 액수 기타 사정을 참작하여 부하의 액수와 방법을 정한다"라고 명시하여 여성의 가사노동에 대한 평가의 길이 열리게 됐다. 배우자 일방(주로 남편)이 자신의 특유재산을 단독으로 처분할 수 있고 그 후에 이혼청구를 하는 경우, 처는 분할하여 달라고 할 재산도 없게 되는 경우가 있게 된다(조미경, 2004). 앞으로는 혼인 중 부부의 '공동소유재산제도'를 마련하여 여성의 혼인 안에서의 경제적 독립을 보장해야 한다. 이혼시 여성의 재산분할에서 균형잡힌 배분은 이혼 후 여성의 빈곤화율을 감소시키고, 이혼가정의 경제적 불안정을 줄임으로써 궁극적으로는 한 국가의 경제적 복지요구를 줄이고 이혼가족이 사회에 보다 원활히 적응함으로써 가족불안 요소가 감소되는 효과를 가질 것이다.

(2) 여성 배우자의 상속분

여성이 배우자 지위에서 받는 상속분에도 기혼여성의 남편의 재산에 대한 기여분에 대한 평가가 함축된다. 현행 가족법에서 배우자 상속분에 관한 규정은 민법 제 1009조 제 2항에 "피상속인의 배우자의 상속분은 직계비속과 공동으로 상속하는 때에는 직계비속의 상속분의 5할을 가산하고 직계존속과 공동으로 상속하는 때에는 직계존속의 상속분의 5할을 가산한다"라고 규정되었다. 처의 배우자 유산에 대한 상속분은 가족법 개정에 따라 점차 증가해 온 경향이다.

1960년대의 민법 시행 후에는 처의 상속분이 직계비속 남자의 2분의 1이 인정됐다. 그 후 1977년 가족법 개정으로 동일가족 내의 직계비속 상속분에 5할을 가산하여 1과 2분의 1로 상향조정됐다. 하지만 혼인중에 취득한 재산이 '부의 특유 재산'으로 인정되는 현행 민법에서는 자녀를 많이 낳아 기른 처의 경제적 지위가 오히려 불리해진다는 모순이 있다. 자신 명의의 특유 재산이 있는 남편이 사망한 경우에 자신의 특유재산이 별로 없는 처가 자녀와 함께 부의 재산을 상속받을 때 노후의 생활이 보장받기 어렵게 된다. 평생 자녀양육과 가사노동에 복무한 여성의 경우 자신만의 재산이 거의 없을 수 있기 때문에, 이상의 가사노동 평가 및 상속제도는 노인여성의 복지문제와 연계된다. 부모가 자녀에게 의탁할 가능성이 희박해진 오늘날 혼자 남은 여성 배우자가 독립적으로 생활할 수 있도록 처의 상속분에 대한 배려가 필요하며, 자녀와 연동하지 않는 절대적 비율 설정이 요청된다.

(3) 양성평등원리 평가

가사노동에 대한 가치평가는 점차 그 경제적 가치를 적극적으로 해석하는 경향을 발견할 수 있지만 일관된 재산분할 원칙이 부족한 실정이다. 이에 대해 독일법의 예와 같이 혼인중 증식된 재산에 대한 '반분'의 원리는 형식적 남녀평등 원리의 도입이라 할 수 있다. 현재 한국의 부부재산제도는 엄격한 부부별산제라는 점에서 현실의 불평등과 의존을 무시한 또 다른 '형식적 평등' 원리의 실현이다. 재산상속에서 남녀간, 혼인지위 여부와 무관한 상속분의 평등 도입 역시 기존의 성차별적 원리를 극복한 모습이다. 그러나 이러한 형식적 평등원리하에서 처의 지위는 그다지 고려되지 않았음을 알 수 있다.

앞으로 정책방향은 앞서의 모성보호정책에 대한 제안과 유사하다. 궁극적으로 가사노동에 대한 남녀의 역할공유를 지향하되, 우선 여성의 성역할이면서 경제적 가치가 낮게 인정된 '침묵'의 영역에 대한 가치평가가 시급하다. 요컨대 '여성이' 수행한 기여를 인정하고 가사노동의 차원과 가치를 인정하면서(젠더인지) 동시에 양성분담화를 지향해야 할 것이라고 생각한다(젠더재구조화). 보살핌 노동에 대한 정책적 고려 활성화와 기준마련을 위해서는 가사노동의 사회적 가치평가가 기초를 이룬다. 보살핌 노동에 대한 가치평가는 여성들이 가족 밖에서 임금노동을 하지 않아도 될 자유와 선택권을 부여하면서 자신의 자존감을 상승시켜 줄 것이므로 양성관계의 불평등 시정에 큰 의미가 있다(Esping-Anderson, 1990). 또한 가사노동의 가치상향화는 남성의 참여를 제도적으로 독려함으로써 성역할 이분법의 와해에도 기여할 것이다. 현재의 법률은 성역할에 대한 대책 없이 형식적 평등으로 이행하지 않았는지 경계해야 한다.

4) 취약가족 영역

취약가족이란 이혼·재혼·실업·가족 내 폭력·가족원의 질병·사고 등으로 인해 가족기능을 원활히 수행하기 어렵고 가족원의 복지가 심각하게 위협받는 상황에 처한 가족을 말한다. 가족정책의 수립에 앞서 가족기능 일반에 대한 국가의 지원책도 중요하지만, 가족에서 발생하는 예기치 못한, 그러나 사회적으로 상당히 만연한 위기상황에 대한 제도적 지원책을 마련하는 것도 대단히 중요하다. 이 절에서는 가족위기 중 이혼을 중심으로 가족정책의 현황 및 과제를 간략히 짚어보기로 한다. 이혼은 한국가족의 '해체'를 운위할 때, 가장 자주 제시되는 가족현상이라는 점에서도 정책적 입장수립이 절실하다.

(1) 이혼 선택과 이혼한 가족: 국면별 정책

주지하다시피, 지난 30여 년간 이혼은 지속적이고 획기적으로 증가했다. 이혼의 급격한 증가는 가족정책 측면에서 이혼을 바라보는 시각 정립을 요청한다. 이혼을 가족해체 및 병리현상으로 규정하고 그 수를 억제하고 기존의 '정상가족' 모델을 바람직한 가족형태로 장려할 것인가? 혹은 대부분의 개인은 불가피하게 이혼을 선택한다는 시각 위에서 이혼한 가족의 위기상황을 조력한다는 의미에서 이혼가족에 대한 각종 법적·사회적 지원책을 마련할 것인가?

이제까지 한국의 이혼과 관련된 가족정책은 주로 가족법상 이혼제도 정비가 그 전부라고 할 수 있다. 가족법상 이혼과 관련한 법은 협의이혼과 재판이혼의 절차가 있으며, 1989년 말에 통과한 제3차 가족개정법에 최초로 이혼시 재산분할제도, 양육권을 갖지 않은 부모의 자녀면접교섭권 신설 등 이혼시의 법제도 정비가 이뤄졌다. 이혼관련법은 아니지만, 가족법 호주제도상의 자의 부가(父家) 입적과 부성(父姓)주의는 이혼 후 여성들의 호적편재상 각종 불이익을 주는바, 성평등 원리에서 볼 때 네거티브 이혼정책이라고 할 수 있다.

이혼에 관한 가족정책 시각을 크게 두 측면으로 나눌 것으로 제안한다. 먼저, 이혼 전 위기 가족 및 부부에 대한 지원과 이혼을 선택한 가족에 대한 지원장치 마련이 필요하다. 즉, 이혼에 대한 국가정책은 우선 가족이 이혼에 이르지 않도록 각종 장치와 상담절차를 정비하는 방향이 필요하지만, 이혼에 이른 가족은 이를 '가족'으로 정당히 대우하고 지원하는 정책방향이 동시에 필요하다. 이러한 이혼에 대한 '국면별 정책'을 수립했을 때 가치관의 혼돈 없는 가족지원책을 펼 수 있을 것이다.

① 이혼위기의 가족

이혼에 이르는 사유는 다양하다. 재판이혼의 경우에는, 배우자 부정(不貞), 배우자 유기, 배우자 또는 그 직계존속의 부당한 대우, 자기의 직계존속에 대한 배우자의 부당한 대우, 배우자의 생사가 3년 이상 분명하지 않은 때와 같은 특정한 사유를 열거하고, 이에 더해 기타 혼인을 계속하기 어려운 중대한 사유가 있을 때와 같이 일반적 사유를 보충하였다(제 840조). 협의이혼의 경우에는 부부간의 협의로 이혼을 결정하므로 법이 정하는 이혼원인이 존재하지 않는다(제 834조). 실제로 현재의 이혼은 '부부불화'로 분류되는 원인이 대다수를 차지하지만 그 안에서 배우자 부정, 성격 차이, 경제적 이유 등 다양한 이유가 포함되는 것으로 알려진다. 따라서 실직·질병 등 각종 가족 위기를 원조하고, 부부간 성격상 차이, 친족관계에서 오는 어려움 등과 같은 가족관계 내부문제 등에 대한 정신적·물질적 지원이 요청된다.

현재 재판이혼은 조정을 거치는 과정을 두는 '조정전치주의'를 취하나 협의이혼의 경우에는 가정법원의 확인만을 거치기 때문에 실질적 조정과정이 없다고 하는 지적이 많다. 이에 따라, 이혼숙려제도 및 이혼 전 상담제도 마련이 고려되고 있다. 이러한 제도는 가족갈등에 대한 지원, 특히 충분히 숙고하지 않은 이혼에 대한 재숙고 기회가 되는 것이 바람직하겠지만, 국가가 개인 선택에 대하여 지나치게 개입하는 것은 아닌지 신중한 태도가 요청된다.

② 이혼가족에 대한 지원

이혼시 여성의 재산분할 등을 통한 이혼가족의 간접적 지원책은 앞의 '가사노동'에서 다루었으므로 이 부분에 대해서는 주요의제만 열거하고 이외의 부분에 대해서 논의하기로 한다.

(가) 이혼시 지원책

(나) 한부모 가족에 대한 지원, 특히 자녀양육 지원책

(다) 가족통합·재사회화

(2) 양성평등기준 평가

먼저 현재 남녀에 따라 다르게 나타나는 이혼의 성차별 효과(*disparate impact*)를 불식시키는 제도가 마련되어야 한다. 호주제도 폐지를 통하여 호적 이동에 따른 남녀차별, 자녀와의 동적이 매우 어려운 데 따른 모성차별, 어머니 호적에 속했을 경우의 이혼자녀 차별 등이 철폐되는 것이 무엇보다 시급하다. 둘째, 이혼시 재산분할에서 처의 가사노동 및 자녀양육 가치인정의 원리는 앞서 지적한 대로이다. 이는 이혼가족의 안정화에 기여할 것이다. 셋째, 이혼을 가족의 한 형태로 받아들이고 이에 대한 지원책을 마련해야 한다. 가족의 소규모화, 맞벌이 가족의 증가, 이혼·재혼의 증가, 여성가장(가구주) 가족의 증가 등과 같은 가족구조 변화에 따라 가족정책은 기존 가족정상성 모델에서 벗어나는 것이 시급하다. 이혼과 같은 가족위기 국면에 대해서는 이혼 전의 지원과 이혼 후의 지원으로 국면별 정책을 취해야 할 것이며, 이때의 기준은 개인복지이며 가족선택 존중이 되어야 할 것이다. 이 경우에도 보다 취약하기 쉬운 이혼여성과 그들의 가족원에 대한 배려가 요청된다.

4. 결론: 가족정책분석 종합

이상과 같이 1990년대 이후 가족정책을 정책대상과 내용으로 분류하여 정리하면 〈표 10-3〉과 같다.

다른 한편, 현재까지의 가족정책을 '양성평등원리'의 관점에서 정책영역별로 고찰한 결과, 다음과 같은 경향을 발견할 수 있다. 먼저, 신분영역·가사노동영역·이혼영역 등에서 국가의 가족정책이라고 하는

358

것은 양성평등 관점에서 오히려 네거티브 정책이 맹위를 떨쳤다고 평가한다. 부부가족을 중심으로 한 '가족정상성', 국가의 가족복지 책임에 무관심한 '사적 영역' 신화, 이로 인한 이혼 등 가족위기 상황에 대한 대비책이 매우 미흡하다. 무엇보다도 남성 중심적 가부장제의 수용이 네거티브 정책의 주요 내용이다. 이러한 정책은 적극적 정책을 펼치지 않으면서도 가족에 대한 국가와 사회의 태도를 조성한다는 점에서 그 영향력이 막강하다. 또한 전 계층, 전체 형태에 적용되는 정책이라는 점에서 주목을 요한다. 따라서 한국의 가족정책은 이 성차별적인 젠더특정적 가족정책을 표면화하고 종식하는 것이 중요하다.

둘째, 모성보호정책의 육아휴직에서 보이는 것처럼, 가족정책에서 남녀의 역할공유를 지향하는 정책방향 대두는 환영할 바이다. 하지만 실질적 역할공유의 사회적 대책이나 제도 마련 없이 성역할 공유를 전제하는 것은 현실에 변화를 이끌어낼 실효성을 가지기 어렵다. 또한 현실적으로 여성들이 담당하는 성역할과 차이의 문제를 간과하거나 '최소화'하는 원리를 세우게 된다. 앞으로 이러한 양성평등방향이 젠더정책에서 보다 확대·심화할 것으로 보인다. 이 점에서 차별의 이유가 아닌 평등의 이유로서의 여성 차이에 대한 인정과 평가가 현 단계 젠더정책의 중요한 원리라고 제안한다.

셋째, 가사·양육노동을 포함한 보살핌 노동에 대한 가치인정이 양성평등 가족정책의 핵심사안으로 보인다. 여기서 여성의 보살핌 노동에 대한 가치인정이란 여성이 본질적으로 그러한 역할을 담당해야 한다는 의미에서 여성의 본질적 차이 인식을 의미하지 않는다. 여성이 현실적으로 그러한 역할을 담당해 왔다는 의미에서 여성의 사회적 역할에 대한 가치인정이 필요하다. 여성이 수행한 노동과 역할의 경제적·사회적 가치를 인식하고, 그 활동을 가시화해야 한다. 이러한 인식 위에서 사회의 역할분담이 이루어지고, 남성과의 역할공유가 보다 원활해질 것으로 전망된다. 즉, 보살핌노동에 관해 여성의 현재 차이

〈표 10-3〉 1990년대 이후 가족정책 대상 및 내용

	(1) 정책대상	(2) 정책내용	
문제영역	파급효과	관련법률 주내용	향후대책
실직·빈곤 등 경제	• 가족관계 불안정, 폭력 증진 • 혼인·출산 기피	주로 사회보장관련 법률	• 경기부양책 • 여성가장취업대책 • 사회보험, 사회보장제도
가부장적 가족관계	• 여성의존자-남성부양자 모델 지속 • 남녀 성별분업 지속 • 가족 내 구조적 취약자 양산, 아노미	• 가족법 3차 개정 (1989) -재산분할·상속 등의 남녀평등 진전 • 동성동본 금혼제도 헌법불합치 결정 (1997) • 호주제 폐지 법안 통과 (2005), 호주제도에 대한 헌법불합치 결정 (2005)	• 대안 신분등록제 구상 • 부부재산제 대안구상
재생산 (모성)	• 저출산율 • 인구고령화 • 혼인인구 비율감소	• 모성보호관련법(근로기준법·남녀고용평등법·사회보험법) 개정 (2001) -산전후 휴가·육아휴직제 -여성보호조치 삭제 -모성책임의 사회 분담	• 산전후 휴가·육아휴직확대 • 아동수당 • 기타 육아지원 정책
가사노동	• 가사노동의 저평가 • 여성간 분담 • 시장화 및 공공화 부족 • 가족형성 및 출산기피	• 가족법 3차 개정 -이혼시 재산분할, 재산상속시 고려됨 -정책적 관심 저조	• 이혼시 재산분할에서 경제가치의 인정정도 상향 • 주부연금 • 시장화(호스피스·간병인 등 증가) • 아동·노인보호 시설지원
취약가족	• 가족해체 직면 • 가족폭력 위기 • 가족에 대한 긴급지원 필요성 높음	• 가족법 3차 개정 -이혼관련 제도개선: 재산분할, 면접교섭권 신설 등 • 모부자 복지법 제정 (1989), 최종개정 (2002) • 가정폭력 방지법 제정 (1994) 및 개정 (2003)	• 이혼상담제 및 이혼숙려제 • 한부모가족 지원대책 • 보호시설 마련 (가정폭력·청소년·외국인·미혼모 등) • 가족다양성·가족 규범의 변화수용대책

인정 위에서 양성공유정책을 수립하는 것이 바람직하다.

넷째, 이혼·재혼·동거 등 다양한 가족형태가 증가하고 경제적 불안정 등으로 인한 가족위기 상황이 급증함에 따라 가족에 대한 상황별·위기별 개입대책 마련이 시급하다. 이러한 정책에서도 가족위기가 성차별적 효과를 내지 않도록 정책적 배려가 필요하다. 취약가족의 경우에도 양성평등의 원리와 가족다양성 원리에 입각한 정책수립이 요청된다.

이상을 젠더구성 효과와 양성평등원리를 중심으로 정리하면 〈표 10-4〉와 같다. 참고로 해당 정책의 보편성과 특수성 측면에 대해서도 정리해 보았다.

이상에서 제시된 한국의 가족정책의 과제를 정리하면 다음과 같다.

① 네거티브 가족정책의 해체: 호주제도, 호적제도, 이혼제도 등에 의해 유지되는 가부장적 정상가족 모형의 해체 및 재구성.
② 현재의 여성 역할을 인정하는 토대 위에서 양성역할공유 정책: 가사노동과 자녀양육 등에서 형식적 평등기준을 넘어서 적극적으로 여성노동의 의미와 경제적 가치 인정.
③ 보살핌 노동의 가시화와 사회분담: 가족 안의 보살핌 노동을 합리화하고 국가와 분담.
④ 가족 형태, 상황, 계층별로 가족 다양성을 인정하고, 가족의 위기관리 능력을 제고하는 정책 필요.
⑤ 가족정책에서 폭력과 불평등이 내재한 가족이 아니라 개인보호로 관점 이동.
⑥ 가족복지정책에서 낙인이 아니라 보편적 가족정책 수립.
⑦ 경제적 지원책과 함께 문화적 정신적 지원책 확대.

〈표 10-4〉 정책영역별로 본 젠더효과와 평등원리

정책영역	관련법률	보편·특수성	젠더구성 효과	평등원리(현재-미래)
가부장적 가족관계	가족법 (신분편의 호주제도), 호적법 등	보편적-전계층적	• 젠더강화: 남녀의 '차이'에 입각한 젠더체계 • 성 불평등의 구조화	• 강한 부적(negative) 가족정책-폐지와 대안마련 • 여성의 '입장'에 대한 해석 요청
재생산 (모성)	근로기준법, 남녀고용평등법, 사회보험법, 영유아보육법, 아동복지법, 모부자복지법 등	특수성: 직장여성 혹은 해당 법률이 정하는 저소득층	• 젠더본질화 (출산부분): 평등·보호 입법의 혼재 • 약한 젠더재구조화 (어린 자녀 양육)	• 약한 정적(positive) 가족정책-양성 모두에 대한 '가정과 직장' 양립정책 지향 • 여성차이 인정 위에 젠더재구조화 정책요청
가사노동	여성발전기본법, 가족법 (재산분할·상속)	보편적·이혼시, 배우자(부모) 사망시	젠더강화: 여성역할의 저가치화	• 약한 부적(negative) 가족정책 • 가사노동의 가치 인정 위에 양성역할공유 방향 요청
취약가족 (이혼)	가족법 (재산분할·위자료·양육비), 모부자복지법	• 특수성 (위기상황) • 잠재적으로 전가족	젠더중립 (이혼관련법제)	가족 다양성 인정-여성 차이 인정

■ 참고문헌

국회여성특별위원회. 1999. "모성보호정책: 근로여성의 모성보호관련법 중심으로". 《국회여성특별위원회 정책자료집》 1.

권영성. 1999. 《헌법학원론》. 법문사.

김병대. 1980. "夫婦財産制에 관한 硏究". 《司法行政》, 232호.

김영란. 2003. "한국의 여성운동과 여성복지정책의 변화". 《한국사회학》, 제 37집 3호.

김주수. 1961. "夫婦財産에 관하여". 《法曹》, 10권 12호.

김태홍·김난주. 2003. 《우리나라 모성보호제도의 실시현황분석과 개선방안》. 한국여성개발원.

김혜경. 2003. "가족정책과 젠더 관점의 결합을 위한 연구: 서구 복지국가의 케어정책 체제를 중심으로". 《여성연구》, 2호 통권 65호.

박경숙. 2003. 《고령화 이미 진행된 미래》. 우암출판.

변화순·최윤정. 2004. 《가족정책 방향 정립 및 통합적 시행방안 연구》. 한국여성개발원.

변화순·조은희. 2003. 《다양한 가족 출현에 따른 쟁점과 가족관련법의 방향 정립에 관한 연구》. 한국여성개발원.

신경아. 2001. "노동시장과 모성, 가족의 문제: 남성중심적 노동자 모델을 넘어서". 《경제와 사회》, 제51호.

신인령·윤후정. 2001. 《법여성학》. 이화여자대학교 출판부.

양현아. 2002. "서구의 여성주의 법학: 평등과 차이의 논쟁사". 《법사학연구》, 26호.

양현아. 2000. "호주제도의 젠더정치: 젠더 생산을 중심으로". 《한국여성학》, 16집 1호.

여성부. 2004. 《'전국가족조사'에 따른 한국가족의 현실과 정책전망》.

유해미. 2003. "아동양육 정책의 재편과 시민권의 변화". 《페미니즘 연구》, 제3호.

이은영. 2004. 《법여성학강의》. 박영사.

장지연. 2004. "복지국가에 대한 페미니스트 관점의 기여와 한계". 《한국사회학》, 제38집 3호.

장지연·부가청. 2003. "숨겨진 선택: 기혼영성노동자의 일과 자녀양육". 《여성연구》, 65(2).

장혜경 외. 2002a. 《이혼여성의 부모역할 및 자녀양육지원방안에 관한 연구》. 한국여성개발원.

장혜경 외. 2002b. 《외국의 가족정책과 한국의 가족정책 및 전담부서의 체계화 방안 연구》. 한국여성개발원.

정인섭 편역. 2000. 《국제인권조약집》. 사람생각.

조미경. 2004. "가족법을 통해 본 한국 법여성학의 과제". 양현아 편, 《가지 않은 길, 법여성학을 향하여》. 서울대학교 공익인권법센터, 사람생각.

한국여성정책연구회 옮김. 2000. 《복지국가와 여성정책》. 새물결.

Bartlett, T. Katharine, Angela Harris, and Deborah L. Rhode. 2001. *Gender and Law*. New York: Law & Business.

Callendar, C., Millward, N, Lissenburgh S., and Forth J. 1997. "Maternity Rights in Britain". *Research Report*, no. 67. London: the Stationery Office.

Chamberlayne, P. 1993. "Women and the State: Changes in Roles and Rights in France, West Germany, Italy and Britain, 1970~1990". in J. Lewis(Ed.), *Women and Social Policies in Europe*. New York: edward Elgar.

Gautier, 1999. "The Source and Methods of Comparative Family Research". *Comparative Social Research* Vol. 18.

Fineman, Martha. 1991. *Illusion of Equality: The Rhetoric and Reality of Divorce Reform*. Chicago and London: University of Chicago Press.

Fraser, Nancy. 2000. "After the Family Wage: A Postindustrial Thought Experiment". in Barbara Hobson(Ed.), *Gender and Citizenship in Transition*. London: Macmillan Press.

Held, Verginia. 1986. *Feminist Morality: Transforming Culture, Society and Politics*. Chicago: Chicago University Press.

Kamerman Sheila B. and Alfed J. Kahn. 1997. *Family Change and Family policies in Great Britain, Canada, New Zealand, and the United States*. Clarendon Press, New York: Oxford University Press.

_____. 1978. *Family Policy, Government and Families in Fourteen Countries*. New York: Columbia University.

MacKinnon, Catharine. 1987. *Feminism Unmodified*. Cambridge M. A. : Harvard University Press.

Sainsbury, Diane(Ed.), 1999. *Gender and Welfare State Regimes*. New York: Oxford University Press.

Scott, Joan W. 1988. "Deconstructing Equality Vs. Difference: Or, the Uses of Poststructuralist Theory for Feminism". *Feminist Studies*, Vol. 14: 35~50.

Weisberg, D. Kelly (Ed.), 1993. *Feminist Legal Theory: Foundations*. Philadelphia: Temple University Press.

West, Robin. 1990. "Equality Theory, Marital Rape, and the Promise of Fourteenth Amendment". *Florida Law Review*, 45. reprinted in D. Kelly Weisberg (Ed.), *Applications of Feminist Legal Theory to Women's Life*. Philadelphia: Temple University Press.

Wilson, E. 1977. *Women and Welfare State*. London : Tavistock Publications.

Yang, Hyunah. 2003, "Gender Equality Vs. 'Tradition' in Korean Family Law: Toward a Postcolonial Feminist Jurisprudence". *The Review of Korean Studies*, Vol 6. no. 2.

Zimmerman, S. 1988. *Understanding Family Policy: Theoretical Approaches*. Newbury Park: Sage.

제11장

성통합적 사회복지정책

탈가부장적·다원주의적 '사회투자' 모형을 향하여

이 혜 경

1. 서 론

여성주의 이론가들은 모든 사회현상 분석에서 성을 기초변수로 할 것, 그리하여 기존의 사회과학적 인식과 이론들을 여성주의 시각으로 재구성할 것을 요청했다(May and Weir, 1993: 35). 특히 복지국가 연구에서 여성주의 분석가들은 국가가 중립적이 아니라 가부장적 이해관계를 가진 실체임을 강조함으로써, 복지국가의 발달을 성차별적 정치권력의 결과로 보아야 한다는 새로운 통찰을 추가했다. 다시 말해서 복지국가에 대한 여성주의 분석은 사회복지정책 분석의 핵심이 된 계급불평등 문제에 양성간 불평등이라는 또 하나의 차원의 불평등을 추가함으로써, 여성의 총체적인 사회적 위치에 대한 정확한 이해 없이 복지국가의 성격은 물론, 복지조직 및 정책의 기본원칙, 구조, 효과를 이해할 수 없다고 주장했다(Sapiro, 1990: 37). 이로써 여성주의 분석은 복지국가에 관한 이해의 폭을 넓히는 데 중요한 기여를 하였을 뿐 아니라(George and Wilding, 1994), 브라이슨(Bryson, 1992: 191)의 표현을 빌리면, "국가에 관한 인식에 혁명"을 일으켰다.

이들 페미니스트 분석가들은 초기에는 자본주의적·가부장적 속성과 복지국가의 여성억압적 속성을 선험적으로 '전제'하고, 거시적·구조적 관점에 의해 복지국가의 여성억압을 비판적으로 설명하고 보편화하려 했다. 그러나 최근에는 스칸디나비아 국가들의 구체적 복지제도의 경험을 비교 분석한 연구자들 사이에서 페미니즘이 설정한 목적을 달성하려면 국가역할이 중요하다는 것과 사회복지정책을 통하여 여성지위를 향상시킬 수 있다는 사실을 인정하게 됐다. 특히 여성노동이 일상화되고, 2인 소득자 가구가 증가함에 따라, 여성의 일과 가정의 양립문제가 실질적 사회문제로 대두하고, 남성 생계부양자 가족 모델을 전제로 했던 전통적 복지국가 모델이 시대변화를 수용하지 못한다는 비판이 공감을 얻으면서, 페미니스트 분석은 복지국가 재편에 실질적으로 중요한 한 축이 되어, '여성친화적' 복지국가, 가족친화적 사회정책의 실용주의적 가능성을 열게 됐다(O'connor, 1996; Daly, 2000).

이 글의 목적은 이러한 페미니스트들의 복지국가 비판과 분석을 배경으로, 한국사회가 채택해야 할 21세기 양성평등적 복지국가 재편의 방향을 모색하려는 것이다. IMF 위기 이후 한국은 전 지구적 자본주의 시대에 유례를 찾기 어려운 사회권 확충의 실험을 추진하고 있다. IMF 위기 직전까지도 한국사회에서는 경제성장이 최선의 복지정책이고 가족이 최선의 사회안전망이라는 사고가 지배적이었다. IMF 위기를 맞고 비로소 사회안전망의 필요성을 정치적 수사가 아닌 실질적 수요로서 체험하게 되었다. 그러나 21세기 한국사회는 사회복지제도의 인프라가 극히 취약한 가운데, 세계화와 정보기술 혁명, 저성장과 고실업, 고령화와 저출산, 정치적 민주화와 양극화, 여성지위 향상과 여성 세력화 등 21세기적·탈산업사회적 변화에 맞닥뜨리게 된, 이른바 전 지구적 패러다임 전환의 시대를 맞고 있다. 21세기 한국 복지국가 구상은 무엇보다도 과거 발전국가의 복지관, 즉 경제성장이 최선의 복지정책이며 가족이 최선의 사회안전망이라는 발상에서 벗어나야 하

고, 초고속 고령화와 급속한 출산율 저하에 대응하기 위해서는 2차대
전 후의 케인즈주의적 복지국가 모델로부터도 자유로워져야 한다. 세
계화와 지식정보화 사회의 복지국가모델은 노동시장뿐 아니라 비공식
부문의 노동력에 대한 능력개발과 인적자원 개발·투자전략을 구사해
야 한다. 이 글에서 성통합적 복지국가 재편이란 현재의 복지체제에다
가 성차화한(engendered) 정책의제를 덧붙이는 것이 아니라, 21세기
한국 복지국가 재편의 일반론에 성인지적 관점을 통합하는 것을 의미
한다.

이를 위하여 다음 절에서는 복지국가 위기의 진단과 페미니스트들
의 복지국가 비판, 그리고 지구화와 탈산업화 등 정책환경 변화를 정
리하고, IMF 이후 한국복지 개혁의 성격을 살핀다. 여기서 한국의 복
지정책의 문제는 단순히 복지재원의 부족이라든가 세부적 프로그램 미
비 문제라기보다 복지체제모형 선택 차원에서의 현실정합성 문제임을
논구한다. 마지막 절에서는 지구화와 인구고령화, 저출산, 여성의 사
회참여 증대, 가족형태 변화, 노동시장 유연화라는 거시경향적 추세
속에서 한국의 성통합적 복지정책의 추진방향은 어떠해야 하는지 이야
기할 것이다.

2. 복지국가 위기론과 페미니스트의 복지국가 비판

1) 복지국가 위기의 진단

1970년대 중반 이후 부상한 복지국가 위기에 대한 원인진단은 크게
네 가지로 분류할 수 있다. 첫째, 복지국가가 시장을 질식시키고 노동
유인을 잠식하며, 저축과 투자유인을 저해한다는 신자유주의 시장주
의자들의 시장왜곡론이 있다. 이들은 1970년대 이후의 경제침체를 과

도한 복지국가 탓으로 돌리고, 성장을 위한 처방으로 노동시장 유연성 제고와 탈규제 등 시장자유주의 회복과 복지국가 해체를 주장한다. 1) 두 번째는 복지국가의 위기를 인구학적 변화, 특히 노령화의 피할 수 없는 결과라는 주장이다. OECD (1988) 추정에 의하면, 2020년까지 노년의존율이 50% 이상 높아질 것이며, 현재의 사회보호제도를 그대로 적용할 경우 GDP의 5~7%를 추가적으로 요구할 것으로 보이며, 2040년까지 노령화만으로도 보건연금 지출을 2~3배 증가시키리라는 것이다. 2) 셋째는 새로운 지구경제질서의 형성이 복지국가를 퇴출시킨다는 주장이다. 지구자본주의는 개방경제를 의미하며, 개방경제란 국가별로 자신의 정치경제를 자율적으로 결정할 수 있는 능력의 한계를 의미한다. 새로운 지구경제는 경쟁적이지 못한 경제와 낭비적인 정부를 무자비하게 처벌하기 때문에 국내정책 선택영역을 좁힌다는 것이다. 정부가 신용과 투자를 통제할 수 없고 세계시장에서 임금경쟁을 해야 할 때, 완전고용과 복지국가를 기대할 수 없다는 것이다. 지구자본주 논리는 복지국가 퇴조를 주장하는 데 강한 영향력을 행사한다. 3)

1) 초기 복지국가 위기론을 주도한 이러한 신자유주의 논리에 대하여, 복지국가 옹호론자들은 예컨대 복지국가가 고실업을 가져온 것이 아니라 고실업이라는 노동시장의 잘못된 작동이 기존의 사회복지 프로그램들에 과부하를 가져온 것이라고 주장한다. 즉, 복지국가 때문에 시장이 실패한 것이 아니라 시장의 실패 때문에 복지국가가 어려움을 겪게 된 것이라고 논박한다.
2) 물론 인구 노령화가 자동적으로 복지국가 위기를 가져오는 것이 아니라, 국가의 장기적 생산성 성장이 중요하다고 주장하는 사람들도 있다. OECD (OECD, 1988: 70) 계산에 의하면, 연간 평균 성장률 0.1~1.0%면 부가적 연금지출을 지불하기에 충분하고, 노령화의 비용부담은 퇴직연령 조정, 노인고용 확대 등에 의한 노인 경제활동률의 극대화와 여성의 출산율 제고 등 상당부분 정치적 관리에 달려 있다는 것이다.
3) 그러나 좀더 신중한 관측자들은 지구화하는 경제의 힘이 각국 복지의 운명을 결정하는 정도가 지나치게 과장되어선 안 된다고 경고한다. 특히 아마티아 센 등은 경제의 지구화가 빈곤과 불평등을 심화시킨다면 지구화 자체

마지막으로, 이상의 분석을 모두 수용하면서, 복지국가 퇴조의 원인을 복지국가 자체의 실패에서 찾는 경우이다(Esping-Anderson, 1996). 전후 복지국가는 산업사회의 대량생산경제와 가부장적 성분업을 전제로 한 것이었기 때문에 전후 복지국가체제 확립 후에 진행된 정보화·세계화·인구고령화, 가족구조 변화, 여성의 사회참여 증대, 편부모가구의 증가, 직업구조·생애주기의 변화에 따른 새로운 복지수요를 반영하지 못했다는 것이다. 따라서 전통적 복지국가에 대한 공고한 합의와 지지 기반이 약화되는 것을 받아들이고, 새로운 시대가 필요로 하는 복지국가 재편 논의의 출발점으로 삼아야 한다는 것이다.

대표적 복지국가 기반약화론자인 에스핑 앤더슨(Esping-Anderson, 1999)은 특히 이들 페미니스트 비판을 전폭적으로 수용, 탈상품화와 동시에 탈가족화 개념을 제시했다. 탈가족화란 사회정책이 여성들을 가족책임 부담으로부터 자유롭게 해 주는 정도, 즉 모성이 직업과 양립할 수 있는 정도를 의미한다(Esping-Anderson, 1999: 44~45). 여성의 노동은 제도적으로 전상품화 단계에 있기 때문에 시장의존성과 똑같이 가족의존성으로부터의 해방이 필요하며, 따라서 탈가족화는 여성들이 가족의 책임으로부터 자유로워져서 노동을 상품화될 수 있는 정도, 즉 독립적 가구의 구성이 가능한 정도를 의미한다. 에스핑 앤더슨에게 탈가족화 수준은 ① 보육서비스 제공, ② 아동수당, ③ 모성 및 부모휴가 수준으로 측정기준을 제시했다(홍승아, 2004).

이와 같이 전후 복지국가를 지지하던 체제기반이 전반적으로 약화함에 따라, 전후 복지국가 정책의 현실정합성이 떨어지게 되고, 지구자본주의시대가 필요로 하는 비시장적 지지체계를 구상하여 새로운 변화에 대응하는 방안을 모색하는 데 관심이 집중됐다.

를 저지하기보다 빈곤과 불평등을 막는 방법을 고안해야 한다고 주장한다(Sen, 2000).

2) 페미니스트 비판과 젠더레짐론

이러한 복지국가 기반약화론에 결정적으로 기여한 것이 페미니스트들의 복지국가 비판이었다. 페미니스트 복지국가 비판의 핵심은 그것이 가부장적 자본주의를 전제한다는 것이다. 노동력의 상품화 혹은 임금노동 성립은 임금노동과 짝을 이루는 노동형태로서 가사노동을 전제한다. 임금노동이 없다면 생활에 필요한 것을 시장에서 입수하는 것이 불가능하기 때문에 가사노동도 성립될 수 없다. 그러나 임금노동의 경우도 가사노동이 인간의 재생산에 관계되는 한 그 존재를 전제한다. 노동의 상품화라고 하는 맥락에서 보면, 가사노동은 임금노동의 전제인 것이다. 가부장제는 이러한 임금노동과 가사노동과의 관계를 규정하는 메커니즘으로, 첫째, 가사노동에 대한 임금노동의 우위를 확인하고, 둘째, 임금노동과 가사노동에 대한 고정적 성분업을 자본주의 사회 속에서 재생산해낸다. 가부장제하에서는 아이를 낳는 여성이 가사노동에, 출산으로부터 제외된 남성이 임금노동에 할당됨으로써, 남성은 여성에 대해 우위에 서는 사회관계가 형성된다는 것이다. 산업자본주의 혹은 자본주의의 자유주의단계가 성립한 시기는 전통적 가족과는 구별되는 근대가족이 성립한 시기와 일치한다. 전형적 근대가족에서는 남편이 생계를 부양하는 사람으로서 노동시장에서 임금노동에 종사하고, 부인은 아이와 함께 가장의 지배에 복종하여 가정 내에서 가사노동에 전념한다. 가계는 남편이 획득한 가족임금 혹은 생활임금에 의해 유지된다. 이러한 근대가족을 소콜로프(Sokoloff, 1980)는 자본주의와 가부장제의 역사적 타협의 산물이라 부른다.

사실상 20세기 말에 이르러, 여성의 교육수준이 높아지고, 경제사회활동 참여율이 높아지면서, 성분업적 근대 가족모형은 유지하기 어렵게 되었고, 페미니스트들은 복지국가의 가부장적 전제를 비판했다. 데일리(Daly, 2000)의 주장과 같이, 1970년대 페미니스트들의 복지국

가에 대한 관심은 주로 여성억압의 구조적 원인과 기제를 밝혀내고 여
성억압을 설명하는 일반이론을 구성하는 데 있었다. 이들은 주로 맑스
주의 페미니즘, 사회주의 페미니즘 이론 틀 내에서 복지국가를 특정
유형의 가족과 성별분업, 무급 재생산 노동을 유지함으로써, 여성억
압을 재생산하는 거시적 기제로 인식하고, 국가가 어떻게 여성의 종속
을 강화·재생산하는지에 초점을 맞췄다. 그러나 1980년대 중반 이후
부터는, 구체적 경험의 비교연구와 실증적 정책분석으로 보완되기 시
작했다. 이들은 대체로 복지국가의 억압적 속성을 인정하면서도, 복
지국가는 여성지위 향상을 가져왔고, 여성들의 정치적 영향력을 증대
시킬 수 있는 새로운 자원을 확보해주었음을 관찰해냄으로써, 여성친
화적 복지정책의 잠재력 탐색으로 관심이 옮겨지게 됐다.

복지국가 서비스는 출산이나 아동양육같이 여성 삶의 매우 중요한
시점과 단계에 개입하여 여성으로 하여금 가족에 대한 종속에서 벗어
날 수 있게 하고, 가족에 의해 제공되던 서비스가 복지제도를 통해 제
공됨으로써 여성들에게는 기회를 확대해 줄 수 있다는 것이다. 예를
들어, 덴마크와 영국의 가족정책 성과를 비교한 심(Siim, 1990)에 의하
면, 덴마크에서는 여성을 공적 영역 속으로 통합하는 것이 목적이었음
에 반하여, 영국에서는 국가가 여성의 가사노동을 지원함으로써 여성
을 공적 영역 속으로 통합하는 데 오히려 장애가 됐다. 또 스웨덴과
영국을 비교한 루이스(Lewis, 1992)의 연구결과를 보면, 스웨덴에서
는 편모의 87%가 노동시장에 참여하고, 거의 모두가 전일제 노동이
어서 경제적으로도 자립할 수 있으며, 공적 아동보육서비스에 의해 빈
곤을 면할 수 있다. 반면에 영국은 편모들에게 노동을 할 수 있게 하
거나 노동을 강요하는 일도 없다. 또 영국은 편모가정의 어머니가 양
부모 가정의 어머니보다 더 낮은 고용수준을 나타내는 유일한 OECD
국가이다. 여성과 복지국가의 관계는 국가별로 다양해서 개별 국가경
험에 기초한 연구결과를 보편화하고 일반화할 수 없음을 보여준다.

이러한 논의는 기존의 복지국가 유형분류의 몰성성에 대한 비판을 거쳐 젠더레짐론으로 발전한다. 에스핑 앤더슨의 고전적 복지국가 유형론에 대해서는 그 핵심개념인 탈상품화론이 첫째, 유급노동에만 중점을 둠으로써 임금노동자로서의 여성 외에 노동시장에 참여하지 않는 여성들을 배제한다. 둘째, 여성의 가정 내 무급노동에 대한 관심이 결여됐다. 셋째, 노동시장 지위를 통한 사회권에만 중점을 두어 아내와 어머니로서의 여성수급자격이 간과되었다는 점을 들어 비판한다 (Sainsbury, 1999). 이들의 주장은 시장의 강제로부터의 자유(탈상품화) 뿐 아니라, 가족 내 책임과 의무로부터의 해방도(탈가족화) 여성시민권, 사회권, 노동권의 중요한 기반이라는 것이다(홍승아, 2004: 7). 따라서 계급이나 노동시장관련 변수만을 기준으로 하는 레짐 분류가 아니라, 여성의 유급노동과 양육노동을 똑같이 중요한 분류대상으로 하는 레짐 분류가 필요하다는 것이다.

올로프(Orloff, 1993)는 에스핑 앤더슨의 복지국가유형론의 분류기준인 분석대상(국가와 시장의 관계로부터 국가 · 시장 · 가족의 관계로 확대), 계층화차원(노동시장 내 계층위계로부터 노동시장뿐 아니라 노동시장 외부의 무급, 보살핌 노동을 고려한 성위계까지 포괄), 시민권, 탈상품화 차원(남성임금노동자 중심에서 임금노동자와 가정에서 무급노동을 하는 여성까지 대상을 확대)에 더하여 여성의 유급노동 접근권(상품화될 권리)과 여성 임금노동참여의 전제조건으로 독립적 가구를 구성하고 유지할 수 있는 능력(탈가족화 전략)을 포함한 5개 차원으로 구성된 새로운 성인지적 복지국가 유형분류체계를 제시한 바 있다.

젠더레짐론으로 최근 주목받는 크롬프튼(Crompton, 2003)은 여성취업형태(비취업 · 전일제취업 · 시간제취업)와 양육형태(가정 내 여성의 양성의 양육 · 국가에 의한 양육 · 국가에 의한 공공보육서비스 · 시장화된 보육서비스)를 양 축으로 5개의 젠더레짐을 분류하고 있다. 가장 전통적 성분업에 기반한 남성부양자 · 여성양육자 유형은 전통적 남성생계부

<표 11-1> 크롬프튼의 젠더레짐¯분류

남성부양자 모델		2인 소득자 모델		
I 형	II 형	III 형	IV 형	V 형
남성부양자/여성양육자	2인 소득자/여성시간제노동자	2인 소득자/국가양육자	2인 소득자/시장화된 양육자	2인 소득자/2인 양육자
전통적				비전통적

출처: Crompton, 2003: 205; 홍승아, 2004: 11에서 재인용.

양자 모델로, 여성은 가정에서 전일제 양육자로 규정되며, 여성의 노동시장참여가 증가하면서 1인 소득자 모델은 2인 소득자 모델로 서서히 이전하게 되는데, 이때 여성의 취업형태와 보육서비스에 따라 세 가지 유형이 나타날 수 있다. 우선 여성이 여전히 양육의 주책임을 맡은 상태에서 시간제로 취업하는 형태와 국가가 공공보육서비스를 제공함으로써 가정 내 양육책임이 국가부문으로 이전되는 형태, 그리고 시장화된 보육서비스를 구매함으로써 양육책임이 시장으로 이전되는 형태 등이지만, 이들 유형의 공통점은 여전히 양육의 주책임이 여성에게 부과되어 성분업의 비형평성을 고수하는 상태이다. 마지막으로 가장 비전통적인 성분업의 기반 위에서 성립되는 유형이 2인 소득자 · 2인 양육자 유형으로 남녀가 모두 소득자이자 양육자로서의 책임을 맡는 유형이다.

이외에도, 루이스와 오스트너(Lewis & Ostner, 1991), 세인즈베리(Sainsbury, 1994) 등이 젠더레짐론을 통하여 전후 복지국가 모델은 여성의 가정 내 노동이 임금노동의 전제임에도 불구하고, 남성=유급 · 시장노동자, 여성=무급 · 가사노동자, 혹은 남성=생계부양자, 여성=피부양자라는 성분업적 전제를 받아들이고 있음을 비판하며 복지국가 재편의 방향을 제시한다.

3) 복지국가 기반의 약화와 재편론

앞에서 살펴본 전후 복지국가의 기본가정과 1970년대 이후 복지국 가 기반의 약화와 재편의 압력은 〈표 11-2〉와 같이 정리될 수 있다.

포괄적인 복지국가 재편의 방향으로는 조절이론가 제숍(Jessop, 1993)이 포디즘으로부터 포스트 포디즘으로의 축적체제변화에 따른 조절양식의 경향적 변화를 관찰하여, 케인즈주의적 복지국가로부터 슘페터주의적 근로국가로의 전환을 주장하였고, [4] 길버트(Gilbert, 1999)는 사회복지제도 발달의 수렴과 변이를 강조하는 두 개의 분석경 향을 검토한 결과, 복지국가로부터 능력부여국가(*Enabling State*)로의 전환을 주장했다. [5] 한국에서 특히 주목받은 기든스(Giddens, 2001)의

---

4) 조절이론가 제숍(Jessop, 1993)은 20세기 말 대량생산과 대중소비의 포드 주의적 축적체계로부터 다품종소량생산과 차별화된 소비로 특징되는 포스 트포드주의적 축적체제로 이행되면서, 케인즈주의적 복지국가라는 조절양 식이 정합성을 잃게 됐다고 주장한다. 새로운 축적체제에 적절한 사회적 조절양식은 경제정책 영역에서는 혁신과 구조적 경쟁력을 제고하고, 사회 정책영역에서는 유연성과 경쟁력을 제고하려 한다. 완전고용을 보장하고 자 한 케인즈주의적 복지국가와는 달리, 새로운 조절체제는 구조적 경쟁력 을 제고하기 위해 노동시장 유연성 확대를 강조한다. 케인즈주의적 복지국 가가 시민의 사회권을 확대하려 한 데 반해 새로운 체제는 경제를 보조할 수 있는 복지서비스 제공을 추구한다. 또한 새로운 조절체제에서는 초국가 적 지구경제기구의 역할 확대와 지방체계 역할의 강화, 국제적 차원에서의 지방체계간 연합의 성장으로 국민국가가 공동화될 가능성이 높고, 기존의 국민국가의 기능에도 변화가 초래될 것이다. 이러한 조절체계를 제숍은 슘 페터주의적 근로국가라고 명명했다.

5) 길버트(Gilbert, 1999)는 최근 10년 동안 대부분의 산업국가들이 기존의 복지국가 경계를 다시 그리고, 성격을 바꾸는 중요한 패러다임 변화를 경 험했다고 주장한다. 변화 내용은 사회권 확장, 직접적 현물지급, 보편주의 적 할당, 노동의 탈상품화 원칙으로부터 권리와 의무의 연계, 현금 및 증 서형태의 간접지출 확대, 선별주의적 표적할당, 노동의 재상품화 경향으

<표 11-2> 전후 복지국가의 기반과 그 변화

체제기반	정책기반의 변화	체제재편의 구체적 압력
민주적-복지-자본주의	탈가부장적 복지-다원주의로	인적자본투자형 학습사회로
국민국가단위 경제	세계화, 지구단일자본주의	균형재정, 복지재정 감축요구
산업사회, 완전고용	탈산업사회, 유연고용	노동시장 양극화
(저실업＋고성장)	(고실업＋저성장)	재정수입감소, 재정수요증대
상대적으로 낮은 인구부양률	저출산, 인구고령화	노동인구감소, 인구부양률증가
남성부양자모델의 핵가족	가족불안정, 가족행태변화	양성평등가족모델 추진
대의민주주의, 조합주의	신거버넌스(시민사회대두)	참여민주주의

　제3의 길은 사회정의와 시장의 효율을 조화시킨 새로운 형태의 사회
민주주의를 위해 국가부문의 투명성, 국가와 시장, 시민사회의 관계
개혁 외에 근로연계복지, 여성 고용과 시간제 고용을 포함하는 완전고
용 등 11개 핵심 분야의 구조개혁을 제안한다.
　이러한 거시경향적 복지국가 재론론에는 기본적 사회권 보장을 기
초로, 사회정책과 경제정책의 연계강화, 새로운 사회계약의 필요성,
경쟁력 강화, 완전고용보다 유연성 강화로, 그리고 남성부양자가족
모델에서 양성평등가족 모델로의 움직임이 포함된다. 그 배경에 21세
기 경제의 지구화, 거버넌스의 변화, 인구고령화, 여성의 사회참여

로의 전환이 포함된다. 후자의 경향을 포괄하는 개념으로서 그는 능력부여
국가(*Enabling State*)라는 용어를 사용한다. 길버트가 분명히 밝혔듯, 복
지국가로부터 능력부여국가로의 이행이 사회복지 프로그램의 중단을 의미
하는 것은 아니다. 아무도 사회보장, 건강보험, 장해급여, 공적 부조, 실
업급여, 탁아 서비스가 사라지는 것을 상상하지 않는다. 다만 일련의 인구
학적 조건과 세계시장조건의 제약을 받게 될 것이고, 따라서 전후 복지국
가가 전제했던 것과는 다른 규범적 전제에 의해 사회복지정책이 운영될 것
이라는 것이다. 길버트가 말하는 능력부여국가의 핵심적 본질은 "민간이
책임질 수 있도록 공공부문이 지원한다"(*public sector for private
responsibility*)는 것이다.

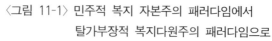

〈그림 11-1〉민주적 복지 자본주의 패러다임에서
탈가부장적 복지다원주의 패러다임으로

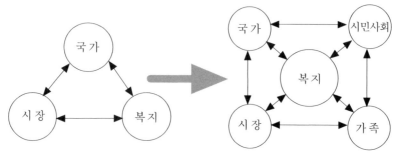

증대와 가족행태 변화라는 네 개의 큰 변화 축이 있다. 새로운 복지정
책의 틀은 국가·시장·복지의 삼각틀이 아니라, 국가·시장·가족·
복지의 사각틀이거나 아니면 복지국가·시장·가족의 변형된 삼각틀
이어야 한다는 것이 일반론이다(〈그림 11-1〉). 다시 피어슨(Pierson,
1998: 166)의 표현대로 1975년 이후 지난 25년간을 돌이켜볼 때, 복
지국가 위기는 복지국가 자체의 위기라기보다 복지국가의 지적 위기라
할 수 있다.

3. IMF 이후 한국의 복지개혁과 생산적 복지의 민주적 - 복지 - 자본주의 패러다임

이미 언급한 바와 같이 IMF 위기는 한국사회복지 정책의 지평과 지
형을 변화시키는 분수령이 됐다. 김대중 정부의 생산적 복지는 무엇보
다도 복지제도가 민주주의와 시장경제의 병행발전을 가능하게 하는 현
대사회에 필수적 사회제도라는 점을 인정했다는 점에서 중요한 역사적
의미를 가진다. 이는 '최선의 복지정책은 경제성장과 가족이다'라는 권

위주의적 개발국가의 오랜 신조로부터의 역사적 결별을 의미하며, 동시에 민주적 - 복지 - 자본주의체제로의 이행을 의미한다. 그러나 앞에서 논의한 바와 같이 한국이 민주적 - 복지 - 자본주의체제를 도입하려는 역사의 시점은 그것이 원래 기초했던 체제적 기반, 즉, 국민국가단위경제, 산업주의 완전고용, 케인즈주의 경제학과 베버리지 사회정책, 성분업적 가족행태 등이 이미 흔들리기 시작한 지 오랜 시점이다. 경제의 세계화, 인구고령화, 가족행태 변화는 한국의 21세기 복지정책 모형 구상에서 배제될 수 없는 중핵적 환경변수인 것이다.

1) 생산적 복지의 비전과 청사진

김대중 정부의 생산적 복지 구상에는 이러한 역사적 타이밍의 고민이 반영되었다. 다시 말해서 생산적 복지의 청사진은 다음 세 가지 구조적 특징을 우선 순위 없이 병치시키고 있다. 첫째, 생산적 복지는 과거 압축성장 과정에서 복지에 대한 배려가 미흡했다는 반성에서 출발하여 복지에 대한 국가책임을 강조한다. 생산적 복지는 20세기 케인즈주의적 복지국가의 중핵개념인 시민권으로서의 복지를 기본주춧돌로 전제하며, 따라서 생산적 복지는 잔여적 복지급여가 아니라 인권과 사회권으로서의 복지개념에 기초한 사회보장을 요구한다. 모든 국민이 빈곤으로부터 벗어나 인간답게 살 수 있도록, 기초생활과 인간으로서의 기본적 권리를 보장하는 것이 국가책임임을 강조한다.

둘째, 생산적 복지는 21세기 지구자본주의 환경을 대변하는 한국경제위기 극복과정에서 나타난 중산층 약화와 서민생활 불안을 개선하려는 적극적 의지를 표명한다. 따라서 생산적 복지는 공정하고 경쟁적 시장질서 원칙의 확립을 전제로, 국가복지 규모를 확대하되, 동시에 시장의 질서와 기능을 최대한 담보할 것을 강조한다. 고로, 생산적 복지는 국가의 재분배정책에만 의존하는 것이 아니라, 전 국민이 적극적으로 시장경쟁에 참여하도록 지원하며, 인적자원의 고급화를 통하여 일할 권리와 기회의 확대를 추구하여야 한다는 것이다. 그것이 21세기 자본의 세계화와 기술혁명의 가속화에 대처하는 인간개발 중심의 복지이며, 노동을 통한 복지, 생산성 향상을 위한 사회투자로서의 복지인 것이다.

셋째, 생산적 복지는 고용안정과 고용창출, 실업자 생활안정과 재취업을 위하여 노사정이 협조해야 하며, 정부는 고용 창출적 거시경제 정책을 통하여 완전고용에 근접하도록 노력해야 하고, 근로자, 사용자, 그리고 그 대표단체, 정부, 시민사회 등 다양한 주체들의 참여와 호혜적 협력을 강조한다. 특히 치열한 경쟁시대에 기업이 살아남기 위해서는 근로자의 창의력과 자발적 참여에 기반하지 않으면 안 될 것이므로, 노사가 함께 참여하는 노사협의와 근로자 참여의 길을 동시에 개척해야 할 것이며, 관·민, 노·사·정의 파트너십을 형성하여야 한다는 것이다.

이렇게 볼 때, 생산적 복지는 기본권보장＋인간개발＋복지다원주의를 근간으로 하는 민주적 복지자본주의체제로서, 과거 성장제일주의의 반성(기본권보장)과 21세기 정보 지식혁명에 대한 적극적이고 생산적인 대응(노동을 통한 복지·인간개발 중심 복지)을 목표로 관·민과 노·사·정이 함께 참여하는 복지구상이라 할 수 있다. 기본권보장은 국민최저 보장이라는 20세기 고전적 복지국가 기능이며, 인적자원 투자개발과 민간참여를 통한 민간역할 강화는 복지국가 위기론 이후 선진복지국가들의 공통적 실험이다. 다시 말해서 제3의 길이 그렇듯이 김대중 정부의 생산적 복지에는 20세기적인 케인즈주의적 복지국가 요소와 21세기 지구화 시대의 인간개발과 복지다원주의적 사회투자 요소가 공존한다. 세계사적으로 보면, 이 두 개의 요소는 시대적 배경을 달리하기도 하고 또 관점에 따라서는 국가별 상이성을 말해 주는 데 반하여, 한국의 현대사에서는 동시대의 중첩과제로 제시되는 것이다.

2) 김대중정부의 복지개혁

실제로, 김대중 정부의 복지개혁은 빠른 속도로 진행됐다. 주지하는 바와 같이 금융위기 직전까지도 한국사회에서 최선의 복지는 경제성장과 가족이라는 사고가 지배적이었다. 1997년 11월 금융위기가 동아시아 지역을 강타했을 때, 생활보호제도는 자산조사 없이 전 인구의 1% 정도에게 생계급여를 지원하는 명목적 공공부조제도였고, 사회보험제도는 이른바 4대 사회보험의 제도적 골격은 갖췄지만, 의료보험을 제외하고는 어느 것도 전 인구를 적용대상으로 포괄하지 못했다. 국민연금제도가 운영되었으나 도시자영자를 배제했고, 산재보상보험이나 고용보험 역시 적용범위가 제한되었다. 더구나 사회복지서비스는 빈곤계층을 대상으로 극히 제한된 수준의 급여가 이루어졌다.

김대중 정부가 실천에 옮긴 복지개혁은 생산적 복지의 방대한 비전 일부에 불과하였고, 그 내용은 크게 다음 세 가지로 요약할 수 있다. 첫째, 김대중 정부의 복지개혁으로 인한 가장 가시적인 성취는 국민기초생활보장제도의 실시일 것이다. 종전의 생활보호제도가 노동능력이 없는 빈민만을 생계보호대상으로 했던 것에 비하여 국민기초생활보장제도는 노동능력 유무에 상관없이 국가가 발표하는 공식적 빈곤선을 기준으로 전 국민에게 최저생활을 보장했다. 기초생활보장급여의 대상자가 종전의 40만 명 수준에서 150만 명으로 증가했다. 둘째, 김대중 정부의 복지개혁으로 가장 두드러진 것은 사회보험부문의 개혁으로 적용대상의 보편화와 제도구상에서 사회연대적·사회통합적 원칙의 선택을 들 수 있다. 국민연금은 1999년 4월 도시지역 자영자 900만 명에게 확대 적용함으로써, 1988년 피용자 전면적용 이후 11년 만에 전 국민에게 확대됐다. 1998년 1월 10인 이상 사업장으로 확대된 고용보험이 1998년 10월 1인 이상 전 사업장으로 확대되었고, 고용보험은 실시 4년 만에 전체 임금근로자에게 적용됐다. 산재보험도 2000년

7월부터 1인 이상 사업장으로 보험적용을 확대했다. 2000년 7월에는 분립되었던 의료보험제도를 국민건강보험제도로 통합하여 사회적 연대의 원칙을 강화했다. 그리고 셋째, 지출규모가 획기적으로 증가됐다는 점이다. OECD 기준 사회복지지출규모를 보면, 1996년과 1999년 사이에 GDP의 6.0%에서 11.8%로 증가하였고, 보건복지부예산도 1996년 일반예산대비 4.0%에서 2001년 6.7%로 급격히 증가했다.

국민기초생활보장제도의 도입으로 한국 역사상 처음으로 전 국민을 위한 사회안전망이 제도화된 것은 물론, 사상 처음으로 이른바 보충급여를 위한 개별적 자산조사가 이루어지게 됐다. 또한 탈빈곤을 위한 자활지원사업이 체계적으로 도입됐다는 의미도 크다. 다만, 자산조사를 포함한 공공부조 행정업무를 위한 복지전담공무원의 확충과 기술축적이 부족한 자활사업을 본궤도에 올려놓는 일이 커다란 과제로 남아있다. 공공부조개혁은 일단 현대적 제도 틀을 도입하는 데 성공했다는 점에서 높이 평가되지만, 자산조사 시행의 절차와 기준의 내실화, 자활지원체제의 정착, 그리고 사각지대해소 등 중요한 과제들이 남아 있다.

사회보험 개혁 역시, 적용대상 확대를 통하여 보편주의적 사회보험 체계를 확립하고, 사회보험의 사회통합 기능을 강화하였으나, 재정안정성, 지속가능성의 문제가 대두되었다. 국민연금의 경우 도시 자영자에게까지 적용·확대하여 단일 국민연금제도로 통합하였으며, 급여수준은 임금대체율 70%에서 60%로 하향조정하고, 매 5년마다 재정재계산을 하여, 필요하면 조정할 가능성을 열었다. 국민연금 총 가입자가 1997년 말 784만 명 수준에서 2001년 말 1,600만 명 수준으로 2배 이상 증가했고, 수급자 수도 같은 기간동안 15만 명에서 75만 명으로 대폭 증가했다. 그러나 소득파악률이 전혀 다른 자영업자와 피용자 집단을 모두 소득비례 갹출, 재분배적 소득비례 급여를 원칙으로 하는 단일 국민연금보험제도로 포괄하는 데 커다란 어려움이 따른다.

2001년 12월 현재, 국민연금 총 가입자의 54.5%만이 보험료를 납

부하고 있다. 총 가입대상자 1,600만 명 중 1,000만 명이 지역가입자
인데 이들에 대한 국세청의 소득파악률은 30% 정도에 불과하며, 지
역가입자들의 평균신고 소득이 사업장 가입자 그것의 57%에 불과한
실정이다. 전 국민을 소득비례 갹출에 의한 재분배형 단일 연금보험으
로 포괄하는 것은 수직적 재분배와 사회통합이라는 명분에서 강점이
되나, 소득파악이 어려운 현실적 제약 때문에 제도의 형평성 측면에서
는 큰 약점이 된다. 자영자와 피용자의 기금 분리운영, 기초연금제도
도입 등 국민연금모형의 선택과 관련한 대안의 논의가 요구된다. 또
완전연금이 지급되기 시작하는 2008년까지는 거대규모의 적립기금이
누적될 것이나 2034년이면 기금고갈이 예상돼서, 기금고갈을 막는 지
속 가능한 제도개선 논의가 진행중이다. 노령부양률이 급속도로 증가
할 것을 예상하여 퇴직연령 연장이라든가, 연장된 퇴직기간의 적극적
이고 생산적인 활용방안이 모색되어야 한다.

　건강보험의 경우도, 김대중 정부는 오랫동안 계속된 조합주의 대 통
합주의 논쟁에 종지부를 찍었다. 정부는 출범 전 제 1기 노사정 위원
회에서 의료보험통합에 합의하고, 출범 후 의료보험 통합을 100대 국
정과제로 선정, 지역조합과 공무원 교원공단을 통합하는 내용을 골자
로 한 국민의료보험법을 공표하여 국민의료보험관리공단을 탄생시키
고, 1998년 2월에는 국민건강보험법을 공표하여 통합 이전의 227개
조합, 142개 직장조합, 그리고 공무원 교직원 의료보험관리공단을 단
일보험자인 국민건강보험공단으로 완전 통합시켰다. 이러한 개혁과
함께 적용일수 제한을 철폐하여 만성질환자의 의료비부담을 경감하
고, 고액진료비의 본인부담을 경감하여 본인부담 100만 원 초과시 초
과분의 50%를 보전토록 했다. 이 같은 개혁은 의료와 같은 기본문제
가 사회보장 원칙과 사회연대성 원리에 따라야 한다는 원칙의 선택이
었으나, 의약분업 시행과 맞물려, 의료보험 재정위기를 맞게 됐다.
2001년 당기 적자규모는 4조 1,978억 원, 적립금은 3조 2,789억 원이

부족할 것으로 추계됐다. 재정적자 원인은 건강보험혜택 확대, 의료
인력과 의료시설의 증가, 행위별수가제가 진료비를 통제할 수 없는
점, 그리고 무엇보다도 인구고령화에 따른 노인의료비 급증과 의료이
용량 증가가 지적되었다. 의료 서비스 접근성과 관련하여서는 본인부
담의 문제가 지속적으로 제기되었고, 지역가입자의 경우 소득파악이
어렵고, 보험료를 원천 징수할 방법이 없기 때문에 보험료 3개월 이상
체납문제가 심각하다. 2003년 전체 지역가입세대의 17%가 체납세대
로 나타났다.

산재보상보험의 경우도 2000년 7월 산재보상보험의 의무가입대상
사업체를 근로자 수 1인 이상 사업체로 확대하고 보호대상 범위를 근
로자뿐 아니라 영세사업주까지로 확대했다. 그러나 법령상 확대에도
불구하고, 누락된 사업장과 근로자가 상당수 존재하는 것이 사실이다.
1995년 뒤늦게 도입된 고용보험의 경우도, 1998년 10월 1인 이상 사
업장으로 전면 확대하였으나, 2001년 말 현재 고용보험제도에 의해
관리되는 피보험자 수 690만 9천 명은 가입대상자 수의 75% 수준이
다. 실업급여 수혜자는 2001년 전체 실업자의 16.6%에 그쳐, 미국의
36%, 일본 26%, 독일 44%에 비해 낮은 수준이다.

사회복지비 지출 증가 내용(〈표 11-3〉)을 보면 주로 근로자와 사업
주, 자영자 본인이 부담하는 보험제도가 확대를 주도했다. 〈표 11-4〉
는 OECD 국가들의 사회복지비지출 규모를 보여준다. 1998년 한국
GDP 대비 사회복지 지출수준은 10.86%로 일본(15.05%), 미국
(14.96%) 등 이른바 복지지체국의 3분의 2 이하 수준에 머물렀고, 스
웨덴 같은 복지선진국에 비하면 3분의 1 수준이다. 한국을 제외한
OECD국가 평균은 21.92%로 한국의 두 배 정도가 된다.

그러나 대부분의 OECD 국가들은 1인당 국민소득 수준이나 노인부
양률이 한국의 2~3배가 넘는다. 또한 한국 제도의 틀이 완비됐다 해
도 제도의 미성숙으로 본격적 지출이 이루어지지 않고 있어, 선진복지

〈표 11-3〉 OECD 기준에 따른 복지비*지출 추이

(단위: 10억 원, %)

	1990	1996	1997	1998	1999	연평균증가율	
						1990~1997	1998~1999
사회보험	3,687	10,973	12,865	18,202	22,929	19.5	33.5
공공부조	861	1,780	2,077	2,512	3,353	13.4	27.1
복지서비스	1,103	3,578	4,446	5,799	7,090	22.0	26.3
기업복지	1,940	5,810	9,881	21,756	13,808	26.2	18.2
법정퇴직금	(1,797)	(5,453)	(9,358)	(21,131)	(13,032)	(26.6)	(18.0)
복지지출	7,591	22,142	29,270	48,269	47,180	21.3	27.0
GDP대비	(4.25)	(5.29)	(6.46)	(10.86)	(9.77)	-	-

* 1) 사회보험=연금보험, 건강보험, 산재보험, 고용보험
  2) 공공부조=생활보호, 재해구호 등
  3) 사회복지서비스=장애인, 노인, 아동에대한 복지서비스, 보건의료서비스 등 포함
  4) 법정퇴직금=출산휴가급여, 유급질병휴가급여 포함
출처: 고경환, 2002.

〈표 11-4〉 OECD 국가의 복지지출 수준과 경제사회적 특성(1998)

	복지비 지출				1인당 GDP (US$)	노인 부양률	국민 부담률
	총계	사회보험	복지서비스	공공부조			
한국	10.86	9.87	0.79	0.22	6,829	9.2	22.9
일본	15.05	13.87	0.82	0.37	30,106	23.6	26.9
미국	14.96	13.68	0.52	0.78	32,299	18.9	28.9
영국	25.07	19.92	1.61	3.55	23,299	18.9	28.9
독일	22.48	22.89	2.81	2.79	26,213	24.5	37.1
스웨덴	31.47	20.76	7.35	3.37	27,078	27.2	51.6
OECD 평균	21.92	17.65	2.09	2.19	21,979	20.7	36.8

자료: OECD. Social Expenditure Database. 2001; OECD, OECD Health Data, 2001;
     OECD. Revenue Statistics. 2002.

국가들과 단순 비교하는 것은 적절하지 않다. 특히 2008년 국민연금의 노령급여가 본격적으로 지급되기 시작하면, 사회보험지출도 크게 증가할 것으로 예상된다. 〈표 11-3〉이 보여주는 바와 같이, 한국의 복지비 지출 구조에서 노동력 질을 제고하는 인적자원 투자적 지출, 즉 사회복지서비스 부문의 지출 비율은 예외적으로 낮다.

생산적 복지의 청사진으로 돌아가 보면, 김대중 정부가 실천에 옮긴 것은 주로 소득보장 중심의 사회권 보장부문이었다. 확충된 내용도 보편주의와 사회적 연대의 원칙에 뿌리를 둔 20세기 산업사회적 재분배 모형에 방점이 놓여 있었다고 볼 수 있다(김연명, 2002). 생산적 복지의 나머지 요소들, 즉 인적자원개발 투자나 복지다원주의의 과제들은 21세기 탈산업사회의 새로운 복지수요에 조응한 부분으로, 대체로 미완의 과제로 남겨졌다.

물론, 노동능력이 있는 생계급여 수급자에게는 자활지원급여를 조건으로 부과하고, 자활후견기관을 제도화하였으며, 교육부를 교육인적자원부로 개편, 부총리급 부처로 격상시켜 국가인력자원개발과 수급의 총괄업무를 담당케 했다. 민간 복지부문의 활성화를 위해서는 공동모금회법을 제정 시행하여 자발적 기부문화 저변확대를 시도했으며, 사회복지사업법의 개정으로 지역사회 복지협의체를 설치하는 등 지역공동체 중심 복지전달체계의 틀을 마련하였으나, 가시적 성과는 거두지 못했다.

또 김대중 정부는 생산적 복지의 추진 못지않게, 친여성정책의 추진에도 적극적이었다. 여성부를 만들고, 여성단체들과 협력하여 제1차 여성정책 기본계획(1998~2002)을 수립하고, 남녀차별금지 및 구제에 관한 법률제정으로 성희롱 등 남녀차별문제에 대한 예방과 구제를 강화하였고, 공무원채용목표제를 실시하고, 정부위원회 여성위원참여를 30% 수준으로 확대하고, 산전후 유급휴가와 육아휴직제도를 실시하고, 여성부를 설립하는 등 친여성정책의 가시적 성과가 있었다. 그러나 여성정책과 복지정책은 별개 논리로서 별개 체계로 추진됐다. 여성 정책의 성인지적 접근이 사회복지정책에 관철되지는 못했다.

3) 복지개혁과 개혁의 맥락정합성

외환위기 이후 한국사회는 한편으로는 전후 복지국가형성의 기본적 사회권 보장을, 그리고 다른 한편으로는 전후복지국가 재편을 동시에 요구하게 됐다. 1인당 국민소득 1만 달러 달성을 자축하고 OECD 회원국이 됐다가 수개월 만에 IMF 관리체제로 곤두박질하여 사상초유의 대규모 실업을 경험하게 된 한국사회는 국가의 경제관리 능력의 최저점과 사회복지수요의 최고점을 동시에 맞게 되는 딜레마에 빠지게 됐다. 한편으로는 사회안전망 확립이 필요하고 다른 한편으로는 구조조정을 통한 경쟁력확보가 필요한 시점에서, 국민의 정부는 신자유주의 경제개혁과 생산적 복지의 병행추진을 선택하였다.

생산적 복지 비전은 전후복지국가의 사회권보장 원칙과 21세기 복지국가의 인간개발 지향을 포괄하지만, 국민의 정부가 실제로 실천에 옮긴 개혁은 사회권보장을 위한 소득보장제도의 확립이었다. 그러나 공공부조와 4대 사회보험제도의 확충에도 불구하고, 빈곤율은 높아지고 소득의 양극화현상은 심화되었으며, 복지정책에 대한 국민의 이해와 지지가 높아졌다고 보기도 어렵다. 지구 자본주의시대의 국가는 경제정책에서도 혁신과 구조적 경쟁력을 강조하고, 사회정책에서는 유연성과 경쟁력을 제고하려 한다. 이러한 맥락에서 경제가 회복되고 실업률도 낮아졌음에도 불구하고 실업률만으로 설명할 수 없는 취업애로층 확대, 장기실업률 증가, 비정규직 확대, 빈곤율 증가, 소득 양극화 문제가 쉽게 개선되지 않는다.

〈표 11-5〉와 〈표 11-6〉은 경제위기 때 악화된 소득불평등도가 경기 회복에도 불구하고 여전히 개선되지 않았음을 보여준다. 2000년 소득

불평등도는 OECD 국가 중 멕시코와 미국을 제외하고 가장 높았다. 빈곤율도 국민기초생활보장제도의 수급자격 기준이 되는 소득을 기준으로 절대빈곤을 구해 보면 1996년 2.7%던 것이 2000년에는 7.9%로 급증했다. 국제비교가 가능한 상대빈곤율도 같은 시기동안 크게 상승했다.

또 일자리 양극화 진행을 연구한 전병유(2003)의 분석결과를 보면 지난 10년간 늘어난 전체 일자리 수는 290만 1천 개인데 이 가운데 하위 1~3분위의 일자리가 118만 7천 개, 상위 8~10분위의 일자리가 144만 8천 개로 각각 40.9%와 49.9%를 차지하고, 중간 4~7분위에

〈표 11-5〉 실질 GDP증가율과 실업률·지니계수 추이(1996~2002)

	1996	1997	1998	1999	2000	2001	2002
실질 GDP증가율	6.8	5.0	-6.7	10.9	9.3	3.1	6.3
전체실업률	2.0	2.6	7.0	6.3	4.1	3.8	3.1
남자실업률	2.4	2.8	7.8	7.2	4.7	4.3	3.5
여자실업률	1.6	2.3	5.7	5.1	3.3	3.1	2.5
지니계수	0.286	0.279	0.309	0.315	0.311	0.313	0.307

출처: 통계청, 《통계정보시스템 및 도시가계조사연보》

〈표 11-6〉 빈곤 추이

(단위: %)

구분	최저생계비	국제비교 기준		
		중위소득 40%	평균소득 40%	중위소득 50%
1996	2.7	6.7	8.8	11.2
2000	7.9	10.8	14.7	16.1

출처: 통계청, 1996; 2000.

서 늘어난 일자리는 불과 26만 6천 개로, 9.2%를 차지하는 데 그쳤다. 피용자만 따로 구분해서 상용직(정규직)과 임시 일용직(비정규직)의 일자리 증감을 살펴보면, 하위직업과 중간직업에서는 비정규직이 증가하고 정규직은 감소하는 현상이 뚜렷이 나타난 반면, 상위직업에서는 정규직과 비정규직이 모두 늘어난 것으로 나타나서, 불안정한 일자리가 하위직업에서 가장 크게 확대됐다는 점을 알 수 있다. 정규직과 비정규직이 모두 늘어난 직업은 7분위, 9분위, 10분위 일자리뿐이고 나머지 모든 직업에서 정규직이 감소하였으며, 특히 하위 1분위와 2분위 직업에서 비정규직이 큰 폭으로 증가한 것으로 나타났다.

이와 같이 노동시장에서 일자리 양극화가 진행되고 노동시장 불안정화가 하위 직업에 집중된다면, 단지 일자리가 늘어나고 실업률이 줄어든다고 해도, 소득불평등과 빈부격차가 완화되고 빈곤이 줄어들 것이라고 기대하기 어렵다. 문제는 거시경제적 측면에서 잠재성장률이 장기적으로 하락하고, 미시경제 측면에서도 노동절약적 기술혁신과 산업구조 변화 등으로 기업의 고용흡수력이 약화된다는 점이다. 특히 2003년의 경우 2.8%의 성장에도 불구하고 취업자는 3만 7천 명 감소한 것으로 나타나 일자리 없는 성장에 대한 우려도 제기되었다. 이 같은 양극화가 지속되면, 적정임금의 완전고용을 전제로 설계된 사회보험제도도 재정을 유지하기 어렵게 되며, 완전고용과 소득평등, 재정억제 사이에서 어려운 선택을 하지 않을 수 없는 이른바 '서비스 부문의 삼중 딜레마'에 직면하게 된다.

또한 세계적으로 유례없는 한국사회의 인구고령화도 노동시장구조와 성장잠재력에 영향을 미치고, 마찬가지로 복지국가의 기본구상에 영향을 미치게 된다. 인구전망에 의하면, 최대인구 5,068만 명에 도달하는 2023년부터는 인구가 감소할 것이며, 노년부양비가 2000년 10.1%이던 것이 2020년 21.3%로 늘어날 전망이다. 다시 말하면 2000년에는 열 명의 노동인구가 한 명의 노인을 부양해야 하는 데 비하여 2020년이면 다섯 명의 노동인구가 한 명의 노인을 부양하게 된다는 것이다. 반면, 유소년 부양비는 같은 기간 동안 29.4%에서 19.6%으로 감소할 것으로 전망된다. 고령화에 따라 고령자 노동공급은 증가하고, 출산율 하락에 따라 청년노동력 공급은 감소하게 되어, 노동생산성 저하가 우려되고, 전체적인 노동력 규모 감소는 국민부담률을 증가시키고, 국가 성장잠재력을 저하시킬 우려도 있다는 것이다. 그러나 인구고령화 자체가 경제성장을 둔화시킨다기보다 기존의 제도가 급속한 고령화시대에 부적합하게 되었기 때문이라는 이론도 설득력을 얻고 있다. 산업혁명 이후 최근까지 출산율 및 인구증가율 감소는 지속적 경제성장에 성공한 나라일수록 현저했으며, 2차대전 후의 경험도 인구증가율이 낮았던 국가가 1인당 GDP 증가율이 높았다는 것이다. 즉, 고령화가 경제성장에 미치는 효과는 노인보건 및 연금제도 등 제도개선노력에 좌우된다는 것이다(한진희, 2003). 그러나 자명한 것은 앞으로 일상생활에 지장이 있는 노인들에 대한 수발서비스 수요가 높아질 것이며, 노후 소득보장체계 개편압력이 증대될 것이라는 점이다.

인구고령화 문제는 더 이상 소극적 국가책임의 소득보장으로 해결이 어렵기 때문에 건강한 노후, 활동적 노후를 위하여 관·민 협조형 인적자원 개발투자 서비스의 비중이 높아져야 할 것이다. 전후 복지국가 황금기의 퇴직계약은 유리한 인구구조와 지속적 경제성장에 기반한 것이었다. 관대한 부과방식은 실질임금의 증가와 기여자의 증가로 재정적으로 가능했으나, 지금은 가능하지 않다. 사회보험의 기여금에 의존하는 국가들은 문제가 더 심각하다. 공적 연금을 민영화하는 것은 국가재정부담을 줄이는 데는 도움이 되지만, 노후소득보장 부담에 영향을 주는 것은 아니고, 다만 민간보험의 증가는 불평등을 증가시켜 사회정의 문제를 야기할 수 있다. 노후문제에 대한 새로운 접근은 역시 일자리와 퇴직시기의 재배정이 될 것이다. 물론 현재와 미래의 시민들 모두에게 노후보장이 확보되어야 한다.

또한 인구고령화에 의한 노동시장구조 변화 전망은 청년노동력의 질적 수준에 대한 수요를 증가시킬 것이며 교육의 중요성이 더욱 증대될 전망이다. 인구고령화에 따른 노동력 보전을 위해서 여성 및 고령자 고용확대 필요성이 증대되고, 노동생산성 향상이 중요한 과제가 된다. 인구고령화문제의 핵심에는 젠더 문제가 위치한다. 여성의 출산율이 낮아져서 고령인구비율을 높이고, 또 여성이 경제적으로 독립하고 평생직업을 갖게 됨에 따라 노인인구 부양과 수발행태가 변화한다. 전후 사회계약은 여성들은 일단 결혼하면 전업주부가 된다는 가부장적 성분업을 기반으로 했다. 그러나 복지국가 황금기를 통하여, 여성의 교육 성취가 높아지고, 새로운 서비스 경제가 여성들을 선호하게 됨에 따라 가정의 복지손익계산이 여성의 노동공급현상을 가져왔다. 여성의 고용은 가정의 복지를 향상시키고, 동시에 노동력부족이 예상되는 고령화사회에서 미래의 복지국가 재정을 뒷받침해 주는 데도 도움이 된다. 이런 맥락에서 일, 복지, 가정의 상호연결이 재정비되어야 할 필요성이 대두됐다. 그러나 이러한 변화는 다시 새로운 사회적 위험, 즉 가정불안과 저출산, 비정형가족의 제도화를 창출한다.

출산율 안정을 위한 가족 친화적 인구정책이 중요하다. 한국여성의 초혼연령이 1985년 23.4세이던 것이 2002년 27세로 높아졌고, 여성이 일생동안 낳는 평균 자녀 수는 1970년 4.5명에서 2002년 1.17명으로 감소하여 세계 최저치를 기록하게 됐다. 6) 1980년 5.9%이던 이혼율이 2000년 35.9%로 증가하고, 여성가구주 가구 비율이 1980년 14.7%에서 2000년 18.5%로 늘었고, 여성가구주 가구 중 편모가구

---

6) 한국여성의 교육수준 향상 추이가 뚜렷하여, 25세 이상 여성 중 대졸 이상 비율이 1975년 2.4%에서 2000년 18.0%로 증가했다. 여학생의 대학진학률도 1970년 25.3%에서 2002년 72.1%로 늘어 앞으로 남녀 교육차이는 점차 감소할 것으로 보인다.

비율은 1990년 26.9%에서 2000년 30.3%로 증가했다. 여성의 경제
활동 참여율은 1970년 39.3%에서 2002년 49.7%로 10.4% 포인트
증가했다. 아직 선진국들에 비하면, 낮은 참여율이지만, 같은 기간 동
안 남성의 경제활동 참여율이 77.9%에서 74.8%로 3.1% 포인트 감
소한 것을 감안하면, 남녀간 경제활동 참여율의 차이는 감소한 것을
알 수 있다.[7] 2002년 15세 이상 여성 중 89.8%가 여성이 직업을 가
지는 것이 좋다고 응답하였고, 40.2%는 가정 일에 관계없이 취업해
야 한다고 응답했다. 남성의 경우는 83.3%가 여성이 직업을 가지는
것이 좋다고 답하였고, 30.2%가 가정 일에 상관없이 취업을 해야 한
다고 응답했다. 여성 취업은 남녀간의 큰 차이 없이 수용되는 것으로
보인다. 여성취업 장애요인으로 육아부담이 여성응답자들에게 가장
높게 나타난다. 2002년 여성응답자의 41.2%가 육아부담이 여성취업
장애요인이라고 답했다.

　이러한 맥락에서 일과 복지, 일과 가족의 연결관계가 재정리되지 않
으면 안 됐다. 여성 고용은 가족복지를 향상시키고, 동시에 미래의 복
지국가의 재정을 뒷받침하는 데 도움이 되지만, 다시 저출산, 가정불
안 등 새로운 사회적 위험을 창출해낸다. 특히, 저소득층의 빈곤탈피
전략으로는 주부의 경제활동참여가 가장 확실한 방법의 하나였다(유경
준, 2004). 에스핑 앤더슨이 탈가족화 전략으로 제시한 보육서비스,
아동수당, 출산휴가는 탈가부장 사회의 기본적 요구가 된다.

　이와 같이 시장경제의 신자유주의적 지구통합, 인구고령화, 탈가부

---

7) 교육정도별로 경제활동참여율을 보면, 대졸 이상 여성이 62.0%로 대졸
　이상 남성의 89.5%보다 27.5% 포인트 낮고, 종사상 지위를 보면, 2002
　년 여성취업자 중 임금근로자 비율은 63.5%, 상용근로자는 21.3%, 임시
　근로자는 29.1%, 일용근로자는 13.1%였다. 같은 해 남성취업자 중 임금
　근로자 비율은 64.3%, 상용근로자는 37.8%, 임시근로자는 17.0%, 일
　용근로자는 9.5%였다.

장적 젠더화 모두가 인적자원 투자적 접근과 고용연계 복지서비스를 가리킨다. 즉, 생산적 복지의 두 번째, 세 번째 요소를 강조한다. 물론 그동안 인적자원 투자적 복지노력이 전혀 없었던 것은 아니다. 노동능력 있는 생계급여 수급자에게는 자활지원급여를 조건으로 부과하고, 자활후견기관을 제도화하였으며, 교육부를 교육인적자원부로 개편, 지식기반경제, 정보사회를 준비하는 국가인력자원 개발과 수급의 총괄업무를 담당케 했다. 민간 복지부문의 활성화를 위해서는 공동모금회법을 제정·시행하여 자발적 기부문화의 저변확대를 시도했으며, 사회복지사업법의 개정으로 지역사회 복지협의체를 설치하는 등 지역공동체중심 복지전달체계의 틀을 마련하였으나, 가시적 성과는 거두었다고 보기는 어렵다.

경제의 지구화, 인구고령화, 탈가부장주의는 전 세계의 경향적 흐름이다. '시장경제의 비시장적 지지체계'로서의 복지정책이 교육·인력정책과 노동시장정책 및 여성정책과 유기적으로 통합될 때, 비로소 한국사회의 정치 역사적 맥락과의 정합성을 확보하게 될 것이다. 엄밀한 의미에서 복지국가이었던 적이 없는 한국사회의 21세기 복지국가 기본구상에는 인적자원 투자적 접근이 그 핵심에 자리해야 한다. 그것이 21세기 한국의 거시경향적 전환에 복지국가가 적응하는 길이다. 다음 마지막 절에서 그러한 모형을 탈가부장적 복지다원주의라 부른다. 전후 복지국가의 틀이었던 민주적 - 복지 - 자본주의가 케인즈주의적 산업경제와 가부장적 가족을 개념 틀 밖의 전제로 위치시켰던 것처럼, 21세기 탈가부장적 복지다원주의는 새롭게 복지정책과 결합하여야 할 가족을 개념틀 안에 위치시키고, 지구적 시장경제 통합과 정보화, 인구고령화를 개념 틀 밖의 전제로 위치시켰다.

4. 맺는말 : 탈가부장적 복지다원주의 패러다임을 향하여

　현대 한국사회는 정치·경제·사회 전 부문에서 압축적 변화를 경험했고, 복지정책에 관한 한은, IMF 경제위기 직전까지도 경제성장과 가족이 최선의 복지라는 전형적으로 발전국가형 복지철학으로 일관했다. 따라서 국민의 정부의 대규모 복지개혁은 동아시아 국가들은 물론, 세계의 비교복지 연구자들의 관심의 대상이 되었으며, 지구자본주의시대에 유례를 찾기 어려운 한국의 사회권 확충의 실험이 특히 김대중 정부를 계승한 노무현 정부에 의해 어떻게 추진될 것인지에 관심이 모아진다.

　이미 언급한 바와 같이 IMF 이후 한국사회복지정책은 민주적 - 복지 - 자본주의라는 포괄적 체제개혁의 청사진을 밑그림으로 하여, 주로 공공부조와 사회보험제도의 확충을 통한 사회권보장의 제도적 기반을 마련하는 데 초점이 맞춰졌다. 사회권 보장에 대한 국가책임을 강조하고 제도구상에서 사회연대 원칙을 관철하고자 노력했다. 그러나 주지하는 바와 같이 공공부조와 사회보험제도로 대표되는 전후 복지국가체제는 산업사회의 완전고용과 대량생산, 고성장 저실업, 낮은 고령인구 부양률, 확실한 성별분업을 전제로 구상된 것이었다. 이같이 과거시대 기준에 적합하게 설계된 기존의 복지국가 프로그램들은 21세기의 복지체제로서 지속적 유지가 어렵다는 것이 외국의 경험이다. 앞 절에서는 한국에서도 이미 글로벌 경제의 등장과 급속한 기술발전 및 서비스 부문 고용확대에 의한 노동시장구조 변화와 인구고령화 및 여성의 경제활동 참여증가에 따른 가족행태 변화가 현실이며 이 모든 변화가 인적자원 투자와 고용연계 복지를 요구하고 있음을 살펴보았다.

　사실, 지식기반경제와 지구경제체제에서 삶의 기회는 지식습득 능력과 인적자원 축적에 달려 있다. 활력 있고 경쟁력 있는 지식기반경제를 위해서는 인적자본 개발이 무엇보다 중요하다. 그러나 이러한 요소는 개인의 가정적·사회적 유산에 강하게 영향을 받는다. 인식능력의 발달과 교육수준은 가정적 배경이 중요하고, 학습능력과 학습동기는 어린 시절의 경제사회적 조건에 영향을 많이 받기 때문에 아동복지 투자가 우선해야 한다. 양성평등정책도 단순히 여성들의 요구에 대한 수용으로만 인식할 것이 아니라, 사회가 모성과 고용, 직장과 가정을 조화시킬 수 없다면, 여성이 일할 때 아동방임의 문제를 피할 수 없고, 나아가서 출산율저하로 나타나게 됨을 이미 경험했다.

전후 가족정책은 주목표가 남성가장을 보호하고 자녀가 많은 가족에게 소득을 보조해주는 것이었다. 그러나 이제 더 이상 그러한 남성 부양자모델이 지배적 모델이라 보기 어렵고, 출산율 저하와 인구고령화는 여성 취업을 장려하게 되고, 자녀를 가진 여성들의 고용이 증가하면서 이들을 위한 탁아 서비스가 필요해졌다. 경제적 필요성에 의한 결혼은 의미가 감소되고, 결혼이 개인적 선택 문제로 전환됨에 따라 개인적 선택 자유가 증가하는 반면, 가족구조는 점점 불안정해지고 빈곤과도 긴밀히 연계된다. 특히 어린 시절 삶의 질은 이후의 생애기회에 중요한 영향을 미치게 되므로, 좋은 생애를 가지기 위한 자본으로서 어린 시절의 삶의 질이 중요하다. 따라서 교육과 능력개발에 대한 투자는 생애기회를 위해 점점 더 필수 불가결한 것이 된다. 이런 의미에서 양성평등정책은 후기산업사회에 기본적으로 필요한 요소이고, 아동 청소년, 가족의 사회적 보호, 즉 여성친화적 사회정책은 소비와 투자의 혼합으로 지식기반사회의 사회적 기초가 되어야 한다.

이러한 사회적 투자로서의 복지는 그 주체가 국가로 한정 될 수 없다. 국가와 지역사회·시민조직·시장·기업·가족 모두가 복지생산에 참여하고, 부담하고, 서로의 실패를 보완하여야 한다. 가족이 사회문제를 흡수하고 적절한 보호서비스를 제공하는 기능은 점점 약화되지만, 그렇다고 국가 복지가 만병통치일 수 없다. 국가복지의 도덕적 해

〈그림 11-3〉 21세기 탈가부장적 복지다원주의 개념

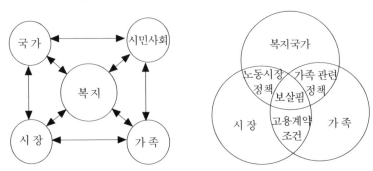

이와 부정적 인센티브 문제도 강조될 필요가 있다. 기업도 사회적 책임에 다양하게 참여할 수 있다. 기업은 복지서비스를 위한 모금에 참여할 수도 있고, 기업 스스로가 평생학습의 장으로 운영될 수도 있고, 예컨대 4조 2교대 운영을 통하여 고용창출 효과를 창출할 수도 있다. 복지가 물질적 재분배만이 아니라, 인적자원 개발·투자와 공동체의식 확산으로 확대되면, 부담의 분담은 당연하다.

〈그림 11-3〉의 사각모형은 21세기 복지체제는 국가뿐만 아니라 시장·기업·시민조직·지역공동체, 그리고 가족 모두가 복지실천의 주체로서 '투입'되며, 서로의 역할을 상호 감독하고 지구단일자본주의와 인구고령화·정보화 등의 영향을 종합해내야 한다는 것을 보여준다. 오른쪽 그림은 복지국가의 복지정책이 지식기반 지구경제와 탈가부장적 가족이 만나는 부분이 특별히 재조명되어야 함을 보여주고자 한 것이다. 기존의 복지국가가 가족 변화·노동시장 변화와 상호작용하면서 새로운 노동시장정책과 가족정책을 개발해야 한다는 것이다.

21세기 탈가부장적 복지다원주의 패러다임에서는 복지실천의 주체가 다양하고, 특히 가족기능이 과거의 성분업적 여성역할을 전제하는 것이 아니라 여성의 평등한 시장참여 선정이 장려되는 양성평등적 가

족을 전제한다. 다양한 주체가 서로 밀접히 연계하며 상호 감독한다. 여기서 사회복지는 소득재분배를 통한 사회권 확보만이 아니라 참여를 통한 자기개발과 자기실현, 평생학습을 포괄한다. 이러한 모형은 복지국가와 시장, 가족 사이의 보다 유기적인 협조와 연대를 필요로 하며, 양성평등을 위해서는 여성의 삶 양식의 남성화, 남성의 삶 양식의 여성화가 동시에 진행되어야 한다. 특히 고용관련 인적자원 투자를 위한 노동시장정책, 직장과 가정을 양립시킬 수 있는 아동 중심적, 여성 친화적 가족정책이 강화될 필요가 있다. 노동시장정책이나 가족정책에는 보건복지부만이 아니라 교육부·노동부·여성부 등 관련 부처들 간의 유기적이고 긴밀한 협조와 민간과 공공부문의 동반자관계가 필수적이다.

이와 같은 전후 복지국가 재편의 논리는 전후 복지국가의 사회권보장 개념을 부정한다는 의미는 결코 아니다. 시장경제를 지키는 비시장적 지지체계로서 사회복지체제는 사회권보장을 기본적 요소로 한다. 탈가부장적 복지다원주의는 첫째, 서론에서 밝힌 바와 같이 시장확대는 비시장적 지지체계의 확대를 동시에 요구한다는 복지논리와, 둘째, 한국사회는 실패한 자를 포기하지 않는다는 사회정의와 사회 연대적 합의를 대전제로 한다. 다만, 21세기 지구경제시대의 복지체제는 노동력을 탈상품화하는 일뿐 아니라, 새로운 지식정보 시장경제에서의 손상된 상품경쟁력을 제고하고 필요하면 재상품화하는 일, 전상품화 단계에 있는 여성노동력을 탈가족화를 통하여 상품화하고, 또 탈상품화하는 일을 유연하게 수행해야 한다.

노동시장 유연화를 포함한 경제의 지구화라는 환경변화를 반영하여, 21세기 복지국가는 수동적 소득보장정책보다 교육·훈련프로그램과 연계된 적극적 노동시장정책과 근로연계정책을 강화해야 한다. 인구고령화 대책 역시 사회가 합의하는 기본적 소득보장뿐 아니라 활기찬 노후생활을 위한 학습·근로연계 프로그램을 개발해야 할 것이다.

그리고 효과적 빈곤대책은 학습, 교육훈련과 고용정책으로 연계되어야 하며, 여성 고용을 장려하고, 여성의 직장과 가정의 양립을 위한 사회적 서비스, 소득보장을 확대해야 할 것이다. 이러한 틀을 바탕으로 세부계획을 개발해야 할 것이다.

이러한 인간개발 중심의 복지국가는 지구단일 시장경제체제의 불안정성에 대처하는 국가 전략적 투자로 인식되어야 한다. 북구의 작은 선진 개방국가들을 연구한 카젠스타인(Katzenstein, 1985)에 의하면, 이들이 국제시장의 위험과 불안정성을 극복하고 높은 경제성장률을 이룩한 결정적 요인은 높은 수준의 사회보장과 사회적 동의를 중시하는 정향이라고 결론지었다. 국제시장 의존도가 높은 국가들일수록, 국제자본시장의 자율성과 불안정성에 대한 사회적 비용, 또는 적응비용을 내재화하지 않으면 안 된다. 지구시장체제에 통합될수록 시장의 불안정성에 전략적으로 대처할 수 있는 숨고르기 공간(breathing space)으로서 사회안전망 확충이 중요하다는 것이다. 세계 중심·동북아 중심이 되고자 하는 한국사회에 시사하는 바가 큰 대목이다.

■ 참고문헌

고경환. 2002. 《OECD 기준에 따른 우리나라 사회보장비 산출에 관한 연구》. 한국보건사회연구원.
김연명. 2002. "김대중정부의 사회복지정책: 신자유주의를 넘어서". 김연명 엮음. 《한국복지국가 성격논쟁 I》. 인간과 복지.
남찬섭. 2002. "한국복지체제의 성격에 대한 경험적 연구: 에스핑 앤더슨의 기준을 중심으로". 김연명 엮음. 《한국복지국가 성격논쟁 I》. 인간과 복지.
보건복지부. 2001. 《2001년 국민기초생활보장수급자 현황》.
빅 조지·폴 윌딩. 1999. 《복지와 이데올로기》. 김영화 옮김. 한울.

석재은. 2003. 《여성의 빈곤실태 분석과 탈빈곤 정책과제 개발》. 한국보건
    사회연구원.
유경준·심상달 엮음. 2004. 《취약계층 보호정책의 방향과 과제》. 한국개발
    연구원.
이혜경. 1994. "한국의 사회복지 어떻게 개혁할 것인가". 경제정의실천시민
    연합 사회복지심포지엄 발표논문.
_____. 1998. "빈곤의 여성화: 한국여성빈곤의 원인과 결과, 빈곤 퇴치:
    한국의 경험과 교훈". UNDP 한국대표부.
_____. 2004a. "金大中政府의 生産的福祉: 歷史的 意味와 殘課題". 《社會
    政策學會誌》, 제 11호. 법률문화사.
_____. 2004b. "빈곤의 여성화와 여성친화적 사회복지정책 재편의 방향".
    미간행 논문.
이혜경·유태균·이선우·홍승아·유정균. 2002. "복지정책의 양성평등 효
    과성 평가 및 대안연구: 국민기초생활보장제도 및 장애인복지정책을
    중심으로". 〈보건복지부제출 연구보고서〉.
이혜경·홍승아. 2003. "성통합적 복지국가재편논의를 위한 여성주의적 고
    찰". 《사회보장연구》, 19권 1호(27집).
전병유. 2003. "일자리 양극화 경향과 빈곤정책의 방향". 미발표자료. 한국
    노동연구원.
정경배 외. 1998. "사회보장개혁과 사회안전망". 국정개혁대토론회, 국정개
    혁공동모임. 1998년 10월 8일.
통계청. 2003. 《통계로 보는 여성의 삶》.
한진희. 2003. 《고령화는 경제성장을 둔화시키는가 인구구조 고령화의 경제
    적 영향과 대응과제》. 한국개발연구원.
홍승아. 2004. "복지국가의 모성정책 유형화에 대한 질적 비교분석". 미간행
    논문.

Crosland, C. A. R. 1960. "Future of the Left". *Encounter Pamphlets*,
    no. 4 (March 1960).
Crossman, R. 1952. *New Fabian Essays*. London: The Turnstile Press.
Daly, Mary. 2000. *The Gender Division of Welfare*. Cambridge: Cam-
    bridge University Press.

Eisenstein, Z. 1981. *The Radical Future of Liberal Feminism*. New York: Longman.

Esping-Anderson, Goesta. 1990. *The Three Worlds of Welfare Capitalism*. Cambridge: Polity Press.

_____. 1999. *Social Foundations of Post-industrial Economics*. New York: Oxford University Press.

Esping-Anderson, Goesta (Ed.), 2002. *Why We Need A new Welfare State*. New York: Oxford University Press.

Giddens, Anthony (Ed.), 2001. *The Global Third Way Debate*. Cambridge: Polity Press.

Jessop, Bob. 1994. "The Schumpeterian Workfare States". in R. Vurrows and B. Loader (Eds.), *Towards a Post-Fordist Welfare State*. London: Routeledge & Kegan Paul.

Vic George and Paul Wilding. 1994. *Welfare and Ideology*. New York: Harvester Wheatsheaf.

Katzenstein, Peter. 1985. *Small States in the World Economy: Industrial Policy in Europe*. Ithaca, New York: Cornell University Press.

Kuhnle, Stein (Eds.), 2000. *Survival of the European Welfare State*. London: Routledge.

Lee Hye-gyeong. 1992. "Development of the Welfare State in an Authoritarian Capitalist Society: The Korean Experience". a paper presented at the International Conference on "Welfare State: Present and Future". organized by *the Korean Academy of Social Welfare*.

Lewis, J. 1991. *Women., Family, Work and the State since 1945*. Oxford: Blackwell.

McIntoshi, Mary. 1978. "The State and the Oppression of Women". in A Kuhn and R. M. Wolpe (Eds.), *Feminism and Materialism*. London: Routeledge & Kegan Paul.

Marshall, T. H. 1972. "Value Problems of Democratic-Welfare-Capitalism". *Journal of Social Policy*, 1(1).

Mayo, M. and Weir, A. 1993. "The Future of the Feminist Social

Policy". in *Social Policy Review*, 5. Page, R. and Baldock, J. (Eds.), Social Policy Association, Canterbury.

O'Connor, Julia. 1996. "From Women in the Welfare State to Gendering Welfare Regimes". *Current Sociology*, 44(2).

OECD. 1988. "The Future of Social Protection". Paris: OECD.

Pierson, P. 2001. *The New Politics of the Welfare State*. New York: Oxford University Press.

Polanyi, Karl. 1968. *The Great Transformation: The Political and Economic Origins of Our Time*. Boston: Beacon Press.

Sainsbury, Diane. 1999. *Gender and Welfare State Regimes*. New York: Oxford University Press.

Sapiro, V. 1990, "The Gender Basis of American Social Policy". in *Women, The State and Welfare*. Gordon, L. (Eds.), Wisconsin: University of Wisconsin.

Sen, Amartya. 2000. "Globalization and its Discontent". a paper presented at the Annual Conference on *Development Economics*, on Development Thinking at the Millennium, held by World Bank, Paris, 26 June, 2000.

Siim, B. 1990. "Women and the Welfare State". in *Gender and Caring*. Ungerson C. (Eds.), Hemel Hempstead: Harvester Wheatsheaf.

Sokoloff, N. 1980. *Between Money and Love: The Dialectics of Women's Home and Market Work*. New York: Praeger.

Wilson, E. 1977. *Women and the Welfare State*. London: Tavistock.

찾아보기

(용 어)

필자소개

심 영 희

미국 남일리노이대학 사회학 박사. 한국여성학회 회장, 북경대학 여성연구소 방문교수, 미국 컬럼비아대학 동아시아연구원 방문교수, 독일 빌레펠트대학 방문교수, 영국 옥스퍼드대학 방문교수, 한국형사정책연구원 연구실장, 여성부 정책기획위원, 법무부 가석방심사위원, 통일부 통일교육심의위원, (재)서울여성 이사 역임. 현재 한양대 사회학과 교수, 사회과학대학장, 여성연구소장, 평화를 만드는 여성회 공동대표, 민주평화통일자문회의 여성위원장.

주요 저서: *Sexual Violence and Feminism in Korea*, 《함께 이루는 남녀평등》(공저), 《모성의 담론과 현실》(공저), 《위험사회와 성폭력》, 《일상의 권력과 새도매저키즘》(역), 《여성의 사회참여와 성폭력》.

김 경 희

미국 위스콘신대학(매디슨) 사회학 박사. 현재 중앙대 사회학과 교수

주요 저서: 《한국의 여성정책》(공저), 《복지국가와 여성정책》(공역), 《여성과 과학기술: 잃어버린 고리를 찾아서》(공역), "국가페미니즘의 가능성과 한계", "일상의 정치를 통한 임파워먼트", "성인지적 예산 도입을 위한 시론적 연구", "정책과정을 통해 본 젠더와 평등개념의 제도화".

백 진 아

미국 노트르댐대학 사회학 박사. 이화여대 사회과학연구소 책임연구원, 세종대 겸임교수, 연세대 사회발전연구소 연구원 역임. 현재 한세대 경찰복지학부 교수.

주요 논저: 《일과 가족 사이: 고학력 여성의 선택과 한계》(공저), 《여성과 과학기술: 잃어버린 고리를 찾아서》(공저), "조기 사교육과 어머니의 역할: 가족주의 가치관과 계층관련 변인을 중심으로", "Gender Equality and Women's Labor Policy in Sweden and Britain", "젠더와 스웨덴의 여성복지체계".

양 현 아

미국 The New School for Social Research 사회학 박사. 현재 서울대 법과대학 법학부 교수.

주요 논저: 《낙태죄에서 재생산권으로》(편저), 《가지 않는 길, 법여성학을 향하여》(편저), "실증주의 방법론과 여성주의 법학", "성적 소수자: 법사회학적 쟁점과 전망", "서구의 여성주의 법학: 평등과 차이의 논쟁사", "증언과 역사쓰기: 한국인 '군위안부'의 주체성 재현", "호주제도의 젠더 정치: 여성 생산을 중심으로".

엄규숙

독일 마부룩대학(Marburg) 사회학박사. 한국노총 중앙연구원 연구위원 역임. 현재 경희사이버대 사회복지학과 교수.

주요 논저:《여성과 과학기술: 잃어버린 고리를 찾아서》(공역),《한국의 여성정책》(공저),《유럽의 복지제도 비교》(공역),《복지국가와 여성정책》 (공역), "유럽 여성 노후보장제도의 문제점과 한국적 함의: 공적연금제도 를 중심으로", "한국적 복지국가 속에서 여성의 실업, 고용보험과 정책담 론", "사회국가의 위기와 독일 연금제도의 재구성".

이혜경

미국 버클리대학 사회복지학 박사. 사회보장학회장, 여성학회장, 대통령 자문정책기획위원회 위원 역임. 현재 대통령자문 빈부격차차별시정위원회 위원장, 연세대 사회복지학과 교수.

주요 논저:《사회복지학 개론》(공저),《한국의 사회보장》(공저), "김대 중정부의 생산적 복지: 역사적 의미와 남겨진 과제", "성 통합적 복지국가 재편 논의를 위한 여성주의적 고찰", "Globalization and Emergency Welfare State : Korean Experience".

Jürgen Habermas

위르겐 하버마스

Theorie des kommunikativen Handelns 1·2

의사소통행위이론 1·2

1권 행위합리성과 사회합리화   2권 기능주의적 이성 비판을 위하여

위르겐 하버마스 지음   장춘익(한림대) 옮김

4년여에 걸친 번역작업으로 완성된 현대사회이론의 이정표.
지금까지 한국에 소개된 하버마스는 서장에 불과하다. 《의사소통행위이론》으로
우리는 진정한 하버마스 사상의 본령(本領)에 들어서게 된다.

나남출판이 발간한 《공론장의 구조변동》, 《사실성과 타당성》
《도덕의식과 소통적 행위》 등에 이은 하버마스 저작의 최고 결정판!

신국판 양장본 | 각권 592, 672면 | 각권 35,000원

NANAM 나남출판   경기도 파주시 교하읍 출판도시 518-4
tel. 031)955-4600 www.nanam.net